晚清津海关道研究

An Analysis of Tianjin Customs Taotai in Late Qing Dynasty

谭春玲　著

导师　刘伟

中国社会科学出版社

图书在版编目(CIP)数据

晚清津海关道研究／谭春玲著．—北京：中国社会科学出版社，2018.7
ISBN 978-7-5203-2953-8

Ⅰ.①晚… Ⅱ.①谭… Ⅲ.①海关—经济史—研究—天津—清后期
Ⅳ.①F752.59

中国版本图书馆 CIP 数据核字（2018）第 180635 号

出 版 人	赵剑英
责任编辑	郭　鹏
责任校对	韩天炜
责任印制	王　超

出　　版	中国社会科学出版社
社　　址	北京鼓楼西大街甲 158 号
邮　　编	100720
网　　址	http://www.csspw.cn
发 行 部	010-84083685
门 市 部	010-84029450
经　　销	新华书店及其他书店
印　　刷	北京君升印刷有限公司
装　　订	廊坊市广阳区广增装订厂
版　　次	2018 年 7 月第 1 版
印　　次	2018 年 7 月第 1 次印刷
开　　本	710×1000　1/16
印　　张	22.25
插　　页	2
字　　数	365 千字
定　　价	95.00 元

凡购买中国社会科学出版社图书，如有质量问题请与本社营销中心联系调换
电话：010-84083683
版权所有　侵权必究

《中国社会科学博士论文文库》
编辑委员会

主　　任： 李铁映

副 主 任： 汝　信　　江蓝生　　陈佳贵

委　　员：（按姓氏笔画为序）

　　　　　王洛林　　王家福　　王缉思
　　　　　冯广裕　　任继愈　　江蓝生
　　　　　汝　信　　刘庆柱　　刘树成
　　　　　李茂生　　李铁映　　杨　义
　　　　　何秉孟　　邹东涛　　余永定
　　　　　沈家煊　　张树相　　陈佳贵
　　　　　陈祖武　　武　寅　　郝时远
　　　　　信春鹰　　黄宝生　　黄浩涛

总 编 辑： 赵剑英

学术秘书： 冯广裕

总　序

在胡绳同志倡导和主持下，中国社会科学院组成编委会，从全国每年毕业并通过答辩的社会科学博士论文中遴选优秀者纳入《中国社会科学博士论文文库》，由中国社会科学出版社正式出版，这项工作已持续了12年。这12年所出版的论文，代表了这一时期中国社会科学各学科博士学位论文水平，较好地实现了本文库编辑出版的初衷。

编辑出版博士文库，既是培养社会科学各学科学术带头人的有效举措，又是一种重要的文化积累，很有意义。在到中国社会科学院之前，我就曾饶有兴趣地看过文库中的部分论文，到社科院以后，也一直关注和支持文库的出版。新旧世纪之交，原编委会主任胡绳同志仙逝，社科院希望我主持文库编委会的工作，我同意了。社会科学博士都是青年社会科学研究人员，青年是国家的未来，青年社科学者是我们社会科学的未来，我们有责任支持他们更快地成长。

每一个时代总有属于它们自己的问题，"问题就是时代的声音"（马克思语）。坚持理论联系实际，注意研究带全局性的战略问题，是我们党的优良传统。我希望包括博士在内的青年社会科学工作者继承和发扬这一优良传统，密切关注、深入研究21世纪初中国面临的重大时代问题。离开了时代性，脱离了社会潮流，社会科学研究的价值就要受到影响。我是鼓励青年人成名成家的，这是党的需要，国家的需要，人民的需要。但问题在于，什么是名呢？名，就是他的价值得到了社会的承认。如果没有得到社会、人民的承认，他的价值又表现在哪里呢？所以说，价值就在于对社会重大问题的回答和解决。一旦回答了时代性的重大问题，就必然会对社会产生巨大而深刻的影响，你也因此而实现了你的价值。在这方面年轻的博士有很大的优势：精力旺盛，思想敏捷，勤于学习，勇于创新。但青年学者要多向老一辈学者学习，博士尤其要很好地向导师学习，在导师的指导下，发挥自己的优势，研究重大问题，就有可能出好的成果，实现自己的价值。过去12年入选文库的论文，也说明了这一点。

　　什么是当前时代的重大问题呢？纵观当今世界，无外乎两种社会制度，一种是资本主义制度，一种是社会主义制度。所有的世界观问题、政治问题、理论问题都离不开对这两大制度的基本看法。对于社会主义，马克思主义者和资本主义世界的学者都有很多的研究和论述；对于资本主义，马克思主义者和资本主义世界的学者也有过很多研究和论述。面对这些众说纷纭的思潮和学说，我们应该如何认识？从基本倾向看，资本主义国家的学者、政治家论证的是资本主义的合理性和长期存在的"必然性"；中国的马克思主义者，中国的社会科学工作者，当然要向世界、向社会讲清楚，中国坚持走自己的路一定能实现现代化，中华民族一定能通过社会主义来实现全面的振兴。中国的问题只能由中国人用自己的理论来解决，让外国人来解决中国的问题，是行不通的。也许有的同志会说，马克思主义也是外来的。但是，要知道，马克思主义只是在中国化了以后才解决中国的问题的。如果没有马克思主义的普遍原理与中国革命和建设的实际相结合而形成的毛泽东思想、邓小平理论，马克思主义同样不能解决中国的问题。教条主义是不行的，东教条不行，西教条也不行，什么教条都不行。把学问、理论当教条，本身就是反科学的。

　　在21世纪，人类所面对的最重大的问题仍然是两大制度问题：这两大制度的前途、命运如何？资本主义会如何变化？社会主义怎么发展？中国特色的社会主义怎么发展？中国学者无论是研究资本主义，还是研究社会主义，最终总是要落脚到解决中国的现实与未来问题。我看中国的未来就是如何保持长期的稳定和发展。只要能长期稳定，就能长期发展；只要能长期发展，中国的社会主义现代化就能实现。

　　什么是21世纪的重大理论问题？我看还是马克思主义的发展问

题。我们的理论是为中国的发展服务的，绝不是相反。解决中国问题的关键，取决于我们能否更好地坚持和发展马克思主义，特别是发展马克思主义。不能发展马克思主义也就不能坚持马克思主义。一切不发展的、僵化的东西都是坚持不住的，也不可能坚持住。坚持马克思主义，就是要随着实践，随着社会、经济各方面的发展，不断地发展马克思主义。马克思主义没有穷尽真理，也没有包揽一切答案。它所提供给我们的，更多的是认识世界、改造世界的世界观、方法论、价值观，是立场，是方法。我们必须学会运用科学的世界观来认识社会的发展，在实践中不断地丰富和发展马克思主义，只有发展马克思主义才能真正坚持马克思主义。我们年轻的社会科学博士们要以坚持和发展马克思主义为己任，在这方面多出精品力作。我们将优先出版这种成果。

2001 年 8 月 8 日于北戴河

序

同治九年（1870），直隶总督李鸿章奏请设立津海关道。这一职位自设立之时起，就表现出较其他海关道更为突出的地位和不同的特点：

首先，与其他通商口岸中海关多由守巡道兼管不同，津海关道"专管中外交涉事件及新、钞两关税务"，是一个专职的办理对外交涉及海关税务的道员。

其次，津海关道由直隶总督李鸿章直接奏请设立并同驻天津，而直隶总督兼北洋通商大臣在晚清的对外交涉中具有举足轻重的地位，因而，其手下的津海关道办理交涉的重要性就大大超过其他海关道。

最后，津海关道设立之时，正值李鸿章办洋务之际，加上李鸿章任直隶总督达25年之久，这就使津海关道有机会更多地参与洋务活动之中。此外，由于天津的特殊地位，津海关道还"职兼海防"，总督海防行营翼长，拥有比其他关道更重的军事权。

总之，津海关道在晚清的对外交涉和政治生活中有着重要的地位和影响，故而也不断引起学界的关注，出现了一些有分量的学术成果，但整体和深入的研究仍然阙如。谭春玲的这部著作，就是在前人研究基础上的进一步深耕和发掘。在我看来，该书有如下特点：

津海关道的设置是一种制度安排，所以，要深入了解津海关道的作用，必须对这一制度的形成和演变进行考察。该书在这方面做了极大地努力，不仅对津海关道设置的背景、衙署和内部结构、职权、俸薪和办公经费等作了分析，而且从纵向角度指出了津海关道职权的演变：自同治九年（1870）设置后，以1895年为界，前期，津海关道除参与对外交涉、监管海防外，还参与洋务新政和社会公益事业管理；后期，随着李鸿章的离职，其办理洋务和海防的职能都有所弱化。1898年天津洋务局成立后，其对外交涉职能也呈现收缩之势。在 1910 年官制改革中，直隶设立交涉使司，津海关道转为专管海关事务的官员。这些研究反映了津海关道具有的与其他关道不同的特征，反映了津海关道这种特定的职官设置的演变轨迹。

任何制度都是由人来执行的，所以，要真正研究一种制度的运行，必须深入探究执行这一制度的人的情况。作者充分认识到这一点，花了很大的精力去探究那些与津海关道制度相关的人。

首先是对先后担任此职的 19 位道员的分析，依次考察他们的地理背景、资格和行政经历、年龄和任职年限，并分别绘制了表格，全方位地反映了这一群体的基本风貌。

其次是对津海关道与直隶总督、天津道关系的分析，以期在与上下官僚的关系网络中来把握个体及制度运行的时态。津海关道与直隶总督的关系，是诸多关系中最为重要的一个方面。如直隶总督拥有对津海关道的人事任命权，他对人员的选拔，或由于对其才能和经历的赏识，或源于幕府、乡谊，或来自同僚、朋友以及其他官员的援引和推荐，对此作者皆通过列表和数据加以论证。作者还注意到，津海关道职权虽然从一开始就定位为交涉和海关税务，但其施政的重点和扩展却与直隶总督有着密切的关系。如李鸿章时期，津海关道就广泛地参与到洋务活动之中，而到袁世凯任直隶总督之时，由于袁世凯更注意从有海外留学背景的人中选拔人员担任此职，并且更为倚重自己的幕僚来办理新政，所以津海关道参与具体的新政事务不多，而是更侧重办理海关税务。通过这些分析，使我们进一步了解，津海关道一职无论是人员选拔还是职权行使上，都是受制于官僚体制中的人事的。

由于津海关道拥有交涉与管理海关税两项职权，所以成为与外国人打交道最多的中层官员，因而无论在当时还是后世，都有一些津海关道因态度软弱或办理不善而饱受"妥协""投降"的批评。究竟应该如何评价他们的所作所为？需要回到当时的历史场景之中进行深入地分析方能得出结论。我们欣喜地看到，作者能够不囿成见，通过一个又一个具体案例的考察，分析津海关道处理涉外事件的态度和做法，认为他们总体上形成了持平办理、不卑不亢的风格，成功地化解了一些中外交涉案件。他们与外籍税务司之间既存在权责互补、友好合作的关系，也有矛盾和冲突。当然，就津海关道个人而言，有的强硬，有的软弱，表现和效果并不一致，但是通过这些分析，使我们对津海关道有了更为具体的了解和认识。

余英时在《中国史学界的朴实楷模——敬悼严耕望学长》（载《怎样学历史——严耕望的治史三书》，辽宁教育出版社 2006 年版，第 332 页）中提到，钱穆曾说："历史学有两只脚，一只脚是历史地理，一只就是制度。中国历史内容丰富，讲的人常可各凭才智，自由发挥；只有制度与地理两门学问都很专门，而且具体，不能随便讲。但两门学问却是历史学的骨干，要通史学，首先要懂得这两门学问，然后自己的史学才有巩固的基础。"比如晚清的外交，虽然中央设置了总理衙门，但很多交涉往往由北洋大臣负责。要深入了解这种二元交涉体制的运作，就绕不开北洋通商大臣和其手下的津海关道。通过对津海关道的制度分析，我们不仅可以认识当年李鸿章上折请设津海关道的原因，也进一步了解了，在很多交涉中，津海关道实际是北洋大臣办理交涉的具体经办人。再如通商口岸开辟后的关税征收，以往我们都知道有外国人掌握的海关税务司，但却说不清海关税到底是如何征收和管理的。通过津海关道制度的分析，使我们知道，晚清海关存在着清政府设置的海关道（海关监督）和外籍人员掌握的税务司两个系统，它们的职责互有区分，共同管理海关，但又存在矛盾。这一切都印证了钱穆所言，制度史研究是史学研究的基础之一，不了解制度，是很难对相关历史做出准确的说明的。

这本书原是谭春玲的博士论文，毕业之后，她又在繁忙的工作之余进一步查阅资料，参照当年答辩委员会各位老师们的意见加以修改，终于以 30 万字的著作予以出版，这是件可喜可贺的事！当然，本书并非完美，还有一些论证不够清晰、不够深入的地方，如对李鸿章任直隶总督时期的津海关道叙述较多，其他时期则叙述太少；有的问题，如"津海关道与晚清官僚体系"，只是笼统地提及，缺乏具体的深入论证，以致叙述的重点有些偏离，等等。总之，无论是津海关道制度本身，还是由此延伸的晚清对外交涉体制、海关制度等等，都有许多可以开拓的研究领域，我们期待谭春玲能够继续前行，期待她有更多更好的成果出现！

刘 伟

2018 年 4 月于武昌桂子山

摘　要

同治九年（1870），天津教案爆发，为使天津城内各方权力重新恢复平衡，在曾国藩、毛昶熙和李鸿章等人筹划下，中央决定裁撤三口通商大臣，由直隶总督兼任北洋大臣，并添设津海关道一职专管中外交涉和新、钞两关税务。津海关道的设置突破了原本由天津道兼管交涉和海关事务的常规做法，成为一个特例。天津正式形成直隶总督与津海关道共同处理对外交涉的上下两级交涉体制。

自同治九年（1870）李鸿章担任直隶总督以来，天津逐步成为中国近代外交和洋务的中心。津海关道以其重要地位成为直隶总督兼北洋大臣办理交涉的得力臂膀。在晚清士人皆视洋务为畏途的情况下，津海关道久办交涉，形成了"诚心""持平""信诺""持大体""不卑不亢"等对外交涉风格，他们以"持平"办理的原则处理了议结中外教案、参与中外订约修约谈判、负责庚子事变之后接管天津等众多中外交涉事件，缓解了中外矛盾。同一时期，清政府也经历了从最初被迫无序办理对外交涉到中央建立外务部，确立正式外交体制的演变历程，津海关道作为中央的一次区域性尝试，见证了中国近代外交演变的全过程。

津海关道与天津海关洋税务司共同管理津海关事务，是权责互补之同僚，但津海关道在管理津海关事务时居于主要地位，是津海关名副其实的主要领导者。在立足于交涉与海关事务之外，津海关道还凭借其才能，日渐被李鸿章倚为重要助手，成为协助李鸿章创办和管理各类洋务新政事业的首席大将。为弥补自身只能在不平等条约体制下办理对外交涉，难以获得社会民众普遍认可的不足，津海关道比天津其他同级官员更积极、更主动地投身到办学、城市建设和社会公益事业中，借此获得自保和发展之道。相对于传统官员而言，办理对外交涉、管理海关并投身于洋务新政事业和社会公益事业的津海关道是中国最早一批尽力弥补中外隔阂，缩短中外差距的官员，是近代中国新式官僚的先驱。

随着甲午战争之后李鸿章离职，津海关道逐步脱离洋务新政事业，回归本职，专管中外交涉和海关事务。1901年中央成立外务部。外务部逐步加强了对津海关道的管辖权，原本津海关道协助直隶总督兼北洋大臣办理对外交涉，起折冲转圜作用的身份定位悄然发生改变，津海关道制度也逐步丧失了直隶总督的支持与保护，但津海关道又不能不受原有格局的限制和督抚的制约，多重上级领导体制成为津海关道制度发展过程中的一大障碍，津海关道制度的内在矛盾日益显现，对它的改革也就不可避免。在晚清地方官制改革的浪潮中，外务部要求有交涉事务的省份设立交涉司，专管对外交涉。1910年直隶设置交涉使一职，津海关道自此完全脱离对外交涉职能，专管海关。清末改革中津海关道职能被割裂的现实虽是近代职官专业化发展的必然趋势，但清朝末年中央与地方改革缺乏周密制度安排的现实也预示着清政府迅速终结的必然性。时隔仅两年，清王朝灭亡，津海关道改名为海关监督，津海关道制度自此终结。

关键词：津海关道；天津；对外交涉；津海关

Abstract

In Year nine of Tongzhi Emperor (1870), the Church Incident broke out in Tianjin. In order to resume the balance amongst all sides, following the suggestions by Zeng Guofan, Mao Changxi and Li Hongzhang, the central government of Qing Dynasty decided to remove the position of Minister of Three-port Commerce, transferring the duty to the Governor-general of Zhili Province by appointing him to serve concurrently as the Beiyang Minister, and at the same time setting up a new institution called Tianjin Customs Taotai, which aimed to focus on diplomatic negotiations and customs affairs. Since then, Tianjin Customs Taotai became a special institution as it had broken away from the convention that Tianjin Taotai was responsible for diplomatic negotiations and customs affairs. A two-hierarchy institutional arrangement was then set up—where Governor-general of Zhili Province and Tianjin Customs Taotai jointly dealt with diplomatic negations.

Tianjin gradually became the center of diplomacy and westernization movement in China since Year nine of Tongzhi Emperor (1870), at which Li Hongzhang was appointed as the Governor-general of Zhili Province. Tianjin Customs Taotai, based on its essential duties, had also become an inextricable channel through which Governor-general of Zhili Province and Beiyang Minister carried out his negotiations with foreign countries. During the late Qing dynasty when most people were not confident about westernization movement, Tianjin Customs Taotai had accumulated rich experience in diplomatic negotiations by being sincere, equal, trustworthy, considerate, as well as not feeling inferior or superior towards foreigners. They had dealt with issues such as local-church conflicts, participated in conclusion and revision of treaties, as well as taking over the Tianjin administration after Gengzi Incident under the principle of equality, which effectively reduced Sino-foreign conflicts at the time. Meanwhile, the central government of Qing Dynasty had also experienced disorder at the beginning of diplomatic negotiations, which in turn led to the establishment of a permanent foreign ministry in central government. Tianjin Customs Taotai, as a regional attempt and experiment for modernizing diplomatic system, had witnessed the entire evolution of diplomacy in modern China.

Tianjin Customs Taotai and the Foreign Tax Bureau of Tianjin Customs jointly managed customs affairs in Tianjin. These two institutional bodies were complementary to each other, though Tianjin Customs Taotai played a major role in managing customs affairs in Tianjin—the de facto superior of Tianjin Customs. Apart from diplomatic negotiations and customs affairs, Tianjin Customs Taotai gradually became a critical assistant of Li Hongzhang, as well as the vanguard in helping Li Hongzhang with establishing and managing various westernized Chinese enterprises. In order to offset their lack of popular support due to dealing with diplomatic negotiations under unequal treaties, Tianjin Customs Taotai had been more active than their fellow Tianjin government officials in offering education, constructing local infrastructure and charitable activities, as a means of self-protection and promoting further development. Comparing to traditional government officials, Tianjin Customs Taotai which aimed at dealing with diplomatic negotiations, managing customs affairs, as well as promoting westernization movement and charity, was the first group of Chinese government officials who were trying to reduce misunderstanding between China and foreign countries, as well as narrowing the gap between China and the outside world.

Following Li Hongzhang's resignation after Qing dynasty's failure in the Jiawu War (First Sino-Japanese War), Tianjin Customs Taotai had step by step broken away with westernization movement and return to its initial duties of diplomatic negotiations and customs affairs. In 1901 central government formally established the Ministry of Foreign Affairs, which had then strengthened its authority over Tianjin Customs Taotai and consequently led to the change of Tianjin Customs Taotai's role as an assistant to the Governor-general of Zhili Province and Beiyang Minister in dealing with diplomatic negotiations. Tianjin Customs Taotai had lost its support and protection from the Governor-general of Zhili Province, but still had to cope with bureaucratic restrictions. This led to the problem of multiple leadership, which turned into one of the major obstacles in its development. Because of this, a reform of the institutional structure was inevitable. During the reform of local bureaucracy in late Qing Dynasty, the Ministry of Foreign Affairs required all provinces that involved in all forms of foreign connection should have a bureau for diplomacy, focusing exclusively on diplomatic negotiations. In 1910 Zhili Province set up the position of Commissioner for Negotiation, since when Tianjin Customs Taotai completely broke away with diplomatic negotiations and focused on customs affairs only. Although it was inevitable that Tianjin Customs Taotai's duties were re-allocated to different institutional bodies during the bureaucratic reform in late Qing Dynasty, as a result of specialization of respective bureaucratic institutions, the lack of thoughtful arrangement in the reform of central and local bureaucracy indicated the inevitability of Qing Dynasty's ending. Only two years later, Qing Dynasty ended. Tianjin Customs Taotai was renamed as Customs Inspection, the institution of Tianjin Customs Taotai had thus come to an end.

Key words: Tianjin Customs Taotai; Tianjin; diplomatic negotiations; Tianjin Customs

目　　录

绪论 ……………………………………………………………（1）
   第一节　相关概念的解释和研究范围的界定 ………………（1）
   第二节　选题意义 …………………………………………（3）
   第三节　本课题研究现状的述评 …………………………（6）
   第四节　潜力与方向 ………………………………………（15）

第一章　晚清津海关道的设立 ……………………………（22）
   第一节　清代的道台 ………………………………………（22）
   第二节　清代的海关道 ……………………………………（25）
      一　清朝海关的设立与演变 …………………………（25）
      二　晚清海关道制度的形成 …………………………（29）
   第三节　晚清的三口通商大臣 ……………………………（31）
      一　天津开埠通商 ……………………………………（31）
      二　三口通商大臣的设置 ……………………………（34）
      三　三口通商大臣的裁撤 ……………………………（37）
   第四节　晚清津海关道的添设 ……………………………（41）
      一　议设津海关道 ……………………………………（41）
      二　首任津海关道的遴选 ……………………………（42）
      三　添设津海关道的隐情 ……………………………（44）

第二章　津海关道基本情况考察 …………………………（51）
   第一节　事权界定与职能变迁 ……………………………（51）
      一　津海关道事权的最初界定 ………………………（51）

二　津海关道职能的演变……………………………………（57）
　第二节　衙署和衙门内部构成………………………………………（58）
　第三节　薪俸和办公经费……………………………………………（62）
　　一　初期的薪俸和经费……………………………………………（62）
　　二　后期的收入和办公费用………………………………………（65）
　第四节　海关道群体的量化分析……………………………………（67）
　　一　籍贯与地理背景………………………………………………（70）
　　二　资格与行政经历………………………………………………（72）
　　三　年龄与任职时间………………………………………………（75）
　　四　升迁与后期经历………………………………………………（79）

第三章　津海关道与晚清官僚体系……………………………………（83）
　第一节　津海关道与直隶总督………………………………………（83）
　　一　对直隶总督的量化考察………………………………………（83）
　　二　直隶总督对津海关道的行政管理权…………………………（88）
　　三　津海关道的任职渊源…………………………………………（94）
　　四　直隶总督对津海关道外交风格的影响………………………（113）
　　五　津海关道与直隶总督之间的矛盾……………………………（117）
　第二节　津海关道与天津道…………………………………………（121）
　　一　任职时间和资格出身…………………………………………（121）
　　二　任职路径和权力渊源…………………………………………（126）
　　三　权责分工和政治现实…………………………………………（128）
　第三节　津海关道与晚清官僚政治…………………………………（138）
　　一　直隶总督职权的扩展…………………………………………（139）
　　二　中央对地方政治势力的控制…………………………………（144）
　　三　地方官僚群体的集体应对……………………………………（154）

第四章　津海关道与中外交涉事务……………………………………（158）
　第一节　津海关道的工作环境………………………………………（158）
　第二节　处理教案……………………………………………………（160）
　　一　晚清教案………………………………………………………（160）
　　二　修改《传教章程》……………………………………………（163）

三　议结"布国商人索赔案" …………………………（167）
　第三节　中日定约、修约谈判 ……………………………（171）
　　　一　日本谋求订约 …………………………………（172）
　　　二　日本第一次毁约 ………………………………（173）
　　　三　日本第二次毁约 ………………………………（174）
　第四节　庚子事变后接管天津 ……………………………（176）
　　　一　庚子事变后的天津政局 ………………………（176）
　　　二　接管天津 ………………………………………（179）
　第五节　对津海关道交涉职能的评价 ……………………（183）

第五章　津海关道与海关事务 …………………………………（187）
　第一节　清代的海关监督与税务司 ………………………（187）
　　　一　传统观念中的海关监督 ………………………（189）
　　　二　五口通商之初的海关监督与领事官 …………（190）
　　　三　税务司与海关监督 ……………………………（191）
　第二节　津海关道的海关职责 ……………………………（200）
　　　一　征收税款 ………………………………………（202）
　　　二　保管税款 ………………………………………（203）
　　　三　支付和解运税款 ………………………………（203）
　　　四　参与确定税额 …………………………………（204）
　第三节　津海关的税务司 …………………………………（207）
　　　一　津海关税务司群体 ……………………………（207）
　　　二　津海关税务司的职责 …………………………（212）
　第四节　津海关道与津海关税务司 ………………………（215）
　　　一　权责互补之同僚 ………………………………（215）
　　　二　友好合作关系的培育与保持 …………………（216）
　　　三　两者的矛盾及解决途径 ………………………（220）

第六章　津海关道与洋务新政 …………………………………（227）
　第一节　津海关道洋务职责的拓展 ………………………（227）
　第二节　津海关道参与的洋务新政事业 …………………（232）
　　　一　天津机器局 ……………………………………（232）

二　旅顺军港 …………………………………………………（243）
　　三　华盛纺织厂 ………………………………………………（249）
第三节　津海关道在洋务新政中的作用 ………………………………（255）
　　一　指臂之助 …………………………………………………（256）
　　二　保驾护航 …………………………………………………（258）
　　三　保障经费 …………………………………………………（258）
　　四　确保权益 …………………………………………………（259）
第四节　津海关道洋务职能的再变化 …………………………………（259）
　　一　津海关道职能的收缩与回归 ……………………………（259）
　　二　津海关道职能的后期定位 ………………………………（264）

第七章　津海关道与天津的建设 ……………………………………（266）

第一节　开埠通商后的天津 ……………………………………………（266）
　　一　国家的海防重地 …………………………………………（267）
　　二　北方最大的对外贸易港口 ………………………………（267）
第二节　津海关道与近代天津的教育事业 ……………………………（268）
　　一　广设义学 …………………………………………………（269）
　　二　兴办近代学堂 ……………………………………………（270）
第三节　津海关道与近代天津的市政建设 ……………………………（272）
　　一　整修道路 …………………………………………………（272）
　　二　整饬环境 …………………………………………………（273）
　　三　整治海河 …………………………………………………（275）
　　四　改造桥梁 …………………………………………………（277）
第四节　津海关道的善举 ………………………………………………（278）
　　一　恤嫠会 ……………………………………………………（279）
　　二　广仁堂 ……………………………………………………（279）
　　三　采访局 ……………………………………………………（280）
　　四　在全国的赈灾济贫活动 …………………………………（280）
第五节　津海关道倡办公共福利事业的公义与私义 …………………（281）
　　一　公私皆有的经费来源 ……………………………………（282）
　　二　官场表率与社会威望 ……………………………………（285）
　　三　谋求自保与发展之道 ……………………………………（287）

结语 …………………………………………………… （290）
  第一节 津海关道制度的内在矛盾 ………………… （290）
  第二节 津海关道制度的最终命运 ………………… （299）

征引史料与参考论著 ………………………………… （303）

索引 ………………………………………………… （315）

后记 ………………………………………………… （324）

Contents

Introduction ……………………………………………………………… (1)

 Section Ⅰ: Relevant concepts and scope of this research ………… (1)

 Section Ⅱ: Research significance for the choice of this topic ……… (3)

 Section Ⅲ: Contemporary development on this topic ……………… (6)

 Section Ⅳ: Research potential and directions for further research … (15)

Chapter Ⅰ: Establishment of Tianjin Customs Taotai in late Qing Dynasty …………………………………………………………… (22)

 Section Ⅰ: Taotai in Qing Dynasty ……………………………………… (22)

 Section Ⅱ: Customs Taotai in Qing Dynasty ………………………… (25)

  Ⅰ. Establishment and evolution of Customs in Late Qing Dynasty ………………………………………………………… (25)

  Ⅱ. The formation of Customs Taotai institution in late Qin Dynasty …………………………………………………………… (29)

 Section Ⅲ: The Minister of Three-port Commerce in late Qing Dynasty ……………………………………………………… (31)

  Ⅰ. Open-up of Tianjin to international trade …………………… (31)

  Ⅱ. Minister of Three-port Commerce: setting up ……………… (34)

  Ⅲ. Minister of Three-port Commerce: the removal …………… (37)

 Section Ⅳ: Setting up Tianjin Customs Taotai in late Qing Dynasty ……………………………………………………… (41)

  Ⅰ. Consultation and establishment of Tianjin Customs Taotai ………………………………………………………… (41)

  II. Electing the first Tianjin Customs Taotai Commissioner ……… (42)

  III. Hidden facts under the establishment of Tianjin Customs Taotai ……… (44)

Chapter II: The primary situation of Tianjin Customs Taotai …… (51)

 Section I: Scope of authority and its evolving functions ………… (51)

  I. Initial scope of authority of Tianjin Customs Taotai ……… (51)

  II. The evolving functions of Tianjin Customs Taotai ……… (57)

 Section II: Institutional structure of Yashu and Yamen ……… (58)

 Section III: Salary and operational expenses ……… (62)

  I. Salary and operational expenses in early stage ……… (62)

  II. Salary and operational expenses in late stage ……… (65)

 Section IV: Quantitative analysis of Customs Taotais ……… (67)

  I. Home origin and geographic background ……… (70)

  II. Qualifications and administrative experience ……… (72)

  III. Age and tenure ……… (75)

  IV. Promotion and further experience ……… (79)

Chapter III: Tianjin Customs Taotai and the bureaucratic system in late Qing Dynasty ……… (83)

 Section I: Tianjin Customs Taotai and the Governor-general of Zhili Province ……… (83)

  I. Quantitative investigation on the Governor-general of Zhili Province ……… (83)

  II. The executive power of Zhili Governor-general over Tianjin Customs Taotai ……… (88)

  III. Commissioners' home origin in relation to their appointment ……… (94)

  IV. Zhili Governor-general's influence on the diplomacy of Tianjin Customs Taotai ……… (113)

Ⅴ. The contradiction between Tianjin Customs Taotai and
　　　　Zhili Governor-general ·················· (117)
Section Ⅱ: Tianjin Customs Taotai and Tianjin Taotai ············· (121)
　　Ⅰ. Tenure and qualifications ·················· (121)
　　Ⅱ. Career paths and sources of authority ·················· (126)
　　Ⅲ. Authority, duties and political realities ·················· (128)
Section Ⅲ: Tianjin Customs Taotai and the bureaucracy in late
　　　　Qing Dynasty ·················· (138)
　　Ⅰ. Zhili Governor-general's power expansion ·················· (139)
　　Ⅱ. Central government's control over local political
　　　　powers ·················· (144)
　　Ⅲ. The collective response of local bureaucrats to central
　　　　government ·················· (154)

Chapter Ⅳ: Tianjin Customs Taotai and Sino-foreign negotiations ·················· (158)

Section Ⅰ: The situation faced by Tianjin Customs Taotai ········· (158)
Section Ⅱ: Dealing with the Church Incident ·················· (160)
　　Ⅰ. Church Incident in late Qing Dynasty ·················· (160)
　　Ⅱ. Revision of *Rules on Missionary Activities* ·················· (163)
　　Ⅲ. Resolution over the claimant of Prussian
　　　　businessmen ·················· (167)
Section Ⅲ: Sino-Japanese negotiations over conclusion and
　　　　revision of bilateral treaty ·················· (171)
　　Ⅰ. Japan's attempt for a treaty ·················· (172)
　　Ⅱ. Japan's first violation of treaty ·················· (173)
　　Ⅲ. Japan's second violation of treaty ·················· (174)
Section Ⅳ: Taking over Tianjin administration after Gengzi
　　　　Incident ·················· (176)
　　Ⅰ. Political circumstances in Tianjin after Gengzi
　　　　Incident ·················· (176)
　　Ⅱ. Taking over Tianjin administration ·················· (179)

Section V:Evaluation over Tianjin Customs Taotai's diplomatic
          negotiations ·· (183)

Chapter V:Tianjin Customs Taotai and customs affairs ············ (187)
   Section I:Customs inspection and tax bureau in Qing
             Dynasty ·· (187)
      I. Traditional perspectives on customs inspection ············ (189)
      II. Customs inspection and foreign consuls in the early stage
          of five-port trading ··· (190)
      III. Tax bureau and customs inspection ···························· (191)
   Section II:Duties of Tianjin Customs Taotai ························· (200)
      I. Taxation ··· (202)
      II. Safe keeping of tax ··· (203)
      III. Expenditure management and armed escort for tax ······ (203)
      IV. Involvement in determining the taxation ···················· (204)
   Section III:Tax bureau of Tianjin Customs ···························· (207)
      I. Directors of Tianjin Customs ······································ (207)
      II. Duties of Tianjin Customs' Tax Bureau ······················· (212)
   Section IV:Tianjin Customs Taotai and the Tax Bureau of Tianjin
             Customs ··· (215)
      I. Complementary institutional bodies ····························· (215)
      II. Cultivation and preservation of their co-operative
          relations ··· (216)
      III. Confrontations and solutions ······································ (220)

**Chapter VI:Tianjin Customs Taotai and Westernization
        Movement** ·· (227)
   Section I:Expansion over the duties of Tianjin Customs Taotai
             during the Westernization Movement ···················· (227)
   Section II: Involvement of Tianjin Customs Taotai in Westernization
             Movement ·· (232)
      I. Tianjin Machinery Bureau ·· (232)

II. Lüshun Naval Port ……………………………………… (243)
III. The Huasheng Textile Works ……………………………… (249)
Section III: The role of Tianjin Customs Taotai in Westernization
　　　　　　Movement …………………………………………… (255)
　　I. A capable assistant of Li Hongzhang ………………………… (256)
　　II. Protecting Chinese infant industries ……………………… (258)
　　III. Ensuring funding ……………………………………… (258)
　　IV. Safeguarding the interests of Chinese government and
　　　　industries …………………………………………… (259)
Section IV: Further change of Tianjin Customs Taotai's functions in
　　　　　　Westernization Movement ………………………… (259)
　　I. Contraction of Tianjin Customs Taotai and its return to
　　　　initial duties ………………………………………… (259)
　　II. Functions of Tianjin Customs Taotai at late stage ……… (264)

Chapter VII: Tianjin Customs Taotai and the development of Tianjin city …………………………………………… (266)

Section I: Tianjin after opening up to international trade ……… (266)
　　I. An important coast defense location of China …………… (267)
　　II. The largest port of foreign trade in Northern China …… (267)
Section II: Tianjin Customs Taotai and modern education system in
　　　　　　Tianjin ………………………………………… (268)
　　I. Free public schools ……………………………………… (269)
　　II. Setting up modern education institutions ………………… (270)
Section III: Tianjin Customs Taotai and infrastructure construction
　　　　　　in modern Tianjin …………………………………… (272)
　　I. Road construction ……………………………………… (272)
　　II. Environmental remediation …………………………… (273)
　　III. Dredging Haihe River ………………………………… (275)
　　IV. Bridge-building ……………………………………… (277)
Section IV: Philanthropic actions of Tianjin Customs Taotai ……… (278)
　　I. Xu'li'hui ……………………………………………… (279)

Ⅱ. Guang'ren'tang ·· (279)
　　Ⅲ. Cai'fang'ju ·· (280)
　　Ⅳ. Relief towards victims of natural disasters and poverty
　　　　around the country ·· (280)
　Section Ⅴ:Public and private interests behind Tianjin Customs
　　　　Taotai's initiative of charitable activities ················ (281)
　　Ⅰ. Funding from both public and private sources ············ (282)
　　Ⅱ. A positive example in the official arena and its own social
　　　　prestige ·· (285)
　　Ⅲ. Means of self-protection and further development ········ (287)

Conclusion ··· (290)
　Section Ⅰ:Internal contradictions of Tianjin Customs Taotai ······ (290)
　Section Ⅱ:The ultimate destiny of Tianjin Customs Taotai ········ (299)

Reference List ·· (303)

Index ·· (315)

Postscript ·· (324)

绪　　论

第一节　相关概念的解释和研究范围的界定

本书主要研究晚清时期的津海关道。与津海关道相关的概念有"道""海关道""海关监督""关道"等。

"道"指中国古代的一级地方行政机构，其长官称道员，亦称道台或观察，秩从九品或未入流不等，"皆因地建置，不备设"。① 道员的主要职责是"佐藩臬，核官吏，课农桑，兴贤能，励风俗，简军实，固封守，以帅所属而廉察其政治"②，即辅佐藩、臬等大员，监督府县两级地方官员，并管理地方政务。基于此，道员与藩臬二司常被连在一起统称司道官员，或者简称"司道"。③

目前"海关道"这一概念在学术界存在较多分歧。容易与之混淆的概念有"津海关道""海关监督"等。《中国历史大辞典》认为"海关道"是一种官署名。这一职务在清同治九年（1870）设立，驻扎于天津，专管中外交涉及东海、山海、天津等地海关关税事务。④ 这则解释实质上混淆了海关道与津海关道的概念。王立诚认为："海关道"是地方道台中的一种，因兼任海关监督，因此被称作海关道。⑤ 苟德仪将以上两种观念进行了综合，他认为"海关道"是以当地道台兼管各地海关的海关监督的称谓或专设的

---

① 赵尔巽：《清史稿》，志98，职官3，民国十七年清史馆本。
② 同上。
③ 朱东安：《关于清代的道和道员》，《近代史研究》1982年第4期。
④ 郑天挺、戴逸主编：《中国历史大辞典·清史卷》，上海辞书出版社1992年版。
⑤ 王立诚：《中国近代外交制度史》，甘肃人民出版社1991年版，第87页。

官署，虽然清前期就已出现了海关道，但直至清晚期才正式形成海关道制度。①

"海关监督"与前两个概念有密切关系。《辞海》认为"海关监督"是旧中国的一种官职名称。清康熙二十三年（1684）清政府收复台湾后，开放海禁，设立了四大海关，当时海关的长官称"海税监督"；在鸦片战争之后，清政府在通商口岸设立海关时，普遍以当地道台管理海关，称"海关道"，有的地方称"海关监督"；辛亥革命后，海关道一律改称"海关监督"。②

"关道"则是"海关道"的简称。刘伟教授在《晚清关道的职能及其演变》一文中认为："在两次鸦片战争后开放的通商口岸中，大多数以守巡道兼任海关监督，称'关道'。关道的职能主要是海关税收与办理通商口岸交涉事宜。"③ 对海关监督与海关道的关系，刘伟教授在该文中明确提出关道虽然兼任海关监督，但属于地方官系列，职权大于海关监督。

"津海关道"是"海关道""海关监督""关道"中特殊的一种。学术界对"津海关道"的认识较为统一。朱东安在《关于清代的道和道员》一文中这样描述：严格地讲，设立在天津的津海关道是唯一的清代专职关道。同治九年（1870）在清政府撤销三口通商大臣衙门时设立津海关道，其主要职责是专管中外交涉各事件及新、钞两关税务。民国元年（1912）十二月津海关道被统一改称为津海关监督。④ 梁元生在《清末的天津道与津海关道》一文中认为："在晚清一系列的海关道台之中，只有一个是专门为通商、交涉及关务而专设的职位"，即为"天津海关道台，或简称津海关道"。⑤ 林怡秀在其硕士学位论文《清季天津海关道之研究（1870—1895）》中写道："在清末的一系列海关道台中，于同治九年（1870）设立的津海关道却是一个特殊的例子，津海关道是唯一专门为通商、交涉和

---

① 苟德仪：《晚清海关道及其对外交涉研究》，硕士学位论文，西华师范大学历史文化学院，2005年。
② 《辞海》（经济分册），上海辞书出版社1978年版，第401页。
③ 刘伟：《晚清关道的职能及其演变》，《华中师范大学学报（人文社会科学版）》2010年第2期。
④ 朱东安：《关于清代的道和道员》，《近代史研究》1982年第4期。
⑤ 梁元生：《清末的天津道与津海关道》，《"中央研究院"近代史所研究集刊》第25期。

关务而新设的道台。"① 以上三位学者给津海关道一职所下定义，基本都根据津海关道一职设立的地点、职能以及与其他海关道的关系来限定。在已有研究成果的基础上，本书认为，因天津教案爆发，在清政府裁撤三口通商大臣，改由直隶总督兼管对外通商和交涉事宜的情况下，因事务繁杂，加设津海关道一职，"专管中外交涉事件及新、钞两关税务，仍驻天津府"。② 与其他海关道由地方道台兼职不同，津海关道是清政府因应时局变化在天津专设的一个道台职位。

津海关道自同治九年（1870）创置，至民国元年津海关道正式改为海关监督止，一共存在了42年时间。本书拟以津海关道为研究主体，以1870—1912年为考察时段，对津海关道制度的发展与演变作整体研究。本书还将对三口通商大臣、天津道、直隶总督、津海关税务司等涉及本课题的人物群体作辅助性研究。

第二节 选题意义

中国自古就是一个幅员辽阔的国家，自秦时起，其疆域已经涵盖当代中国的基本地域。"东至海暨朝鲜，西至临洮、羌中，南至北向户，北据河为塞，并阴山至辽东"。③ 此后，多数朝代逐步拓展疆土，至明清两代，疆域进入中华民族的定型期。清全盛时，"东极三姓所属库页岛，西极新疆疏勒至于葱岭，北极外兴安岭，南极广东琼州之崖山"。④ 为治理如此辽阔的疆土，清政府不仅需要直接管理民众的基层政权，还需要转呈政令、上传民意以及管理基层官员的中层政权，因此历代统治者在巩固中央政权的基础上，都建立起若干层级地方行政体系来管理国家。《左传·襄公四年》曾记载："茫茫禹迹，划为九州。"自夏禹划九州治理国家为开端，历经各朝各代，地方行政层级虽屡经变迁，但基本在二级制、三级制、四级制之间徘徊。为了更好地管理国家，历朝政府多致力于中央和地方的行政制度建设。相较于世界其他国家和地区而言，中国自古就是中央

---

① 林怡秀：《清季天津海关道之研究（1870—1895）》，硕士学位论文，台湾成功大学历史学系，2001年。
② 李鸿章：《畿辅通志》，卷30，册2，商务印书馆1934年版，第988页。
③ （汉）司马迁著，刘兴林等点注：《史记》，中国友谊出版公司1993年版，第37页。
④ 赵尔巽：《清史稿》，志36，地理1，民国十七年清史馆本。

和各级地方行政制度发展较为完善的国家。这已引起古今中外众多历史学家的关注，相关研究成果层出不穷。

中国政治制度史的研究曾一度独占鳌头。回顾以往已有成果，中央和地方政治制度史的研究呈现出两种偏向。

第一种是周振鹤曾指出的历来政治制度研究大都"重中央，而轻地方"①的偏向。较早阶段的政治制度史研究多偏重于对中央制度的研究。如吕思勉的《中国制度史》（上海教育出版社 2005 年版），曾资生的《中国政治制度史》（重庆南方印书馆 1943 年版），陶希圣的《中国政治制度史》（台北启业书局 1974 年版），白钢的《中国政治制度史》（天津人民出版社 1991 年版），张金鉴的《中国政治制度史》（台北三民书局 1971 年版），左言东的《中国政治制度史》（浙江古籍出版社 1989 年版），郭松义等的《清朝典章制度》（吉林文史出版社 2002 年版）等。

第二种偏向是对州县等基层政治制度研究的勃兴。仅以近十年相关研究成果为例，有魏光奇的《官治与自治——20 世纪上半期的中国县制》（商务印书馆 2004 年版）、《有法与无法——清代的州县制度及其运作》（商务印书馆 2010 年版），冉锦惠、李慧宇的《民国时期保甲制度研究》（四川大学出版社 2005 年版），张静的《基层政权与乡村制度诸问题》（上海人民出版社 2007 年版），朱俊瑞、李涛的《民国浙江乡镇组织变迁研究——以新县制为中心的分析》（中国社会科学出版社 2007 年版），周保明的《清代地方吏役制度研究》（上海书店出版社 2009 年版），胡恒的《皇权不下县？——清代县辖政区与基层社会治理》（北京师范大学出版社 2015 年版）等。学术界对州县基层政治制度的高度关注使当前政治制度史的研究再度出现繁荣局面。

与中央和基层政治制度史研究的繁盛状态形成鲜明对比的是对道这个中层政治体制研究的薄弱。据《清史稿·职官志》记载，清代道员"各掌分守、分巡及河、粮、盐、茶，或兼水利、驿传，或兼关务、屯田，并佐藩臬，核官吏，课农桑，兴贤能，励风俗，简军实，固封守，以帅所属而廉察其政治"。② 由此可知，清代道台处于督抚之下，府县之上，是地方的中层官员，其种类复杂，职责繁重。研究地方道台制度可以转变以往

---

① 周振鹤：《中国地方行政制度史》，上海人民出版社 2005 年版，第 1 页。
② 赵尔巽：《清史稿》，志 98，职官 3，民国十七年清史馆本。

自上而下或自下而上考察政治制度史的传统视角，以承转启接的中间状态来透视和解读当时的历史。"清代的道台体制确实值得人们去做更多的历史性考察。"① 据笔者所见，目前已问世的研究道台的著作仅两本，其一是上海古籍出版社2003年出版的梁元生著《上海道台研究——转变社会中的联系人物（1843—1890）》，其二是中华书局2011年出版的苟德仪著《川东道台与地方政治》。两位作者皆以特定区域地方道台为研究对象，探讨了该地区道台近代以来职能演变的全过程，在学术界具有开拓性的影响，两本著作在一定程度上开启了道台制度研究之先河，但这仅是起步，地方道台制度还有许多自身或者延伸的领域等待学者们继续发掘和探索。清代道台属中层地方机构，以之为视角，可以探讨地方行政制度的运行状况；清代道台也是一种官职，在不同时代其职能会扩展或收缩，以之为视角，可以研究该官职在不同时段的发展脉络；清代道台也可构成一个或者若干个不同的群体，探讨群体特征有助于我们更准确地把握清代地方政治制度的内容和实质。

作为地方中间行政层级的道台制度需要引起人们的足够重视，在这种大的学术背景之下，同治九年（1870）清政府添设的津海关道以其特殊性更需要学术界予以关注。道光二十二年（1842）中英签订《南京条约》，开放广州、福州、厦门、宁波、上海五处为通商口岸，外国人可以在各口岸自由居住、贸易，此外各口岸还专门设有负责处理中外通商事宜的外国领事，中外关系进入全新局面。面对崭新的中外形势，各口岸的中国官员在职务上不可避免地出现新变化。驻扎于各口岸的道台由于职务关系逐步成为通商口岸办理通商和交涉事宜的重要人物。第二次鸦片战争后，为因应全面对外开放通商的局面，在新设通商口岸，清政府普遍以当地道台处理"关务"和办理"交涉"，这些被赋予管理海关职责的道台，一般称之为"海关道"和"关道"，但这些海关道是地方行政道台的兼衔，是地方道台在行政事务上另加的特殊职务，并非专职。天津教案爆发，清政府裁撤三口通商大臣，由直隶总督兼任北洋大臣，负责管理对外通商和交涉事务，同时设立津海关道。与其他海关道一般由当地道台兼职不同，津海关道是在天津道之外另外专设的职位，专门负责处理中外交涉

---

① 梁元生著，陈同译：《上海道台研究——转变社会中的联系人物（1843—1890）》，上海古籍出版社2003年版，第152页。

事件及管理新、钞两关税务。

　　天津乃畿辅咽喉,战略地位极其重要,津海关道的设立打破了原本应由天津道兼管对外交涉和海关事务的惯例,在天津城内出现二道同城以及省、道、府、县四级行政机构同时并存的现象。津海关道作为承上启下、中间转圜的官员,在这个复杂的地方政治系统中,与直隶总督、天津道、天津府县之间到底是什么关系?构成怎样的地方政治环境?津海关道与总理各国事务衙门,与其他地区洋务官僚之间是什么关系?在晚清多项改革浪潮下,津海关道自身职能如何演变发展?最终如何定位?以津海关道为视角,探讨在晚清社会变革形势下近代官僚体系的自我发展及其内在矛盾,并以此透视整个社会在变与不变中的矛盾和结局,确实能丰富刚刚起步的道台制度的研究。而且当前学术界普遍认为,1870年津海关道的设置是晚清海关道制度初步形成的标志[①],因此研究津海关道对于推进当前海关道制度研究也具有重要的意义。

　　鉴于此,本书以同治九年(1870)在天津设立的津海关道为研究对象,希望以立体深入的考察,探讨津海关道在地方政治和国家制度演变中的实际作用,透视个案背后的国家和社会,解读社会变革时期的晚清政治格局。

第三节　本课题研究现状的述评

　　为了将津海关道植根于相关多种职官发展演变的背景中进行多方位考察,笔者广泛搜集和整理了与津海关道相关的清代"道""海关道"等研究成果,希望能借鉴这些成果,以拓宽津海关道的研究视野。学术界目前的状况是:清代道制研究正处于初步繁盛阶段,而海关道、津海关道研究才刚刚起步。

一　关于清代道的研究

　　就研究角度和成果形式的不同,可将已有的清代道制研究作以下划分:

[①] 参见梁元生著,陈同译《上海道台研究——转变社会中之联系人物(1843—1890)》,上海古籍出版社2003年版;苟德仪《川东道台与地方政治》,中华书局2011年版。

（一）有关清代道制研究的专著

就目前而言，清代道制系统性的研究专著尚未问世。梁元生的著作《上海道台研究——转变社会中之联系人物（1843—1890）》（上海古籍出版社2003年版）开道台研究之先河，该著作并不着眼于清代的传统道台，而是致力于近代西方势力冲击下的上海道台的个案研究。清末是一个剧烈变动的社会，该著作以这种大环境下的上海为研究区域，分别从上海道台与对外关系、上海道台与近代化、上海道台与地方政治三方面探讨了上海道台所扮演的角色，通过研究作者认为，上海道台"介于传统与现代之间"，在外部或内部关系上都扮演着联系人的角色。

苟德仪的《川东道台与地方政治》（中华书局2011年版）一书随后问世，该著作以四川的川东道为研究个案，在对之进行长时段动态考察的基础上，认为川东道作为清朝地方大员，在司法、税收、教育、社会治安、地方祭祀、对外事务等各类地方实际事务中都发挥了重要作用，川东道台已经不是简单的"监司"，俨然已成为一级独立的行政区划和机构。①

除了以上两本专著外，程幸超《中国地方行政制度史》（四川人民出版社1992年版）和吕思勉的《中国制度史》（上海三联书店2009年版）两本著作也涉及清代道制问题。

（二）以清代道制作为研究对象的整体性研究论文

着眼于清代道制发展演变的研究属于整体性研究。已有学术成果可分为两个时段，即民国时期的论文和20世纪70年代之后的论文。

民国时期的论文目前统计有一篇，即汤吉禾的《清代科道职掌》，该文更多强调了清代科道的监察功能。作者认为清代科道制度始自崇德元年（1636），后屡屡更名，经乾隆初叶重新厘定后成为定制。文中"科道"包括都察院都御史下设吏、户、礼、兵、刑、工六科，各有掌印、给事中；还有京畿、浙江、河南、陕西、山西、山东、湖广、江南、四川、福建、江西、广东、广西、贵州、云南十五道，各自成为监察御史。作者认为清代科道的主要任务是建议政治、考核官吏、纠察祭祀、监察考试、会狱重案，辨明冤枉以及各种巡差等。其中十五道御史除与六科给事中共同担任职务外，尚有其专司职务，即稽察、理刑以及个别道兼有的其他特殊职务；清代科道官因其特殊地位而享有特殊保障，亦因其特殊地位而具有

---

① 苟德仪：《川东道台与地方政治》，中华书局2011年版，第408页。

特殊禁忌。但清代科道之保障和禁忌又往往互相冲突，漫无标准，最终是非衡之于皇上，因此世人多认为科道为晋身之阶而不以其为终身之职。①

20世纪70年代之后的论文有多篇，其中吴吉远的《试论明清时期的守巡道制度》一文认为明清地方行政大都实行省、府、州县三级体制。道处于府之上，布按二司之下，似乎为一级政府，其实不然。明清地方行政中的道分为守道和巡道，分别隶属于承宣布政使司、提刑按察使司，是省政府职能部门的派出机构，同时又兼有监察府州县的职责，统辖或分辖全省之府州县，常驻一地或省城，连同布按二司俗称"监司"。守巡道制度完善了明清两朝的省级政权建设，特别是对清代的地方行政管理起到了重要的督察作用。②

朱东安的《关于清代的道和道员》一文，在叙述道的性质与道员的职权与分类的基础上，重点论述了储粮道、盐法道、管河道、关道等情况。③

李国祁的《明清两代地方行政制度中道的功能及其演变》一文首先阐述了明清两代分巡道、兵备道以及分守道的形成与演变情况，梳理了明清道台一职的演进脉络。紧接着论述了清代前期和后期道功能的转变，道从明代临时性设置的一种应变机构，逐渐演变成永久性的地方行政制度，同时逐步成为直属于省的地方行政独立单位。作者继而详细论述了由于道的因应功能，清后期道在西力冲激④中得到特殊发展，新的海关道制度随之形成，道员开始在洋务中扮演重要角色。对此作者评价道："清季在地方政府以道的制度来因应西力冲激从事近代化运动，其本身各有其功过，而这种功与过亦殊难予以评定孰大孰小。然而无论如何清季中国政府不能彻底地产生一种新制度去因应西力冲激的时变，而因循地由传统职官中加重道的功能来承担此划时代的重任，其本身已是一种不幸。"⑤ 作者也指明，由于道本身不完全具备专业化与精确化等近代职官或机构的特质，故虽能在因应时变中发生某些作用，但是终究难以久存，必然为专业化、精

---

① 汤吉禾：《清代科道职掌》，《东方杂志》第33卷第1号。
② 吴吉远：《试论明清时期的守巡道制度》，《社会科学辑刊》1996年第1期。
③ 朱东安：《关于清代的道和道员》，《近代史研究》1982年第4期。
④ 李国祁在《明清两代地方行政制度中道的功能及其演变》一文中都用"冲激"，后文凡涉及李国祁文章处遵照作者的用法，其余用"冲击"。
⑤ 李国祁：《明清两代地方行政制度中道的功能及其演变》，《"中央研究院"近代史研究所集刊》1972年第3期。

确化的职官或机构所取代。① 该文的主要论点奠定了后期同类论文的大致研究方向，是有关清代尤其是晚清西力冲击下道台制度研究的开山之作。

缪全吉的《明清道员的角色初探》一文从结构分化、功能分化两方面来分析道员的角色。该文认为道制是秩序井然的刚性制度中的一个调节器。道不是确定机构中不变的职位，而是一个随遇而安，由两司次官发展而来的柔性可变体，主要以自我变动来调节现有制度的缺漏。作者还认为随着时代的发展，道员既可以划疆而治，又能尝试承担各种新兴事务，道台制度表现出了诸多活力。②

古鸿廷著有《清代道员制度》一文，该文的学术观点大致与前两文相同。作者认为道员制度具有弹性特色。清中叶后道由原本的非行政单位逐渐成为地方行政制度之一环。这表现在清中叶后对道员的选任有了明确的规定，在清代官僚体系中道员被定为正四品。③

岳本勇的《清代道制研究》一文首先从秦、北朝和隋、唐与辽、元与明几大时段分别探讨了道制的渊源。在"清代的道制"一章中作者认为，清代道制经历了一个发展演变的历程，从其发展规律看，可以分为清初的沿袭、政权稳固后的改革与调整、晚期的变更三大时期。因此清道制虽承袭明制，但已基本实现了从临时监察区向正式行政区的转换。以鸦片战争为界，道员职能分两大阶段，第一阶段，道员主要处理行政、司法、财政及军事等监察工作；鸦片战争后进入第二阶段，道员开始在不平等条约体制之下负责处理对外交涉事务，之后又开始广泛参与到各项近代化事业中。④

周勇进的《清代地方道制研究》是一篇全面概括清代道制发展、演变直至终结的博士学位论文。该文在总结明代道台制度特点的基础上重点阐述了清代道台制度的调整与演变情况。清代的道台发展成为有行政区划的守巡道和兼巡地方的专业道两大类。但从清朝末年地方官制改革开始直至民国，在四级或三级制等制度多次变更的时代背景下，道制相应经历了

---

① 李国祁：《明清两代地方行政制度中道的功能及其演变》，《"中央研究院"近代史研究所集刊》1972年第3期。
② 缪全吉：《明清道员的角色初探》，《近代中国初期历史研讨会论文集》，"中央研究院"近代史研究所1989年版。
③ 古鸿廷：《清代道员制度》，《中国文化月刊》第190期。
④ 岳本勇：《清代道制研究》，硕士学位论文，兰州大学，2010年。

多次改革,管理地方行政事务的守巡道遭到裁撤,道开始向省属专业职官方向发展。民国十九年(1930)道被彻底废除。①

纵观以上学术研究成果,汤吉禾的《清代科道职掌》强调的是传统科道的监察功能,他认为道因其特殊的地位而有特殊的保障和禁忌,这给后来的研究者提供了一个很好的思路。吴吉远《试论明清时期的守巡道制度》、朱东安《关于清代的道和道员》等论文着重于传统意义上道职的制度研究。李国祁、缪全吉、古鸿廷、岳本勇的文章对明清道台职位的演变与分化均有不同程度的探讨,都肯定了道台一职具有因时应变和富有弹性等特点,都指明了为因应外力冲击,出现了晚清道台担任新兴事务的趋势。周勇进的博士学位论文阐述了清代道制的发展、演变直至终结的全过程。总之,已有研究成果论述了清代整个道制基本的发展状况,为后续研究奠定了良好的基础。

(三) 个案研究

个案研究是相对于整体研究而言的,它是指以道制的某方面,或以某区域、某一类别的道为研究对象的论文。20世纪30年代,蒋慎吾写的《上海道台考略》介绍了形形色色的上海道台②,梁元生的《上海道台研究——转变社会中之联系人物(1843—1890)》一书研究了近代西方势力冲击下的上海道台③,苟德仪的《川东道台与地方政治》一书是对川东地区道台的全面考察。④ 受梁元生《上海道台研究》一书的影响,苟德仪在《上海道台与"借师助剿"政策关系探微》一文中,将上海道台定位为"联系人"加以分析。⑤ 张舜华的《台湾官制中道的研究》以清代台湾的最高行政长官即台湾道为研究对象,全文通过考察台湾道权限的更易,来研究清廷对台湾的态度和政策的改变。文中对台湾84位道员作了量化分

---

① 周勇进:《清代地方道制研究》,博士学位论文,南开大学,2010年。
② 蒋慎吾:《上海道台考略》,上海通社编《旧上海史料汇编》下,北京图书馆出版社1988年版,第61—71页。
③ 梁元生:《上海道台研究——转变社会中之联系人物(1843—1890)》,上海古籍出版社2003年版。
④ 苟德仪:《川东道台与地方政治》,中华书局2010年版。
⑤ 苟德仪:《上海道台与"借师助剿"政策关系探微》,《历史教学(高教版)》2007年第4期。

析，并阐述了台湾道的特殊性。① 此外还有吴轶群的《清代新疆镇迪道与地方行政制度之演变》②，许雪姬《兴泉永道与台湾的关系》③ 等文章分别对某一区域的道进行了研究。

杨武泉的《明清守、巡道制考辨》对明清两代分守、分巡制度产生的时间，分守、分巡道分别属于按察司衔还是属于布政司衔等八个难以分辨的问题进行了考辨。④ 汤熙勇在《清初道员的任用及其相关问题》一文中，以顺治、康熙朝为主要研究时段，作者认为清初道员的任用有制度化的一面也有非制度化的一面，两者之间的变化与中央权力和地方权力的消长有密切关系。⑤ 刘铮云的《"冲、繁、疲、难"：清代道、府、厅、州、县等级初探》一文认为，清代除了顺治十二年（1655）至十四年（1657）间曾将州县等地方官员缺分为三等外，终清之世都实行"冲、繁、疲、难"的职缺制度。而这个制度原本提出者的方案经吏部四年研议之后有所改变。透过这个制度可以看出皇帝、吏部、地方督抚三者在清代政治生活上的微妙关系，"人地相宜"是三者一致认同的目标，但三者对如何达成这个目标却有不同的做法，这反映了地方督抚和吏部之间的权力争夺。⑥ 林涓的《清代道的准政区职能分析——以道的辖区与驻所的变迁为中心》一文以道的辖区和其驻所的变迁为主要考察点，揭示了道台制度的变迁是不同时期中央与地方权力此消彼长关系的体现。⑦ 以上这些文章主要偏重对道台制度某一方面特征的分析。

二 关于海关道

晚清时期清政府被迫开埠通商，各通商口岸需要官员管理，不少道台在常规工作之外开始负责管理海关，海关道由此产生。海关道是道台中的

---

① 张舜华：《台湾官制中道的研究》，硕士学位论文，台湾大学历史研究所，1970年。转引自林怡秀《清季天津海关道之研究（1870—1895）》，硕士学位论文，台湾成功大学历史学系，2001年。
② 吴轶群：《清代新疆镇迪道与地方行政制度之演变》，《中国历史地理论丛》第22卷第3辑。
③ 许雪姬：《兴泉永道与台湾的关系》，《中国历史学会史学集刊》第13期。
④ 杨武泉：《明清守、巡道制考辨》，《中国史研究》1992年第1期。
⑤ 汤熙勇：《清初道员的任用及其相关问题》，"中央研究院"中山人文社会科学研究所《人文及社会科学集刊》1993年第1期。
⑥ 刘铮云：《"冲、繁、疲、难"：清代道、府、厅、州、县等级初探》，"中央研究院"历史语言研究所集刊》，第64本。
⑦ 林涓：《清代道的准政区职能分析——以道的辖区与驻所的变迁为中心》，《历史地理》第十九辑。

一个特殊群体，不少学者已经从多个角度对此问题展开研究。

王立诚在《中国近代外交制度史》（甘肃人民出版社1991年版）一书中对海关道作了开创性研究，他认为海关道是晚清时期一个重要的地方对外交涉机构。与其他学者对海关道多种职能的定位不同，王立诚只强调了海关道几大职能中的对外交涉职能。陈诗启的著作《中国近代海关史》（人民出版社2002年版）在论述近代海关产生发展时，阐述了海关道的地位问题。他认为近代中国各口海关中，海关监督是最高负责人。但外籍税务司推行各口之后，税务司夺取了海关监督权力，海关监督被架空。① 樊百川在《清季的洋务新政》②一书中，专设一节分析海关道制度的形成。任智勇的《晚清海关监督制度初探》（《历史档案》2004年第4期）一文专门论述了海关监督制度，作者认为，"除粤海关、闽海关、思茅关、金陵关外，所有的海关监督均由地方道员兼任，而且是海关所在地方的道员"。因此，他以"海关道"为主体，对海关监督的执掌作了很好的论述。③ 任智勇的博士学位论文《晚清海关与财政——以海关监督为中心》（博士学位论文，北京大学历史学系，2007年）从制度史与财政史的角度，以海关监督为中心，研究了晚清的海关与财政。作者还探讨了晚清海关监督与海关税务司之间的关系，认为晚清海关制度其实是海关监督与税务司并立的"二元体制"。④ 苟德仪的《晚清海关道及其对外交涉研究》（硕士学位论文，西华师范大学，2005年）一文探讨了晚清海关道制度的形成，并重点分析了海关道的对外交涉功能。刘伟教授的《晚清关道的职能及其演变》（《华中师范大学学报（人文社会科学版）》2010年第2期）一文对海关道两大职能的发展与演变予以细致梳理，改变了以往只强调海关道对外交涉职能，而忽视其管理海关税收职能的研究视角。

三 关于津海关道

同治九年（1870），天津教案爆发，清政府裁撤三口通商大臣，添设津海关道，驻扎于天津，专管直隶对外交涉事件和新、钞两关税务。民国元年（1912）津海关道改称津海关监督。在晚清诸多海关道中，津海关

---

① 陈诗启：《中国上代海关史》，人民出版社2002年版，第142—150页。
② 樊百川：《清季的洋务新政》，上海书店出版社2003年版。
③ 任智勇：《晚清海关监督制度初探》，《历史档案》2004年第4期。
④ 任智勇：《晚清海关与财政——以海关监督为中心》，博士学位论文，北京大学，2007年。

道是唯一的专职官员。

津海关道因其特殊性已经吸引了几位研究者的注意，相关研究成果已经问世。其中梁元生《清末的天津道与津海关道》（《"中央研究院"近代史研究所集刊》1996年第25期）一文理清了津海关道设立的过程，论述了天津道与海关道的不同，指出两者在权责分配和实际工作中存在混淆。文章还透过1880年之后出任天津道的淮系人员减少的现象说明李鸿章作为地方权力的代表与中央权力的关系。在津海关道管理海关的职能上，文章认为天津海关名义上虽由津海关道监督，而实际却由总署属下之总税务司委派的税务司负责。梁元生的《清末的天津道与津海关道》一文最早发表于第三届中国海关史国际学术研讨会上，受限于篇幅，作者的各种观点均点到为止，对津海关道的设立及其在外交和洋务上的作用未能展开深入探讨。

台湾成功大学历史学系苏梅芳教授指导林怡秀完成了一篇硕士学位论文《清季天津海关道之研究（1870—1895）》。作者在清末海关道制度、三口通商大臣等制度背景下讨论了津海关道形成的过程，文章以个案分析的形式考察了津海关道参与的中外交涉事务与洋务新政事业。这篇硕士学位论文将研究的时间范围界定在1870—1895年，即李鸿章就任直隶总督期间，没有涉及其他时段津海关道的发展与变化。全篇文章篇幅不长，对于部分津海关道的个人特点有所涉及，但没能充分展开对津海关道在洋务新政、对外交涉、海关事务、社会公益事业等各方面职能的分析。

此外，庞志伟的《津海关道之探究》（《兰台世界》2010年9月）一文论述了津海关道的设立、活动及特殊性。作者认为晚清津海关道制度是传统政治制度在应对外来事务冲击时的一种自觉回应。

第一，从已有研究成果的数量和规模看，目前已经问世的研究成果仅三篇，一篇硕士学位论文，两篇普通论文。三篇论文篇幅均不长。林怡秀的这篇虽是硕士学位论文，但全文对道制的渊源阐述得细致清楚，对津海关道制度本身的内容论得并不详细，缺乏透彻的连贯性分析。三篇论文的论述大多浅尝辄止，这给后续津海关道制度研究留下了广阔的空间。

第二，从研究时段上看，已有学术成果都只涉及1870—1895年李鸿章任职直隶总督期间津海关道的发展状况。李鸿章是晚清时期外交和洋务领域的重要大臣，1870—1895年间他出任直隶总督达25年之久，而这25年时间正是津海关道从最初设置到制度逐步形成的关键时期。以往研究以此为考察时段有其合理性，但却难以叙述津海关道制度发展演变的全过程，无法理清前段与后段发展之间的因果关联，无法分析津海关道制度演变背后国家与社会的整体状况。

第三，从研究内容上看，梁元生和林怡秀论文的论述框架大致相同，都对津海关道的产生、津海关道与直隶总督李鸿章、津海关道与天津道之间的关系作了的阐述，但这两篇文章有许多地方均浅尝辄止，如虽提到津海关道与津海关税务司之间的关系，但对此问题都没有充分地展开论述，只是直接得出了天津海关名义上虽由津海关道监督，而实际却由津海关税务司负责的结论，实际情况到底怎样，还需后续研究层层深入地展开。

除此之外，已有研究视角都过于微观，缺乏宏观视野。津海关道是晚清新设的一种官职，是一级中层地方政府机构，更是一种一直处于发展变更状态的政治制度，要透彻分析海关道的多重面向，必须立意宏观，对之作全面深入地探讨。

四　研究理论和范式探讨

在已有研究成果中，以李国祁为代表的诸多学者，如岳本勇、汤吉禾、苟德仪、林怡秀等都重点阐述了晚清时期道台制度变化的原因和趋势。他们认为晚清由于外力的冲击，道台以灵活性的特点得到特殊发展。这种研究模式恰好与费正清等学者的"冲击—回应"理论相同。梁元生认为上海道台是晚清时期转变社会中之联系人物。"在外交方面联系中央与地方，在文化方面联系传统与近代、精神与物质、东方与西方，在职业方面联系商业与文化，在社会方面联系精英与大众，在行政体制中联系高层与底层。"[①] 这种研究思路也可归属于"冲击—回应"理论。

上述学者在研究中还广泛使用了"近代化官僚"[②] "在传统与现代之间""上海道台与现代化""行政近代化"[③] "中国外交的近代化"[④] 等词

---

① 熊月之：《研究上海道台的力作——介绍〈上海道台研究转变中社会之联系人物，1843—1890〉》，《史林》1999 年第 4 期。

② 林怡秀：《清季天津海关道之研究（1870—1895）》，硕士学位论文，台湾成功大学历史学系，2001 年。

③ 梁元生著，陈同译：《上海道台研究——转变社会中之联系人物（1843—1890）》，上海古籍出版社 2003 年版，第 81 页。

④ 苟德仪：《晚清海关道及其对外交涉研究》，硕士学位论文，西华师范大学历史文化学院，2005 年。

汇或论点，这正属于"传统—现代"研究模式。这一理论含有强烈的暗设，即晚清时期中国的近代化必然是按照西方形态改造中国，如何突破这一范式值得深思。

区域研究是柯文"中国中心观"理论的重点。柯文在研究近代中国时，将19世纪的历史分成若干不同层带：外层带是直接对西方入侵作出回应的产物，表现为通商口岸、现代兵工厂等；中层带不是西方的直接产物，而是经由西方催化或赋予某种形式与方向的事务，如同治中兴、某些自强措施、宫廷和官僚政治，以及排外主义和中国城乡之间的社会、经济矛盾等；内层带在最漫长的时间内最少受到西方入侵的影响，包括本土的思想、宗教与审美的表现形式，农村的生活方式、风俗习惯和制度等。①据此区域研究一方面把中国按"横向"分解为省、县、城市等区域，开展区域与地方史研究；另一方面再将中国社会"纵向"分为不同阶层，推动下层社会历史的研究。总之，中国中心观要求从中国而不是从西方着手来研究中国的历史。这种细化考察历史的思想可以为进一步深化海关道研究提供有力的帮助。

我们还注意到，美国学者施坚雅用市场理论对清代的道进行了分析，他认为"道这个行政级别所特有的灵活性和敏感性，使一个城市在行政层级中的地位，更加接近于它在经济层级中的地位"。② 这种全新视角为我们拓展了思路，在津海关道的后期研究中，我们可以尝试将经济史研究方法、社会史研究方法与政治制度史研究相结合。

第四节　潜力与方向

回顾已往相关研究的学术史，可知学者们已在这个领域做了开拓性的工作，已有的学术成果为后继的研究奠定了较好的基础。现今三篇篇幅不长的论文远远不能穷尽津海关道制度本身的丰富蕴含，我们可以从资料、研究范围、研究方法和研究内容四个方面进一步挖掘津海关道研究的潜力，并找准下一步努力的方向。

---

① 柯文：《在中国发现历史：中国中心观在美国的兴起》，中华书局1997年版，第40—41页。
② 施坚雅：《中华帝国晚期的城市》，中华书局2000年版，第391页。

一 资料上，积极发掘和利用新史料

已有三篇论文中，梁元生的研究以地方志和《咸丰朝筹办夷务始末》为主。其中运用的方志主要包括《畿辅通志》（清宣统二年，华文书局影印，1968）、《天津府志》（光绪戊戌刊本，学生书局重印，1972）和《续历城县志》。林怡秀的硕士学位论文篇幅长于梁元生的论文。全文以方志、《李文忠公奏稿》《清史稿》和咸丰朝、同治朝《筹办夷务始末》为主。两篇论文对史料的挖掘和解读在一定程度上引领了后续研究的方向，但两位学者的论文分别成文于香港和台湾，受各种因素制约，两篇文章均未能全面利用大陆现有档案、日记等相关史料。鉴于此，后续的津海关道研究还有众多史料可以挖掘和利用。

第一，档案资料。与津海关道研究相关的档案主要藏于中国第一历史档案馆和天津市档案馆。中国第一历史档案馆的军机处录副奏折、历任直隶总督和其他相关官员上奏的奏折中有许多涉及津海关道的资料。津海关道存在了42年时间，其间历经李鸿章、王文韶、裕禄、荣禄、袁世凯、杨士骧、陈夔龙等多位直隶总督，考察一档保存的历任直隶总督奏折中关于津海关道的资料，可以弥补林怡秀论文大多以《李文忠公奏稿》为主要史料的不足。中国第一历史档案馆保存并编辑出版的"大清历朝实录"和"五部会典"等资料可以进一步扩充津海关道研究的史料范围。天津市档案馆"津海关全宗"包含了大量以津海关道为第一责任者的档案，分析这些档案，无疑会使研究者对津海关道职责的阐述更为立体和生动。天津档案馆还编辑出版了《袁世凯奏议》《天津商会档案汇编》等书籍。无可置疑，充分利用已出版和未出版的档案必然会拓宽津海关道研究的范围，并加深研究的深度。

第二，可以利用书信、日记、文集、年谱、回忆录和墓志铭等资料。林怡秀论文以1870—1895年为主要考察时段（这正是李鸿章任职直隶总督时期），因此林怡秀的论文以《李文忠公奏稿》为主要史料，但仅凭奏折不能反映事情的全局，因此后续研究有必要辅之以书信、日记、文集、年谱、回忆录和墓志铭等资料，这对深入了解津海关道制度相关史实间的因果联系及人事关系具有重大意义。随着时间的推移，与本课题相关的近代人物书信、日记、文集和年谱等纷纷出版，这给深入研究提供了契机。其中，李鸿章全集已有多个版本，既有吴汝纶编辑的《李文忠公奏稿》

《朋僚函稿》《译署电稿》《教堂函稿》《海军函稿》《电稿》等，也包括2008年安徽教育出版社出版的《李鸿章全集》，后者收录了很多没有刊印在吴汝纶编辑的《李文忠公奏稿》中的奏稿、电稿和书信等资料。充分利用这些资料可以改变已有研究资料运用单一的状况。此外，在涉及本课题的近代人物书信、日记、年谱、墓志铭等资料中，《孙竹堂观察书牍辑要》《王文韶日记》《李兴锐日记》《民国周玉山先生馥自订年谱》《皇清诰授荣禄大夫直隶津海关道陈君墓志铭》《阁学公集》等均与津海关道制度密切相关，后续研究应予以充分利用。总之，史料范围的拓展必然有助于对津海关道长时段、整体性和系统性考察的展开。

第三，可以利用同治年间天津海关道署刊印出版的津海关道与各方来往的信函资料。同治九年（1870）津海关道设立后，天津海关道署曾将几起中外交涉案件中津海关道与各方之间的来往信函如实刊印出版，其中一些书籍保存至今，它们是清同治十一年（1872）的《中俄交涉船案档》、清同治十二年（1873）的《茶船误碰木桩插漏案》《糖船倒碰渔船铁锚案》《辩论洋药觔数多少案》和《津海关道呈报督署关于美国央板在吴家咀碰沉民船船户淹死赔偿二百元完案一事》，这些资料为深入研究津海关道的对外交涉职能提供了帮助。

第四，可以利用天津官修和民间自修的各种志书。林怡秀和梁元生两位学者充分利用了天津和其他地方的方志，为探讨津海关道的产生，以及为津海关道道员个案研究的充分展开奠定了较好基础。后续研究除了可以运用官修志书外，还可以充分利用民间自修志书。目前天津地区许多民间自修方志已陆续出版，这可以弥补官修志书的不足。《天津事迹纪实闻见录》成书于1875年左右，《津门杂记》成书于1880年，《天津政俗沿革记》则成书于民国初年，三本著作均以民众的视角描述了天津自开埠以来风俗、文化观念、城市建设等多方面的变化，是加深和拓宽津海关道以及近代天津研究的珍贵史料。

第五，近代各种海关史料也可拓宽津海关道的研究范围。津海关道作为专管中外交涉和新、钞两关税务的专职海关道，管理海关的职能是其基本职能之一，但以往研究对此问题均未能展开深入探讨。鉴于此，搜集和解读相关海关史料是展开津海关道海关职能研究的基础。这部分资料，除陈诗启的《中国近代海关史》外，还有魏尔特《自民国元年起至二十三年止关税纪实》、天津档案馆编辑出版的《津海关贸易年报》《津海关密档解译》《津海关史要览》等资料。

二 研究范围上，拓展已有研究的宽度

第一，本书将改变以往研究时段仅集中于1870—1895年的状况，将研究时段界定于1870—1912年，在扩展津海关道研究时段的基础上，力求对晚清津海关道作整体性研究，以全面考察该制度从产生至终结的全过程。

第二，以往梁元生的研究并没有直接探讨津海关道的实际职能。林怡秀的研究虽涉及津海关道的对外交涉、洋务事业，但将之统一囊括在"津海关道与晚清自强新政"这一章内，但篇幅较短，分析难以深入，对津海关道的海关职能和从事的社会公益事业缺乏具体分析。鉴于此，本书将以津海关道在不同直隶总督任职时期的实际职能为线索，考察津海关道对外交涉、管理海关、参与洋务新政和社会公益事业四大职能的实际运作情况，理清津海关道制度从其设置到最终消亡的发展脉络，探讨社会变迁下津海关道职能先扩展、后收缩的原因。

三 研究方法上，从历史现场出发分析问题

已有研究成果大多采用"冲击—回应"模式和"传统—现代"模式，这为我们提供了看待问题的不同视角。不管基于什么样的范式和理论，"努力从历史现场出发分析问题，是我们努力遵循的原则和方向"。① 可以说，对于历史研究者而言，抱着"了解之同情"的态度理解历史，置根当时的历史现场分析历史是提高研究格调的第一步；尽可能多地占有史料，在实证基础上客观解读史实是第二步。鉴于此，本书将在已有学术研究成果的基础上，坚持从历史现场出发分析问题的原则，以史学方法为主，辅之以社会学、政治学等相关学科理论知识，在充分搜集、整理和解读史料的基础上，理清津海关道职能的演变脉络和实际运作效果，揭示津海关道制度与晚清政治之间的内在因果和相互联系，力求重现历史真实，并以此来透视晚清津海关道制度背后国家与社会的矛盾与纠葛。

---

① 刘伟、彭剑、肖宗志：《清季外官制改革研究》，社会科学文献出版社2015年版，第13页。

四 研究内容上，挖掘已有研究的深度

针对已有学术成果的关注点，在史实考察的基础上，本书的努力方向是：

第一，探究清政府设置津海关道的真正原因。即便裁撤三口通商大臣，按照晚清惯例也应由天津道兼管中外交涉和海关事务，但清政府却不按常规，专门添设津海关道一职管理交涉和关务，天津出现二道同城的局面。林怡秀认为津海关道设立的原因是总理各国事务衙门推荐章京出任海关道，在受到御史指责下的一种变通保存特权的做法，也是李鸿章建立新的中外交涉秩序的一种尝试。本书将以首任津海关道的遴选为视角考察清政府设置津海关道的真正原因，并以此透视晚清中央和地方的权力格局。

第二，考察在纷繁复杂的时代背景下，在晚清官僚政治、中外矛盾冲突等多重因素影响下津海关道制度本身发展与演变的历史。津海关道从其最初设置到民国建立后改名海关监督，时间上跨越晚清最后40多年。津海关道经历了洋务运动与清末新政，又见证了晚清社会转型之下的外交体制的变迁，还涉及了晚清中央和地方复杂的政局变动。可以说，津海关道制度的发展与演变深受晚清社会转型之际纷繁复杂多种因素的影响。本书将置根当时的语境，立体、全方位地梳理与解读津海关道制度的产生、发展与演变的全过程。

第三，解读在天津省、道、府、县四级机构同时并存的情况下，津海关道、直隶总督、天津道三大群体的特征及相互之间的关系，揭示晚清社会转型时期官僚体系内在的矛盾与冲突。在晚清官僚体系中，津海关道属于中层官僚，任职津海关道的官员有19人，这19任官员的出身、资格、行政经历和个体经验以及后期的升迁均不相同。自同治九年（1870）津海关道设立，到1911年清政府灭亡，李鸿章、袁世凯等9人担任直隶总督，32人任职天津道，这是另外两个复杂的群体。准确把握直隶总督、津海关道、天津道三个群体各自的特征，分析个体与群体的关系，说明三个群体在变动社会里的互动是值得深入研究的问题。学术界对此问题虽已有初步探讨，但深度不够。梁元生《清末的天津道与津海关道》一文初步探讨了津海关道与天津道的关系，但所列津海关道仅仅包含"陈钦、黎兆棠、丁寿昌、郑藻如、周馥、盛宣怀"6人，林怡秀列举的1870—1895年历任津海关道的名单中也漏掉了第二任津海关道孙士达。梁元生和林秀怡两位学者对津海关道与直隶总督、与天津道关

系的讨论都没有建立在对三大群体各自特点讨论的基础上。鉴于此，本书将对1870—1912年所有的津海关道及津海关道存在时期的直隶总督、天津道分别作量化考察和群体分析，并以群体之间纵向和横向的对比来探讨各群体之间的关系，从而考察津海关道在晚清官僚体系中的地位与作用，探讨官场规则、师友人事等因素对津海关道制度的影响。

第四，考察津海关道管理天津海关的具体职责和实际运作状态，探讨津海关道与晚清税务司之间的相互关系，分析津海关道在海关中的实际地位。梁元生和林怡秀的研究均提到了津海关道管理海关的职能，梁元生还提出了一系列非常有价值的问题，"洋人控制中国海关行政，是不容否认的事实，但我们可以问：其侵夺中国海关主权到何种程度？是否垄断了关税征收及分配的权力？是否把海关监督完全架空？他们是完全为总税务司服务，抑或是为外国（帝国主义）服务，还是为中国地方政府及中央政府服务？"[①] 遗憾的是全文并未对上述问题展开充分的论述，作者直接呈现了"天津海关名义上虽由津海关道监督，而实际却由总署属下委派之税务司负责"[②] 的结论。梁元生提出了问题，但在缺乏中间论述过程的情况下简单给出了似乎和上述提问倾向完全相反的结论，这无疑是一种缺失和遗憾。本书将尝试对梁元生教授提出但未充分论述和准确回答的问题展开全面考察。

第五，考察津海关道在洋务新政事业中的具体作用，探讨李鸿章任直隶总督时期津海关道洋务新政职能的拓展及袁世凯任直隶总督时期津海关道洋务新政职能收缩的原因，阐述晚清新政时期津海关道职能的最终定位。

第六，分析津海关道在办学、开展城市建设、从事社会公益等方面的具体情况，分析其资金的来源，考察津海关道较之于天津其他官员在社会公益事业中表现得更为活跃的原因。在以往关于道的研究中，往往以道台参与办学、参与公共福利作为道职能扩大的重要例证，据此得出道成为地方一级重要官缺的结论。其研究的主要关注点集中在论证晚清内忧外患形势下，道已经成为清朝行政体制中一级独立的行政区划。[③] 本书将通过考

---

① 梁元生：《清末的天津道与津海关道》，《"中央研究院"近代史所研究集刊》第25期。
② 同上。
③ 苟德仪：《川东道台与地方政治》，中华书局2010年版，第415页。

察津海关道与天津其他同级官员相比,以其在办学、城市建设和社会公益事业方面更活跃的表现来分析津海关道如此举动的真正原因。晚清时期,津海关道只能在清政府和外国列强签订一系列不平等条约的背景和前提下行使职能,在办理对外交涉和管理海关日常工作中难免会有诸多丧失国权的行为,这种工作绩效难以获得社会的普遍认可,因此津海关道只能以更积极主动投身社会公益事务的方式赢得社会声望,并获得自保和发展之道。

  总而言之,本书期望重点解读的问题是:首先,从制度分析的角度,考察清政府突破常规设置津海关道的原因,探讨天津在省、道、府、县四级机构同时并存情况下,津海关道与直隶总督、与天津道之间的关系,揭示晚清社会转型时期官僚体系内在的矛盾与冲突;其次,考察津海关道处理中外交涉、管理海关、参与洋务新政和社会公益等事业的实际运作情况,理清津海关道制度从其设置到最终消亡的发展脉络,探讨社会转型时期津海关道的职能变迁;最后,分析晚清外交从地方到中央,从被动到主动的演变轨迹,考察在晚清外交体制变革下津海关道制度的发展与演变历程,总结津海关道对完善晚清外交体制起到的作用。

  晚清的津海关道研究是一个较有难度的研究课题,本书希望以初步研究引来更多学者对这个问题的关注和探讨,只有这样,我们才能真正无限接近历史事实本身。

第一章

晚清津海关道的设立

清代道台制度承袭明代旧制,经过发展得以逐步完善。至晚清时,为因应西力东渐的新形势,清海关道制度逐步形成。各地普遍设置的海关道或关道一般由地方上之兵备道或者分巡兵备道兼任,并非专职。但同治九年(1870)设置于天津的津海关道是一个特例。它是天津教案爆发,中央裁撤三口通商大臣后改由直隶总督兼管通商事务的产物。津海关道的设置突破了应由天津道兼管中外交涉和海关事务的惯例,津海关道成为晚清唯一的专职海关道。

第一节 清代的道台

中国古代典籍中有多处关于"道"的记载,论及"道"或"道制"的初始状况。《史记·樗里子列传》记载秦惠文王二十六年(公元前312)"秦封樗里子,号为严君"。《索隐》按曰:"严君是爵邑之号,当是封之严道。"这说明早在秦惠文王二十六年就已设置了道,地点是"严道",即今巴蜀西南部的雅安荥经、泸定一带,道的首领称"严君"。这是已知史籍中最早关于道的记载。

秦代创置道后,汉代继承秦制,并逐步得到健全和发展。《汉书·百官公卿表》云:"县大率方百里,其民稠则减,稀则旷,乡、亭亦如之,皆秦制也。列侯所食县曰国,皇太后、皇后、公主所食曰邑,有蛮夷曰道。凡县、道、国、邑千五百八十七……"① 由此可知,汉代承袭秦制,也设道,汉代的道指在"蛮夷"地区即少数民族聚居区设置的行政区划。

---

① (东汉)班固:《汉书》,中州古籍出版社1996年版,第295页。

北朝时期道制发生显著变化。《魏书·世宗纪》记载:"(正始三年四月)庚戌,以中山王英为征南将军、都督扬徐二道诸军事,指授边将。"①这表明,此时道已应需而生,"指授边将"的军事区,不再是秦汉时期管理少数民族的机构。不仅如此,《魏书·高祖纪上》云:"(太和)八年春正月,诏陇西公元琛、尚书陆睿为东西二道大使,褒善罚恶。"《孝庄纪》云:"(建义元年五月丁巳)以尚书右仆射元罗为东道大使,征东将军、光禄勋元欣副之,巡方黜陟,先行后闻。"在这两则材料中无论是"褒善罚恶",还是"巡方黜陟",都说明北魏时期的道还是一种监察区。而且"尚书右仆射元罗"既是"东道大使",有"巡方黜陟"之权,还出任"征东将军",这说明道的行政长官同时拥有军事管理权与监察黜陟权,两种职能相互贯穿。

贞观元年(627),唐太宗"悉令并省。始于山河形便,分为十道"。②这说明唐太宗根据交通形势,重新划定全国的地理区划,分天下为十道。此后,道成为中央划分的地方监察区的名称。在"十道"内,唐太宗派遣监察使臣,分巡诸道,"观风俗之得失,察政刑之苛弊"。③《旧唐书·地理志一》记载:"开元二十一年,分天下为十五道,每道置采访使,检察非法,如汉刺史之职。"从此,道开始有固定长官,曰"采访使",其职责为"察所部善恶,举大纲"。④肃宗乾元元年(758),唐再次改革道制,改采访使为观察处置使,简称观察使。《旧唐书》记载,狄兼谟曾对唐文宗说:"观察使守陛下土地,宣陛下诏条。"⑤宋代洪迈曾著有《容斋随笔》一书,其中《唐观察使》一文曰:"唐世于诸道置按察使,后改为采访处置使,治于所部之大郡。既又改为观察,其有戎旅之地,即置节度使。分天下为四十余道,大者十余州,小者二三州,但令访察善恶,举其大纲。然兵甲、财赋、民俗之事,无所不领,谓之都府"。⑥这一时期观察使已经开始管理"兵甲、财赋、民俗之

---

① (北齐)魏收:《魏书》卷8,中华书局1974年版,第202页。
② (后晋)刘昫等撰:《旧唐书》卷38,吉林人民出版社1995年版,第868页。
③ (宋)王溥:《唐会要》下,上海古籍出版社2006年版,第1670页。
④ (宋)欧阳修、宋祁撰:《新唐书》卷49下,志39下,百官4下,中华书局1975年版,第1310页。
⑤ (后晋)刘昫等撰:《旧唐书》,中华书局1999年版,第1960页。
⑥ 《唐观察使》,(宋)洪迈著,穆公校点《容斋随笔》,上海古籍出版社2015年版,第278页。

事",自此道正式成为政府的一级行政区域,其行政长官称观察使,或观察处置使。

明代"道"不仅指"省"之下的一级地方行政区划单位,而且也是官职的名称。据《会典》卷二《京官》和卷三《南京官》记载,宣德十年(1435)开始设十三道监察御史。"十三道例设御史一百十员,南道三十员。"①"御史"隶都察院,分属河南、浙江、陕西、福建、江西、山东、山西、四川、云南、贵州、湖广、广东、广西等十三道,掌察纠内外百司之官邪。与监察御史同样具有监察功能的是六科给事中,给事中分属吏、户、礼、兵、刑、工六科,掌侍从、规谏、补阙、拾遗、稽察六部百司之事。这十三道监察御史与负责监察中央六部的六科给事中同为监察机构。《明史》曰:"给事中、御史谓之科道。"②十三道御史和六科给事中统称科道,明代最先出现"科道"称谓。后来经过逐步完善和发展,在地方行政体系中又分化出分巡道、分守道和兵备道,各司其守。其中分巡道设立在先,兵备道最晚。分巡道重在监察,分守道重在民事与财政,兵备道重在军事,三者功能各有侧重,划分的辖区和安排的驻地也不尽相同。明朝道的设置意味着地方行政制度日臻完善。同时,明代分巡道与兵备道、分守道及兵备道,经常互相兼任,这在一定程度上消除了不同道之间的差异③,扩大了道台制度的整体功能,为清代道制的发展和完善准备了条件。

清初道台制度大多承袭明朝一贯的做法,除依循明制仍设分守、分巡道等作为行政机构的道台外,还因事而设诸多专职性道台④,如督粮道、盐法道、河工道、驿传道、海关道、屯田道、茶马道等⑤,各有专责。据

---

① (明)沈德符:《万历野获编》上,第19卷,中华书局1980年版,第491页。
② (清)张廷玉等撰:《明史》,卷71,志47。
③ 郭峰:《唐代道制改革与三级制行政体制的形成》,《历史研究》2002年第6期。
④ 萧一山认为:"道员有特别职务之道员,有一般职务之道员。前者无守土之责,如督粮道、盐法道等,后者有守土之责,如分守道、分巡道二者。"见萧一山编《清代通史》1,华东师范大学出版社2006年版,第438—439页。朱东安将之划分为"掌管一事的道"和"掌管一地的道"。见朱东安《关于清代的道和道员》,《近代史研究》1982年第4期。汤熙勇则划分为"普通行政类"与"特别事务类"。见汤熙勇《清初道员的任用及其相关问题》,《人文及社会科学集刊》1993年第1期。
⑤ 萧一山编:《清代通史》上1,华东师范大学出版社2006年版,第439页。

《清朝通典》记载:"分守、分巡及粮储、盐法各道或兼兵备,或兼河务,或兼水利,或兼学政,或兼茶马、屯田,或以粮盐兼分巡之事,皆掌佐藩臬、核官吏、课农桑、兴贤能、厉风俗、简军实、固封守、以倡所属而廉察其政治。"① 经过多次调整,道台管理地方事务的职能和权力得到加强,而且其品秩、俸禄、铨叙等具体事宜也日臻健全,道台一职脱离自明代以来参政、参议、副使、佥事的兼衔,完全成为州县、府循序渐进的专任官职。当然,无论是作为一地之行政长官,还是专职性道台,各道台间"多互兼管,如守巡道之兼兵备道;驻在开港地之各道,必兼海关道;是为通例。其他分守分巡道之兼驿传,水利,及屯田,茶马之衔;或督粮道之兼守巡道衔,可知皆因地方情形而异其设置者也"②。

由此可知,清代道台既可划疆而治,成为一级地方行政长官,又可负责一专属事务。从制度角度看,清代道台制度极富灵活性,这为鸦片战争后期海关道、劝业道、巡警道等新式道台登上历史舞台提供了制度空间。

第二节 清代的海关道

一 清朝海关的设立与演变

清代的税关有"榷关""常关""钞关""新关""旧关""户关""工关""内地关""海关"等名目,种类异常复杂。其中"榷关""常关""钞关""户关""工关"等称呼,大多指区别于近代海关的内地原有税关,即"内地关"。既有"内地关"之称,与之对应的还有"海关"之名,顾名思义,两者是从设置地点来区分的。以鸦片战争为分界点,清政府出现"新关"和"旧关"之称。"新关"亦称"洋关",指海关中由税务司管理,主要征收进出口税务的机构,其中也涉及中国内部转口税,如洋船招商局的轮船装载中国土货在各口转销等。不同于清初设置的旧海关,"新关"或者"洋关"是指近代海关,"旧关"指由海关监督管理民船国内贸易的机构。③ 简而言之,清朝末年,人们往往把近代海关称作

---

① 《清朝通典》卷34《职官十二》,浙江古籍出版社1988年影印本,第2210页。
② 萧一山编:《清代通史》上1,中华书局1962年版,第539页。
③ 任志勇:《晚清海关监督制度初探》,《历史档案》2004年第4期。

"洋关"或"海关",把原来的内地榷关称作"旧关"或"常关"。所以我们基本可以认为,晚清"海关"在概念上是与"常关"并立的机构,但考其渊源却由清代"常关"发展而来,"海关"下辖的"旧关"也与"常关"相通,所征税收称为常关税。

总体而言,清朝海关的发展经历了以下三大阶段:

第一阶段,初创时期。清代最早的海关设于康熙二十四年(1685)前后,当时清政府成功收复台湾,重新开放了海禁,并先后设立了江海关(在江苏省松江府上海县境)、浙海关(在浙江省宁波府镇海县境)、闽海关(在福州省泉州府厦门岛)、粤海关(在广东省广州府南海县境)。[①]四关主要负责征收国内外海上贸易和捞捕船的税收。[②] 但此时粤海关、江海关、浙海关、闽海关等涉及对外贸易税收的机构都属于常关序列,统归户部管辖。

第二阶段:关闭时期。乾隆二十二年(1757),清政府鉴于英国等海盗商人在中国沿海进行猖獗的非法活动,下令将四口对外通商改为仅留粤海关一处进行对外贸易,但另外三口海关并未完全关闭,它们仍在继续办理华船征税业务。

第三阶段:重新开关时期。道光二十二年(1842),中英两国签订《南京条约》,规定开辟广州、厦门、福州、宁波、上海五处为通商口岸。这五处原本就是清初海关的设置地点。五口中除广州一地进行对外贸易之外,其余四口只征收华商民船货物关税。重新开放通商后,五处海关开始普遍收取中外贸易中的各种税收,有对内征收的商税、华税或者常税,对外征收的夷税或者洋税等。第二次鸦片战争后,清政府被迫与各国签订《天津条约》,又增开琼州、潮州、牛庄、登州、汉口、九江、南京、镇江、台湾(台南)、淡水等为通商口岸;待《北京条约》签订后,又增开天津为商埠,按照条约,清政府也先后在这些地方设立海关。至光绪年间,清政府与列强签订了更多不平等条约,各处海关相继普遍增设(见表1)。

---

① 彭泽益:《清初四榷关地点和贸易量的考察》,《社会科学战线》1984年第3期。
② 郭松义、李新达、杨珍:《中国政治制度通史》第10卷(清代),人民出版社1996年版,第489页。

表1　　　　　　　　　清季常关、新关及设关年代情形表

省份	关名	设关或督理年代
广东	粤海关（广州）	鸦片战争前已设监督一职，日后仍然沿用旧制
	潮海关（汕头）	同治十二年（1873）设
	北海新关	同治十年（1871）设
	琼海关（琼州）	同治十一年（1872）设
	三水关	光绪二十三年（1897）设
	拱北关（澳门）	光绪十二年（1886）设
	江门关（新会）	光绪三十年（1904）设
	甘竹关（顺德，常关）	
	太平关（韶州，常关）	道光十九年（1839）设
广西	龙州镇南关	光绪十四年（1888）设
	南宁关	光绪二十三年（1897）设
	梧州关	光绪二十三年（1897）设
云南	蒙自关	光绪十五年（1889）设
	思茅关	光绪二十一年（1895）设
	腾越关	光绪二十六年（1900）设
福建	闽海关（福州）	康熙二十三年（1684）设监督，后曾改为督抚兼管。乾隆三年（1738）改归将军监督，光绪三十三年（1907）改归闽都兼管
	厦门关	
	福海关（三都澳）	光绪二十五年（1899）设
台湾	大狗（高雄）海关	同治三年（1864）设，初归闽抚兼管，建省后改归台抚
	沪尾（淡水）海关	
浙江	浙海关（宁波）	新关设于咸丰十一年（1861）
	瓯海关（温州）	同治十三年（1874）设
	杭州关（新关）	光绪二十二年（1896）设
	南新关（常关）	原为盐政兼管，道光元年（1821）裁盐政改由织造兼管
	北新关（常关）	

续表

省份	关名	设关或督理年代
江苏	江海关（上海）	鸦片战争前归松太道监督，后松太道改为苏松太道
	苏州关	光绪二十二年（1896）设
	镇江关	同治三年（1864）设
	金陵关	光绪二十五年（1899）设
	龙江关（常关）	
	浒墅关（常关）	
	西新关（常关）	
	扬州关（常关）	
	瓜仪关（常关）	
	淮安关	光绪三十年（1904）改归江督兼管
安徽	芜湖新关	光绪二年（1876）设
	凤阳关（常关）	原设监督，嘉庆二十四年（1819）改由道员兼管，及凤庐分道，划归凤颖六泗道管辖
江西	九江关	原设监督，嘉庆二十四年（1819）改由道员兼管，同治元年设新关
	赣关（赣州）常关	
湖北	江汉关（汉口）	同治三年（1864）设
	宜昌关	光绪三年（1877）设，及荆州分道，似应归上荆南道管辖
	荆州关（沙市）	光绪二十二年（1896）设
湖南	长沙关	光绪三十年（1904）设
	岳州关	光绪二十一年（1875）设
四川	重庆关	光绪十七年（1891）设
	夔关	
	靖西关（亚东关）	
直隶	津海关	咸丰十一年（1861）设，初归三口通商大臣管理，同治九年（1870）裁三口通商大臣，设津海关道专辖
	山海关（营口）	同治三年（1864）设，后奏归奉锦山海道管辖
	张家口关	

续表

省份	关名	设关或督理年代
山东	东海关（烟台）	同治二年（1863）设
	胶海关（青岛）	光绪二十五年（1899）设
	临清关（常关）	
山西	杀虎口关（常关）	
	归化城道（常关）	
陕西	潼关（常关）	
甘肃	嘉峪关（常关）	
东三省	大连关	光绪三十三年（1907）设
	安东关	光绪三十三年（1907）设
	晖春关	宣统二年（1910）设
	滨江关	光绪三十四年（1908）设

说明：凡未注明为常关者即为新关或者新、常关兼备。

参考资料：李国祁：《明清两代地方行政制度中道的功能及其演变》，《"中央研究院"近代史所研究集刊》第 3 期；（清）刘锦藻撰：《清朝续文献通考》，浙江古籍出版社 1988 年版，第 8784 页；江恒源编：《中国关税史料》第二编，文海出版社（出版日期不详），第 1—4 页。

从上表可知，清后期我国常关、新关共有 61 处，其中，常关 16 处，占 26.23%，其余均为新关或新、常关兼备。

二 晚清海关道制度的形成

清朝后期中国海关经历了巨大变更，海关管理制度也必然随之相应变革。道光二十二年（1842）第一次鸦片战争中国惨败，被迫开放广州、厦门、福州、宁波、上海五处为通商口岸，并准许英国派驻领事。自此，各国开始普遍在通商口岸设立领事，负责本国商民在中国通商及各项交涉事宜，这就意味着清政府必须在每一个新增关口派驻一名办事官员，与各国领事就复杂的日常事务进行协商。

另外，晚清税务司制度的建立也加速了海关道制度的形成。咸丰三年（1853）上海发生小刀会事件，在动乱中，原英租界的海关被抢劫一空，英国领事不让上海道台吴健彰进入租界重建海关，关税转而由英国、美国、法国三国领事代征。咸丰四年（1854），三国领事又缔结上海税关管理协定，决定由上海道台聘请外人帮办税务。① 此举逐步扩及其他通商口岸，以致影响了晚清甚至民国时期的海关格局。咸丰八年（1858）《天津条约》签订，十月，根据《天津条约》的附约，即中英、中美、中法《通商章程善后条约：海关税则》的规定正式邀请外人帮办税务。《中英通商章程善后条约》第十款规定："通商各口收税，如何严防偷漏，自应由中国设法办理，条约业已载明……各口画一办理……任凭总理大臣邀请英人帮办税务并严查漏税，判定口界，派人指泊船只及分设浮椿、号船、塔表、望楼等事。"② 咸丰九年（1859）两江总督兼通商大臣何桂清任命李泰国为总税务司，同时由总税务司选募其他各口岸的海关税务司，自此，外籍税务司制度正式形成。外籍税务司虽熟悉关税事宜，但不懂中国情况，仍然需要与中国官员合作，清政府也需要中国官员加强对海关的控制和监管，派驻一名官员与外籍税务司合作就成为必然之事。

清政府认为，必须慎重对待派驻什么官秩的官员前往办理中外交涉事宜及管理海关等问题，"夷性多疑，若无职份较大，为该夷信服之员妥为抚驭，势必事事皆须大吏亲往料理"。③ 在办理交涉的过程中，这样的事例较多。咸丰十一年五月十二日（1861年6月27日），总理各国事务衙门恭亲王奕䜣就"接见英使商办关于潮州开办通商不令领事官进城"一事上奏，称："（英）领事详报内云，两广总督劳崇光委通知一员到汕头居住。所谓通知者，想称（系）普鲁斯所称之同知。该领事以同知身份过较卑，未肯与之商办。是详报内有大官远住，只有小官可见，实与公事有碍之语。"对此，总理各国事务衙门建议，"惟潮州既办通商，则惠潮嘉道亦属责无旁贷，现在该道驻扎处所，与该领事所住之猫鼠山相距较远，照会内所称汕头者，是否即系通商之埠，该道能否改驻通商地方以便就近稽查"。④ 这说明在处理中外交涉事务时，清政府派驻的官员如身份不高，则无法令外国领事信服。但选派之官员官职又不能过高，如选派督抚及布按二司和外国领事等直接接触，会扰乱平行礼仪，也会给以后的工

---

① 陈诗启：《中国近代海关史》，人民出版社2002年版，第13—21页。
② 王铁崖：《中外旧约章汇编》第1册，生活·读书·新知三联书店1957年版，第118—140页。
③ （清）文庆等纂：《筹办夷务始末（道光朝）》，卷69，第15页，《近代中国史料丛刊》第五十五辑，文海出版社1970年版。
④ （清）贾桢等纂：《筹办夷务始末（咸丰朝）》，卷78，第15页，《近代中国史料丛刊》第五十九辑，文海出版社1970年版。

作带来更多的麻烦。清政府在斟酌损益后选择由在各通商口岸驻扎的中层官员道台担任此职，加上自清朝中期之后广泛形成的以道台兼任各税关监督惯例的影响，四品官衔的道台成为中外双方都可以接受的"往来平行"的官员。

咸丰九年（1859），清政府规定，"自设立领事官时，必于数月之前先期照会，以便驻扎关道，安设税司"。① 这说明凡中外条约议定每新开一通商口岸，就必须驻扎海关税务司和管理海关的道台。由于道台同时负责管理海关事务，所以往往被称为"关道"，如同河道、盐道之得名一样。在《清朝续文献通考》中特别注明"关道自设洋关始"。② 清代后期，随着中国被迫开放通商，海关事务日益重要，至同治九年（1870）设立津海关道时，"关道"一词正式列入道台的官衔，海关道制度正式确立。正如梁元生所说，海关道"被看作是一种制度。由于条约口岸的独特环境以及从属于这一环境的特殊功能和职责，这些'海关道'渐渐改革了组织结构，调整了他们办公的政策重点以回应新环境的挑战，最终形成了不同于其他道台的一种他们自己的独特制度"。③ 樊百川先生也说："海关道的官职和名称，并非始自鸦片战争被迫开放五口通商以后，但其成为半殖民地的应付外国侵略引起的地方一切交涉事务的重要官员，却从这时开始，并在第二次鸦片战争以后的洋务新政时期得到推广，逐渐形成一种体制。"④

第三节　晚清的三口通商大臣

一　天津开埠通商

天津地处华北平原东北部，东邻渤海，北依燕山。因明清两朝以北京为京师，天津遂被视为"畿南屏障"，历朝统治者往往于此地布置重兵，筑城屯守。自清后期起，因西方列强纷纷自海上东来，天津所受威胁逐日增强。⑤

---

① （清）刘锦藻撰：《清朝续文献通考》，卷134，职官考20。
② 同上。
③ 梁元生著，陈同译：《上海道台研究——转变社会中之联系人物，1843—1890》，上海古籍出版社2003年版，第11页。
④ 樊百川：《清季的洋务新政》（第1—2卷），上海书店出版社2003年版，第564页。
⑤ 参见罗澍伟《近代天津城市史》，中国社会科学出版社1993年版，第25页。

道光年间中英鸦片战争之后,沿海五口开始对外通商,这次战争虽未波及天津,然而西方列强已逐渐形成要控制天津的想法,他们认为控制天津是对清政府最具威胁的事情。① 道光二十九年(1849),当时驻上海的英国领事阿礼国曾说:"像中国这样疆域辽阔人口众多的帝国,如能不需作战就对首都作有力的封锁与围困,那好处是非同小可的"。基于这样的侵略心理,阿礼国接着分析了威胁北京最有效的办法,"每当早春时节,北京仰赖漕船通过大运河供应当年的食粮,我们开一只小小的舰队到运河口去就可以达到[封锁首都的]目的了"。阿礼国认为,"这种要挟手段,比毁灭二十个沿海或边境上的城市还要有效"。② 阿礼国所说的开一只小小的舰队到达的"运河口"就是指天津。咸丰四年(1854),英、美、法三国共同要求修改条约,要求允许公使驻京,准许英国人去内地和沿海各城市;开天津为通商口岸,英国派领事驻扎。这些要求遭到清政府的断然拒绝,咸丰帝对其中增开天津为通商口岸的要求予以了严厉的驳斥:"京师为辇毂重地,天津与畿辅毗连,该酋欲派夷人驻扎贸易,尤为狂妄。"③ 修约不成,英法两国又寻找借口发动了第二次鸦片战争。咸丰八年(1858)三月,为使"中国政府普遍开放中国的口岸,实行通商",④ 英、法、美三国派遣舰队联合北上,咸丰八年三月二十三日(1858年5月26日),英法联军行抵天津城外。清政府急派大学士桂良、吏部尚书花纱纳驰往天津与英、法、美、俄等使谈判,迫于形势,清政府分别与俄、美、英、法四国签订了《天津条约》,在大额赔款之余,允诺各国公使可进驻北京,扩大领事裁判权,基督教和天主教可以进入内地自由传教,加开沿海的牛庄、登州、汉口、九江、镇江、台湾府(台南)、淡水、汕头、琼州和南京等10处为通商口岸。

该条约签订时,一批有远见的中国官员看出了潜在的危险。山东道监察御史陈浚在奏折中说道:"臣窃揣夷人既求入驻京城,必求添设马(码)头,其所求添设之马(码)头,必系天津、镇江等处。"令他尤其

---

① 林怡秀在《清季天津海关道之研究(1870—1895)》一文中也持同样观点。见林怡秀《清季天津海关道之研究(1870—1895)》,硕士学位论文,台湾成功大学历史学系,2001年。
② 严中平:《英国资产阶级纺织利益集团与两次鸦片战争史料》,列岛编《鸦片战争史论文专集》,生活·读书·新知三联书店1958年版,第67页。
③ (清)贾桢等纂:《筹办夷务始末(咸丰朝)》,卷9,第40—41页,《近代中国史料丛刊》第五十九辑,文海出版社1970年版。
④ [美]马士著,张汇文等译:《中华帝国对外关系史》第1卷,上海书店出版社2000年版,第549页。

担忧的是,"天津为海河总汇,镇江据江淮要冲,漕盐之所往来,商贾之所辐辏"。天津、镇江等处一旦被夷人掌控,中国的形势就岌岌可危了。陈浚的推测震耳欲聋:"若该夷得遂其狡计,数年之后,天下之利权归之,中国之民命系之,必至束手受制,无可奈何,其祸患岂徒伤威损重已乎?"①确如国人所料想,《天津条约》虽然签订,但英法两国仍然不满,他们认为未能把天津列入《天津条约》所列通商口岸名单,是"额尔金政策的失败"②,他们甚至扬言,如果额尔金当时使"天津开放贸易,炮艇停泊在天津内河"③,那么以后的战争即可避免。咸丰十年(1860)英法两国又以《天津条约》换约未成为借口,再次派遣军队于北塘登陆,七月占领了天津城。虽然咸丰帝为挽救危局派出了钦差大臣桂良、恒福到天津与英法议和,但英法侵略者提出的偿付英法各 800 万两赔款数额、必须带兵进京换约以及立即开放天津通商等条件太过苛刻,谈判未果。英法侵略者于咸丰十年七月二十三日(9 月 8 日)由天津向北京进犯,清政府被迫分别同英法两国签订了中英和中法《续增条约》——即《北京条约》。中英《续增条约》第四款规定:"续增条约画押之日,大清大皇帝允以天津郡城海口作为通商之埠,凡有英民人等至此居住贸易均照经准各条所开各口章程比例,画一无别。"④同时,中法《续增条约》也有类似规定,"从两国大臣画押盖印之日起,直隶省之天津府克日通商,与别口无异"。⑤自此天津被迫开放通商。

纵观全局,《北京条约》的签订是天津从传统走向近代的关键节点,自此之后,天津从一个传统的交通枢纽和商业城市,逐步成为北方的中外贸易港口,天津城市格局的变更使中国官僚制度和天津等地官场格局随之发生一系列变化。

---

① 陈浚:《请撤回桂良、花沙纳并敕僧格林沁妥筹战和折》,中国史学会主编《第二次鸦片战争》1,上海人民出版社 1978 年版,第 454 页。

② [英]雷穆森(O. D. Rasmussen)著,许逸凡、赵地译,刘海岩校订:《天津租界史(插图本)》,天津人民出版社 2008 年版,第 9 页。

③ 同上。

④ 王铁崖编:《中外旧约章汇编》第 1 册,生活·读书·新知三联书店 1957 年版,第 145 页。

⑤ 同上书,第 148 页。

二 三口通商大臣的设置

《天津条约》和《北京条约》签订之后,整个中国沿海已不同于广州、福州、厦门、宁波、上海五口通商的格局,"北则奉天之牛庄、直隶之天津、山东之登州,南则广东之粤海、潮州、琼州,福建之福州、厦门、台湾、淡水,并长江之镇江、九江、汉口,地方辽阔,南北相去七八千里"。① 在沿海通商港口,外国人不仅可以租赁土地,长期居住,而且可以通商、游历、传教,"一切之事,无不成为交涉之事"②。地方对外交涉通商等事务的迅猛增多使"五口通商大臣"无暇兼顾全局。面对新形势,负责处理英法联军善后事宜的钦差大臣恭亲王奕䜣、大学士桂良、户部左侍郎文祥联名提出在南洋大臣之外再添设北洋大臣的建议。一方面,从开放通商的格局而言,他们认为"南北相去七八千里",如果"仍令其归五口钦差大臣办理",不仅会造成管理不善,出现"呼应不灵"的局面,而且各国必然不愿服从管理,从而加剧矛盾;另一方面,从当时天津的地理位置看,他们认为"天津一口距京甚近",要加强对京师的保护,就必须重视对天津的管辖,而"各国在津通商,若无大员驻津商办,尤恐诸多窒碍"③,鉴于以上原因,三位大臣拟请设立三口通商大臣一职,驻扎天津,专管牛庄、天津、登州三口通商事务。三口通商大臣乃迫于形势不得已而添设的官职,又统辖地理位置非常重要的"奉天之牛庄、直隶之天津、山东之登州",其人员的选定自然至关重要。总理各国事务衙门大臣奕䜣荐举了崇厚④,恭亲王认为当时的候补京堂崇厚"久在天津,于地方情形既能熟悉,而控驭外夷,亦能权智兼济,不至拘执乖方"⑤。奕䜣对崇厚有如此高的评价有其根源,这要追溯到咸丰十年(1860)英

---

① (清)贾桢等纂:《筹办夷务始末(咸丰朝)》,卷71,第17—26页,《近代中国史料丛刊》第五十九辑,文海出版社1970年版。
② 张枬、王忍之编:《辛亥革命前10年间时论选集》(五卷本)第一卷(上),生活·读书·新知三联书店1960年版,第89页。
③ (清)贾桢等纂:《筹办夷务始末(咸丰朝)》,卷71,第17—20页,《近代中国史料丛刊》第五十九辑,文海出版社1970年版。
④ 崇厚,字地山,完颜氏,内务府镶黄旗人,河督麟庆子,道光二十九年举人,选知阶州,历迁长芦盐运使。咸丰十年署盐政。见赵尔巽《清史稿》,列传233,民国十七年清史馆本。
⑤ (清)贾桢等纂:《筹办夷务始末(咸丰朝)》,卷71,第27页。《近代中国史料丛刊》第五十九辑,文海出版社1970年版。

法联军进攻天津时，当时署理长芦盐政的崇厚因参与办理中外交涉事宜曾获得恭亲王奕䜣的赏识。① 同时恭亲王等提议添设的三口通商大臣一职是以裁撤长芦盐政一职为基础的，崇厚原本就是这一任长芦盐政，同一地点裁撤一职转而添设一职，崇厚又熟悉环境，因此由崇厚出任三口通商大臣乃顺理成章之举。咸丰十年十二月十日（1861年1月20日），咸丰帝正式任命崇厚出任三口通商大臣，上谕曰："侍郎衔候补京堂崇厚，著作为办理三口通商大臣，驻扎天津，管理牛庄、天津、登州三口通商事务。"② 由此，崇厚成为首任三口通商大臣。

三口通商大臣与五口通商大臣南北对应，但其设置之初，地位就与五口通商大臣迥然不同。道光二十四年（1844）耆英任两广总督兼钦差大臣，与美国签订了《望厦条约》，与法国签订通商章程，后又与比利时、葡萄牙、荷兰、西班牙、普鲁士、丹麦等国议约，清政府将"五口通商章程"一体颁发，自此，五口通商大臣一职成为两广总督的兼差。道光二十四年三月五日（1844年4月22日）上谕："耆英现已调任两广总督，各省通商善后事宜均交该督办理，著仍颁给钦差大臣关防，遇有办理各省海口通商文移事件，均著准其钤用，以昭慎重。"③ 咸丰八年十二月（1859年1月），清政府改授两江总督何桂清为钦差大臣，咸丰十年十二月（1861年1月）改由江苏巡抚薛焕办理，驻上海。五口通商大臣虽几经变更，但均为督抚大员兼任，同时均颁给钦差大臣关防。

在议设三口通商大臣时，恭亲王等人就提出直隶乃畿辅重镇，拱卫京师，"督臣控制地方，不能专驻天津"的问题。相较其他省份，直隶乃京师门户，地位尤为特殊，天津偏在直隶一隅，直隶总督要坐镇保定，不能专驻天津，因此无法兼任三口通商大臣。即便是仅次于直隶总督的藩臬两司也各有专职，"未便兼理其事"④，因此恭亲王等人建议三口通商大臣由品级相对较低的崇厚担任，相对五口通商大臣由两江总督或者江苏巡抚等督抚大员兼任而言，三口通商大臣之官员品级和地位显然降低很多，三口

---

① 林怡秀：《清季天津海关道之研究（1870—1895）》，硕士学位论文，台湾成功大学历史学系，2001年。

② （清）贾桢等纂：《筹办夷务始末（咸丰朝）》，卷72，第16页，《近代中国史料丛刊》第五十九辑，文海出版社1970年版。

③ 中国第一历史档案馆编：《鸦片战争档案史料》Ⅶ，天津古籍出版社1992年版，第424页。

④ （清）贾桢等纂：《筹办夷务始末（咸丰朝）》，卷71，第17—20页，《近代中国史料丛刊》第五十九辑，文海出版社1970年版。

通商大臣之权威已无法等同于五口通商大臣。尽管恭亲王提出三口通商大臣"遇有要事，准其会同三省督抚、府尹商同办理，庶于呼应较灵"①，但品级较低，身为直隶总督下属官员的三口通商大臣，即便与三省督抚会商，效用也必然不彰。

在三口通商大臣的衙署和经费方面，恭亲王等人建议将裁撤的长芦盐政的衙署和养廉银拨给三口通商大臣，"不必另议添设，以节经费"。② 此外，长芦盐政之"旧管关税一并归通商大臣兼管，分晰造报"。③ 这说明对三口通商大臣行使职权之配套经费和署衙，清政府并不看重，持得过且过、因陋就简的态度。

除此之外，恭亲王等人在三口通商大臣官职设置之初就建议其关防"无庸加钦差字样"④，这是对三口通商大臣权责最明显的限制和保留，比起五口通商大臣加钦差衔，三口通商大臣在官员品级上明显降低许多。日后三口通商大臣处处遭受掣肘、呼应不灵的局面此时已埋下伏笔。

三口通商大臣和五口通商大臣均为因应外强入侵而添设，中央刻意降低三口通商大臣重要性的真正意图在于："现在天津一口，将来办理通商，只有进口货物，并无出口大宗，如果日久贸易不旺，彼必废然思返。"⑤ 显然，清政府刻意让天津"日久贸易不旺"，在中外交涉时想让天津的地位不如上海，更想让中外通商中心远离北京，由此降低洋人来津议事的心理预期⑥；清政府还打算"拟仍临时酌量情形，或将通商大臣裁撤，以省冗员"⑦。这说明，在最初提议增设三口通商大臣的总理各国事务衙门官员心中，这个官职只是临时性质，合适的时候可以裁撤。清政府添设三口通商大臣时的矛盾心理已经预示了这一官职日后的坎坷命运。

---

① （清）贾桢等纂：《筹办夷务始末（咸丰朝）》，卷71，第17—20页，《近代中国史料丛刊》第五十九辑，文海出版社1970年版。

② （清）贾桢等纂：《筹办夷务始末（咸丰朝）》，卷71，第20页，《近代中国史料丛刊》第五十九辑，文海出版社1970年版。

③ 同上。

④ 同上。

⑤ 同上书，第17—20页。

⑥ 参见林怡秀《清季天津海关道之研究（1870—1895）》，硕士学位论文，台湾成功大学历史学系，2001年。

⑦ （清）贾桢等纂：《筹办夷务始末（咸丰朝）》，卷71，第17—20页，《近代中国史料丛刊》第五十九辑，文海出版社1970年版。

三 三口通商大臣的裁撤

（一）天津教案的发生

同治九年（1870），震惊中外的天津教案爆发。事实上，中外矛盾激化之前就有征兆，据三口通商大臣崇厚奏报："天津一带自入夏以来，亢旱异常，人心不定，民间谣言甚多，有谓用药迷拐幼孩者，有谓义冢内有幼孩尸骨暴露者，有谓暴露之尸均系教堂所弃者，遂有谓天主教挖眼剖心者，纷纷谣传，并无确据。"① 后来天津府县拿获迷拐幼孩之匪徒张栓、郭拐二名，并讯明正法。知府张光藻出示了继续拿获拐匪的告示，说道："张拴、郭拐用药迷拐幼童，风闻该犯多人，受人嘱托，散布四方，迷拐幼孩取脑剜眼剖心，以作配药之用。"② 由此民间迷拐之事被部分证实，而传言也愈来愈多，街巷为之不靖。至同年五月二十日，桃花口居民拿获一名迷拐犯武兰珍，经天津县讯问，牵涉到教民王三给他迷药，命他迷拐等情，一时民情汹汹，闾阎蠢动。

崇厚以民心浮动，恐滋事端，饬天津道周家勋往晤法国领事官丰大业，查问王三之事，该领事亦允为主办。后崇厚亲自面见丰大业，约其和地方官一起，"讯问犯供，以明虚实，并告以民情蠢动，必须确切查明，方免生事"③，后与丰大业和传教士谢福音约定共同查看教堂。同年五月二十三日，天津道、府、县押带武兰珍赴该堂查看对质，但武兰珍的指证与教堂不符，道府官员等遂带其回署。在崇厚正准备张贴告示以安民心时，"忽闻有教堂之人，与观看之众，闲人口角相争，抛砖殴打，当派武牟前往镇压。适丰大业来署，当即接见。看其神气凶悍，腰间带有洋枪二杆，后跟一外国人，手执利刃，飞奔前来，未及进室，一见即口出不逊，告以有话细谈，该领事置若罔闻，随取洋枪当面施放，幸未打中""该领事进屋将什物信手打破，咆哮不止"。④ 崇厚以民情汹涌，劝丰大业不可出署，但丰大业盛气而去，归途中该领事路遇天津县刘杰，丰大业又向其

---

① （清）宝鋆等纂：《筹办夷务始末（同治朝）》，卷72，页23，《近代中国史料丛刊》第六十二辑，文海出版社1970年版。
② 林治平：《基督教入华百七十年纪念集》，宇宙光出版社1977年版，第213页。
③ （清）宝鋆等纂：《筹办夷务始末（同治朝）》，卷72，22—24页，《近代中国史料丛刊》第六十二辑，文海出版社1970年版。
④ 同上。

放枪未中，误将刘杰之家人打伤。"该民人见领事官丰大业对官放枪，遂致万口哗噪，同时并举。"① 天津民众与外国列强之间长久累积的诸多矛盾瞬间爆发，酿成激变，围观群众当场打死法国领事丰大业，同时焚烧了法国教堂及其他外国人在天津的建筑和设施，打死外国传教士及商人二十多人，震惊中外的天津教案爆发。法国、英国等多国军舰遂集结于天津、烟台一带示威，国家告急，战争一触即发。

天津教案发生后，朝廷立即命直隶总督曾国藩由保定前往天津查办，曾国藩带病赶赴天津。各国驻北京公使联衔照会总理各国事务衙门，表示天津民教滋生，杀毙法国领事关系重大，与各省教案不同，须采取必要手段。② 工部尚书毛昶熙、江苏抚臣丁日昌、湖广总督李鸿章等先后赶赴天津，协同直隶总督曾国藩共同处理天津教案。清政府采取诸多措施，如严惩凶犯；将天津知府张光藻、知县刘杰发往黑龙江；命崇厚出使法国，代表中国向法国道歉；积极向各国赔偿损失等。天津教案逐步得到解决。直隶总督曾国藩全权处理天津教案，但因办理过柔，备受朝野指责，该案还未完全了结，曾国藩即被调任两江总督，直隶总督由李鸿章继任。三口通商大臣崇厚虽不承担天津教案发生的主要责任，但其驻扎天津，是天津地区管理对外交涉的最高长官，天津教案发生，崇厚仍有疏于防范之责，而且有处理不善，激化矛盾之嫌，三口通商大臣从其添设之初就具有的内在矛盾使之难以避免被裁撤的命运。

（二）裁撤三口通商大臣

咸丰十年十二月十日（1861年1月20日），清政府正式裁撤长芦盐政，添设三口通商大臣一职，至同治九年五月卅日（1870年6月28日），崇厚被清政府派往法国，为天津教案之事向法国赔礼道歉止，三口通商大臣一职存在已历时10年。在这段时间内，除同治元年十二月廿七日（1863年2月14日）因崇厚署理直隶总督，户部右侍郎、总理各国事务衙门大臣董恂曾代署三口通商大臣一段时间外，这个职位一直由崇厚担任，相对同一时期直隶总督的频繁更调而言（具体情况见第二章第二节的分析），崇厚十年一直担任这一职务已算一个奇迹，但该官职在设置之

---

① 《大清穆宗毅皇帝实录》，第285卷，第11页，同治九年六月下，大红绫本，现藏于中国第一历史档案馆。
② 转引自林怡秀《清季天津海关道之研究（1870—1895）》，硕士学位论文，台湾成功大学历史学系，2001年。

初就存在的局限性事实上已经演变为激化天津教案发生的重要因素。

1. 天津地方官民与三口通商大臣崇厚间的矛盾

10 年间，崇厚的官阶一直处于上升状态。最初他只是侍郎衔候补京堂，后来他逐步获得大理寺卿、内阁学士、兵部左侍郎等官衔。① 但这些官阶是中央委以崇厚的，与三口通商大臣职务无涉。三口通商大臣一职始终属于临时差使的性质，加上最初崇厚任职时地位太低，仅仅是一个候补京堂身份，这使三口通商大臣崇厚从任职开始就难以获得天津同僚对他的认同。当时的一位官员陈元禄曾记载：李观察（天津道李同文）"与崇星使（三口通商大臣崇厚）议多龃龉"。② 当时的天津道李同文对三口通商大臣崇厚并不买账。同治九年五月二十日（1870 年 6 月 18 日），天津教案爆发前几天，天津知县拿获拐匪武兰珍，在他供出教民王三后，二十二日，天津知县刘杰前往晤见法国驻津领事丰大业，但与丰大业交涉不力，随后，天津府知府张光藻、天津县知县刘杰共同要求三口通商大臣崇厚与法国领事丰大业交涉，崇厚不得已前往法国领事馆，并向丰大业发牢骚，"地方当局对他的意见很少考虑"。③ 天津教案爆发前的诸多细节表明，天津地方文武官员对三口通商大臣一职存在某种轻视心理，因此，参与处理天津教案的工部尚书毛昶熙评价道，三口通商大臣"有绥靖地方之责，无统辖文武之权"。④

天津地区民众对崇厚的不满更甚。随着天津开埠通商，外国轮船开始频繁航行于天津港口，轮船比当地民船更有竞争力，这使原本大批依赖民船为生的船户纷纷失业。仍在运营的民船也因船速缓慢，躲避不及，常被外国轮船撞翻，碰船事件大量发生。对这种中外纠纷，崇厚在列强面前大多持妥协退让态度。如果国人利益受损，崇厚往往草草以赔偿结案，而一旦外国利益受损，外国列强势必威胁恐吓，对此，崇厚往往妥协退让，委曲求全。三口通商大臣这种对外妥协的行为加重了天津官、绅、民对其的不满。不满情绪日积月累，最终导致天津教案爆发。曾参与处理天津教案的李鸿章也认为：天津教案的爆发，"似由崇公平日谄媚彼族过甚，洋风

---

① 钱实甫：《清代的外交机关》，生活·读书·新知三联书店 1959 年版，第 182—183 页。
② 陈元禄：《陈元禄自订年谱》，北京图书馆《北京图书馆馆藏珍本年谱丛刊》第 166 册，北京图书馆出版社 1998 年版，第 104 页。
③ ［美］马士、［美］宓亨利著，姚曾译：《远东国际关系史》，商务印书馆 1975 年版，第 272 页。
④ （清）宝鋆等纂：《筹办夷务始末（同治朝）》，卷 77，第 20—22 页，《近代中国史料丛刊》第六十二辑，文海出版社 1970 年版。

太炽,绅民含愤已久,触机一发,遂不可制。否则谣传既久,何不出示谕禁,何不派兵弹压,盖不为民所畏信耳"。①

即使在天津教案爆发后,三口通商大臣崇厚和天津官民之间矛盾仍在激化。天津教案爆发之初,办理交涉的三口通商大臣崇厚就有"杀守、令(天津知府张光藻、知县刘杰)意,拟专请治罪,雪私愤兼媚洋人",而津民闻信,"不约而集者数千人,势涌若潮,几踏商署"。事情好不容易中止,但没几天,法国公使果然"索守、令,勒要正法"。② 在天津民众看来,崇厚不仅欲杀天津知府张光藻、知县刘杰以取悦洋人,还与洋人暗地沟通,口径相同。因此,在天津教案中,三口通商大臣崇厚不仅未能抚平事端,反而激化了矛盾,三口通商大臣一职已失去了在天津地区官员和民众中的认可度。

2. 外国人士对三口通商大臣的不满

前文已详细论述三口通商大臣在同其他国家议约和换约过程中,因不具有钦差大臣关防,纷纷受到前来议约国家的轻视。除此之外,在处理天津等地方对外交涉事件中,外国对三口通商大臣崇厚的看法也充满矛盾。最初,外国人大多对崇厚印象较好,来津的外国人士纷纷称赞"他的仁德、他的态度和蔼和他的礼节周到",③ 他们甚至盛赞崇厚"是一个所碰到的最为完美的中国绅士"。④ 然而,当天津教案发生后,外国人对三口通商大臣崇厚作为天津最高长官竟不能控制天津教案局势表示了极大的失望,纷纷指责崇厚失职,并坚持要把他惩办。《北华捷报》曾宣称:"一切有关的官吏应当偿命,特别是,崇厚必须处死","如果允许他逃脱的话,那么在这个国家中的每个欧洲人都要遭到灾祸"。⑤

---

① (清)李鸿章:《复曾相》(同治九年六月初七日),顾廷龙、戴逸主编《李鸿章全集》30(信函二),安徽教育出版社 2008 年版,第 74 页。
② 《庚午复西林宫保书》,这是当时直隶总督曾国藩属下的史念祖写给安徽巡抚英翰(字西林)的密信,报告1870年天津教案的情况。沈云龙《近代中国史料丛刊续编第二辑》(俞俞斋文稿)卷三,文海出版社 1974 年版,第 546 页。
③ 胡波纳:《世界环游记》,第 535 页。转引自马士《中华帝国对外关系史》第 2 卷,生活·读书·新知三联书店 1958 年版,第 269 页。
④ 密其:《阿礼国旅华记》第 2 卷,第 239 页。转引自马士《中华帝国对外关系史》第 2 卷,生活·读书·新知三联书店 1958 年版,第 269 页。
⑤ 《北华捷报》1870 年 8 月 11 日。转引自马士《中华帝国对外关系史》第 2 卷,生活·读书·新知三联书店 1958 年版,第 274 页。

但当清政府将天津府知府张光藻和天津县知县发配至黑龙江的时候，崇厚并没有受到惩罚，只是被派到法国，代表中国政府的高级官员向法国道歉，这种强烈的对比引起了朝野正义之士和外国人士的普遍不满。在这种形势下，为抚慰天津民愤，安抚天津教案中列强之愤怒，裁撤三口通商大臣已是必然之事了。

同治九年十月二十八日（1869年11月20日），清政府发布上谕："三口通商大臣一缺即行裁撤，所有洋务海防各事宜，著归直隶总督经管。"①

第四节　晚清津海关道的添设

一　议设津海关道

裁撤三口通商大臣是清政府官僚体制的一个重大变化，这一变更相应带来一系列制度随之变化。工部尚书毛昶熙来津处理天津教案时，曾短暂署理三口通商大臣一段时间，他以亲身体验评价三口通商大臣一职只是"虚糜朝廷之禄，徒挠督臣之权"②，他请求朝廷裁撤三口通商大臣，同时建议作如下变更：一方面，原三口通商大臣任内"所有应办各事宜，均著归直隶总督督饬该管道员经理，即由礼部颁给钦差大臣关防，用昭信守"。毛昶熙是按照南洋大臣由督抚大员兼任并加钦差衔的惯例，建议由直隶总督兼管对外通商事务，并加钦差衔，增加任职的权威性。另一方面，因直隶总督管辖事务众多，而天津中外交涉事务又十分繁杂，因此毛昶熙建议"自应添设道员管理"，即建议在直隶总督兼管全局的基础上，另外添设道员管理具体事务。经过总理各国事务衙门和当时的直隶总督李鸿章几轮讨论后，中央正式下旨裁撤三口通商大臣，由直隶总督兼任北洋通商大臣，加钦差衔，同时在天津添设津海关道一职，"专管中外交涉各事件及新、钞两关税务"③。

这就有了一个疑问，晚清为了应对新形势，在各地普遍设置的负责对外交涉和税收的海关道或者关道并非专职，一般由地方兵备道或者分巡道

---

① （清）宝鋆等纂：《筹办夷务始末（同治朝）》，卷78，第28—29页，《近代中国史料丛刊》第六十二辑，文海出版社1970年版。
② （清）王之春：《国朝柔远记二十卷》卷16，第221页。
③ 《大清穆宗毅皇帝实录》第293卷，第24页，同治九年十月下，大红绫本，现藏于中国第一历史档案馆。

兼任。如上海江海关由苏松太兵备道兼管，宁波新关由宁韶道台兼理，汕头新关由惠潮道兼管，镇江新关由常镇通海道兼管，等等。① 即便三口通商大臣在办理开关通商及对外交涉之事时，也是致函总署，请"总署札饬天津道孙治，督同府县及委员"协助处理。对崇厚的请求，恭亲王曾回应道："孙治以本地监司大员，且素悉外国事务，若令督饬弹压，似易得力。"于此，我们可知天津道孙治"素悉外国事务"，具有处理对外交涉事务的能力。因此恭亲王"拟即先行札饬孙治，帮同照料天津地方交涉事宜，其通商一切，仍由崇厚经理，不得稍有诿卸"。② 据此，我们可知，在天津开埠通商之初，通商事务多由崇厚规划，而对外交涉则得力于身为天津道的孙治。③ 按照这样的逻辑，如果中央裁撤三口通商大臣，转由直隶总督兼任北洋大臣，即便需人辅佐，也应由天津道担任此职。在由当地官员监管对外交涉与税务已成惯例的情况下，中央仍允准在天津专设津海关道引人深思。

二 首任津海关道的遴选

既然三口通商大臣崇厚因处理天津教案和其他对外交涉事务不当而遭裁撤，而且当时天津中外矛盾仍然尖锐，办理对外交涉任务艰巨，清政府自然极其重视刚刚添设的津海关道一职。中央将新设津海关道确定为"冲、繁、疲、难四字最要之缺"，对其职权定位为"直隶通省中外交涉事件统归管理，兼令充直隶总督海防行营翼长"，并规定："嗣后津海关道缺出，著由直隶总督拣员请补。"④ 按照中央的规定，当时应由直隶总督李鸿章负责确定首任津海关道人选。同治九年十月二十六日（1870年11月18日），直隶总督李鸿章同时奏保了陈钦和沈保靖两人，禀请中央抉择。陈钦，字子敬，山东历城人，咸丰二年（1852）乡试中举人，曾任总理各国事务衙门章京，并曾随同工部尚书毛昶熙到天津处理天津教案。李鸿章对陈钦评价颇高。李鸿章认为，津海关道一缺"非熟悉洋务、

---

① 梁元生：《清末的天津道与津海关道》，《"中央研究院"近代史研究所集刊》第25期。
② 齐思和等编：《第二次鸦片战争》五，上海人民出版社1978年版，第421页。
③ 参见梁元生《清末的天津道与津海关道》，《"中央研究院"近代史研究所集刊》第25期。
④ 《大清穆宗毅皇帝实录》第293卷，第24页，同治九年十月下，大红绫本，现藏于中国第一历史档案馆。

通达治体之员不能胜任",而四品衔记名海关道陈钦"心地正大,才辨明通"①,又曾被曾国藩多次奏保在案,因此李鸿章认为"值裁并之,更张之始,非得人如陈君者未易治也"②。从此处可知,李鸿章保荐陈钦出任首任津海关道是源于陈钦"在总理(各国事务)衙门总办多年,于中外交涉情形洞悉本末,研究入微",这使他具有突出的外交才能,能胜任交涉工作。另外曾国藩和总理各国事务衙门对陈钦的态度也是李鸿章举荐陈钦出任津海关道的理由。陈钦参与处理天津教案时的表现令曾国藩赞赏不已,曾多次荐举陈钦,"迭次奏保在案"。③ 而总理各国事务衙门也极其看重陈钦,屡次催促陈钦"回京当差",鉴于曾国藩与总理各国事务衙门同李鸿章之间的密切关系,李鸿章自然也极其看重陈钦。最终中央正式任命陈钦为首任津海关道。

陈钦出任首任津海关道却并非易事,之间的历程可谓一波三折。同治九年八月初七日(1870年9月2日),直隶总督曾国藩在即将离任之际,会同工部尚书毛昶熙、江苏抚臣丁日昌以及当时署理三口通商大臣一职的成林联名举荐陈钦,称在总理各国事务衙门当差多年的陈钦"正而不迂,介而有为","于中外交涉情形洞悉本末,研究入微"。三位官员对陈钦在处理天津教案中表现出来的才能给予了极高评价,"其辩才足以折服强悍,其诚心亦足以感动彼族",并坚信若以陈钦署理天津府知府,必然能"折冲于平日,御侮于无形。"④ 中央同意了大员们的联名举荐,但是这次陈钦却"辞,未就"。⑤

同治九年八月二十九日(1870年9月24日),也即是说在同一个月内,曾国藩再次举荐陈钦,这次推荐任职的职位是天津道。曾国藩认为,原本为记名海关道的陈钦若能出任天津道将更得力。曾国藩还解释了自己多次荐举陈钦的原因,"臣非敢迭次冒渎,实见该员陈钦洞悉洋务,所持者正大之理,而能曲中诡谲之情,一时留心经世者,均称其有体有用,足

---

① (清)李鸿章:《奏保陈钦沈保靖片》,顾廷龙、戴逸主编《李鸿章全集》4(奏议四),安徽教育出版社2008年版,第112页。
② (清)游百川:《皇清诰授荣禄大夫直隶津海关道陈君墓志铭》,现藏舟山市博物馆。
③ (清)李鸿章:《奏保陈钦沈保靖片》,顾廷龙、戴逸主编《李鸿章全集》4(奏议四),安徽教育出版社2008年版,第112页。
④ (清)曾国藩:《请以陈领署天津府折》,《曾文正公全集》第2册(曾文正公奏稿),(上海)国学整理社1936年版,第927页。
⑤ (清)游百川:《皇清诰授荣禄大夫直隶津海关道陈君墓志铭》,现藏舟山市博物馆。

稗时艰"。① 但这次举荐仍然未能成功。同治九年（1870）九月上旬，中央发给曾国藩一道谕旨："天津道周家勋现已开缺，所遗员缺紧要，必须得人而理，前据曾国藩奏请以丁寿昌署理天津道，任事以来于地方情形是否熟悉，若授斯缺是否相宜，著曾国藩、李鸿章悉心察看，俟津案完结后，即行据实具奏……将此各谕令知之。"② 很明显，曾国藩保荐陈钦出任天津道实际违背了中央原本的意图。对此，曾国藩在奏折中写道："遵查丁寿昌沉毅有为，才大心细，自署天津道缺，适值事势艰窘之际，而该员措置裕如，可否即请简授斯缺。"③ 最终，中央命丁寿昌补授天津道。中央如此决定有其考虑，丁寿昌起于淮军，与接替曾国藩出任直隶总督的李鸿章关系非同一般。丁寿昌统领铭军驻扎于天津，天津教案爆发时，各国军舰云集天津威慑北京，淮军将领出身的丁寿昌出任天津道确能更好地辅佐直隶总督，使"津郡枪炮练军"及李鸿章"留防亲军各营，均能联络一气"。④

曾国藩连续两次荐举陈钦均未果。同治九年九月十六日（1870年10月10日），工部尚书毛昶熙上奏，建议裁撤三口通商大臣，新设津海关道一职。经总署讨论、李鸿章复奏之后，中央正式决定添设津海关道一缺，"专管中外交涉各事件及新、钞两关税务"⑤。于是才有了一个月之后，即同治九年十月二十六日（1870年11月18日）李鸿章上奏的《奏保陈钦沈保靖片》，最终中央同意陈钦出任首任津海关道。

三 添设津海关道的隐情

应该注意到一个细节。在讨论是否裁撤三口通商大臣，转归直隶总督办理的过程中，无论是毛昶熙的最初提议，还是总理各国事务衙门讨论后的上奏以及皇帝的上谕，都对裁撤前者，事权归诸后者没有异议，但对是

---

① （清）曾国藩：《密保天津道员片》，《曾文正公全集》第2册（曾文正公奏稿），（上海）国学整理社1936年版，第912页。
② 《大清穆宗毅皇帝实录》第290卷，第4页，同治九年九月上，大红绫本，现藏于中国第一历史档案馆。
③ 同上书，第5页。
④ （清）李鸿章：《覆奏封河回省折》，顾廷龙、戴逸主编《李鸿章全集》4（奏议四），安徽教育出版社2008年版，第422页。
⑤ 《大清穆宗毅皇帝实录》第293卷，第24页，同治九年十月下，大红绫本，现藏于中国第一历史档案馆。

否添设海关道语气皆较含混,并不确定。毛昶熙说,"其新、钞两关,税务较繁,可否添设海关道一员,专司其事,并管理寻常华洋交涉事件,遇有疑难大事,仍禀请督臣指示,妥为遵办"。① 总理各国事务衙门遵旨议奏之后,在奏折中说:"至新、钞两关税务,应否添设海关道一员专司其事之处,应由督臣李鸿章酌议,奏明办理。"② 而皇帝的上谕基本采用了同样的语气:"至天津新、钞两关税务,应否添设海关道一员,专司其事,著李鸿章一并酌议具奏。"③ 这说明对是否添设海关道,中央的态度模棱两可。

如将此议论放置于当时背景下,中央的态度就不难理解,因为晚清屡屡与列强签订不平等条约,诸多通商口岸逐步设立,在这些口岸负责对外交涉和税务的海关道或者关道并非专职,一般由地方上之兵备道或者分巡道兼任。如上海江海关由苏松太兵备道兼管,宁波新关由宁韶道台兼理,汕头新关由惠潮道兼管,镇江新关由常镇通海道兼管。按照惯例,在天津也应由天津道负责处理对外交涉事务和关务,这在天津已有先例。新设三口通商大臣之初,恭亲王就命天津道孙治"帮同照料天津地方交涉事宜"。④ 因此,无论是遵照当时通行惯例,还是沿用天津旧例,即便裁撤三口通商大臣,由直隶总督兼任北洋大臣,常驻天津,也可由天津道辅佐,不需新添海关道。大约中央已经明确在天津新设海关道不符体制,所以语句含混。但为什么中央明知不符体制,却没有否决,而是让直隶总督李鸿章酌议是否应当添设新的官职呢?

如果将一些事件按照先后顺序罗列,就会发现一些隐藏着的问题:

同治九年八月初七日(1870年9月2日),曾国藩会同工部尚书毛昶熙、江苏巡抚丁日昌、署三口通商大臣成林联合奏请以陈钦署天津府知府,但陈钦未就。

八月十四日(9月9日),曾国藩奏《讯取府县亲供交部核议一疏》,上谕:"天津教案尚未办有端倪,著李鸿章驰赴天津会同曾国藩、丁日昌办理,毛昶熙著即回京。"

---

① (清)宝鋆等纂:《筹办夷务始末(同治朝)》,卷77,第20—22页,《近代中国史料丛刊》第六十二辑,文海出版社1970年版。
② 同上书,第25—28页。
③ 同上书,第28—29页。
④ 齐思和等编:《第二次鸦片战争》五,上海人民出版社1978年版,第421页。

八月十七日（9月12日），毛昶熙返回京师。陈钦作为随行之总理各国事务衙门章京，并未跟随回京。

八月二十九日（9月24日），曾国藩上奏，陈钦"系记名海关道，若能补授天津道，更为得力"。①

九月十三日（10月7日），对中央要求曾国藩悉心察看，据实具奏丁寿昌任职天津道是否相宜的命令，曾国藩在回奏中首肯了丁寿昌适合担任天津道一职。清政府最终任命丁寿昌为直隶天津道。②

九月十六日（10月10日），工部尚书毛昶熙上奏建议裁撤三口通商大臣，添设海关道管理新、钞两关及寻常华洋交涉事件。

在这一系列紧锣密鼓、紧紧相随的事件背后，有一个问题引人深思，中央拒绝了陈钦，而选择丁寿昌，一方面虽属于天津防务的需要，但是从另一方面来说，这也实际上拒绝了曾国藩。

曾国藩认为天津教案应力求和局，"立意不与开衅"。对此，不仅清流对之骂声不断，中央也屡屡指责其办事不当，"惟洋人诡谲性成，得步进步，若事事遂其所求，将来何所底止"，"和局固宜保全，民心尤不可失。曾国藩总当体察人情向背，全局通筹，使民心允服"。③ 中央的不满使这位老臣心中充满自责，他自认为"办理过柔，寸心抱疚"。④ 更甚者，中央有时还直接训斥这位老臣。在天津教案处理过程中，出现了御史参劾天津教案当事人天津府知府张光藻和天津县知县刘杰擅自离开天津，远赴他地事件。而张光藻和刘杰乃由曾国藩准假外出，中央对此更为不满，在给曾国藩的谕旨中不仅痛斥张光藻和刘杰"捏病远避，直视谕旨如弁髦，尚复成何事体"，更直接训斥曾国藩，"于张光藻等革职后，率行给假他出，实属不知缓急"。⑤ 言语之间几乎没给这位昔日功臣留下多少颜面。

---

① （清）曾国藩：《密保天津道员折》，《曾文正公全集》第2册（曾文正公奏稿），（上海）国学整理社1936年版，第912页。
② 《大清穆宗毅皇帝实录》第290卷，第4页，同治九年九月上，大红绫本，现藏于中国第一历史档案馆。
③ 《大清穆宗毅皇帝实录》第285卷，第12—13页，同治九年六月下，大红绫本，现藏于中国第一历史档案馆。
④ （清）曾国藩：《覆陈津案各情片》，《曾文正公全集》第2册（曾文正公奏稿），（上海）国学整理社1936年版，第922—923页。
⑤ 《大清穆宗毅皇帝实录》第287卷，第6页，同治九年七月下，大红绫本，现藏于中国第一历史档案馆。

鉴于中央对自己处理天津教案的强烈不满，曾国藩已经考虑到中央可能直接免去自己直隶总督之职。果不其然，天津教案还未终结，中央就将曾国藩调离直隶，而命李鸿章接任直隶总督。

而关键的问题是在强劲的中央权威面前，官员群体并没有绝对地唯唯诺诺，毫无应对。这在曾国藩多次荐举陈钦的问题上有充分的体现。原本任总理各国事务衙门章京的陈钦随同毛昶熙到津处理天津教案，因卓越的外交才能，深得曾国藩的赏识。曾国藩会同工部尚书毛昶熙、江苏巡抚丁日昌、署三口通商大臣成林在明知违背常理之下仍会奏欲以陈钦署理天津府知府，在陈钦不就的情况下，毛昶熙返京之际，陈钦却没有随同回京，反而继续留在天津襄助曾国藩，这意味着曾国藩与毛昶熙必然达成共识，对陈钦已有安排。最初曾国藩预想陈钦为记名海关道，补天津道名正言顺，不违体例，但没料到这与中央选任丁寿昌的观点不一致，遭到中央拒绝。九月十三日曾国藩复奏，遵从中央意愿，确认丁寿昌人地相宜，适任天津道。曾国藩原本计划落空，但仅隔三天之后，即九月十六日，毛昶熙在奏请裁撤三口通商大臣一职的同时建议新设津海关道一职，专管中外交涉和新、钞两关事宜。两事件看似无关，但细致衡量，其间关系却非同一般。曾国藩曾于同治九年十月十四日（1870年11月6日）在致李鸿章的信中说道："闻朝端有裁撤商署并归总署之议，事理亦颇相宜……另设关道代总督经管税务，与鄙人意见相合"。① 这说明毛昶熙关于"另设关道代总督经管税务"的建议，曾国藩是赞成的。同治九年九月李鸿章在写给丁日昌的信中说道："闻毛旭翁疏请直督兼管通商、海防，交总署议复，又俟候相至京商夺，未知确否。"② 可以看出毛旭熙奏请由直隶总督兼任北洋通商大臣以及另设关道管理对外交涉事宜虽交总理各国事务衙门复议，但总体还得等曾国藩到京之后商议定夺。从这个角度考虑，毛昶熙议设关道之最初提议应该考虑到了曾国藩屡次荐举陈钦但每每受挫的问题，而中央最终同意毛昶熙的提议也是曾国藩至京讨论

---

① （清）曾国藩著，殷绍基等整理：《曾国藩全集》书信1，岳麓书社1990年版，第7314页。
② 《复丁日昌》（同治九年九月二十六日），顾廷龙、戴逸主编《李鸿章全集》30（信函二），安徽教育出版社2008年版，第112页。

定夺的结果。①

从另一角度而言,毛昶熙提议"其新、钞两关,税务较繁,可否添设海关道一员,专司其事,并管理寻常华洋交涉事件"。② 从新设"海关道"之定位看,新官职显然是为有卓越外交才能的陈钦专设。同治九年(1870)九月李鸿章在写给丁日昌的信中说道:"闻毛旭翁疏请直督兼管通商海防,交总署议复,又俟侯相至京商夺,未知确否……子敬在此赋闲,或者津海关道可望入选。"③ 这时正值总理各国事务衙门商讨毛昶熙奏折的时期,李鸿章也认为正因出身总理各国事务衙门章京的陈钦赋闲在津,这会加大总理各国事务衙门同意在天津设立津海关道的可能性。可以说,陈钦在天津教案中表现出的卓越外交才能,受到曾国藩的赏识和屡次举荐,但在遭到中央拒绝之后,官僚群体仍设法于合适之处为陈钦谋得合适之所。这为我们考察添设津海关道之原因又增加了一种新的视角。

因为考虑曾国藩受挫、为人谋职、平衡全局之种种隐情,毛昶熙、总理各国事务衙门诸人在议设津海关道时语气并不坚决。除开这些隐情,毛昶熙、总理各国事务衙门以及中央都必须考虑现实格局的问题。上文已考察了首任津海关道遴选之过程,中央在确定天津道人选时,选择了丁寿昌,拒绝了陈钦。但这种选择让中央必须权衡一个问题,那就是出身行伍

---

① 林怡秀的文章也注意到了曾国藩荐举陈钦出任天津道与中央意见不合,但作者认为添设津海关道一职的原因是:"关键在于中央的总理(各国事务)衙门和地方的直隶总督,双方对于在天津添设津海关道上达成共识。从总理(各国事务)衙门的观点,由于三口通商大臣属总理(各国事务)衙门所管辖,三口通商大臣在天津的失败,总理(各国事务)衙门自然不甚光彩,三口通商大臣即将遭到裁撤,衙门的章京出任海关道又受到杯葛,因此,如能在三口通商大臣裁撤之后,添设一海关道,且由总理(各国事务)衙门的章京出任,有助于减轻对总理(各国事务)衙门的打击。从直隶总督李鸿章的观点,三口通商大臣除在天津无所建树外,与外国领事来往又无体制可言,启外人对于通商大臣轻视之心,因此添设一新的海关道台,建立体制,同时予外人气象一新之感。"基于这种分析,作者认为:"对于任命陈钦为天津道所引起中央和地方观点不同的情况,曾国藩等人经过一番缜密的商议筹划后,彼此达成共识,即向清廷奏请裁撤三口通商大臣,由直隶总督兼北洋大臣,同时建议在天津添设津海关道,由丁寿昌出任天津道,陈钦担任津海关道。"[见林怡秀《清季天津海关道之研究(1870—1895)》,硕士学位论文,台湾成功大学历史学系,2001 年,第 113、62 页。]本书与该作者的观点及其论证过程略有不同,笔者希望能用一系列事件先后的时间作参照,用当时曾国藩、李鸿章等人的信件细化说明曾国藩、毛昶熙和李鸿章等大臣对中央决策的影响。
② (清)宝鋆等纂:《筹办夷务始末(同治朝)》,卷 77,第 20—22 页。《近代中国史料丛刊》第六十二辑,文海出版社 1970 年版。
③ 《复丁日昌》(同治九年九月二十六日),顾廷龙、戴逸主编《李鸿章全集》30(信函二),安徽教育出版社 2008 年版,第 112 页。

的丁寿昌缺乏在天津教案之后处理繁杂的对外交涉事务的能力。丁寿昌是李鸿章同乡，一直跟随李鸿章东征西战，也因军功一路由知县晋秩知府，后晋道员，后加按察使衔。同治八年（1869），天津发生教案，朝廷命丁寿昌"率铭军四千驰赴津、沽备非常，遂署天津道，寻实授"。① 从其履历看，丁寿昌是一名因军功而擢升的淮系将领，在任职天津道之前基本没有办理对外交涉的经验。由这样一位天津道台协助新任直隶总督兼北洋大臣处理对外交涉事件，是当时仍处于风口浪尖的天津和国内形势所不允许的。"丁沽逼近畿辅，筹办海防，绥辑中外，关系极重"②，而且当时天津教案仍未处理完毕，"各国兵船欲在此守冻，彼意不免猜惧，中朝更不放心"③，同时"日本换约，势在必办"④，李鸿章初任直隶总督，常感"将来洋政竟须认真著意"⑤，但"环顾海内，谁为任事，好文不务实，病根终拔不去耳。闻总署正与吏、户议复毛疏，归并此局。商政颓废已极，菲才兼摄数政，精力已衰，又乏助者，实虞贻误，如何如何"⑥。对此，他认为陈钦"其人刚健略实，为洋务好手，百翁欲留助而渠难耐贫，沪关界之最妥"⑦，"总署与吏、户会议直督兼通商之件，日久尚无明文。若添设津海关道，子敬其选也"⑧。由此看，因为天津道丁寿昌缺乏对外交涉经验，由"于中外交涉情形洞悉本末，研究入微""其辩才足以折服强悍，其诚心亦足以感动彼族"⑨ 的陈钦出任津海关道，专管对外交涉及新、钞两关税务，代替天津道丁寿昌辅助直隶总督兼北洋大臣确属时势所需。

---

① 赵尔巽：《清史稿》列传238，民国十七年清史馆本。
② （清）李鸿章：《复江西督销局前贵州贵西道徐》（同治九年十月二十六日），顾廷龙、戴逸主编《李鸿章全集》30（信函二），安徽教育出版社2008年版，第126—127页。
③ （清）李鸿章：《上曾相》（同治九年十月二十一日），顾廷龙、戴逸主编《李鸿章全集》30（信函二），安徽教育出版社2008年版，第124页。
④ （清）李鸿章：《复丁日昌》（同治九年九月二十九日），顾廷龙、戴逸主编《李鸿章全集》30（信函二），安徽教育出版社2008年版，第118页。
⑤ 同上。
⑥ 同上。
⑦ 《复丁雨生中丞》（同治九年九月十四日），顾廷龙、戴逸主编《李鸿章全集》30（信函二），安徽教育出版社2008年版，第103页。
⑧ （清）李鸿章：《复丁雨生中丞》（同治九年十月初五日），顾廷龙、戴逸主编《李鸿章全集》30（信函二），安徽教育出版社2008年版，第120页。
⑨ （清）曾国藩：《请以陈领署天津府折》，《曾文正公全集》第2册（曾文正公奏稿），（上海）国学整理社1936年版，第927页。

中央最终让直隶总督李鸿章权衡酌议是否添设关道管理对外交涉及海关事务。与中央模棱两可的含混态度相比，李鸿章的态度可谓旗帜鲜明。他认为"谕旨准照总理（各国事务）衙门所议，裁撤三口通商大臣，洋务归总督经管，并令长驻津郡，整顿海防，洵属未雨绸缪之策"。但直隶总督事务本已繁杂，又兼顾通商，因此他认为"目前最急者，须先添设海关道一员"。① 李鸿章陈述了两条理由，一方面，他认为设立海关道可以重新确立天津的对外交涉体制。"查咸丰十年十二月间，崇厚由长芦盐政改授三口通商大臣，职分较卑，按照条约，并无载明通商大臣与领事交涉仪式，往来公文俱用照会平行，迨崇厚浡升侍郎，相沿已久，碍难更改。兹臣以总督兼办，又蒙特颁钦差大臣关防，各国和约载有专条，未便过事通融，致亵国体而启外人骄慢之渐，且臣曾兼任南洋通商大臣五年，旧例尚在，未可前后易辙。计惟添设海关道，比照各口现办章程，责成道员与领事官、税务司等商办一切，随时随事禀臣裁夺；其有应行知照事件，臣即札饬关道转行领事遵照；至往来会晤仪节，务皆斟酌适宜，此等事理虽小，动关体制，不敢不慎。又，中外交涉案件，洋人往往矫强，有关道承上接下，开谕调停，易得转圜，不独常、洋两税须人专管也。"② 另一方面，他认为天津道任务艰巨，无暇兼任洋务。"向来地方添设员缺，多就闲缺裁改，各口关道并有兼辖地方之责。查直省道缺各当要地，无可改并，天津道承办海运，每年南漕百万石由该道陆续接运赴通，烦难已极，未能兼任洋务，致有偏废。相应请旨准令添设津海关道一缺，专管洋务及新、钞两关税务"。③ 李鸿章之论述有理有据，彻底打消了中央的顾虑，中央同意所奏，"著照所请，准其另设津海关道一缺，专管中外交涉事件及新、钞两关税务"。④ 于是天津除天津道之外，又新设了津海关道一职处理通商、交涉及洋务事宜，二道同城，这可谓是清代少见的特殊情况。

---

① （清）李鸿章：《裁并通商大臣酌议应办事宜折》，顾廷龙、戴逸主编《李鸿章全集》4（奏议四），安徽教育出版社2008年版，第108页。
② 同上。
③ 同上。
④ （清）李鸿章：《附奕䜣等遵旨议奏毛昶熙裁撤三口通商大臣折》，顾廷龙、戴逸主编《李鸿章全集》4（奏议四），安徽教育出版社2008年版，第111页。

第二章

津海关道基本情况考察

津海关道从其产生直至民国初年改称海关监督，共历时42年。作为一种政治制度，在晚清剧烈的社会转型和复杂的政治变革环境下，津海关道的职能曾一度拓展，然后收缩，最后仅留管理海关之责。津海关道又是一个官职，42年时间里，出任津海关道的官员有19位，这些官员又构成晚清特殊的津海关道群体。因专办中外交涉和海关事务，津海关道背后还有一个内部构成极其复杂的衙门。对这个制度、官职、群体、衙门的基本情况作全面的考察有助于建构一个多重面向的立体的津海关道形象。

第一节 事权界定与职能变迁

一 津海关道事权的最初界定

津海关道是一个特设的官职，前所未有，该官职设置之初，职权如何界定就成为各方关注的问题。从同治九年十月二十六日（1870年11月18日）李鸿章上奏裁撤三口通商大臣，申明"目前最急者，须先添设海关道一员"①，到同治九年十一月初六日（1870年12月27日）李鸿章正式上奏《酌议津海关道章程折》，向中央报告拟定的津海关道各项章程，在这大约一个月的时间里，直隶总督李鸿章、总理各国事务衙门就津海关道事权如何界定的问题多次往返函商，首任津海关道陈钦也参与了这次讨论。对如何确定津海关道之事权，总理各国事务衙门和李鸿章之间存在异议。

---

① （清）李鸿章：《裁并通商大臣酌议应办事宜折》，顾廷龙、戴逸主编《李鸿章全集》4（奏议四），安徽教育出版社2008年版，第108页。

同治九年闰十月初三日（1870年11月25日），总理各国事务衙门函嘱李鸿章："因新设津关道，恐文武员弁恃无统辖，饬照奉锦山海关道成案办理。"①但李鸿章并没有照章行事。同治九年闰十月初七日（1870年11月29日），他在给总理各国事务衙门的信中说道："奉锦山海关成案，其始奉省本无道员，故可将沿海州县改归该道管辖。今天津既有原设道员，情形自难概论。因思直省各府州县交涉事件甚多，实难划分界址，且洋务、税务随时变迁，更难拘定处所。鸿章现拟将添设关道仿照各省督粮道之例，直隶一省凡有交涉洋人事件，统归该道管辖。"②李鸿章强调的是山海关所在奉省原本没有道员，而津海关与之不同，原本就设有天津道，因而他认为津海关道不能仿照山海关旧例，需要略为变通，可仿照各省督粮道之例办理，直隶省所有对外交涉事件均由津海关道管辖。这就意味着津海关道最重要的职能将是负责管理对外交涉事宜。

接到李鸿章的函件后，总理各国事务衙门的态度是"新设关道未尽事宜悉由外间酌定，不必往返函商"，并且告知李鸿章，"该关道关防已承咨部铸造"。③但李鸿章再次致信总理各国事务衙门，说道："现拟将海防各营自都、守以下均归该关道管辖，以重职守。该关道关防应拟用'督理直隶津海关兼海防兵备道'字样"，因此"唯未尽事宜现尚有筹议未妥之条，不能遽行入奏，可否由尊处咨部暂行缓铸"。④李鸿章不同意总理各国事务衙门原设想之关防，总理各国事务衙门应允。

纵观李鸿章与总理各国事务衙门之间的来往酌商，可看出直隶总督李鸿章高度重视津海关道职权的界定。这应该出于李鸿章对天津教案之后整体形势的考虑。天津教案震动全国，裁撤三口通商大臣，崇厚出使法国道歉，曾国藩备受朝议指责，身心俱苦，最终被调离直隶总督之位，天津形势可谓处于风口浪尖，而这一系列事件均由对外交涉不当引起。李鸿章参与了天津教案处理的全过程，知道对外交涉的重要性，因此他以极其慎重

---

① （清）李鸿章：《致总署　议设津海关道》（同治九年闰十月初七日），顾廷龙、戴逸主编《李鸿章全集》30（信函二），安徽教育出版社2008年版，第131页。
② 同上书，第131—132页。
③ （清）李鸿章：《致总署　请缓铸津关道关防》（同治九年闰十月十二日），顾廷龙、戴逸主编《李鸿章全集》30（信函二），安徽教育出版社2008年版，第134页。
④ 同上。

的态度对待新设津海关道职权的界定问题。而且鉴于三口通商大臣屡遭掣肘的前车之鉴，李鸿章特别强调津海关道在任职时必须具有"事权"，即应具有充分的权力与威严。

相较于李鸿章而言，总理各国事务衙门最初对新设津海关道并不重视，在讨论中与李鸿章的观点明显存在差异，但两者之间却能密切合作，除了谕旨明文规定"其余未尽事宜，著李鸿章迅速妥议具奏"之原因外，当时总理各国事务衙门由恭亲王负责，恭亲王和李鸿章之间的密切关系使两者在处理津海关道职权界定问题上虽存在分歧，却往往能遵照李鸿章的意见办理。最终，在与首任津海关道陈钦"妥筹熟议"之后，同治九年十一月初六日（1870 年 12 月 27 日）李鸿章上奏《酌议津海关道章程折》，对津海关道的事权作了明确的规定。

（一）品秩与任命

津海关道初设，前所未有，须确定官员的品秩，李鸿章认为必须"核定缺分，以昭慎重"。

> 直隶新设津海关道一缺，系因地方洋务关系巨要，因时制宜，未便拘执常例，迁就贻误，应钦遵谕旨，作为由总督拣员请补之缺，嗣后遇有缺出，或于通省现任道员内调补，或于候补道员内请补，或以现任知府请升，应择其人地相宜者酌量补用升用，由督臣专折奏请，如一时无可胜任人员，准于折内声明，酌保一二员请旨定夺，俾收得人之效。该道缺应请作为冲、繁、疲、难四字最要缺。现署道员陈钦遵照部议，俟试署一年期满，再照例题报实授。①

对津海关道的品秩，李鸿章确定为"冲、繁、疲、难四字最要缺"。《清史稿》曰："以冲、繁、疲、难四者定员缺紧要与否。四项兼者为最要，三项次之，二项、一项又次之。"② 清人方菊人在《平平言》中指出："地当孔道曰冲；政务纷纭曰繁；赋多捕欠者曰疲；民刁俗悍，命盗案多曰难。冲、繁、疲、难四字兼全曰最要缺；兼三字曰要缺，两字曰中缺，

---

① （清）李鸿章：《酌议津海关道章程折》，顾廷龙、戴逸主编《李鸿章全集》4（奏议四），安徽教育出版社 2008 年版，第 174 页。
② 赵尔巽：《清史稿》，志 92，选举 5，民国十七年清史馆本。

一字曰简缺；四字俱无，曰无字简缺。要与最要皆曰繁缺，中与简皆曰简缺。"① 从这两段叙述可知，李鸿章将津海关道确定为"冲、繁、疲、难最要缺"，实与新设官职所处的地理环境和官职的具体职务密切相关。"冲"是指天津处于京师咽喉的地理位置；"繁"是针对津海关道处理中外交涉和管理新、钞两关税务之职责而言；"疲"是针对津海关道管理津海关，负责海关征税等事宜；"难"应特指天津刚刚发生过天津教案，民风刁悍，中外隔阂的环境。李鸿章对津海关道"冲、繁、疲、难四字最要缺"的规定，确定了与天津同级官员相比津海关道具有更重要的地位。

对津海关道的任命，李鸿章认为"直隶新设津海关道一缺，系因地方洋务关系巨要，因时制宜"。如果拘执常例，会迁就贻误。因此，李鸿章请将津海关道作为直隶总督拣员请补之缺，李鸿章的理由是，"地方官办理教案能否操纵合宜，首在得人，不尽在法"。② 为收得人之效，他将津海关道的任命权归于直隶总督，但在实际运作过程中，直隶总督并不能完全按照心意安排，有时需权衡诸多因素，这将在第二章详细论述。

（二）关防

关防是官员行使职权的凭证，是其身份和地位的象征。关防用词简洁，明确表述了中央赋予这个官职的职责和权限。李鸿章极其重视津海关道的关防问题。上文已述及，总理各国事务衙门致函李鸿章时表示"该关道关防已承咨部铸造"，但李鸿章不同意这种随意性，他认为该关道关防应拟用"督理直隶津海关兼海防兵备道"字样，因此同总理各国事务衙门协商"可否由尊处咨部暂行缓铸"③，并决定在未正式确定关防之前，因津海关道责任綦重，先将"旧用天津钞关关防札发该署道"④，暂时祗领任事。

在与总理各国事务衙门关于关防问题的探讨中，李鸿章的最初意见是用"督理直隶津海关兼海防兵备道"字样，但这事实上强调了海防和管理新、钞两关税务两项职能，而忽视了对外交涉职能，因此李鸿章在

---

① （清）方大湜：《平平言》卷一，"初任宜简僻缺"条，光绪十八年刊本。
② （清）李鸿章：《致总署　议设津海关道》（同治九年闰十月初七日），顾廷龙、戴逸主编《李鸿章全集》30（信函二），安徽教育出版社2008年版，第132页。
③ （清）李鸿章：《致总署　请缓铸津关道关防》，顾廷龙、戴逸主编《李鸿章全集》30（信函二），安徽教育出版社2008年版，第134页。
④ （清）李鸿章：《酌议津海关道章程折》，顾廷龙、戴逸主编《李鸿章全集》4（奏议四），安徽教育出版社2008年版，第172页。

《津海关道章程》中再次进行了修改。

> 现用监督关防原只稽征钞关税务,今改设关道,管理直隶中外交涉事件并新、钞两关税务以及钤辖海防兵弁,自应仿照山海、东海两关章程,并照浙海关兼管海防兵备道名目,拟请敕部颁给办理直隶地方通商事务兼管海防兵备道关防,遇有关涉地方洋务及海防事宜,均钤用兵备道关防;另照南北各海关章程,刊换监督直隶津海关税务关防,其新关、钞关事件即用监督关防以清眉目,所有现用钞关监督关防,俟奉颁后即行缴销。①

这说明鉴于津海关道"管理直隶中外交涉事件并新、钞两关税务以及钤辖海防兵弁"的职能,李鸿章请朝廷颁给津海关道两个关防,分别是"监督直隶津海关税务"和"办理直隶地方通商事务兼管海防兵备道",这种做法兼顾了津海关道的关务、洋务和海防几项职责,两种关防各有作用。对此,光绪年间的《重修天津府志》有相应记载:津海关道的关防"文曰'办理直隶地方通商事务兼管海防兵备道',遇有关涉地方洋务及海防事宜,均钤用之。又月(曰)照南北各海关章程,刊换'监督直隶津海关税务关防',专为新、钞两关税务而设"。② 简而言之,因津海关道身兼两职,在办理直隶省交涉事务时,用"办理直隶地方通商事务兼管海防兵备道"关防,在办理新、钞两关税务时,启用"监督直隶津海关税务"关防。

(三) 职责和权限

津海关道初创,通过对其关防的探讨,我们已知李鸿章对其职责的定位是:"管理直隶中外交涉事件并新、钞两关税务以及钤辖海防兵弁。"③ 围绕这一定位,李鸿章从三个方面对津海关道的职责和权限进行了说明。

---

① (清)李鸿章:《酌议津海关道章程折》,顾廷龙、戴逸主编《李鸿章全集》4(奏议四),安徽教育出版社2008年版,第174页。
② (清)徐宗亮:《(光绪)重修天津府志》,卷12,考3,职官3。清光绪二十五年刻本。
③ (清)李鸿章:《酌议津海关道章程折》,顾廷龙、戴逸主编《李鸿章全集》4(奏议四),安徽教育出版社2008年版,第174页。

新设津海关道若无管辖地方之权，则文武军民恃非本管，遇事呼应不灵，况自直省开埠通商，各府州县交涉事件所在多有，更难划分畛域；拟请仿照各省督粮道管辖有粮各州县之例，所有直隶一省交涉洋人事件统归关道管理，其附近地方如天津府并所属沧州、天津、静海、盐山、庆云各州县，永平府并所属滦州、乐亭县，遵化州并所属丰润县及顺天所属之宁河县，俱系沿海地方，拟定为关道专辖。至沿海各口岸税务，有本归该处州县经管者，仍照旧稽征；其距海较远之各府州县，定为关道兼辖，遇有中外交涉事务，地方官应就近通禀各该管上司批饬核办，俟办结后并报关道查核，以期周悉。至专辖府州县寻常命盗钱粮案件，仍照旧由各该管道员饬办，无庸由关道核转。惟中外交涉事件禀详关道核办，兼辖府州县凡遇通商事务准由关道檄饬遵办，倘有不遵檄饬并办理不善之员，均准关道据实指名揭参，庶各属不致掣肘。

查天津开埠，设立海防，添练洋枪队，原以津郡为京师门户，海防最关紧要，前经挑取津通镇协标弁兵习练洋枪炮队。嗣山海、东海两关先后仿办山海关道，并照行营规制充统兵大臣、翼长。今津海关道管理洋务，即职兼海防，将来若值督臣旋省，海防各营须有文员会同镇协钤束，方免别滋事端。拟请仿照山海关道之例，关道准充督臣海防行营翼长，各营自都守以下均受钤辖，与海防统带各员和衷会办，庶文武联络一气，不致隔阂。①

从上文可知：

津海关道第一大职责是办理对外交涉。在《酌议津海关道章程折》中，李鸿章说道："天津添设关道，原期遇有中外交涉事件先由关道与各国领事官会商妥办，再行详禀以归简易，若事关重大，或关道与领事官意见不合，未能妥速了结，始禀请督臣核示饬办，免致辄因细故便须督臣亲身与领事官接见辩论，盖显示以照条约即隐借以维体制也。"② 其

---

① （清）李鸿章：《酌议津海关道章程折》，顾廷龙、戴逸主编《李鸿章全集》4（奏议四），安徽教育出版社 2008 年版，第 174 页。

② 同上书，第 173 页。

中"原期遇有中外交涉事件先由关道与各国领事官会商妥办,再行详禀以归简易",这说明设立津海关道最主要的意图在于处理对外交涉事件,因而在津海关道同时具有的多项职能中对外交涉是其主要职责。此项职能的管辖范围是"所有直隶一省交涉洋人事件,统归关道管理"。直隶一省范围辽阔,因此李鸿章拟定章程时将管辖之范围与管辖方式进一步具体化。章程规定,津海关道专辖"附近地方"之对外交涉事宜。"附近地方"指距离津海关道驻地天津城较近的地方,"如天津府并所属沧州、天津、静海、盐山、庆云各州县;永平府并所属滦州、乐亭县;遵化州并所属丰润县及顺天所属之宁河县,俱系沿海地方,拟定为关道专辖"。"距海较远之各府州县"之中外交涉事务由津海关道兼辖。"遇有中外交涉事务,地方官应就近通禀各该管上司批饬核办,俟办结后并报关道查核,以期周悉。"

津海关道第二大职责是管理新、钞两关税务。天津有钞关和新关之别。津海关道不仅管理新设之洋关,而且管理旧有之常关。其对新关的管辖是与海关税务司合综共事。直到庚子事变之后,天津常关才转归海关洋税务司管辖,之前一直由津海关道专管。

津海关道同时还兼管海防。《津海关道章程》规定如下:"仿照山海关道之例,关道准充督臣海防行营翼长,各营自都守以下均受钤辖,与海防统带各员和衷会办,庶文武联络一气,不致隔阂。"原本三口通商大臣兼管海防早有定制,山海、东海两关曾先后仿照办理。因此,由津海关道兼管海防顺理成章。

二 津海关道职能的演变

随着时间的流逝,津海关道制度也逐步发生了变化,其中津海关道的职能几经演变,表现出明显的阶段性。津海关道自同治九年(1870)设置,至民国元年改名津海关监督,历时42年,其间历经10任直隶总督更迭。在纷繁复杂的晚清社会中,津海关道最初的职能定位在后期逐步发生了改变,原本的兼管海防职责有所弱化,而办理对外交涉、管理海关职责却得到强化,随着时间的推移,还延伸出参与洋务新政以及参与社会公益事业等职能。当然,这四大职能并非贯穿始终,各时段因众多因素有所损益,有所拓展或收缩,这将在以后相应章节中予以论述。

其职能演变如图1所示:

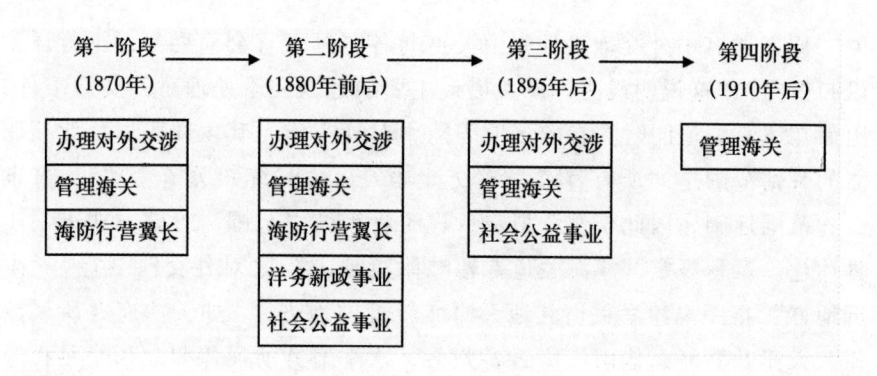

```
第一阶段 ──→ 第二阶段 ──→ 第三阶段 ──→ 第四阶段
(1870年)      (1880年前后)   (1895年后)    (1910年后)

办理对外交涉   办理对外交涉   办理对外交涉   管理海关
管理海关       管理海关       管理海关
海防行营翼长   海防行营翼长   社会公益事业
               洋务新政事业
               社会公益事业
```

图 1　津海关道的职能演变

津海关道的职能演变大约经历了四大阶段：

第一阶段：1870 年设置之初，津海关道的最初定位是"管理直隶中外交涉事件并新、钞两关税务以及钤辖海防兵弁"。①

第二阶段：1880 年前后，津海关道在办理中外交涉和新、钞两关税务时，同时广泛参与办理洋务新政事宜，津海关道的职能得以拓展，但海防行营翼长之职行使得并不充分。

第三阶段：1895 年之后，李鸿章离职，津海关道办理洋务新政职能逐步弱化，1898 年天津洋务局的成立使津海关道对外交涉职能也开始收缩。

第四阶段：1910 年，中央外务部要求直隶设立交涉司，交涉司成立之后，津海关道开始脱离对外交涉职能，专管海关事务。

第二节　衙署和衙门内部构成

津海关道新设，必然需要添建衙署，《津海关道章程》对此作了详细的规定。

> 天津东北门外三口通商大臣衙署本系长芦盐政公署，今遵旨改为直隶总督行馆，关道自应另设衙署。津郡城池狭隘，乃前明卫城旧

---

① （清）李鸿章：《酌议津海关道章程折》，顾廷龙、戴逸主编《李鸿章全集》4（奏议四），安徽教育出版社 2008 年版，第 174—175 页。

基，偏在运河南岸，控扼殊不得势，又无闲房隙地，惟郡城东门外滨河地方有前长芦蓟永运同公所，距总督行馆较近，与紫竹林各国领事官住址亦不甚远，且在新、钞两关适中之处，便于稽查，拟暂行借作道署。该公所曾经洋人焚毁，屋宇倾圮，须加修葺，领事各官时常来谒，尤应稍壮观瞻，现委员撙节勘估兴修，所需经费在洋税坐扣八分经费项下动支。此项工程大半因旧修改，与重新创建者不同，拟请毋庸咨部题估房间数目、丈尺、做法，以免往返驳查稽延，仍俟工竣后将用过工料地价核实开报。惟此系目前权宜办法，城外地势散漫，无险可守，将来宜就运河北岸圈筑新城，另建官署，为经久防患之计。①

李鸿章提议将原郡城东门外滨河地方的前长芦蓟永运同公所确定为津海关道公署。选址于此处的原因是："距总督行馆较近，与紫竹林各国领事官住址亦不甚远，且在新、钞两关适中之处，便于稽查。"因各国领事官会常来津海关道公署，为稍壮观瞻，李鸿章还提出了整修公署的计划。

整修后的公署正式成为津海关道兼钞关公署。成书于民国初年的《天津政俗沿革记》记载：天津钞关公署，在城中户部街。

> 大门、仪门、大堂、二堂、三堂、后楼，凡六层。左右厢房、耳房、关房、土地祠、书役各房，共计八十间。而监放船只、日收钱粮，则在河北甘露寺之东偏设有官厅。本关税口，凡十有二：曰苑口、曰东安、曰三河、曰王摆、曰张湾、曰河西务、曰杨村、曰蒙蔡村、曰永清、曰独流、曰海下、曰杨家坨。又稽查之口，凡七：曰西沽、曰东沽、曰西马头、曰东马头、曰杨柳青、曰小直沽、曰三岔河。②

因为津海关道兼钞关公署是在原有长芦蓟永运同公所旧址基础上改建而来，由此可以认为，津海关道公署的规模和房屋格局是按照津海关道官

---

① （清）李鸿章：《酌议津海关道章程折》，顾廷龙、戴逸主编《李鸿章全集》4（奏议四），安徽教育出版社2008年版，第174—175页。

② 王守洵撰，焦静宜点校：《天津政俗沿革记》序，收入天津市地方志编修委员会编著《天津通志 旧志点校卷》下册，天津社会科学院出版社2001年版，第71页。

职设置之后基本的职能需要建造而成的，能基本窥见津海关道正常开展工作所需机构和人员的规模。

为更好地说明津海关道的道衙特色，在此特将之与天津道道衙进行对比。天津河间兵备道公署，在原天津东门大街北，雍正十年（1732）曾改为总督河院公署，乾隆二年（1737）知县张志奇奉文改建，后在乾隆十四年（1749）时裁撤"直隶河道总督"之职，该署衙仍改作天津道道衙。① 据《天津政俗沿革记》记载，天津河间兵备道道衙规模庞大。

> 照墙一座（两旁鹿角木）、东西辕门二座、旗杆台二座、狮子一对、大门三间、两旁八字墙、东角门一座、效力厅二间、号房一间、文官厅三间、巡捕官厅三间、西角门一座、军牢房一间、夜役房一间、皂隶房一间、武官厅三间、赍奏厅二间、东西围墙各一座、东西大班房各一间、仪门三间、东西角门各一座、牌坊一座、东西班房六间、大堂五间、穿堂五间、二堂五间、东西厢房六间、三堂五间、东西厢房六间、楼房五间、东西厢房六间、土地祠三间、马神庙一座、马夫房二间、马棚一所、科房十四间、幕宾房二十六间、箭亭三间、厨房三间、群房九间、东西更房二处。②

对比两段史料我们可知：

第一，津海关道署衙兼作钞关公署，两衙署合并凸显了津海关道管理海关的职能。而且钞关的具体办公地点不仅限于津海关道官署，为了便于收税，考虑到地理位置，津海关道兼钞关总署还另有"官厅""税口"和"稽查之口"。"官厅"设在河北甘露寺之东，用以"监放船只、日收钱粮"。具体收税的"税口"有十二处，"曰苑口、曰东安、曰三河、曰王摆、曰张湾、曰河西务、曰杨村、曰蒙蔡村、曰永清、曰独流、曰海下、曰杨家坨"。根据具体地理环境"稽查之口"设置于七处，"曰西沽、曰东沽、曰西马头、曰东马头、曰杨柳青、曰小直沽、曰三岔河"。③

---

① （清）徐宗亮：《（光绪）重修天津府志》，卷24，考15，舆地6。清光绪二十五年刻本。
② 王守洵撰，焦静宜点校：《天津政俗沿革记》序，收入天津市地方志编修委员会编著《天津通志　旧志点校卷》下册，天津社会科学院出版社2001年版，第71页。
③ 同上。

第二，从津海关道道衙各房间命名可看出该道衙没有体现日常地方事务特征的设置，但天津道衙中却有"号房""文官厅""巡捕官厅""军牢房""夜役房""皂隶房""武官厅""赍奏厅"等，充分体现了天津道管辖地方之责。

第三，天津道公署较之于津海关道道署更具中国传统特色。以上两则史料出于同一本书的记载，作者的眼光是相同的。天津道道衙有"照墙（两旁鹿角木）""东西辕门""旗杆台"，还有"狮子一对"、两旁立"八字墙"等，其装饰体现了强烈的中国传统特色，但津海关道道署却相应简单，这是否是出于津海关道办理中外交涉，"领事各官时常来谒"，相应更具有开放性的原因，还需再加考察。

津海关道职务涉及中外交涉、管理海关并兼管海防兵备，后期还参与到洋务新政事业中，因此其衙门幕友、书吏、长随、仆从等内部人员的构成必然十分复杂。鉴于资料的局限，我们对此仅作初步考察。

从人员分类看，津海关道署衙内书吏、幕友、长随等分别从事对外交涉、海关税务等事务，因此津海关道道衙内第一类人员是协助办理中外交涉、且懂外语的翻译人员和书吏等。办理中外交涉是津海关道的主要职责，津海关道的任职官员中除了庚子之后由唐绍仪等四位曾留学美国、通晓英语的官员担任之外，其余十几位官员均为传统官员，大都不懂英文，因此，为办理商务、处理教案等中外交涉事件，也为方便与税务司和各国领事官日常往来，津海关道身边必然需要翻译人员和懂外语的书吏。第二类人员是协助处理海关事务的书吏和衙役。津海关道道署兼作钞关公署，在衙门之外还设有一处"官厅"、十二处"税口"和七处"稽查之口"，这些地方均需衙役和书吏等人员专办税务事宜。第三类人员与津海关道参与洋务新政事业和各类社会公益事业有关。洋务新政涉及天津机器局、旅顺船坞等，需懂制器之术——即需要较为专业的机械制造知识，不同于传统的文字处理。这种职能偏向使津海关道需要具有相应才能的幕友、书吏等辅助。

从人员的来源看，第一批人员来源于已裁撤的三口通商大臣府衙。直隶总督李鸿章在《津海关道章程》中说："查津海、东海、山海三口通商事务现并归督臣综理，公务甚繁。所有前通商大臣幕友、委员、书差人等均所必需，其薪水饭食、心红纸张等项，应循照旧章开支，由关道在月支经费册内造报。"① 这说明原本三口通商大臣任内之幕友、委员、书差等人已大多转于津海关道署衙。津海关道初设，延用原本协助三口通商大臣管理津海、东海、山海三口通商事务之幕友、书吏有助于平稳过渡，对迅速议结天津教案，确保和局大有好处。

津海关道署衙第二批幕友、书吏人员应该来自于津海关道在卸任之际的正常更换。幕友、书吏为官员个人聘用，其薪水饭食等由当任津海关道"在月支经费册内造报"，因此津海关道道衙内之各类书吏和幕友均有强烈的私人性。这种特性决定了幕友和书吏会随津海关道的更动而更易，具有较强的流动性。

从人员规模看，我们无法确切知道津海关道道衙内书吏、长随、幕友和仆从等人的具体数目，从津海关道兼钞关公署之布局可初步窥见其人员规模已然十分庞大。从津海关道"冲、繁、疲、难"的官职定位看，津海关道所用幕友、书吏之人数较之于在天津地区的传统道台应更为繁多。李鸿章在拟定《津海关道章程》时的看法论证了这一点，"惟津郡为进京冲途，时有各国公使人等来往，且所征税数比该两关较多，所需幕友、委员、书差人等为数亦多。"② 客观而言，津海关道所处进京冲途的地理位置和办理中外交涉与管理新、钞两关税务的工作职责也需要更多的幕友、书吏予以辅佐。

第三节 薪俸和办公经费

一 初期的薪俸和经费

李鸿章在《津海关道章程》中明确区分了津海关道的薪俸和办公经费。

> 津海、东海、山海三口通商事务现并归督臣综理，公务甚繁。所有前通商大臣幕友、委员、书差人等均所必需，其薪水饭食、心红纸张等项，应循照旧章开支，由关道在月支经费册内造报，至新设关道

---

① （清）李鸿章：《酌议津海关道章程折》，顾廷龙、戴逸主编《李鸿章全集》4（奏议四），安徽教育出版社2008年版，第175页。
② 同上。

> 办理地方中外交涉并海防、税务各事宜所需各项经费，亦应仿照东海、山海两关道奏定章程开支。惟津郡为进京冲途，时有各国公使人等来往，且所征税数比该两关较多，所需幕友、委员、书差人等为数亦多，其薪水饭食、心红纸张等项应准酌量加增，核实支发，俟逐款核定确数报部查核，倘遇有要需并不能预定之款，仍照旧章随时禀明督臣酌发，统在八分经费项下开支，由关道逐月按结造具细数清册，详请咨销，以杜浮冒。①

由上段可知，津海关道的办公经费与津海关道薪俸两相分开，并不混合。办公经费指"办理地方中外交涉并海防税务各事宜所需各项经费"，具体而言包括"幕友、委员、书差人等"的"薪水饭食、心红纸张等"开支。《章程》规定，这些开支"由关道在月支经费册内造报"，并在一定时间内"逐款核定确数，报部查核"，"倘遇有要需并不能预定之款，仍照旧章随时禀明督臣酌发，统在八分经费项下开支，由关道逐月按结造具细数清册，详请咨销"。相对于清代传统官员的薪俸与办公经费两相混淆的状况，津海关道办公经费和薪俸分开，而且办公经费可逐步增加并酌有保障，这确是一项进步，从此角度言，津海关道已初步具有了近代官僚的性质。

津海关道的薪俸包括俸银和养廉银两项，在《津海关道章程》中有明确的规定。

> 津海关道仿照山海、东海两关道管理常、洋两税及中外交涉一切事务，其俸薪养廉亦应照该两关道支领数目，每年支领俸银一百五两，养廉银四千两。定例俸银在该省地丁项下动支，养廉银在该省耗羡项下动支。惟直隶系缺额省份，通省各官养廉尚有不敷，别无可支之款，拟请仿照山海关道章程，按四季在于津海关洋税坐扣八分经费项下动支，如有不敷，再由洋药厘捐拨补。②

因津海关道"仿照山海、东海两关道管理"，所以其俸薪养廉亦照该

---

① （清）李鸿章：《酌议津海关道章程折》，顾廷龙、戴逸主编《李鸿章全集》4（奏议四），安徽教育出版社 2008 年版，第 175 页。
② 同上。

两关道支领数目。其具体薪俸数目是:"每年支领俸银一百五两,养廉银四千两。"为给这个数额准确定位,我们可将之与直隶省其他官职的薪俸进行对比。据光绪朝《钦定大清会典》记载,直隶省、道、府、县各级官员的养廉银如下(见表2)。

表2　　　　　　　　晚清直隶各级官员俸银数目统计表　　　　　单位:两

官职	俸禄	养廉银
直隶总督	180	15000
布政使	155	9000
按察使	130	8000
津海关道	105	4000
天津道和天津地区其他道台	105	2000
保定府	105	2600
承德府	105	1000
天津地区其余知府	105	2000
清苑县知县	45	1200
大兴、宛平、良乡、武清、宝坻、丰润、卢龙、临榆、博野、蠡县、束鹿、河间、献县、任丘、天津、藁城、南宫、枣强、邢台、巨鹿、永年、肥乡、曲周、大名、长垣、宣化、西宁、怀来等地知县	45	1000
房山县知县	45	900
玉田、文安、大城、固安、东安、香河、顺义、怀柔、密云、三河、宁河、迁安、抚宁、滦平、赤峰、丰宁、建昌、朝阳、乐亭、安肃、唐县、望都、完县、涞水、广昌、肃宁、交河、故城、吴桥、东光、宁津、青县、静海、南皮、正定、获鹿、井陉、栾城、行唐、平山、元氏、无极、新乐、新河、衡水、武邑、柏乡、隆平、宁晋、武强、饶阳、安平、曲阳、沙河、南和、平乡、广宗、唐山、内邱、邯郸、成安、鸡泽、威县、元城、南乐、清丰、万全、怀安各地知县	45	800

参考资料:《钦定大清会典》卷261,户部110,俸饷,外官养廉一。

从上表可知,在直隶省、道、府、县四级官僚体制中,津海关道的养廉银介于直隶总督、布政使、按察使与知府之间。它虽低于直隶总督、布政使以及按察使的养廉银，但高于知府养廉银的数额。这显示了津海关道官职与品级处于省之下、府县之上的地位特征。除此之外，我们还可看出，在同一品级的道台官员中，津海关道的养廉银竟是天津道和直隶地区其他道台的两倍，这充分显示了清政府对津海关道官职的高度重视，而这种重视是与当时的时代背景紧密相关的。光绪十年四月十日（1884年5月4日）翰林院编修梁鼎芬曾称"朝廷以海防为重"，对洋务人才无不优加录用，为"冀济艰难，故洋务人员薪俸升迁至为优异"。① 津海关道专管中外交涉和新、钞两关税务，是晚清较早一批专办洋务的人员，清政府格外重视，这必然体现在养廉银的数目上。表2中同级官员之间养廉银有明显的差别，这与清政府对处于不同地方的官员职位的定位有关，这种定位往往用"冲、繁、疲、难"和"最要缺、要缺"等来表达。

二　后期的收入和办公费用

晚清时期社会普遍流传"津海固腴缺，一任辄积资百十万"② 的说法，其实质是指津海关道乃一肥缺，收入较高。清末津海关道具体的经费和收入情况如下（见表3）：

表3　　　　　　　　宣统二年直隶司道官员开支数额统计表

单位：两

官职	宣统二年前开支数目	宣统二年新定直隶司道官员开支数额			增减数额
		公费	经费	总计	
布政使	155800	40800	72000	112800	减43000
提学使	53600	19200	45600	64800	增11200
按察使	42900	19200	27600	46800	增3900
盐运使	79000	36000	42000	78000	减1000

---

① 中国人民政治协商会议福建省福州市委员会文史资料工作委员会：《福州文史资料选辑》第3辑（甲申马江战役专辑），1984年版，第205—207页。

② 赵叔雍：《唐绍仪》，卞孝萱、唐文权编《辛亥人物碑传集》，团结出版社1991年版，第338页。

续表

官职	宣统二年前开支数目	宣统二年新定直隶司道官员开支数额			增减数额
		公费	经费	总计	
津海关道	154300	40800	60000	100800	减53500
清河道	23300	12000	9600	21600	减1700
天津道	29200	16800	12000	28800	减400
通永道	28100	12000	12000	24000	减4100
永定河道	21800	12000	8400	20400	减1400
大名道	23000	12000	9600	21600	减1400
口北道	10800	10800	4800	15600	增4800

参考资料：（清）刘锦藻：《清续文献通考》第 144 卷，职官考 30，民国景十通本。

通过上表可知：

第一，宣统二年（1910）直隶省核定司道官员开支数额是晚清官制改革的一部分。清末，清政府在全国普遍开展官制改革，官员官俸改革也同时进行。全国各省出台相应政策，响应中央的官制和官俸改革。宣统二年（1910），直隶省重新拟定各官职的公费与经费数额正是在这一背景下展开的。

第二，表格中"宣统二年前开支数目"是指"直隶原有七道所有各衙门岁支、心红、津贴、公费及盈余规费并一切杂支等名目"。对各官员在这部分的开支，直隶总督陈夔龙认为："近来京外应支官员公费多与养廉津贴无殊，向不造报"，"在官之糈禄虽有常经，而因公之开支仍无限制"。① 这显示"宣统二年前开支数目"实质包含诸多项目，其中既包括官员原本的养廉银，也包括清政府允许造报开销的办公用费及相关陋规等。

表格第二栏中的"公费"和"经费"分开造报是晚清官俸改革的一项重大变化。改革的主要目的是改变以往养廉、陋规、办公用费混淆，弊端丛生的局面，希望通过全面厘清官员的办公开支和私人收入来清理财

---

① （清）刘锦藻：《清续文献通考》，第 144 卷，职官考 30，民国景十通本。

政。直隶总督陈夔龙认为:"公费二字解释宜求明确"①,建议先明确界定"公费"和"经费"的内涵,然后核定开支。鉴于直隶省的情况,他认为"公费,凡本官服食、仆从、车马及一切私用应酬杂支属之"。"经费,凡该衙门因公费用,与署内幕僚、员司、弁勇、夫役、修理房屋等项皆属之,海关道交涉、接待、赠答经费亦在内。公费如何支用,无庸造报,经费动用仍造送清理财政局,归入决算,不得逾所定之数,如有余,存下届滚算。"② 就是在这种意见下,直隶省核定了司道官员的"公费"和"经费"数额。

第三,若与直隶省其他官员进行横向对比,官制改革前后津海关道的相关开支和公费、经费数额都远远超出了直隶省七个同级的道台,而且已经超越了提学使、按察使和盐运使,与布政使相当。这表明在直隶官僚群体中津海关道处于极为重要的地位,这是中央和地方对津海关道职责的重视,也是对津海关道工作比其他官僚更为复杂的一种首肯。

第四,从总体而言,宣统二年(1910)重新拟定的司道官员的公费和经费总额与之前各官员的开支数额相比,布政使、津海关道、盐运使、清河道、天津道、通永道、永定河道、大名道、口北道降低了,其中津海关道下降幅度最大,数额减少了53500两,提学使、按察使升高,其中提学使升高的幅度最大,增加了11200两。若将前后时间段纵向对比,津海关道自身的地位降低了,或者可以说直隶地方官僚系统对津海关道职位的重视程度下降了,为何出现这种变化?这是一个引人深思的问题。

津海关道是新设的道台,专管中外交涉和海关事务,他是否与管理地方的传统道台一样有各种陋规收入?或者说晚清时期陋规盛行,津海关道道衙盛行的陋规与管理地方之责的天津道文陋规有何区别?鉴于材料限制,本书无法作出具体回答,但这确实是一系列值得研究的问题,期待后续研究可以进一步考察。

第四节 津海关道群体的量化分析

从同治九年(1870)正式设立津海关道,至1912年民国建立,天津

---

① (清)刘锦藻:《清续文献通考》,第144卷,职官考30,民国景十通本。
② 同上。

海关改归海关监督管辖,将这段时间里所有的津海关道道员予以统计,其结果如下(见表4)。

表4　　　　　　1870—1911年历任津海关道基本情况

序号	任职时段	津海关道	任职	出身	籍贯
1	同治九年—同治十三年(1870—1873)	陈钦	简任	举人	山东历城
2	同治十年—同治十二年(1871—1872)	孙士达	署任		浙江山阴
3	同治十二年—光绪三年(1872—1877)	黎兆棠	简任	进士	广东顺德
4	光绪四年(1878)	丁寿昌	署理	童生	安徽合肥
5	光绪四年—光绪六年(1878—1880)	郑藻如		举人	广东香山
6	光绪七年—光绪九年(1881—1883)	周馥	署任后实授	监生	安徽建德
7	光绪十年(1884)	盛宣怀	署任	附生	江苏武进
8	光绪十年—光绪十一年(1884—1885)	周馥			安徽建德
9	光绪十二年—光绪十三年(1886—1887)	刘汝翼	署任后补授	监生	安徽庐江
10	光绪十四年(1888)	周馥		诸生	安徽建德
11	光绪十四年(1888)	刘含芳	署任	监生	安徽贵池
12	光绪十四年—光绪十六年(1888—1890)	刘汝翼	署任后补授	监生	安徽庐江
13	光绪十七年(1891)	李兴锐	署任	诸生	湖南浏阳
14	光绪十八年—光绪二十二年(1892—1896)	盛宣怀	补授	附生	江苏武进
15	光绪二十三年(1897)	李岷琛		进士	四川安县
16	光绪二十四年(1898)	刘汝翼		监生	安徽庐江
17	光绪二十五年—光绪二十七年(1899—1901)	黄建筦	代理	监生	广东顺德
18	光绪二十八年(1902)	张莲芬	署理	监生	浙江余杭
19	光绪二十九年(1903)	唐绍仪	署理后简任	留美学生	广东香山

续表

序号	任职时段	津海关道	任职	出身	籍贯
20	光绪三十年—光绪三十二年（1904—1906）	梁敦彦		留美学生	广东顺德
21	光绪三十三年（1907）	梁如浩		留美学生	广东香山
22	光绪三十四年—宣统元年（1908—1909）	蔡韶基	署理	留美学生	广东香山
23	宣统二年（1910）	钱明训	署理	举人	浙江嘉善
24	宣统三年（1911）	陈瑜	简任	进士	

参考来源：孙修福编译：《中国近代海关高级职员年表》，中国海关出版社2004年版，第798—799页；仇润喜主编：《天津邮政史料》（第2辑）上，北京航空航天大学出版社1989年版，第313页；天津市档案馆、天津海关编：《津海关密文解译：天津近代历史记录》，中国海关出版社2006年版，第371—372页；秦国经主编、唐益年、叶秀云副主编：《中国第一历史档案馆藏清代官员履历档案全编》，华东师范大学出版社1997年版。

注：本书中凡涉及津海关道、直隶总督、天津道、津海关税务司等的基本情况统计和数据分析，以上资料均为参考资料，不再另行注明。如有额外资料，再另行标注。

任职津海关道的官员中还有几位属于临时代理津海关道之职，如沈铭昌①、凌福彭②等，任期在5个月以下，未收录入本表。

正如上表所示，津海关道之设置始于1870年，首任津海关道为总理各国事务衙门章京陈钦，自此直至清政府灭亡，民国建立，此官职历时42年，共有津海关道19人，共24任。这19人构成了津海关道群体，分析该群体的特征至关重要。本小节将凭借以下四方面对津海关道作整体量化考察：第一，津海关道的地理背景；第二，他们的资格和行政经历；第三，他们初次担任津海关道的年龄和任职年限；第四，津海关道的升迁及以后的经历。因资料局限，量化考察的结果可能存在错误和概率的不准确性，但仍希望借此总结津海关道的背景和任职的规律。

---

① 沈铭昌于1911年5月至1911年9月任职，见天津市档案馆馆藏天津海关全宗，档案号：J015/001/000976。

② 凌福彭"光绪三十年八月奉委代理津海关道篆务，十月仍回天津府知府本任"，见秦国经主编，唐益年、叶秀云副主编《中国第一历史档案馆藏清代官员履历档案全编》第8册，华东师范大学出版社，第210页。

晚清时期官员因特殊因素需短期离职时，清政府按照惯例会暂时指派另一位官员代理津海关道一职，由于资料的局限，本书无法具体分析每一位短期出任津海关道官员的情况，因此以下量化考察只对任职 5 个月以上的津海关道进行统计和分析。

直隶总督之前身是清初所设管辖直隶、山东、河南三省的总督①，后逐步改设为直隶总督。在历任直隶总督中，李鸿章任职长达 25 年，是清代直隶总督任职时间最长的一位。作为最初议设津海关道各项章程并直接管辖津海关道之官员，他对于津海关道的任职、升迁及罢黜均具有举足轻重的影响。从 1902 年开始，袁世凯担任直隶总督，连续任职长达 6 年，这是津海关道存在的 42 年时间里任职时间第二长的直隶总督。无论是在清朝末年新政改革，还是在晚清民国政权交替时期的政治格局中袁世凯之地位均不容小视。本章将在 "1870 年后历任直隶总督的任职年限统计与分析" 部分对此问题展开更细致的分析。从以上两位直隶总督任职的整体时间考虑，笔者在统计本节一系列表格时着意区分了三大时段，即 1870—1895 年，李鸿章任职直隶总督时期；1896—1902 年，因甲午中日战争中国战败，李鸿章离职后，由王文韶、荣禄、裕禄和李鸿章四人先后短暂任职直隶总督时期；1902—1911 年，袁世凯、杨士骧、陈夔龙等任职直隶总督时期。

一 籍贯与地理背景

历任津海关道的地理背景如下（见表 5）。

表 5　　　　　　　　　　历任津海关道的地理背景

省城	1870—1895		1896—1902		1902—1911		合计（人）	比例
	津海关道名单	人数	津海关道名单	人数	津海关道名单	人数		
山东	陈钦	1					1	5.3%
安徽	丁寿昌、周馥、刘汝翼、刘含芳	4	刘汝翼	1		4	4	21.1%
浙江	孙士达	1	张莲芬	1	钱明训	1	3	15.8%

---

① 《钦定大清会典（雍正朝）》第 223 卷，第 10 页，都察院，督抚建置。

续表

省城	1870—1895		1896—1902		1902—1911		合计（人）	比例
	津海关道名单	人数	津海关道名单	人数	津海关道名单	人数		
江苏	盛宣怀	1	盛宣怀	1			1	5.3%
湖南	李兴锐	1					1	5.3%
四川			李岷琛	1			1	5.3%
广东	黎兆棠、郑藻如	2	黄建筦	1	唐绍仪、梁敦彦、梁如浩、蔡韶基	4	7	36.8%
不确定					陈瑜	1	1	5.3%
总计		10		5		7	19	

以上数据显示，津海关道中安徽籍和广东籍最多，分别占津海关道总人数的21.1%和36.8%。其中安徽籍津海关道占4位，其任职时间多集中于1895年前，这与这一时期直隶总督李鸿章是安徽人有密切关系。注重同乡、同年之谊是晚清官场一大风气，而李鸿章尤其注意提携同乡。相比安徽籍津海关道而言，广东籍津海关道所占人数更多，达7人。其中1895年前任职的有2人，1896—1902年有1人，而1902年之后高达4人。究其根源，这与晚清对外开放的地域格局密切相关。首先，在1842年《中英南京条约》被迫签订前，广东一直是清朝唯一对外开放的口岸，即便两次鸦片战争后，沿海沿江众多口岸相继被迫开放，但广东一地在全国的影响力仍举足轻重。与内地其他地方民风相比，因为长时期开放的格局，较多居住于沿海的广东人纷纷下南洋谋求生计，他们是最早看到外部世界，形成世界观念并接纳西方思想的一批人，他们对同乡的影响是中国其他内陆地方乡民无法比拟的。在这种因素影响下，较多广东籍官员成为晚清最早一批参与处理对外交涉事务的官员，当然这批人也同样具有传统功名。这正是1895年之前李鸿章担任直隶总督时期，黎兆棠、郑藻如得以出任津海关道的地域影响因素。随着晚清中国被迫加深对外开放的程度，与其他先后开放的省份和城市相比，广东对全省士人接纳世界思想之影响更为深远。广东籍官员所具有的对外交流思想较之其他省份更占优

势。这种地理优势为更多广东籍官员在晚清参与处理对外交涉事宜提供了契机。晚清广东省至海外留学的人数也远远大于其他省份，中国最早的四批留美幼童共计120人，其中广东籍子弟占到36人，占30%。[①] 这批人回国之后因其语言优势，纷纷参与处理晚清外交事务。包括唐绍仪[②]在内的四位有赴美留学背景的广东籍官员先后出任津海关道，专门负责对外交涉与海关事宜，这尤其引人注目。

二 资格与行政经历

中国古代社会主要通过科举考试选拔官员，但晚清之际，西方列强纷至东来，太平天国和捻军等动乱不断，为改变内忧外困状况，晚清一批官员开始创洋务、兴武备、办交涉、图自强，各项新兴事务应运而生，所需各类新式人才已非传统科举制度所能提供，官员的任职格局随之发生变化，这就意味着晚清正途和异途都可以出任官员。前者是传统的科举之路，直至19世纪末期，这仍是晚清最主要的一条做官之路。后者则多出于军功、保举或者捐纳。异途为未能跻身科举获得功名的人士提供了出仕为官的机会。历任津海关道之出身背景正是晚清出仕为官两种途径的综合反映。津海关道是晚清专为办理中外交涉事务及新、钞两关税务而新设的官职，这一职业对外交涉的倾向性既反映了晚清社会异途异军突起的趋势，又有自身的特点（见表6）。

表6　　　　　　　　　　　历任津海关道的资格出身

资格	名单	人数	比例
进士	黎兆棠、李岷琛、陈瑜	3	15.8%
举人	陈钦、郑藻如、钱明训	3	15.8%
生员或更低身份	盛宣怀（附生）、刘汝翼（监生）、黄建筅（监生）、周馥（监生）、刘含芳（监生）、李兴锐（附生）	6	31.6%
正途人员合计		13	68.4%

---

① 据丁晓禾主编的《中国百年留学全纪录》中"中国留美幼童名单"统计。丁晓禾主编《中国百年留学全纪录》第1册，珠海出版社1998年版，第148—153页。

② 唐绍仪，广东香山人，第三批留美幼童，1874年9月19日赴美，见丁晓禾主编《中国百年留学全纪录》第1册，珠海出版社1998年版，第151页。

续表

资格	名单	人数	比例
军队官员	丁寿昌（童生）	1	5.3%
留洋学生	唐绍仪、梁敦彦、梁如浩、蔡韶基	4	21.1%
异途人员合计		5	26.3%
不确定	孙士达、张莲芬	2	10.5%
合计		19	

第一，在担任津海关道的19人中，具有进士和举人身份的各占3人，合计占总人数的31.6%，而这些正途出身的津海关道任职该职务的时间却分布在津海关道官职初设和结束的首尾两端。陈钦、黎兆棠、郑藻如三人是最早出任津海关道的三位官员，陈瑜、钱明训则分别任职于1910年和1911年，即清政府灭亡前夜。前者很大程度上是新官职设置之初中央和直隶总督对之规范化管理的反映。照此逻辑分析，随着时间的推移，因官职常设，又属于直隶总督拣员请补之缺，其职位在选任官员等方面必然受官场任人唯亲等风气的影响，愈到后来，愈加糜烂，或者说津海关道一职应更多被异途所占据。但事实却恰恰相反，在晚清即将灭亡的前两年时间里具有举人和进士功名的传统士人又开始代替因军功等异途出身的官员出任津海关道，表现为一种传统的回归。

第二，一批并未获得功名，只有生员身份的人士也得以出任津海关道，总数达7人，占36.9%。其中既包括起自于军队，因军功出仕的丁寿昌；也包括起自淮军又在治水等领域卓有事功的周馥等人。这批人士任职津海关道的时间恰好集中于李鸿章出任直隶总督时期，其任职路径与李鸿章之权势有千丝万缕的联系。从时代背景而言，这群人士背后所反映的正是晚清初办洋务，新式人才严重不足，其他军功、保举等异途大量填补当时社会急需这种现实的反映。

第三，庚子事变后，有4位官派留美学生先后出任津海关道，比例占到21.1%，这说明清后期政府在用人格局上的一种变化，也是晚清外交由被动挨打到主动面向世界的反映。

综上所述，津海关道资格出身表现为一条动态曲线，津海关道任职人员的资格和出身经历了一个变化的历程,从传统功名士人担任津海关道,到异途官员异军突起,普遍任职;从留美学生担任津海关道,再到传统功名士人重新回归,这条曲线应与整个晚清社会用人格局的变化息息相关。这为津海关道研究提供了新的视角,任职津海关道的官员因其出身不同,在津海关道行使职权的侧重点以及行使职权方式上也存在不同(见表7)。

表7　　　　　　　　历任津海关道任职前的行政经历

经历	1870—1900 (津海关道)	1902—1911 (津海关道)	人数	比例
在天津有工作经历的正式行政官员	陈钦、丁寿昌、黄建筦、盛宣怀	张莲芬、蔡绍基	6	31.58%
在天津工作过一段时间的候补官员	孙士达、盛宣怀、周馥、刘汝翼、李兴锐	唐绍仪、梁如浩、蔡绍基	8	42.1%
任职之前在直隶外其他省份担任官员①	陈钦、黎兆棠、郑藻如、盛宣怀、刘含芳、李兴锐	唐绍仪、梁敦彦、梁如浩	9	47.37%
不确定	李岷琛	钱明训、陈瑜	3	15.79%
总计	12	7	19	

注:上表呈现出同一人多次重复统计的现象,这是因为津海关道群体中许多官员任职之前仕途履历比较复杂,有些人曾在天津候补过相当长的一段时间,后又调任其他地方担任正式官员,之后又调回天津任津海关道。其中周馥、盛宣怀、刘汝翼还先后多次任职,因此为尽量准确呈现每种分类的具体情况,本表在归纳统计时出现了同一个人重复纳入某一类的现象。以盛宣怀为例,盛在任职津海关道之前于1879年署理过天津河间兵备道,应归入"在天津有工作经历的正式行政官员"。1886年他出任山东登莱清兵备道兼东海关监督,1892年又重新回任天津津海关道,从这个角度考虑,盛宣怀又应归入"直隶省之外其他省份的官员"。而纵观盛宣怀在天津任职之整体情况,较之别处官宦生涯,盛宣怀在天津担任了更长时间的候补官员,曾经办理天津各项洋务事业,以此着眼,又可将之归入"在天津工作过一段时间的候补官员"一类。

上表说明了津海关道在任职之前的行政经历。通过表格可看出:

第一,津海关道员中,任职前曾在直隶以外其他省份担任过官员的人数比例最高,占47.37%,这说明晚清官员跨省流动性较强,这显示了即

---

① 指直接由外地其他官员调任津海关道,官员身份既可以是正式官员也可以是候补官员。

便到了清晚期,清政府对大部分官员仍具有较强的调控能力。这种做法能在一定程度上提高整个官僚系统的活力。

第二,大多数津海关道都有曾在天津地区工作过的经历,占比高达73.68%,可以肯定地说,他们比初来乍到者更熟悉天津地区的政治格局和社会文化。在这些官员中大部分人是在直隶省衙门或天津一些官局工作过的候补道台,其总体人数多于在天津担任过正式官职的官员人数。因为候补官员大多从事晚清各种洋务事业,他们在处理对外交涉,管理各类军事工业等方面有更多的经验,这也增加了他们与管理这些新式事务的主管官员打交道的机会。因工作交往所形成的人际关系网络加强了这些候补官员任职津海关道的可能性。

三 年龄与任职时间

津海关道接受任命时的年龄以及平均年龄如下(见表8-表9)。

表8　　　　　　　　津海关道接受任命时的年龄

序号	津海关道	生辰	首次任职津海关道年份	被任命时的年龄
1	陈钦		同治九年(1870)	
2	孙士达	(?—1901)	同治十年(1871)	
3	黎兆棠	1827—1894	同治十二年(1873)	46
4	丁寿昌	1826—1880	光绪四年(1878)	52
5	郑藻如	1824—1894	光绪四年(1877)	53
6	周馥	1837—1921	光绪七年(1881)	44
7	盛宣怀	1844—1916	光绪十年(1884)	40
8	刘汝翼		光绪十二年(1886)	
9	刘含芳	1840—1898	光绪十四年(1888)	48
10	李兴锐	1827—1904	光绪十七年(1891)	64
11	李岷琛	1840—1912	光绪二十三年(1897)	57
12	黄建筦		光绪二十五年(1899)	
13	张莲芬	1851—1915	光绪二十八年(1902)	51

续表

序号	津海关道	生辰	首次任职津海关道年份	被任命时的年龄
14	唐绍仪	1862—1938	光绪二十九年（1903）	41
15	梁敦彦	1857—1924	光绪三十年（1904）	47
16	梁如浩	1861—1941	光绪三十三年（1907）	46
17	蔡韶基	1859—1933	光绪三十四年（1908）	49
18	钱明训		宣统二年（1910）	
19	陈瑜		宣统三年（1911）	
		合计：19 人	被任命时的平均年龄：49.1 岁	

表9　　　　　　　　津海关道群体接受任命时的平均年龄

时期	任职津海关道的人数	被任命时的平均年龄
1870—1901	12	50.5
1902—1911	7	46.8
总计	19	49.1

注：因几位官员曾先后多次出任津海关道一职，因此统计时只考虑了该官员首次出任津海关道时的年龄情况，后几次任职时的年龄没有进行统计。

从上述表格可知，津海关道最初任职时的平均年龄是 49.1 岁，这与梁元生所统计的上海道台任职时平均 48 岁的年龄相当，这说明晚清时期官员在这一年龄段逐步升迁至道台是当时普遍的状况。我们也注意到，在 1870—1901 年，主要由李鸿章任职直隶总督，官员们被任命为津海关道的年龄平均为 50.5 岁，这明显要高于 1902—1911 年 46.8 岁的平均年龄。这主要源于唐绍仪等 4 位有留学美国背景的官员出任津海关道的影响，这批官员较其他传统官员年轻。4 位官员以语言和外交优势出任津海关道，其仕途较之其他从基层逐步向上升迁的官员相对减少了很多波折。

如果将出身情况和初任津海关道时的年龄统一分析，可以看出没有科举功名的津海关道比有科举身份的年轻，平均要小 2—3 岁，1903 年紧接着的四位留学美国的津海关道任职时的年龄更小，平均只有45.75岁（见表10）。

表10　　　　　　津海关道出身情况及接受任命时的平均年龄

资格	津海关道名单	平均年龄
进士、举人	黎兆棠、李岷琛、陈瑜、陈钦、郑藻如、钱明训	52
生员或军队官员或更低身份	盛宣怀（附生）、刘汝翼（监生）、黄建筅（监生）、周馥（监生）、刘含芳（监生）、李兴锐（附生）、丁寿昌（童生）	49.6
留洋学生	唐绍仪、梁敦彦、梁如浩、蔡韶基	45.75
不确定	孙士达、张莲芬	

纵观以上数据，我们可推断出1900年之后晚清官员的任职年龄有年轻化的趋势，追寻背后根源，这应是整个国家在官员的选拔与任用上对科举制度依赖程度日益减轻的反映。

津海关道平均任职时间较短，大约2.21年。刘广京在《重评晚清时期地方权力的局限性》一文中曾揭示晚清总督和巡抚任期较短；李国祈等在《清代基层地方官人事嬗递现象之量化分析》一文中通过一系列数据得出晚清官职较低的知府和知县任期短暂，更迭频繁的结论；梁元生在《上海道台研究——转变社会中之联系人物（1843—1890）》一文中认为上海道台的平均任职期限大约为1—2年，本书得出的津海关道平均任职时间只有2.21年的结论与上述结论相互呼应，由此印证了晚清时期省、道、府、县等地方官员更换频繁的状况（见表11）。

与津海关道群体平均2.21年的任职时间形成鲜明对比的是其中几位官员的任期较长。如周馥先后三次任职，累计任期8年；盛宣怀先后两次任职，任期7年，后一次任期达5年；刘汝翼先后三次任职，总任期6年；黎兆棠任期5年。究其根源，一方面在于这些人士在某些方面有其他人所不能比拟和代替的才能。如周馥既擅长治水、又长于洋务。盛宣怀长袖善舞，整个晚清重要的洋务事业都能见到他的身影；刘汝翼总任职时间长达6年，对刘汝翼，李鸿章的评价是"该道廉明笃实，心细才长，在直隶二十余年，资劳最深，委办机器局巨细躬亲，力任劳怨，讲求制造，条理井然,办有成效"。① 黎兆棠任职 5 年,对黎兆棠,李鸿章的评价是:"其胆识兼伟,洞悉详情,民怀吏畏。臣亦素稔其忠毅敏果,持正而不至过激,知难而勇于有为,堪资折冲驾驭之选。"② 正是因为这些官员的不可替代性,才出现这些官员多次、长期担任津海关道一职的情况。另一方面,这些官员任期较长也得益于他们与直隶总督的私交密切。周馥一直是李鸿章最亲近的官员,盛宣怀是李鸿章最信任,并常委以重任的官员。即便后来王文韶继李鸿章之后出任直隶总督,盛宣怀与王文韶之间无论是在工作还是私交上,关系都极为紧密。

表 11　　　　　　　　历任津海关道的任职时间

任职次数	总任职时间	津海关道	人数	比例
1	1 年或以下	陈钦、丁寿昌、刘含芳、李兴锐、李岷琛、张莲芬、唐绍仪、梁如浩、钱明训、陈瑜	10	52.63%
1	2 年	孙士达、蔡韶基	2	10.53%
1	3 年	郑藻如、黄建筦、梁敦彦	3	15.79%
1	5 年	黎兆棠	1	5.26%
2	7 年	盛宣怀	1	5.26%
3	6 年	刘汝翼	1	5.26%
3	8 年	周馥	1	5.26
总计	42 年		19	

观察以上表格可发现,在李鸿章担任直隶总督期间,长期任职津海关道的官员很多。至袁世凯任职直隶总督时期,历届津海关道任期都相对短暂。同样身为直隶总督,每当李鸿章上奏中央调任或留任某些官员时,中央大都允准,但袁世凯任内则不然。

---

① (清)李鸿章:《奏留刘汝翼片》,顾廷龙、戴逸主编《李鸿章全集》15 (奏议十五),安徽教育出版社 2008 年版,第 411 页。
② (清)李鸿章:《保黎兆棠补津海关道折》,顾廷龙、戴逸主编《李鸿章全集》6 (奏议六),安徽教育出版社 2008 年版,第 152 页。

四 升迁与后期经历

梁元生在《上海道台研究——转变社会中之联系人物（1843—1890）》一书中对天津海关道升迁情况的考察数据是：在1870—1894年考察了7位天津海关道台，其中任职后获提升的道台数是3人，升迁比例为42.9%。① 这与下面表格中统计的数字不符，即便以1870—1894年为考察对象，这一时段10位津海关道中获得升迁的达6位，占60%（见表12-表13）。

表12　　　　　　　　历任津海关道的后期经历

	姓名	任前职位	任职时间	任后职位	最高升迁
1	陈钦	总理各国事务衙门章京	1870—1873	告病开缺	/
2	孙士达	江苏记名海道	1872—1873	辞职隐居②	/
3	黎兆棠	署理台湾道	1872—1877	直隶按察使③	福州船政大臣、光禄寺卿
4	丁寿昌	天津道	1878	直隶按察使	直隶布政使
5	郑藻如	上海江南机械制造局帮办	1877—1880	出使美、西班牙、秘鲁三国	通政司副使、光禄寺卿
6	周馥	候补道员	1882—1883	兼署天津兵备道	两广总督
			1884—1885	长芦运司	
			1888	直隶按察使	
7	盛宣怀	天津河间兵备道	1884	山东登莱青兵备道兼东海关监督	邮传部大臣
			1892—1896	四品京堂督办铁路总公司，补太常寺少卿	

---

① 梁元生著，陈同译：《上海道台研究——转变社会中之联系人物（1843—1890）》，上海古籍出版社2003年版，第30页。
② 徐凌霄、徐一士：《凌霄一士随笔》第5册，山西古籍出版社1997年版，第1910页。
③ （清）钱骏祥纂：《大清德宗景皇帝实录》第63卷，第4页，光绪三年十二月上，定稿本，清（1644—1911），现藏于北京大学图书馆。

续表

	姓名	任前职位	任职时间	任后职位	最高升迁
8	刘汝翼	署清河道	1886—1887		/
			1888—1890	丁忧开缺	
			1898	江西督粮道	
9	刘含芳	主持旅顺港坞工程局	1888	山东登莱青兵备道	山东登莱青兵备道
10	李兴锐	参加查勘中越边界	1891	长芦盐运使、广西布政使	江西巡抚、两江总督
11	李岷琛	/	1897	/	湖广总督
12	黄建筅	直隶通判	1899—1901	/	湖南按察使、江宁布政使
13	张莲芬	天津道	1902	/	
14	唐绍仪	中国驻朝鲜总领事	1903	全权议约大臣，赴印度与英国谈判有关西藏问题	外务部右侍郎、邮传部左侍郎
15	梁敦彦	知州府候补道	1904—1906	出使美、德、墨、秘、古巴，同年官至外务部侍郎、尚书、右丞	任袁世凯内阁外务部大臣，后奉派出使德、美两国
16	梁如浩	牛庄海关道	1907	江苏苏松太道	外务部右丞兼奉天左参赞
17	蔡韶基	牛庄海关道台	1908—1909	直隶总督府北洋洋务总办	/
18	钱明训	/	1910	/	/
19	陈瑜	/	1911	/	/

表 13　　　　　　　　　津海关道的官职升迁

津海关道 离职后经历	1870—1900 （津海关道）	1902—1911 （津海关道）	道台人数
升迁（含出使外国）	黎兆棠、丁寿昌、郑藻如、周馥、盛宣怀、李兴锐、李岷琛、黄建筦	唐绍仪、梁敦彦、梁如浩、蔡韶基	12
在离职后未有更高职位任命只是调动	刘含芳		1
退休	陈钦、孙士达		2
不确定	刘汝翼	张莲芬、钱明训、陈瑜	4
总计	12	7	19

津海关道最初两任官员陈钦和孙士达都没有得到升迁，前者告病祈归，后者辞职隐居。津海关道刘含芳后来改任山东登莱青道，属于平级调动。刘汝翼平级调动为江西督粮道后，遭弹劾，当时直隶总督王文韶奉命查办此事，所得结果是："刘汝翼平日办事蒇实，取与谨严。到省十八年，始补实缺，资劳最深，尚无钻营贪黩之事。火器不利，半由存储年久，潮湿所致，半由新军用不得法，不能尽咎该员办理不善，应请无庸置议。"中央鉴于王文韶的奏报结果，决定"从之"。① 刘汝翼后来结果如何，尚无资料可查。

在 1894 年后，有 9 人出任津海关道，因资料缺乏，我们尚不能对这一时段历任津海关道的升迁情况作准确分析，但可以肯定有入美留学经历的 4 人均得到了升迁。

表 14　　　　　　　　　津海关道后期经历中的最高职位

津海关道离职后 最高职位	1870—1900 （津海关道）	1902—1911 （津海关道）	人数	比例
中央官员	黎兆棠、郑藻如、盛宣怀	唐绍仪、梁敦彦、梁如浩、蔡韶基	7	36.8%

---

① （清）钱骏祥纂：《大清德宗景皇帝实录》第 360 卷，第 2 页，光绪二十一年正月下，定稿本，清（1644—1911），现藏于北京大学图书馆。

续表

津海关道离职后 最高职位	1870—1900 （津海关道）	1902—1911 （津海关道）	人数	比例
总督或巡抚	周馥、李兴锐、李岷琛		3	15.7%
布政使或按察使	丁寿昌、黄建筦		2	10.5%
不确定	刘汝翼	张莲芬、钱明训、陈瑜	3	15.8%
得到升迁的道台总数	8	4	12	63.2%

注：周馥、盛宣怀、刘汝翼多次担任津海关道，任职后升迁情况各有不同。上述表格中将三人升迁情况只从整体上考虑，没有对三人历次任职后的情况分别进行统计。

表14 意在细化得到升迁的津海关道离职后具体的职位状况，63.2%的津海关道得到升迁，这一状况反映了鸦片战争后这一官职在晚清政治集团中的重要地位，这在一定程度上与天津作为畿辅之地的地理位置密切相关，作为天津负责对外交涉的官员，津海关道因其折冲转圜之地位必定受到额外重视。同时，津海关道的工作业绩是促成他们普遍得到升迁的另一重要因素。在李鸿章任职直隶总督期间，相继展开的由津海关道参与或组织的各项洋务事业的成效成就了一大批津海关道；在袁世凯任职直隶总督期间，唐绍仪等人凭借着卓有成效的外交业绩也迅速获得升迁；还有一条也至关重要，相对同等条件的其他官员而言，津海关道与直隶总督密切的私人关系也为他们提供了更多的升迁机会。

第三章

津海关道与晚清官僚体系

同治九年（1870），在天津，不仅有直隶总督至少半年时间驻扎于此，更形成了津海关道和天津道二道同城的局面，再加上此地原本就已存在的知府、知县等官员，天津的行政体系呈现出省、道、府、县四级机构同时并存的局面。津海关道与直隶总督、津海关道与天津道各自的权力渊源是什么？各大群体之间是什么关系？在晚清官僚政治格局中，津海关道又处于什么样的地位？这些均是本章努力探讨的问题。

第一节 津海关道与直隶总督

一 对直隶总督的量化考察

笔者对1840—1911年的历任直隶总督基本情况进行了统计（见表15）。

表15　　　　　1840—1911年历任直隶总督的基本情况

姓名	籍贯	资格	原职	任职直隶总督时间	任期	任后职位
琦善	满洲正黄旗人	荫生	四川总督	1837.7.25—1840.9.17	9年3个月	两广总督
讷尔经额	满洲正白旗人	进士	陕甘总督	1840.9.17—1853.10.6	13年1个月	革职
桂良	满洲正红旗人	贡生	兵部尚书	1853.10.6—1857.1.21	3年3个月	东阁大学士

续表

姓名	籍贯	资格	原职	任职直隶总督时间	任期	任后职位
谭廷襄	浙江山阴	进士	陕西巡抚	1857.1.21—1858.7.26	1年3个月	革职
庆祺	蒙古正蓝旗人		盛京将军	1858.7.26—1859.3.24	8个月	卒
恒福	蒙古镶黄旗人	荫生	河南巡抚	1859.3.25—1861.2.26	1年11个月	病免
文煜	满洲正蓝旗人		山东巡抚	1861.2.26—1863.2.14	1年11个月	革职
刘长佑	湖南新宁	贡生	两广总督	1863.2.14—1867.11.29	4年8个月	革职
官文	满洲正白旗人		文华殿大学士	1867.11.29—1868.9.6	8个月	卸任回京，授内大臣
曾国藩	湖南湘乡	进士	两江总督	1868.9.6—1870.8.29	2年2个月	两江总督
李鸿章	安徽合肥	进士	湖广总督	1870.8.29—1882.4.19	11年6个月	丁母忧离任
张树声	安徽合肥	廪生	两广总督	1882.4.19—1883.7.13	1年3个月	两广总督
李鸿章	安徽合肥	进士	直隶总督	1884.9.23—1895.2.13	11年7个月	奉召回京
王文韶	浙江仁和	进士	云贵总督	1895.8.25—1898.6.15	3年3个月	户部尚书、入值军机
荣禄	满洲正白旗人	荫生	大学士	1898.6.15—1898.9.28	4个月	军机大臣
裕禄	满洲正白旗人		礼部尚书	1898.9.28—1900.7.8	1年11个月	自杀

续表

姓名	籍贯	资格	原职	任职直隶总督时间	任期	任后职位
李鸿章	安徽合肥	进士	两广总督	1900.7.8—1901.11.7	1年2个月	卒
袁世凯	河南项城		山东巡抚	1901.11.7—1907.9.4	6年	军机大臣兼外务部尚书
杨士骧	安徽泗州	进士	山东巡抚	1907.9.5—1909.6.28	1年11个月	病死
端方	满洲正白旗人	举人	两江总督	1909.6.28—1909.11.20	6个月	革职
陈夔龙	贵州贵阳	进士	湖广总督	1909.11.23—1912.2.3	2年2个月	病休①

资料来源：河北省地方志编纂委员会编：《河北省志》第73卷（审判志），河北人民出版社1994年版，第77—78页；包桂芹：《清代蒙古官吏传》，民族出版社1995年版，第147—150页。

注：有一些官员临时担任直隶总督之职，如周馥等，任期因从三天至三个月不等，表中未予统计。

从1840年至1911年，直隶总督共19人，21任。其中满洲籍官员8人，占42.1%，蒙古籍官员2人，占10.53%，汉族官员9人，占47.37%。在直隶总督籍贯的分布上，鸦片战争初年出任直隶总督的多是满洲或者蒙古籍官员。至晚清末年，更多汉族官员出任直隶总督，他们大多具有传统科举功名，进士出身的6人，占到31.58%，其余3人虽不具科举功名，但均出身行伍，是晚清著名将领。他们分别是刘长佑，贡生，湘军著名将领；张树声，廪生，淮军著名将领；袁世凯，早年两次乡试未中，是清朝末年北洋新军主要将领。

从整体来看，自鸦片战争开始直到1911年清朝灭亡，担任直隶总督一职风险极大。历任直隶总督有5人被革职，占26.32%，其中因外国入侵遭革职的有3人；任内身亡或因病乞休的6人，占31.58%。尤其是在

---

① 紧接着陈夔龙任职的是张镇芳，署理仅十天后，清帝逊位。张镇芳（1863—1933），字馨庵，河南项城人，进士。

两次鸦片战争前后，任职直隶总督的众多官员中除桂良升任东阁大学士外，其余命运皆不佳。琦善改任两广总督，但因在鸦片战争中处理不当，朝廷震怒，"琦善著即革职锁拿，派副都统英隆并著怡良拣派同知知州一员，一同押解来京，严行讯问。所有琦善家产，即行查抄入官"。① 随后任职的多名直隶总督也遭革职。

讷尔经额："九月癸卯朔，再败之潞城、黎城，贼窜直隶，入临洺关。夺讷尔经额职逮问。"②

谭廷襄："庚申，论天津失事状，谭廷襄解任。"③

文煜："一甲辰，贼匪窜永年、邯郸等处，以迁延贻误褫文煜、遮克敦布职，并遣戍。"④

刘长佑："癸丑，以枭匪蔓延，褫刘长佑职，仍责自效。命官文署直隶总督。"⑤

除以上被革职的总督外，庆祺任职仅8个月卒于任上，恒福任职仅1年零1个月因病免职，官文任职也仅8个月就卸任回京，前几任直隶总督经历如此坎坷，京畿重地，总督难当已是官场深知的事实。朝廷此时任用在平定太平天国叛乱中功绩显赫的汉臣曾国藩担任直隶总督已然是挽救危局之举。但1870年天津教案爆发，列强兵舰云集天津，形势一触即发。曾国藩带病负责中外交涉，因"办理过柔"，遭清流派官员弹劾，身心俱苦。就在此时"汝阳人张汶祥刺杀马新贻"事件发生，中央急调"曾国藩为两江总督"⑥，内忧外患中朝廷起用李鸿章，这就是担任直隶总督长达25年之久的李鸿章最初任职直隶总督的环境。1900年庚子事变，任职直隶总督的满洲正白旗人裕禄支持义和团，八国联军联合进攻天津，"己酉，外兵据北仓。庚戌，陷杨村，直隶总督裕禄自杀"。⑦ 但庚子事变酿成的后果却远不只是天津沦陷，八国联军紧接着占据北京，两宫仓皇出逃，清政府面临前所未有之危局。这是担

---

① 《大清宣宗成皇帝实录》第346卷，第10页，道光二十一年二月上，大红绫本，现藏于中国第一历史档案馆。
② 赵尔巽：《清史稿》卷20，本纪20，文宗本纪，民国十七年清史馆本。
③ 同上。
④ 赵尔巽：《清史稿》卷21，本纪21，穆宗本纪1，民国十七年清史馆本。
⑤ 赵尔巽：《清史稿》卷22，本纪22，穆宗本纪2，民国十七年清史馆本。
⑥ 同上。
⑦ 赵尔巽：《清史稿》卷24，本纪24，德宗本纪2，民国十七年清史馆本。

任直隶总督达六年之久，在任期长短上仅次于李鸿章的袁世凯最初任职直隶总督的状况。

除开被革职、病或卒等情况外，直隶总督也有人被调任中央，如之前的桂良以及后来的李鸿章、荣禄、王文韶、袁世凯等人。但调任中央并非等同于官职升迁，李鸿章名义上为"入阁办事"，但事实上是因中日甲午战争中国战败，中央对之革职处罚之举。袁世凯于1907年调任军机大臣并兼任外务部尚书，其实质也是中央削其兵权，明升暗降之举。

通过以上的分析我们可以明确两个概念：第一，直隶总督原本由满洲或蒙古族人担任，但在国家危难之际清政府开始倚靠汉族官员担任直隶总督，如曾国藩、李鸿章、袁世凯等人，这显示了晚清国家官员格局的一种变化。第二，直隶总督担负拱卫京畿之职，中央在人员选定和升迁黜陟上控制极严。直隶总督任内一旦出现危及地方或国家安全问题时，清政府对之或革职，或纠责，即便李鸿章、袁世凯等晚清重臣也难辞其咎。第三，历任直隶总督被革职或被调离的原因中，因外国列强入侵或对外交涉不当等离职的占绝对多数。这就意味着直隶总督任内必须解决好对外交涉问题，否则会危及官职甚至性命。第四，通过对直隶总督的量化分析，清楚地展现了1870—1911年间历任直隶总督的内外压力和工作环境，这个时间段正是直隶总督对津海关道制度影响至为深远的时期。

那么紧接着的问题就是1870—1911年间对津海关道制度影响最大的直隶总督是谁？请看下表（见表16）

表16　　　　　　1870年后历任直隶总督的任职年限

任职年限	直隶总督
25年	李鸿章
6年	袁世凯
2—3年	王文韶、杨士骧、陈夔龙
1—2年	荣禄、裕禄、张树声、端方
总计	9人

担任直隶总督时间最长的是李鸿章，曾前后 3 次任职①，时间跨度长达 25 年。李鸿章坐镇直隶，稳定经营，其长久任职对直隶经济、文化等各方面都产生了重大影响。在李鸿章任职直隶总督时期，正是津海关道初创、逐步完善到平稳发展的时期，因此李鸿章对津海关道制度影响最大。

在任职时间长短上仅次于李鸿章的是袁世凯。他任职直隶总督长达 6 年，6 年时间虽不如李鸿章 25 年长久，但时值晚清新政全面推行时期，中央税务部、外务部相继成立，在这些大的时代变革面前，津海关道制度必然随之相应发生改变。袁世凯坐镇北洋，推行新政的力度一直堪称全国之最，其任内对津海关道制度变更的幅度较大。

其余直隶总督任职时间比较短暂，其中部分官员是前一任直隶总督之幕僚——如张树声为淮军著名将领，与李鸿章私交甚厚；杨士骧更是袁世凯的心腹。因各种因缘关系，后任直隶总督在接任之初一般延续前任措施，再加上后任任职时间较短，因此即便直隶总督换人，对津海关道制度也无法进行大幅度的变更，因此本书将主要关注李鸿章和袁世凯任职直隶总督期间对津海关道制度的影响。

二 直隶总督对津海关道的行政管理权

津海关道受直隶总督管辖，对其负责，一些津海关道甚至以直隶总督之意志为进退依据。这之间有其渊源。

（一）人事任命权

清代按照各道、府、州、县等所处地理位置、管辖面积、重要程度、贫富情况等条件，将其分别划分等第，以"冲、繁、疲、难"四字标之，凡四项者为最要缺，三项者为要缺，一二项者为中缺和简缺，各缺补授方式亦有不同。具体到清代道员，其任命途径可以分六种，即请旨道缺、拣补道缺、题补道缺、调补道缺、留缺、选缺。

请旨道缺，指缺出时由军机处以奉旨记名之员进单请旨，由皇帝决定由谁担任，这类道缺最多，占全国 93 个道缺中的 65 缺。拣补道缺，指缺出如非奉旨特授者，由吏部以满蒙郎中、满洲科道两项人员轮流带领引见

---

① 李鸿章继曾国藩接任直隶总督后，曾几次离职，一次是因为其母去世，李鸿章离职丁忧，其间由张树声署理直隶总督；另一次是甲午中日战争中国战败，李鸿章奉诏"入阁办事"，由王文韶接任直隶总督。后庚子事变爆发，直隶总督裕禄自杀，李鸿章又被任命为直隶总督，直至去世。总而言之，李鸿章一生曾前后三次任职直隶总督。

补授，主要是直隶热河道等四缺。题补道缺，指缺出由本省督抚以应调、应升之员拣选题补，这包含直隶津海关道等13缺。调补道缺，指缺出由本省督抚以应调之员拣选调补，主要指湖北汉黄德道、奉天东边道、新疆镇迪道三缺。留缺，指部选道员缺内有升调所遗之缺，例准督抚留缺。留缺由督抚将本省委署试用人员、告病、告养起复人员、降革开复人员、钱粮开复留省补用人员等皆合为一班，依次补授。除以上规定各缺外，余为选缺。选缺归吏部铨选，由吏部文选司主之，列于"月选"项内。① 以上六种道缺中，督抚对于题补道缺、调补道缺、留缺起重要作用。

津海关道设置之初，同治皇帝申明。"津海关道缺出，著由直隶总督拣员请补"，"新设天津海关道，定为冲、繁、疲、难四字最要之缺，由外拣员请补。"② 自此，直隶总督开始直接拥有对津海关道的人事任免权。在《钦定大清会典（光绪朝）》中，对直隶总督如何行使这一职权有详细的说明。

> 同治九年谕，前据总理各国事务衙门奏遵议尚书毛昶熙请撤三口通商大臣条陈，当谕令李鸿章妥筹应办各事宜。兹据该督酌议章程具奏，天津地方紧要，自应添设道员管理，著照所请，准其另设津海关道一缺，专管中外交涉各事件及新、钞两关税务，嗣后津海关道缺出，著由直隶总督拣员请补，钦此。遵旨议定，直隶津海关道一缺，作为冲、繁、疲、难四字最要之缺，遇有缺出，由该督拣员请补。如于通省现任道员内调补，所遗之缺，例应请旨者，请旨简放；应归月选者，归部铨选，如于候补道员内请补，或以现任知府请升，择其人地相宜者，酌量升补；如不得其人，准该督于折内声明，酌保一二员，请旨简用。③

这说明直隶总督直接控制着津海关道的任命权，其选任津海关道有以下几种方式：第一，"于通省现任道员内调补"；第二，"于候补道员内请补"；第三，"以现任知府请升"；第四，"如不得其人，准该督于折内声

---

① 刘子扬：《清代地方官制考》，紫禁城出版社1988年版，第25—26页。
② 《大清穆宗毅皇帝实录》第293卷，第24页，同治九年十月下，大红绫本，现藏于中国第一历史档案馆。
③ 《钦定大清会典（光绪朝）》卷59，吏部43，汉员遴选，捐纳议试俸各营期满保送。

明，酌保一二员，请旨简用"。但无论是哪一种均得上报中央，由皇帝批准方可正式任命。

（二）上奏权

同治十年（1871）至同治十一年（1872）期间，在天津发生一起"茶船误碰木桩插漏案"，一艘运麦敞船归中国人刘正有所有，因恰逢敞船在岸搁浅，故刘正有请人在对岸用绳索拖曳，但正好遇上俄国人开办的阜通洋行雇用的一只载满茶叶的船驶过，茶船被绳索擦伤，致使船内装载的茶叶被水浸湿，纠纷就此而起。对于案件的处理，俄国驻天津的孔领事与当时津海关道孙士达存在分歧，争论的焦点集中在如何赔偿等问题上。两者信函往来，逐一争辩，时间长达一年多，最终达成协议。事件初步议结之后，津海关道孙士达"详报钦差阁爵督宪"（直隶总督兼北洋通商大臣李鸿章），"此案已算完结，处详批示，并抄发收字备查外，理合具文详请宪台查核，俯赐转咨总理各国事务衙门查照，实为公便"。① 从这一案件中，我们可以看出，津海关道在议结对外交涉纠纷时必须向直隶总督报告，并请直隶总督"俯赐转咨总理各国事务衙门查照"。这说明津海关道在处理对外交涉案件时没有直接向中央上奏的权力，只能通过直隶总督代为上奏。

处理中外交涉事务是津海关道的主要职责。对外交涉统归总理各国事务衙门管辖，《钦定大清会典（光绪朝）》明文规定："通省交涉洋务事件，统归关道管理，地方官遇事禀闻，由关道禀总督，以咨商总理（各国事务）衙门定议；各国领事有事，则会商关道，大者禀总督，剖断不决者，咨呈总理（各国事务）衙门。"② 从制度角度看，津海关道并没有越过直隶总督直接向总理各国事务衙门报告的权力。

津海关道另一重要职责是专管新、钞两关税务，津海关道每次向中央上报海关征税事宜时，也必须通过直隶总督，由直隶总督代呈报告。以光绪元年八月二十二日（1875 年 9 月 21 日），李鸿章上奏之《天津钞关一年期满正额无亏额外盈余未能征足照数赔补折》为例。

---

① 天津津海关道署撰：《茶船误碰木桩插漏案》，清同治十二年（1873）刻本，现藏于北京大学图书馆，第 59 页。
② 《钦定大清会典（光绪朝）》卷 100，总理各国事务衙门，南洋大臣职掌。

奏为天津钞关一年期满，征收正额并额定盈余无亏，额外盈余未能征足，现饬照数赔补，恭折仰祈圣鉴事。窃据津海关道黎兆棠详称，天津关自同治十三年七月十八日上届关期报满起，至光绪元年七月十七日止，一年期满，应征正额银四万四百六十四两，铜斤水脚银七千六百九十二两三钱一分三厘，盈余银二万两；又，随征本关支用经费并部科饭银一万二千七百三十一两九钱一分，又，应征内务府额外盈余银一万二千三百八十两八钱一分，共银九万三千二百六十九两三分三厘，前署津海关道孙士达自十三年七月十八日起至光绪元年四月二十七日交卸止，征收税料银四万七百三十九两八钱一分，又，江浙等省漕粮米船到津，例免二成货税银三万一千九百九十二两八钱三分；该道黎兆棠自四月二十八日到任接征起至七月十七日期满止，共收税料银一万九千七百十两七钱九分三厘，又，江浙等省海运米船免税银五百三十五两九钱七分，两任合共实征免征银九万二千九百七十九两四钱三厘。计正额盈余铜斤水脚并本关经费等银均经照额征足，惟内务府额外盈余短征银二百八十九两六钱三分等情，具详前来。臣复查该关上数年短征之数，均经该前道自行赔补，此次短征银两，除批饬核明分别如数赔缴外，所有天津钞关一年期满征收银数，理合恭折具陈，伏乞皇太后、皇上圣鉴，敕部查照。谨奏。①

从上文可以看出，奏折由直隶总督李鸿章上奏中央。奏折格式属于嵌入式，即抬头由直隶总督总起，中间引述津海关道的报告，最后由直隶总督说明经过复核，情况属实。从津海关道历份奏折看，津海关道管辖新、钞两关，向朝廷说明其治内情况时都必须征得直隶督抚的同意和复核，否则无法上达中央。

（三）考核权

直隶总督作为津海关道的直接上司，手中还掌握着考核权。清政府除每三年实行一次考核大计外，直隶总督还将对"司、道、府、提镇各

---

① 《天津钞关一年期满正额无亏额外盈余未能征足照数赔补折》，顾廷龙、戴逸主编《李鸿章全集》6（奏议六），安徽教育出版社2008年版，第378—379页。

员",包括津海关道在内的直隶所有官员进行年终考核。① 直隶总督考核官员有其依据和办法。

> 每据各员禀牍及接见时谆切教诫,留心访察,其有贪劣不职、声名平常者,随时分别参劾;其认真办事裨益地方者,亦即酌予嘉奖。总期实事求是,勿任因循贻误。今届年终,谨就平日所知出具切实考语,缮单敬呈御览。虽一人之耳目未必纤悉靡遗,要皆据各员实在事迹为考核之具,旧任者复加确按,新任者一律详求,冀副圣主察吏安民至意。②

中央在任用官员时,有时会征求拟被任用官员的上司如督抚等重要官员的意见,因而当中央征询意见时,直隶总督具有对下属的推荐权。直隶总督此时的评语和推荐将极大地影响官员是否能得到升迁。光绪二年二月十一日(1876年3月6日),上谕曰:"据沈葆桢、丁日昌奏称,顺天府府尹吴赞诚深诸算学,直隶津海关道黎兆棠熟悉洋务","吴赞诚、黎兆棠品学才识,李鸿章谅所深知,于经理船政事宜,能否胜任,该二员中何人尤为得力,著李鸿章详晰据实奏闻"。③ 这即是中央征询直隶总督李鸿章的意见。吴赞诚和黎兆棠到底谁能最终出任福州船政大臣,李鸿章此时的意见至为关键。

> 伏查吴赞诚、黎兆棠皆由臣奏调来直,共事已久,深知梗概。吴赞诚综核细密,廉正有为,素通算学,曾管理天津机器局三年,孳孳(孜孜)讲求,于洋人机艺门径颇有心得。黎兆棠器识闳远,才气开展,前在台湾道任内操纵得宜,闽省情形甚熟。该二员若令经理船政事宜,均可期其胜任。惟船政与海防相为维系,内而学制、学驶,驾驭中外员匠;外而船务、饷务,交涉各省督抚,非位望较崇者不足以资整顿。吴赞诚现官京尹,倘蒙简派接办船政,俾其专志求精,当更

---

① 《年终考核司道府提镇各员密折》,顾廷龙、戴逸主编《李鸿章全集》6(奏议六),安徽教育出版社 2008 年版,第 208 页。
② 同上。
③ (清)钱骏祥纂:《大清德宗景皇帝实录》第 26 卷,第 7 页,光绪二年二月,定稿本,清(1644—1911),现藏于北京大学图书馆。

得力。黎兆棠洞达时务，才堪大用，关道亦不足尽其长，并乞圣明量予迁擢，以渐培其资望而收效于将来。缘承垂问，敢就管见所及，据实详悉。①

由此，同年三月上谕"命顺天府府尹吴赞诚开缺，以三品京堂候补督办福建船政事宜"。②津海关道黎兆棠虽未能出任福州船政大臣，但并未向隅。光绪三年（1878）十二月上谕："调广西布政使勒方锜为江苏布政使，以直隶按察使范梁为广西布政使，直隶津海关道黎兆棠为直隶按察使。"③可以肯定地说，李鸿章对其"才堪大用，关道亦不足尽其长"的评价是黎兆棠得到升迁的重要因素。

（四）弹劾与调查权

除此之外，直隶总督还拥有对津海关道等下属官员的弹劾权，当津海关道遭人弹劾时，直隶总督有调查报告权。这两项权力对于津海关道的前途是致命的，直接影响着他们的仕途是升迁还是罢黜。

光绪二十一年五月十六日（1895年6月8日），御史裴维侒奏："特参直隶津海关道盛宣怀为官取巧，但求自便，不知气节事。"④吏部尚书徐桐奏："特参津海关道盛宣怀等贪鄙不职，请饬查处事。"⑤十一月二十七日（1896年1月11日），礼科掌印给事中褚成博奏："特参直隶津海关道盛宣怀玩视宪典，来去自由，请旨按律革职事。"⑥胡孚宸奏："特参直隶津海关道盛宣怀溺职请旨从严惩处事。"⑦……在这些奏折中，官员们弹劾津海关道盛宣怀的内容主要涉及贪污受贿、道德败坏等。

面对众多弹劾，光绪皇帝派当时直隶总督王文韶负责调查。王文韶是

---

① 李鸿章：《密保吴赞诚黎兆棠二员折》，顾廷龙、戴逸主编《李鸿章全集》7（奏议七），安徽教育出版社2008年版，第34—35页。
② （清）钱骏祥纂：《大清德宗景皇帝实录》第27卷，第15页，光绪二年三月上，定稿本，清（1644—1911），现藏于北京大学图书馆。
③ （清）钱骏祥纂：《大清德宗景皇帝实录》，第63卷，第4页，光绪三年十二月上，定稿本，清（1644—1911），现藏于北京大学图书馆。
④ 中国第一历史档案馆藏，档案号03/5324/085。
⑤ 中国第一历史档案馆藏，档案号03/5328/056。
⑥ 中国第一历史档案馆藏，档案号03/5332/154。
⑦ 中国第一历史档案馆藏，档案号03/5335/637。

盛宣怀的顶头上司，他的观点左右着朝廷对盛宣怀的处理态度。光绪二十一年十二月十九日（1896年2月2日），王文韶坦然承认了盛宣怀被御史和其他官员弹劾的内容并非完全捕风捉影，大部分属实，仅从这点看，盛宣怀此次必然被严惩。但这位总督在奏折中继续说道："一国有一国之用心，一处有一处之对付"，各项事务"纷至沓来，现在分头办理招商局，则《马关条约》以后日人方抖擞精神，将以大批轮船入我江海，各国则争奇竞胜，必不肯让日人独擅其利，故三公司明年合同期满重订新章必将另起波澜，攘我权利。此皆商务利害关头，谕旨所云关系紧要，正此时也蒙谕，酌保熟悉电报招商等局妥实之员以备任使。臣亦岂敢谓盛宣怀之外，竟无一人勘以胜任者。惟或则历练半深，或则声望未著，急切求之，实虽其选。盖盛宣怀具兼人之才，而于商务、洋务则苦心研究，历试诸艰者已逾二十年，设以二十年前之盛宣怀处此，臣亦未敢保其必能接手也"。① 王文韶为京畿督抚大员，处在处理各类外交与商务事务的最前沿，深知时事艰难。虽然王文韶坦然承认盛宣怀存在御史指责的各种问题，但"臣亦岂敢谓盛宣怀之外，竟无一人勘以胜任者，惟或则历练半深，或则声望未著"，"设以二十年前之盛宣怀处此，臣亦未敢保其必能接手也。"这两句肺腑之言，道出了晚清政府在人才任用上的无奈！1895年盛宣怀被多方弹劾，最终却在直隶总督王文韶的拯救中安然度过。盛宣怀不仅没有得到惩罚，而且依旧活跃于官场，甚至次年还得到了极高的奖赏："直隶津海关道盛宣怀著于本月十三日预备召见，钦此。"② 从这一事件看，直隶总督对津海关道评价的影响力度确实非同一般。

晚清时期社会发生大变革，清政府很多决策不同于往日，盛宣怀被弹劾又被拯救的事件显示了晚清政府为因应时局不得已而不遵章法的特殊性！但若长此以往，清政府又将采用什么办法才能保证中央权威？晚清中央是否存在相关思考呢？

三　津海关道的任职渊源

在此，将津海关道与直隶总督进行对照，便于进一步明晰直隶总督与

---

① 《奏为遵旨确查奏参盛宣怀招权纳贿任意妄为各节事》，中国第一历史档案馆藏，档案号03/7148/012。

② 中国第一历史档案馆藏，档案号03/5329/154。

津海关道之间的联系,并为后文展开对津海关道任职渊源和任职路径的分析奠定基础(见表17)。

表17 　　　　　1870—1911年历任直隶总督与津海关道

任职时段	直隶总督及籍贯	津海关道	出身	籍贯
1870—1873	李鸿章(安徽合肥)	陈钦(简任)	举人	山东历城
1872—1873	李鸿章(安徽合肥)	孙士达(署任)		浙江山阴
1872—1877	李鸿章(安徽合肥)	黎兆棠(简任)	进士	广东顺德
1878	李鸿章(安徽合肥)	丁寿昌(署任)	童生	安徽合肥
1877—1880	李鸿章(安徽合肥)	郑藻如	举人	广东香山
1881—1883	李鸿章、张树声(安徽合肥)	周馥(署任后实授)	监生	安徽建德
1884	张树声、李鸿章(安徽合肥)	盛宣怀(署任)	附生	江苏武进
1884—1885	李鸿章(安徽合肥)	周馥		安徽建德
1886—1887	李鸿章(安徽合肥)	刘汝翼(先署任,后补授)	监生	安徽庐江
1888	李鸿章(安徽合肥)	周馥		安徽建德
1888	李鸿章(安徽合肥)	刘含芳(署任)	监生	安徽贵池
1888—1890	李鸿章(安徽合肥)	刘汝翼(先署任,后补授)	监生	安徽庐江
1891	李鸿章(安徽合肥)	李兴锐(署任)	附生	湖南浏阳
1892—1896	李鸿章、王文韶(浙江仁和)	盛宣怀(补授)	附生	江苏武进
1897	王文韶(浙江仁和)	李岷琛	进士	四川安县
1898	王文韶、荣禄(满洲正白旗)、裕禄(满洲正白旗)	刘汝翼	监生	安徽庐江
1899—1901	裕禄、李鸿章、袁世凯	黄建筦(代理)	监生	广东顺德
1902	袁世凯(河南项城)	张莲芬(署理)	监生	浙江余杭

续表

任职时段	直隶总督及籍贯	津海关道	出身	籍贯
1903	袁世凯	唐绍仪（署理，简任）	留美学生	广东珠海
1904—1906	袁世凯	梁敦彦	留美学生	广东顺德
1907	袁世凯、杨士骧（安徽泗州）	梁如浩	留美学生	广东珠海
1908—1909	杨士骧	蔡韶基（署理）	留美学生	广东珠海
1910	杨士骧、端方（满洲正白旗）、陈夔龙（贵州贵筑）	钱明训（署理）	举人	浙江嘉善
1911	陈夔龙（贵州贵筑）	陈瑜（简任）	进士	

参考资料：天津市档案馆、天津海关编：《津海关密文解译：天津近代历史记录》，中国海关出版社2006年版，第371—372页。

（一）对才能和经历的赏识①

1. "专且久于夷务"的陈钦、孙士达、黎兆棠

同治九年（1870）清政府正式设立津海关道，首任津海关道陈钦曾历官内阁中书、并任总理各国事务衙门章京，后出任津海关道。任职三年后，"同治十三年十月陈钦告病开缺"②，后回归故里，十余年后卒，终年58岁。③

本书第一章着重分析了直隶总督曾国藩、户部尚书毛昶熙以及总理各国事务衙门和中央之间复杂的关系和权利平衡考虑，陈钦既非曾国藩和李鸿章的同乡，也非出自湘军或淮军，一名普通的总理各国事务衙门章京，竟然一人牵动全局，这说明陈钦的能力确实非同一般。

---

① 梁元生在《清末的天津道与津海关道》一文、林怡秀在他的硕士学位论文中，都对1870—1895年之间大多数津海关道和天津道作了较细致的分析。本书借鉴了两位学者的这种分析方式，在此基础上笔者致力于将津海关道群体、直隶总督群体以及天津道群体的群体研究与每个群体里的个体研究相结合，希望能丰富和继续推动这部分的研究。

② （清）李鸿章：《郑藻如请简关道折》，顾廷龙、戴逸主编《李鸿章全集》8（奏议八），安徽教育出版社2008年版，第194页。

③ 谭春玲、郭琪：《保荐与钦准之间：晚清中央权力状况的透视》，《历史档案》2011年第1期。

第一，陈钦"于中外交涉情况洞悉本末，研究入微"。清朝末年，西方列国纷至沓来，中国被迫与外国交涉，但最早一批官员"初办外洋交涉，多不得当，丧失权利，在在皆是"。① 自咸丰中叶以后，对外交涉事务日益繁多，清政府专门设立总理各国事务衙门，陈钦任职于该衙门期间，成绩卓著，颇有政声。

咸丰九年（1859），赫德出任粤海关副税务司，屡有新的提议。在总理各国事务衙门任职的陈钦对其一些有损国家权益的提议，往往能洞察弊端，机智处理。晚清士大夫游百川在为其撰写的《皇清诰授荣禄大夫直隶津海关道陈君墓志铭》中对此有生动的记录。赫德曾提议"免粤海关进口税"②，但陈钦从国家关税利益考虑，"驳之"。③ 陈钦还曾竭力反对赫德、"玛斯妥"④ 以白银换澳门之说。当时葡萄牙"租借"澳门为时甚久，"赫德议请中国以银易之，谓将大有利于中国也"。⑤ 赫德、"玛斯妥"建议清政府用白银赎回澳门，表面看此举似乎能在较短时间内收回国家丧失的领土，但陈钦"预破其将来侵欺挟制之术"⑥，予以驳斥，使赫德提议终未得逞。除此之外，陈钦还巧妙处理了英商提出的减轻货物进口重税的要求。咸丰十年（1860）《北京条约》签订，英方代表提出减轻一些货物进口税的要求，事出仓促，总署毫无准备。陈钦平日研究入微，知己知彼，针对英方提议，提出"议减时辰表、胡椒等税，而议增洋药、湖丝等税"⑦ 的处理方案。钟表、胡椒为有益国计民生之物品，中国多依赖西洋进口，对之减税，能满足中英两国共同需要。但洋药害国害民，湖丝本为中国浙江湖州特产，远销海内外。陈钦分别增减损益，这一方案很

---

① 崇彝：《道咸以来朝野杂记》，柯灵、张海珊主编《中国近代文学大系1840—1919》（第6集，第19卷，笔记文学集2），上海书店出版社1995年版，第745页。
② （清）游百川：《皇清诰授荣禄大夫直隶津海关道陈君墓志铭》，现藏舟山市博物馆。
③ 同上。
④ "玛斯妥"，为游百川书写《皇清诰授荣禄大夫直隶津海关道陈君墓志铭》时的名称，实际是威妥玛。威妥玛（Thomas Francis Wade，1818—1895），英国外交官，道光二十一年（1841）参加鸦片战争。咸丰二年（1852）任英国驻上海副领事。咸丰四年（1854）任江海关首任税务司，次年去职。同治五年（1866）向清政府呈递《新议略论》。同治十年（1871）任英驻华公使。光绪九年（1883）回国。
⑤ （清）游百川：《皇清诰授荣禄大夫直隶津海关道陈君墓志铭》，现藏舟山市博物馆。
⑥ 同上。
⑦ 同上。

快得以通过，一年后核算，"所收赢于减之数者，且三之二矣"。①

陈钦与之前沉醉于"天朝上国"梦幻中"初办外洋交涉"②的官员不同。他以其"入微"的研究，拥有了比前一代对外交涉官员更专业的外交知识、更敏锐的外交洞察力，尽可能减少了对外交涉时的失误，维护了国家利益。也正因陈钦功劳卓著，曾国藩给予其极高的评价："刑部郎中陈钦，正而不迂，介而有为，在总理各国事务衙门当差多年，于中外交涉情形洞悉本末，研究入微。"③

第二，陈钦能"理势并审、体用兼全"。曾国藩在向朝廷举荐陈钦的奏折中这样写道："中外交涉以来二十余年，好言势者，专以消弭为事，于立国之根基，民生之疾苦置之不问。虽不至遽形决裂，而上下偷安，久将疲苶而不可复振。好言理者持攘夷之正论，蓄雪耻之忠谋，又多未能审量彼己，统筹全局，弋一己之虚名，而使国家受无穷之实累。自非理势并审体用兼全，鲜克有济。"④曾国藩晚年因处理天津教案"过柔"⑤，备受当时清议谴责，身心俱苦，因此对"理"和"势"言之深切。他在给李鸿章的信中说道："承示驭夷之法以羁縻为上，诚为至理名言。自宋以来，君子好痛诋和局而轻言战争，至今清议未改此态。有识者虽知战不可恃，然不敢壹意主和，盖恐群情懈弛，无复隐图自强之志。鄙人今岁所以大蒙讥诟而在己亦悔恨者，此也。"⑥曾国藩内心"悔恨"之处正在于担心中外交涉中办理"过柔"会打击全民族复仇的信念和"隐图自强"的志向，最终导致"群情懈弛"。"理"与"势"的冲突和矛盾是曾国藩内心纠结的根源。令人惊奇的是，曾国藩却给予陈钦"正而不迂，介而有为，理势并审，体用兼全"⑦的评价。可以肯定，陈钦的行为，在一定程度上伸张了曾国藩心中虽为"势"所抑、但一直执守着的想伸张"理"

---

① （清）游百川：《皇清诰授荣禄大夫直隶津海关道陈君墓志铭》，现藏舟山市博物馆。
② 崇彝：《道咸以来朝野杂记》，载柯灵、张海珊主编：《中国近代文学大系 1840—1919》（第6集，第19卷，笔记文学集2），上海书店出版社1995年版，第745页。
③ （清）曾国藩：《请以陈钦署天津府折》，《曾文正公全集》第2册，（上海）国学整理社1936年版，第927页。
④ 同上。
⑤ （清）曾国藩：《覆陈津案各情片》，《曾文正公全集》第2册，（上海）国学整理社1936年版，第922—923页。
⑥ （清）曾国藩：《复李鸿章》，曾国藩著，殷绍基等整理：《曾国藩全集》书信1，岳麓书社1990年版，第7337页。
⑦ （清）游百川：《皇清诰授荣禄大夫直隶津海关道陈君墓志铭》，现藏舟山市博物馆。

的愿望,因此才会令曾国藩感慨万千。

天津教案爆发,陈钦作为随员陪同工部尚书毛昶熙到津,协同处理天津教案。来自总理各国事务衙门又熟悉洋务的陈钦,自然会参与众多中外谈判。每次临会,陈钦均能"按理抗辩,侃侃而谈,洋人不能诘"。① 法国前驻天津领事丰大业之死是引发天津教案的关键因素,继任的法国领事罗淑亚坚决要将天津府、县及陈国瑞三人处以死刑,但曾国藩认为,"府县实无大过,送交刑部已属情轻法重。该使必欲拟抵,实难再允所求"。② 这时如妥协,曾国藩将更深地陷入清议的指责中无法自拔;如强硬,当时各国军舰正威逼天津,可能引发又一次列强侵华战争。国家贫弱,根本无力对抗,正在矛盾之际,曾国藩内心"理"与"势"的纠结被陈钦一次大胆的外交行动理平了。

《皇清诰授荣禄大夫直隶津海关道陈君墓志铭》中记载:"夷人必欲戮天津守令以快其意,君请以独骑,从二仆,往谕之。夷酋闻君至,被戎服,左右陈机器,盛气出迎。君徐步入让之,曰:'我大皇帝加惠汝等亦至矣,今复有此无厌之请者,何也?汝必欲戮此二人者,不过以惩一儆百者,为异日计耳。我百姓蓄怨怒矣,将致死于汝,能当之乎?如必欲快其志者,何不即击我?'声色俱厉。于是夷酋投机器,皆免冠谢,而议遂定。"③ 陈钦单骑赴敌,独立解决了曾国藩以直隶总督身份难以解决的问题。其大义凛然、直面外国领事、敢于担当之举,与晚清琦善、耆英以及叶名琛等采取的蒙骗、拖延等外交路线形成鲜明对比。而陈钦之所以能令"夷酋投机器,皆免冠谢",在于陈钦能抓住对方的关键,法国领事罗淑亚"必欲戮天津守令",其目的是为"惩一儆百",并非要激起新的民众愤怒。前任法国领事丰大业因犯众怒而死,这绝对会给继任的罗淑亚以教训。同时陈钦只身赴敌,前往罗淑亚府邸,这本身就是处理问题的诚意。从另一角度而言,即便是各国领事,他们一贯遭遇到的是拖沓、敷衍、踢皮球等外交方式,当遇到真正熟悉外交规则的官员时,其决不屈服的民族气节一定会赢得对手的尊重。陈钦表现出的非凡气度和胆略,令直隶总督曾国藩赞赏不已。鉴于以上才能,陈钦才能先后获得曾国藩、李鸿章的赏

---

① (清)黎庶昌撰:《曾国藩年谱》,岳麓书社1986年版,第243页。
② (清)曾国藩:《复陈津事各情折》,《曾文正公全集》第2册,(上海)国学整理社1936年版,第921页。
③ (清)游百川:《皇清诰授荣禄大夫直隶津海关道陈君墓志铭》,现藏舟山市博物馆。

识，并最终成为首任津海关道。

孙士达，江苏会稽人，是第二任津海关道。当时社会舆论对孙士达的评价极高："同光间以道员办理交涉等事，敏干勤锐，见重当途，亦一时能员也。"① 其参与处理天津教案时的表现也直接奠定了他后来出任津海关道的基础。孙士达原本为江苏候补道。同治九年（1870）五月，天津教案爆发，同年七月孙士达随丁日昌赴津查办教案。当日天津情景已万分危急："津民焚杀法领事一员，法翻译二员，法国男女十二名、比国二名、义国一名、英国一名、俄国三名、共二十一（二）名，焚烧法国天主堂、仁慈堂二处，又英美讲书堂四处。曾侯相误信崇宫保之言，既恐彼国动兵，又虑津民激变，而教（都）中众口藉藉，函牍纷纷，动称清议，曾侯相病未痊愈，精神恍惚，时将两月，未曾获犯，各国公使赴总理（各国事务）衙门落闹，几至不可收拾。"② 面对这样"不可收拾"的局面，孙士达协助丁日昌"雷厉风行"地"督拿案犯"，为解决天津教案立下了汗马功劳。

初到天津，孙士达和丁日昌所遇阻碍重重，因为"教案自丁中丞抵津后方严拿凶犯，讵知曾侯相存心仁恕，延至十八日，丁中丞号令有所不行，盖由此严彼宽，地方文武渐生玩泄。丁中丞焦急万状，谆嘱士达设法补救。士达初因丁中丞严督文武缉凶，正是提纲挈领之举，故未多参末议。而津郡绅士，叠经曾侯相延邀，到者寥寥，及询以缉凶之事，皆顾身家之累，绝无一人应命"。③ 在这种情况下，孙士达想出依靠往日好友的办法，"犹忆与辛绣圃黑雨帆旧日共办厘金，曾订兰谱，又与冯小泉亦有世谊，为大局计，连日奔驰拜恳，晓以大义，该绅等始觉感动，密开凶犯名单，深得其力，即丁中丞欲俟案结将义忿之犯属筹款抚恤一节，亦属该绅等示意，于是上下情通，津民共知官长之苦心矣"。④

天津教案虽经处理，但中外没有再次兵戎相见却有侥幸之意，"津民焚杀之信，到在法国与布国（普鲁士）交兵七日之后，故法王复信，但令妥办完事，如有不妥，再行听信，绝无加兵之意，非甘心输服，不遑顾

---

① 徐凌霄、徐一士：《凌霄一士随笔》第 5 册，山西古籍出版社 1997 年版，第 1905 页。
② 同上。
③ 同上书，第 1906 页。
④ 同上。

也"。① 可见，法国如果没有与普鲁士战争的牵制，难免会借机与中国大动干戈。鉴于此，孙士达向曾国藩和李鸿章提出，"藉此以废其教，即或未能照行，亦当酌定章程，以示限制"，接着他分析了这么做的可行性，"行教为法国独崇，而通商为各国所共，英酋威妥玛有行教害及通商之语，本非各国所愿"。② 虽然这项建议最终未被采纳，但孙士达看到了传教引发中外矛盾的危害性，也看到了各国对待传教问题的不一致态度。

董恂当时任户部尚书兼充总理各国事务衙门大臣，在其自订《还读我书室老人年谱》中有云："夏间以天津民教滋衅，法国领事官丰大业等被戕，纷挠不已，无分昼夜，奔走各馆，至是大定。"③ 这是他对孙士达的评价。孙士达在处理天津教案中展现出卓越的才能，当丁日昌欲南旋探母病时，李鸿章极力挽留孙士达，"李节相以丁中丞既欲南旋，必留士达为其替身；否则断不能允"。④ 因"李伯相款留甚殷"⑤，孙士达自此留在天津"襄办积牍"，"李伯相推心置腹，极为契洽"⑥。因首任津海关道陈钦告病开缺，直隶总督李鸿章荐请孙士达署理津海关道。

第三任津海关道为黎兆棠，据《顺德县志·黎兆棠传》记载：黎兆棠，号召民，咸丰壬子举人，癸丑联捷进士。⑦ 在（咸丰）十一年二月，黎兆棠"考取总理各国事务衙门章京。时总署初设，与各国往来文移无定，兆棠遇事筹咨，不卑不亢，见知恭邸"。⑧ 从这里可以看出，黎兆棠在咸丰十一年（1861）时就已经是总理各国事务衙门章京，他办理交涉时"遇事筹咨，不卑不亢"，这不仅让恭亲王特别赏识，而且也奠定了他日后处理对外交涉事务的风格。

黎兆棠外放到地方任职后，先后负责饶州赈务、总办霆军粮台等事务，功绩卓著，并先后出任知府和道员。从同治七年（1868）起，总理各国事务衙门章京出身的黎兆棠开始接办对外通商交涉事宜。最先他奉调至福建省，"结洋案十数起"。1年后，黎兆棠署台湾道，他到任后不久就

---

① 徐凌霄、徐一士：《凌霄一士随笔》第5册，山西古籍出版社1997年版，第1909页。
② 同上书，第1909—1910页。
③ 同上书，第1910页。
④ 同上书，第1907页。
⑤ 同上书，第1909页。
⑥ 同上。
⑦ 周之贞等修：《顺德县志》，成文出版社据民国十八年刊本影印，第231页。
⑧ 同上。

解决了台湾一直存在的棘手难题。当时外国商人在台湾走私活动异常猖獗，黎兆棠却不畏困难，扣留了在后垅地区大规模走私樟脑的法国商人，法人邀同厦门领事来台湾力争，争执数月，黎兆棠却坚决不让步。第二年春，法人忽调拨兵船到台湾欲以恐吓，"兆棠屹然不动，据理申辩，法兵不敢登岸，去。后法商或酗酒犯官，或恃势走私，兆棠辄遣吏痛惩之，领事不敢与较"。对此《顺德县志》评论道："法人在台知有中国法律者，实自兆棠官台始。"①

黎兆棠在台湾3年，防内奸，御外侮，心劳形瘁。同治十年（1871）因病交卸职务回乡。同治十三年（1874），因日军侵台湾，黎兆棠再度至台，并向沈葆桢陈述了他的见解："日人此次犯台，孤军深入，无救无援，兵家之忌，且不先踞后山，止从琅峤进兵，已落下着，加以彼军死病接踵，粮米运至又多朽腐，若我持之愈力，则彼受累愈深，就抚愈易。"②黎兆棠之所以如此自信，除了熟悉台湾地形等原因外，最主要的就是基于他历办对外交涉形成的不盲目惧怕外国的心理，果不其然，其后形势"日本窘急求和"，均不出黎兆棠所料。

从以上黎兆棠任职津海关道之前的经历看，无论是他决不让步地对待法人走私，还是"临之以威"，成功处理日本侵台事件，黎兆棠声名卓著之处在于其在处理对外交涉事件时以不卑不亢之态度极力保全国家主权的能力。也正是这种能力，让直隶总督李鸿章尤为欣赏。光绪元年（1875），李鸿章奏请以黎兆棠补授津海关道。

2. "局务大半赖其经理"，"于时务机器已有心得"的郑藻如

黎兆棠任职津海关道一段时间后升任直隶按察使，津海关道一职经丁寿昌短暂署理后，由郑藻如出任下一任津海关道。

郑藻如，字玉轩，广东香山人，咸丰元年（1851）举人。曾被两江总督曾国藩"聘至沪总办机器局"。③郑藻如办理上海机器局时表现出色，曾国藩评价他，"精细廉干，条理秩然，局务大半赖其经理"④，而"历任江督皆交章保荐，记名以海关道用，赏戴花翎"。郑藻如在上海期间曾

---

① 周之贞等修：《顺德县志》，成文出版社据民国十八年刊本影印，第231—232页。
② 同上书，第231—233页。
③ 张仲弼：《香山县志》，成文出版社1967年版，第423—424页。
④ （清）曾国藩著，殷绍基等整理：《曾国藩全集》书信1，岳麓书社1990年版，第7573页。

"督造吴淞炮台,西人惊为沿海诸台之冠"。① 李鸿章评价道:"沪局冯卓如、郑玉轩于洋务、机器已有心得。玉轩精细笃实,尤未易才。"② 光绪四年(1878),李鸿章"以人才荐","留办北洋海陆营防"③,后又荐举郑藻如出任津海关道。

> 存记海关道郑藻如,年五十二,广东香山县举人,因军务出力及成造轮船机器著绩,洊保花翎遇缺尽先选用知府,俟选缺后以道员尽先补用……该员廉干沉毅,德器深厚,识略闳通,前在上海综理机器局十余年,与洋人交涉已久,深明机要,熟习情形,以之请补斯缺,可期胜任。相应仰恳天恩俯念津海关道员缺紧要,准以存记海关道郑藻如补授,庶于时局有裨。④

郑藻如是第四任津海关道,他与前几任津海关道偏重对外交涉能力略有不同,对直隶总督李鸿章而言,他更看重郑藻如"在上海综理机器局十余年"的经历,郑藻如所具有的管理洋务企业的经验,能为李鸿章在天津大力开拓洋务事业提供帮助。

陈钦、孙士达、黎兆棠和郑藻如是最早的四任津海关道,4人都具备科举功名,均非李鸿章的同乡或幕僚。⑤ 前3人出任津海关道的一个共同因素在于:他们有多次参与处理对外交涉的经验,并在交涉中展现出了卓越的外交能力。第四任津海关道郑藻如不仅具有与洋人交涉的经验,更有办理洋务事业的能力。总而言之,前四任津海关道均以其才能和经历,获得李鸿章的赏识,并最终出任津海关道。

(二)源于幕府、乡谊

继郑藻如之后,出任津海关道的人员为丁寿昌、周馥、刘汝翼、刘含芳、盛宣怀、黄建筦等,这些人员皆为李鸿章之幕僚。其中,周馥与盛宣

---

① 张仲弼:《香山县志》,成文出版社1967年版,第423—424页。
② (清)李鸿章:《复何筱宋制军》(同治十一年七月十九日),顾廷龙、戴逸主编《李鸿章全集》30(信函二),安徽教育出版社2008年版,第462—463页。
③ 张仲弼:《香山县志》,成文出版社1967年版,第423—424页。
④ (清)李鸿章:《郑藻如请简关道折》,顾廷龙、戴逸主编《李鸿章全集》8(奏议八),安徽教育出版社2008年版,第196页。
⑤ 郑藻如于光绪四年即1878年担任津海关道之后加入李鸿章幕府,也就是说郑藻如出任津海关道并不是因为他是李鸿章的幕僚人员。

怀担任津海关道时间最久。

周馥（1837—1921），字玉山，安徽建德人。他曾先后三次任职津海关道，光绪七年（1881）署津海关道，次年（1882）正式补授，直至光绪十四年（1888）因升任直隶按察使而离任，总计大约8年（1881—1888）时间。周馥之所以能出任津海关道，固然在于与李鸿章有同乡之谊，并一直以幕僚身份跟随李鸿章，但除此之外，周馥"能胜艰巨"，也是极为重要的原因。与陈钦等前三任津海关道偏重对外交涉能力不同，无论在军务、治水、洋务还是海防上，周馥均能胜任，成绩卓著，是李鸿章的得力臂膀之一。

首先，在军务上周馥最初一直跟随李鸿章在淮军任职，并以军功"累保道员"①。其次，在河务上周馥更是功绩卓著。光绪三年（1877），周馥开始署永定河道，自此，周馥结下了一生治河之缘。《清史稿·周馥传》中这样记载："初，天津频患水，馥迭治津沽入海金钟河、北运筐港减河及通州潮白河，设文武汛官资防守，并言天津为九河故道，不泄则水患莫瘳，请就上游辟减河而开屯田，南运下游分水势，部议格不行。后提督周盛传开兴济减河。屯田小站，实本馥议"。② 最后，周馥还在洋务和海防上卓有成就，"凡直隶一省商务、教案，皆力任不辞"。③ 总体来看，周馥凭借多方面才能得以出任津海关道，《清史稿·周馥传》对此评价道："鸿章之督畿辅也，先后垂三十年，创立海军，自东三省山东诸要塞皆属焉。用西法制造械器，轮电路矿，万端并举。尤加意海陆军学校，北洋新政，称盛一时，馥赞画为多"④。

继周馥之后盛宣怀出任津海关道。盛宣怀，字杏荪，江苏武进人。我们可从李鸿章对盛宣怀的一段评价入手分析盛宣怀出任津海关道的原因。

> 头品顶戴东海关监督登莱青道盛宣怀，江苏武进县人，自同治年间奏调军营，随臣到直，历办海防洋务，均能洞中窾要，叠经委署天津道、津海关道篆，措置裕如，光绪十二年六月奉旨简放东海关道。

---

① 赵尔巽：《清史稿》，列传236，民国十七年清史馆本。
② 同上。
③ 周馥撰，周学熙等校：《民国周玉山先生馥自订年谱》，台湾商务印书馆1978年版，第48页。
④ 赵尔巽：《清史稿》，列传236，民国十七年清史馆本。

该道志切匡时，坚忍任事，才识敏赡，堪资大用。前委创办轮船招商局，两次收回旗昌各轮船码头，并增置新船多只，历年与洋商颉颃，挽回中国权利，关系通商大局，该道力任艰巨，为人所不能为。又，光绪六年以来随臣创办电线，绵亘十七省腹地，以迄东三省、朝鲜、新疆各处，东与俄罗斯、日本，南与法、英、丹各国水陆线相接，遇有军国重要事件，消息灵捷，均赖该道心精力果，擘画周详。该道在烟台数年，与天津一水相通，所管轮船、电报两局事机烦重，虽可择要禀商，究不若就近督同筹酌，更可操纵合宜。如以之调补津海关道，不特洋务地方及联络各营借资熟手，而于国家商轮、电线两大要政辅益良多，臣亦得收指臂之助。①

这是直隶总督李鸿章荐举盛宣怀出任津海关道奏折中的一段。从这段文字可以看出，盛宣怀之所以能出任津海关道在于以下几点：首先，自同治九年（1870）盛宣怀入李鸿章幕府以来，一直跟随李鸿章左右，并辅佐李鸿章开创一系列洋务新政事业。除了创办轮船招商局，两次收回旗昌各轮船码头外，李鸿章尤其"以铁路、电报事专属宣怀"②，盛宣怀尽心竭力，屡有功绩，其中"创办电线，绵亘十七省腹地，以迄东三省、朝鲜、新疆各处，东与俄罗斯、日本，南与法、英、丹各国水陆线相接，遇有军国重要事件，消息灵捷"。其次，在创办洋务新政事业过程中，盛宣怀屡屡与外国交涉，有极强的对外通商交涉能力，"力任艰巨，为人所不能为"。最后，随着盛宣怀事业的发展，他也先后出任众多官职，光绪五年（1879）盛宣怀短暂署理天津道；光绪十年（1884）盛宣怀署津海关道；光绪十二年（1886）盛宣怀简授山东登莱青道。这些历练也使盛宣怀最终得以于光绪十八年（1892）调补津海关道。③ 由此可知，盛宣怀入仕为官，并得以调补津海关道，既源于李鸿章的信任和举荐，更源于盛宣怀追随李鸿章在办理各式洋务新政事业中取得的成绩。也即是说，与陈钦等前三位津海关道侧重处理对外交涉的外交能力不同，盛宣怀之特长更多

---

① （清）李鸿章：《盛宣怀调津关折》，顾廷龙、戴逸主编《李鸿章全集》14（奏议十四），安徽教育出版社2008年版，第426页。
② 赵尔巽：《清史稿》第471卷，列传258，民国十七年清史馆本。
③ 盛宣怀历次出任的官职和任职时间，可参考赵尔巽《清史稿》第471卷，列传258，民国十七年清史馆本。

侧重在处理洋务新政的能力。

除上述两位津海关道外，李鸿章对其余各位津海关道均有较高评价。

刘含芳："布置炮台船坞，创设鱼雷水雷各营，联络将士，讲求操练，海滨苦守，劳瘁不辞，始终弗懈，坚忍卓绝，条理精详，在事最久，情形最熟，功绩最多，实属海防尤为得力、臣军必不可少之人，军事、吏事均深历练，在文员中洵为难得。"①

刘汝翼："廉明笃实，心细才长，在直隶二十余年，资劳最深，委办机器局巨细躬亲，力任劳怨，讲求制造，条理井然，办有成效"，"光绪十五年二月补授关道。于吏治、河防、商情、洋务均能实心经画，措置裕如。"②

可以看出，津海关道刘含芳有布置海防的军事能力，被李鸿章称为"臣军必不可少之人"；刘汝翼则有督办机器局的经验。

观察同治九年（1870）至光绪二十一年（1895）李鸿章担任直隶总督期间津海关道的任命情形，各人有各人的侧重。最初担任津海关道的陈钦、孙士达、黎兆棠、郑藻如 4 人，均出身正途，拥有科举功名，在传统士大夫普遍蔑视夷务的情况下，他们熟悉中外交涉情形，堪称晚清中国较早一批专门负责对外交涉事务的官员；4 人均非李鸿章淮军旧部，也非其幕僚，但均以其才能受到直隶总督李鸿章的赏识，出任津海关道一职。4 人为官之所长也互有相似之处，陈钦获得曾国藩"其辩才足以折服强悍，其诚心亦足以感动彼族"③ 的评价，黎兆棠在处理中外纷争中对于盛气凌人的外商，常态度坚定，不卑不亢。

1880 年之后，周馥、盛宣怀、刘含芳、刘汝翼等出任津海关道，这些道员均出身淮军系统，也大多是李鸿章的幕僚。津海关道的身份背景发生明显变化，这说明直隶总督李鸿章开始荐举自己的部属出任津海关道一职。这种人事安排背后有其原因。同治九年（1870）李鸿章继曾国藩出任直隶总督，在最初几年里曾遭多方掣肘，职位并不稳固。在其出任直隶

---

① （清）李鸿章：《奏保刘含芳等片》，顾廷龙、戴逸主编《李鸿章全集》14（奏议十四），安徽教育出版社 2008 年版，第 191 页。

② （清）李鸿章：《奏留刘汝翼片》，顾廷龙、戴逸主编《李鸿章全集》15（奏议十五），安徽教育出版社 2008 年版，第 410 页。

③ （清）曾国藩：《请以陈钦署天津府折》，《曾文正公全集》第 2 册，（上海）国学整理社 1936 年版，第 927 页。

总督兼北洋大臣刚满两年时就有李宏谟奏请朝廷在直隶增设巡抚一职,此举明显意在限制和削弱直隶总督李鸿章之权,李鸿章备感恼火,他在给孙士达的信中表达了自己的看法。

> 直省添设巡抚,言者三条,细按均未著实。吏治须藩臬帮助,巡抚只多一办例稿之人,即多一意见掣肘之人。军务本总督专责,巡抚无兵亦不知兵,从何策应?河工虽钦差大臣防护,亦不能不溃决。京官不识外事,偏又喜谈外事,言之娓娓动听,丝毫不关要害。若为复设三口游说,更为诡诈难测,官民皆穷,万万供养不起。曾文正于归并通商时,曾力持不可添巡抚之议。不料旧话重提,新样大翻,潞公识虑迥超庸众,谅能主持一切。①

由直隶总督兼北洋大臣,并设钦差关防,直隶总督半年时间常驻天津,待冬季河封冻之后回驻保定,这本是裁撤三口通商大臣之后的举措,但时间仅隔两载即重提添设巡抚之议,由此可知李鸿章初任直隶总督亦属战战兢兢。但 10 年之后,李鸿章在直隶"用西法制造械器、轮电、路矿,万端并举","北洋新政,称盛一时"。② 此时状况与接任直隶总督之初大不相同,此时的李鸿章已能够大胆以己意荐举幕僚出任津海关道。

查看 1880 年之后出任津海关道官员之所长,可以看出这一时期津海关道普遍偏重两大才能。其一,有办理各项洋务事业的经验。这以盛宣怀、刘汝翼最具代表性。其二,大多出身淮军系统,有布置海防等军事才能,以周馥、盛宣怀和刘含芳为代表。这一时段津海关道官员们集中展现出的这两大方面才能说明津海关道职能的演变。1870—1880 年间前四任津海关道偏重对外交涉职能,1880 年后开始偏重兴办各项洋务新政和管理海防之军事职能,这恰好体现了这一时期直隶总督李鸿章工作侧重点的转移。

李鸿章在直隶广泛兴办了洋务新政建设,涉及电报、电线和机器局等众多领域,津海关道不仅赞画其间,更是李鸿章新政事业的实际执行者。对这一时期津海关道在洋务新政中的具体表现,本书将在后面专门论述。

---

① (清)李鸿章著,邓曙光编注:《李鸿章家书》,中国华侨出版社 1994 年版,第 171 页。
② 赵尔巽:《清史稿》,列传 236,民国十七年清史馆本。

而前文所述周馥、盛宣怀、刘汝翼、刘含芳等众多津海关道都出身于淮军系统，明显体现了直隶总督兼北洋大臣李鸿章加强北洋海防的考虑，而这正是1874年日本侵略台湾之后清政府战略格局的一种演变。1874年近邻小国日本竟然侵略中国台湾，清政府被迫赔款，"海防问题"由此引起朝野的高度重视。1874年11月5日，总理各国事务衙门提出《海防亟宜切筹武备必求实际疏》遍发各督抚大臣讨论，其中重点强调了筹办海防的紧迫性。在这次讨论中，李鸿章提出了著名的《筹议海防折》，他认为当日中国之局势是："今则东南海疆万余里，各国通商传教来往自如，麇集京师及各省腹地，阳托和好之名，阴怀吞噬之计，一国生事，诸国构煽，实为数千年来未有之变局。轮船电报之速，瞬息千里；军器机事之精，工力百倍。炮弹所到无坚不摧，水陆关隘不足限制，又为数千年来未有之强敌。"① 面对这种危局，他认为当前要务必须整顿海防。尽管此次疆臣们的议论夹杂海防和塞防之争，但海防"为今日全局第一要务"② 的思想已引起朝廷的高度重视。此次由日本侵台引发的晚清关于海防的讨论奠定了晚清数十年来加强海防、筹建海军的北洋格局。

清廷任命李鸿章和沈葆桢分别督办北洋、南洋海防事宜。但因沈葆桢去世，"海军之规划，遂专属于李鸿章"。③ 1881年李鸿章奏请以提督丁汝昌统领北洋海军。1888年12月，北洋舰队正式成军。④ 在近十年间，创建北洋海军、加强北洋海防等事务日益繁巨，北洋行营翼长之职日益重要，而淮军与新建北洋海军间诸多事务需要协调，由出身淮军系统的官员出任津海关道兼北洋行营翼长一职确实有其必要性。

周馥在其自定年谱中说："创设津海关道缺时，奏明由北洋大臣保奏，请旨简授，兼北洋行营翼长。前任翼长若兼衔，无所事事，余以从淮军久，与诸将士浃洽，凡营务、海防皆时为商助，使上意下宣，下情上

---

① （清）李鸿章：《筹议海防折》，顾廷龙、戴逸主编《李鸿章全集》6（奏议六），安徽教育出版社2008年版，第159—160页。

② 同治十三年十一月江苏巡抚吴元炳奏。（清）宝鋆等纂《筹办夷务始末（同治朝）》卷100，第43页，《近代中国史料丛刊》第六十二辑，文海出版社1970年版。

③ 池仲祜：《海军大事记》，中国史学会主编《洋务运动》（八），上海人民出版社1961年版，第484页。

④ 苑书义：《中国近代史论稿》，河北教育出版社1988年版，第275—276页。

达，至是朝鲜乱起，靖达，遂加委天津营务处。"① 津海关道创设之初，朝廷就赋予兼任北洋行营翼长之权。但前几任津海关道中，无论是陈钦、孙士达，还是黎兆棠、郑藻如均缺乏军营经验，这自然造成各津海关道"视翼长若兼衔，无所事事"的现象，致使此兼衔形同虚设。但自周馥担任津海关道之后，状况得以改观。周馥乃淮军军官出身，以其前段军营经历，在调度兵员、准备兵器粮饷以及和军营将士接洽上较之前几任津海关道明显更为得力。光绪九年（1882），适逢朝鲜发生大院君李罡应政变，"慈禧命鸿章即赴天津，部署水陆各军，前往查办"。② 此时周馥以津海关道身份兼行营翼长之职，"禀商制军（李鸿章），调登州吴小（筱）轩军门，带六营东渡，扫李罡应，拘于保定。事平，部议从优叙，给军功加一级，此事起于仓猝，了办亦速，皆余赞助"。③ 经由此事，直隶总督李鸿章切实感受到以淮系人员出任津海关道之好处。④

综合而论，1880 年之后担任津海关道的官员中有多人出身李鸿章幕僚，与李鸿章同属安徽老乡，大多数津海关道都与李鸿章渊源深厚，有交往多年的情谊，但更重要的是这些津海关道都适合这一时期洋务事业勃兴和加强北洋海防建设的需要。

（三）来自同僚、朋友

袁世凯任职直隶总督达 6 年，在该官职任职时间上仅次于李鸿章，在庚子事变之后接任直隶总督。他在职期间第一任津海关道是唐绍仪，此人乃广东香山人，是中国第三批留美幼童，在任朝鲜税务委员时，与袁世凯相识，后唐绍仪以县丞累保至道员，并授津海关道。"唐绍仪旧从世凯驻朝鲜，甲午之变，出死力护之以归，故遇之加厚"。⑤ 唐绍仪与袁世凯在朝鲜共事期间缔结之友谊成为日后晚清时期唐绍仪仕途飞黄腾达的基础。

袁世凯先行回国，唐绍仪又辗转任职于天津和朝鲜，后随袁世凯在山

---

① 周馥撰，周学熙等校：《民国周玉山先生馥自订年谱》，台湾商务印书馆 1978 年版，第 39 页。
② 宝宗一：《李鸿章年（日）谱》，文海出版社 1980 年版，第 4900 页。
③ 周馥撰，周学熙等校：《民国周玉山先生馥自订年谱》，台湾商务印书馆 1978 年版，第 40 页。
④ 林怡秀的论文对周馥兼充行营翼长之职作了较为充分的论述，本书借鉴了该文的成果，只是努力将此问题放在李鸿章加强北洋海防更宏观的背景中进行讨论。参见林怡秀《清季天津关道之研究（1870—1895）》，硕士学位论文，台湾成功大学历史学系，2001 年。
⑤ 莊练：《中国近代史上的关键人物》下册，中华书局 1988 年影印版，第 153 页。

东任职。在山东，唐绍仪凭借其卓越的外交能力成为袁世凯的得力臂膀。其中他成功处理了中外交涉教案的赔款事宜，获得袁世凯的交口称道。

> 三品衔候选道唐绍仪，上年经臣奏调来东委办交涉事务。方其到差之初，正值英、法、德、美各国教案杂逊丛集，棘手万分。该员依次磋磨，逐渐清理，现已一律就绪。而从前教民，久被焚掠，控告攀讼，反复缠扰，间阎骚然。自各案既结，民教相安，地方静谧，实属有裨时艰。其尤难能者，法人教案，牵涉三十州县之广。自光绪二十五年毓贤任内，计已需赔款六十九万余金，益以上年焚掠各案，法主教陶万里等颇挟奢望，共索赔至百余万之多，嗣经让减，尚以八十四万为诺，经该道力与争持，再四驳斥，竟以十七万九千金了结全案。事势艰阻，几费唇舌，始将数年积案，一旦廓清，士民交口称快，殊非始愿所能及。

袁世凯对唐绍仪在外交上的才干，赞佩不已，"臣查该员才识卓越，血气忠诚，谙练外交，能持大体，洵为洋务中杰出之员，环顾时流，实罕其匹"，并奏请，"兹又议结巨案多起，未便没其劳勋，拟恳破格恩施，俯准将唐绍仪以道员交军机处记名简放藉资鼓励"。① 由此，唐绍仪从候补道员变为记名简放之正式官员。

庚子事变之后，袁世凯署理直隶总督兼北洋大臣一职，当时各国联军虽已撤离北京，但仍武力占据天津及关外自北京至新民厅铁路沿线各重镇，外交问题极其复杂，因此，袁世凯就任直隶总督之初首先奏请调用的人员就是唐绍仪，"道员唐绍仪历在朝鲜、北洋供差多年，洞达洋情。到东后委办洋务、商务各局，均极得力。该道素为洋人所敬服，而于北洋情形尤为稔悉。相应吁恳天恩，俯准臣将该道唐绍仪调随北上，以资差遣，而收臂助"。② 光绪二十七年十月二十六日（1901年12月6日），与上次奏请唐绍仪赴北洋仅隔16天后，袁世凯又奏请唐绍仪署津海关道。因前任直隶总督李鸿章病故，直隶总督一职由当时直隶按察使周馥护理，周馥任命天津道张莲芬暂行兼署津海关道。袁世凯到任之后，以"查北洋交

---

① 廖一中、罗真容：《袁世凯奏议》（上），天津古籍出版社1987年版，第361页。
② 同上书，第385页。

涉事件，向由关道综理。现正筹议收复天津之时，头绪纷繁，天津道张莲芬有地方专责，势难兼顾，亟应遴员专署，以重责成"① 为由，奏请以唐绍仪出任津海关道。

光绪三十年西藏教案爆发，清政府决定"直隶津海关道唐绍仪著开缺，以三品京堂候补，赏给副都统衔，前往西藏查办事件"，但袁世凯极力挽留。

> 臣非不知西藏事件需人前往查办，倘臣躯尚可支持，时局稍就平易，断不敢冒昧陈请，实以东方大局日益艰巨，臣又疾病侵寻，万难独任繁重，且以全局蠡之，东北为根本重地，实较之西藏尤重且急，宜策群力以经营。如唐绍仪者，才识卓越，志趣正大，而谙练交涉，冠绝辈流，将来东方结局，应付极难，留备擘划，实亦必不可少之才，况现在北洋实难暂离，臣之体弱事繁亦必须有人襄助，合无吁恳天恩，俯念北洋繁要，臣病难支，特准将唐绍仪暂留北洋襄办交涉事宜之处，出自高厚鸿施。披沥上陈，不胜迫切悚惶恳祈待命之至。②

中央最终并未允准袁世凯对唐绍仪的奏留，但袁世凯对唐绍仪的依赖之情已全然显现。

从以上袁世凯多份奏折中，我们可看出，袁世凯对唐绍仪屡屡援引，无论何处任职，均随调前往，这既是出于朋友之间的友谊，更是出于对唐绍仪才能的赏识和信任。袁世凯任命唐绍仪出任津海关道，甚至在中央调遣唐绍仪处理西藏教案时，也披肝沥胆、迫切挽留，其更深层次的原因在于唐绍仪卓越的外交才能和实际的功勋。

在唐绍仪开缺赴印度与英国就西藏问题进行谈判后，后来的三任津海关道都由与唐绍仪一样具有留美背景的人员担任，他们分别是梁敦彦、梁如浩和蔡韶基，这是一个特别引人注目的群体。蔡韶基和梁敦彦是中国第一批留美幼童，留学科目均为"入律"，当时梁敦彦15岁，而蔡韶基14岁。唐绍仪和梁如浩为第三批留美幼童，留学科目均为"中馆"，两人出国时年龄都是12岁。四人除了梁敦彦是广东顺德人外，其余均为广东香

---

① 廖一中、罗真容：《袁世凯奏议》（上），天津古籍出版社1987年版，第391页。
② 廖一中、罗真容：《袁世凯奏议》（下），天津古籍出版社1987年版，第1015—1016页。

山人。① 同时4人自小入美留学，都没有科举功名，但后几人继唐绍仪在天津任津海关道的杰出表现后，均连绵而起，相继出任津海关道，离任之后也都得到较好的升迁，在晚清政局中发挥着越来越重要的作用。究其原因，从大的环境看，这是晚清庚子事变后交还天津以及处理一系列善后事宜渴求外交人才的反映，同时，这也反映了唐绍仪在对外交涉事宜上的成功，引发了袁世凯及晚清政府对有留美求学背景官员群体的首肯，当然也会有作为朋友，又作为下属的唐绍仪向袁世凯的推荐和援引。

（四）其他官员的援引和推荐

从前文知道，李鸿章和袁世凯在选拔、任用津海关道时，其原因或出自于对其才能和经历的赏识、或基于幕僚关系和乡谊、或基于对朋友的信任，但无论是李鸿章，还是袁世凯，或者其他直隶总督，我们分析其选拔津海关道的背后原因时均不能简单或绝对化。事实上直隶总督对津海关道的选任因素是多样的，除了才能、幕僚、同乡、朋友等关系外，还需要考虑其他同僚的援引和推荐，这些同僚可能是直隶总督的上级、平级甚至是下级，各种渊源相互影响，构成了直隶总督身边错综复杂的关系网。

曾国藩两度向中央申请破格任用陈钦，未果，最终李鸿章荐请任命陈钦为首任津海关道。孙士达则出自丁日昌向李鸿章的推荐。同治六年八月初五日（1867年9月2日）李鸿章在写给曾国藩的信中说道："丁、应所荐二孙，孙士达有才辩，熟洋商而未甚精于和约，孙文川向为赫德书记，风力稍差，目前似无强于此者，或聊以塞责耶。"② 李鸿章在另一封信中说道："召民（黎兆棠）系雨生（丁日昌）原保之人，又筱宋（何于影）所引为同志者，船务洋学虽未甚精到，而才识开展，筹办当自裕如。"③ 由此可知，黎兆棠既出自丁汝昌的推荐，又是何于影的好友，三人均为广东人，有同乡之谊。即便时时受到李鸿章提拔重用的盛宣怀也不例外，他也时常受到其他官员的提携。光绪十年（1884）盛宣怀署理津海关道，当时正逢"法越构衅，海防急"，盛宣怀"乃移金州矿赀治苏、浙、闽、粤电线，便军事，而部议指为含混，

---

① 丁晓禾主编：《中国百年留学全纪录》第1册，珠海出版社1998年版，第148—151页。

② （清）李鸿章：《上曾相》（同治六年八月初五日），顾廷龙、戴逸主编《李鸿章全集》，安徽教育出版社2008年版，第505页。《上侯相》（同治六年八月初五日夜），顾廷龙、戴逸主编《李鸿章全集》2（信函一），安徽教育出版社2008年版，第532页。

③ 戴健：《李鸿章致吴赞诚的书札》，《安徽史学》1986年第8期。

科以降级调用。左宗棠为言于上，事下南洋大臣曾国荃等，上其绩状，始改留任"。① 在盛宣怀遭到弹劾，中央要将其撤职的情况下，不仅李鸿章，还有左宗棠和曾国荃均上书力保盛宣怀，盛宣怀始得留任。甲午战败，李鸿章被免除直隶总督之职，接任的王文韶基于各种考虑仍然重用盛宣怀。

四 直隶总督对津海关道外交风格的影响

（一）陈钦等第一批津海关道的风格

前文已经述及，陈钦作为首任津海关道，其强硬风格成为津海关道群体之最。在处理天津教案过程中，陈钦单骑赴敌，解决了天津教案的难题，这与第一次鸦片战争以来负责对外交涉官员面对列强唯唯诺诺的状况形成鲜明对比，其敢于担当之举，赢得了曾国藩"其辩才足以折服强悍，其诚心亦足以感动彼族"②的赞誉，"使相曾公国藩谓君正而不迁，介而有为，理势并审，体用兼全"③。

在黎兆棠接任津海关道后，"津市向以洋货为大宗，积久弊滋，以致市厘萧索"。黎兆棠体恤商艰，便推行一连串的便商政策，"于甘露寺内，另立公所，减征厘税，改用三连单，令商人互结存堂，到关验单立予放行，免滞留；又西帮贩茶向限六阅月内缴照，为期迫促，商旅苦之，兆棠详禀督宪，改令西商运茶由招商局船进口，领照与否，悉听自便"④。而对于盛气凌人之外商，黎兆棠则一如在台湾时的坚定态度，概不软弱迁就。曾有俄国和德国商人借口海关完纳税银银色补水砝码不准确为由，寻事取闹，并促使本国领事到天津争讼，黎兆棠沉着镇定，援引条约一一予以驳斥，终使对方废然而返。⑤

晚清西人渐至东来，最早一批和西方列强打交道的官员，从琦善到叶名琛，在办理西方外交时充满了从蒙骗到拖延的机会主义色彩。⑥ 时

---

① 赵尔巽：《清史稿》，列传258，民国十七年清史馆本。
② （清）曾国藩：《请以陈钦署天津府折》，《曾文正公全集》第2册（曾文正公奏稿），（上海）国学整理社1936年版，第927页。
③ （清）游百川：《皇清诰授荣禄大夫直隶津海关道陈君墓志铭》，现藏舟山市博物馆。
④ 周之贞等修：《顺德县志》，成文出版社据民国十八年刊本影印，第232页。
⑤ 同上。
⑥ 何新华、王小红：《中国首次对西方外交冲击的制度反应——1842—1860年间清政府对西方外交体制的形成、性质和评价》，《人文杂志》2003年第4期。

间荏苒,当应对西方屡次受挫之后,大清帝国不得不被动地做出改变。反映在外交上就是有些官员敢于应对、勇于担当之外交风范的重新回归。天津教案法国领事罗淑亚处处威逼,列强蠢蠢欲动,陈钦敢于只身前往法国领事署,仅凭唇舌说服罗淑亚,解决了天津教案的困局。黎兆棠面对外商之盛气凌人,概不软弱迁就,态度异常坚定。从两者身上,我们看到了如同蔺相如敢于携和氏璧出使强秦的外交风范。不言而喻,津海关道陈钦、黎兆棠所展现出的个体特征是晚清两次鸦片战争之后,一些对外交涉官员群体特征的鲜明写照。陈钦、黎兆棠等津海关道正处于两次鸦片战争期间,是琦善、叶名琛等第一代对外交涉官员和晚清外派他国的正式外交官员之间的中间体,这种独特的中间状态正是晚清时期中国外交体制转型的反映:自第二次鸦片战争之后,中国的外交逐步从传统宗藩体制向现代外交模式转轨,而陈钦及同一时期一些负责对外交涉的官员正是这次外交转型的推动者和担当者。

从另外一个角度言,陈钦与黎兆棠之刚性恰好符合直隶总督曾国藩的做事风范。清流指责曾国藩处理天津教案"过柔",但曾国藩初任直隶总督时,曾在《劝学篇示直隶士子》中说:"前史称燕赵慷慨悲歌,敢于急人之难,盖有豪侠之风。"[①] 这反映出阳刚熊直的湖湘文化熏陶下的曾国藩欣赏振奋、强健和豪侠之风。照此追溯,以曾国藩的性格,他该以强硬著称海内外。但鉴于时事,曾国藩解决天津教案的总体方针只能选择"以后仍当坚持一心,曲全邻好"[②]。陈钦虽一届文人书生,却毫不畏惧洋人的强势,敢于单枪匹马,独闯虎穴。陈钦此举正好言了曾氏之不能言。陈钦最终出任津海关道虽然是出于李鸿章的推荐,但事实上更多源于曾国藩的高度赏识。后任黎兆棠风格与陈钦趋同,但相对柔和。同治十三年十月十六日(1874年11月23日)李鸿章在《保黎兆棠补津关道折》中说:"臣亦素稔其忠毅敏果,持正而不至过激,知难而勇于有为,堪资折冲驾驭之选。"[③]"持正而不至过激",这说明初任直隶总督的李鸿章在承继其

[①] (清)曾国藩:《劝学篇示直隶士子》,《曾国藩全集》14 诗文,岳麓书社2011年版,第486页。

[②] (清)曾国藩:《覆陈津事各情折》,《曾文正公全集》第2册,(上海)国学整理社1936年版,第923页。

[③] (清)李鸿章:《保黎兆棠补津关道折》,顾廷龙、戴逸主编《李鸿章全集》6(奏议六),安徽教育出版社2008年版,第152页。

师曾国藩的外交政策一段时间之后风格开始发生转变。

(二) 周馥等第二批津海关道工作的侧重点

自周馥始，历任津海关道大都偏重办理洋务新政事业。他们事实上是李鸿章洋务事业的执行者。① 伴随这种职业侧重点的转移，津海关道已不独是处理对外交涉事务的官员。加之李鸿章与海关税务司德催琳的友好关系，以往以陈钦为代表的第一批津海关道的强硬外交风格随之发生改变，津海关道和外国领事们大体保持着友好往来的关系，两大群体间少了很多火药味，这也是李鸿章外交思想的体现。光绪二十七年八月初十日（1901年9月22日）李鸿章曾上奏《和议会同画押折》，对自己以全权议和大臣身份办理议和订约一事进行总结，其中有一段话画龙点睛："臣等伏查近数十年内每有一次构衅，必多一次吃亏，上年事变之来尤为仓猝，创深痛巨，薄海惊心。今和议已成，大局少定，仍望我朝廷坚持定见，外修和好，内图富强，或可渐有转机，譬诸多病之人，善自医调犹恐或伤元气，若再好勇斗狠，必有性命之忧矣。"② "外修和好，内图富强"，这是李鸿章任职直隶总督之后一贯的主张。

总体来说，李鸿章与曾国藩两人办理外交的手段和性格明显存在不同，当曾国藩抱病赴津处理天津教案时，李鸿章在给曾国藩的信中说道："与洋人交，略参用痞子手段，不宜轻以一死塞责。罗淑亚浅躁而爱恭惟，司道必优为之。"③ 这即是后来研究者们屡屡论道的李鸿章之"痞子外交"。李鸿章认为在天津教案中态度最为蛮横的法国驻津领事罗淑亚实际上"浅躁而爱恭维"，既如此，就没有必要针锋相对，可以让司道"优为之"。他将司道置于外交的第一线，这也是李鸿章对津海关道折冲转圜作用的定位。但李鸿章的"痞子外交"与曾国藩之外交倾向决然不同，这在吴永《庚子西狩丛谈》中曾有过一段生动的记述。曾国藩除了以诚字对待外交之外，其内心极为欣赏陈钦的"正而不迂，介而有为，理势并审，体用兼全"，但曾国藩终因办理不善，

---

① 1895年李鸿章从直隶总督位置离职，在后几任直隶总督任职期间，担任津海关道的为盛宣怀、李岷琛、刘汝翼和黄建筦。盛宣怀原本在李鸿章任内就是津海关道，而刘汝翼和黄建筦本身就是李鸿章的幕僚之一。

② （清）李鸿章：《和议会同画押折》，顾廷龙、戴逸主编《李鸿章全集》16（奏议十六），安徽教育出版社2008年版，第327页。

③ （清）李鸿章：《复曾相》（同治九年六月初七日夜），顾廷龙、戴逸主编《李鸿章全集》，安徽教育出版社2008年版，第75页。

"内疚神明,外渐清议",离开直隶总督之位,不久之后去世。而信奉"痞子手段"的李鸿章却接掌直隶总督兼北洋大臣之职,并得以在晚清外交中纵横捭阖。1880年之后李鸿章多委任自己的幕僚出任津海关道,幕僚长期追随李鸿章,对其外交思想无疑极为了解,在这种情况下,相对陈钦等第一批津海关道的刚性外交而言,以周馥、盛宣怀为代表的第二批津海关道的外交方针必然趋向缓和。

（三）从传统官员到入美留学的津海关道

自庚子事变后袁世凯接任直隶总督以来,以唐绍仪为开端,先后有4位有留学美国背景的官员相继担任津海关道,以往一般由传统官员任职的津海关道自此正式向专业外交官转型,反映了20世纪初晚清外交和内政方针的重大改变。

直隶一省的洋务新政原本堪为全国表率,但随着甲午中日战争中国战败,其洋务楷模地位在国人心目中开始下降。庚子事变列强侵占北京,两宫出逃所引起的社会震动,彻底激发起统治者在全国广泛推行新政的决心。就任直隶总督的袁世凯也开始在新政浪潮中大幅度进行改革,自此直隶省在洋务初兴时期内政外交互相混淆的格局开始理清,庚子事变之后的津海关道从原本长袖善舞之全能官员向单一外交型官员转变。而这一时期直隶总督袁世凯的外交思想,必然对津海关道产生深远影响。

若论袁世凯之外交思想,应与其人生经历息息相关。众所周知,袁世凯曾随吴长庆长期驻扎朝鲜,先后出任前敌营务处差使、先锋营管带等职,对镇压朝鲜"壬午兵变"曾立下了汗马功劳,极大地维护了清王朝在朝鲜王国的政治和军事影响力。在处理朝鲜兵变的过程中袁世凯初步展现了军事外交才能,自此正式步入仕途。此后,吴长庆屡屡将外交事务交由袁世凯办理。袁世凯在与朝鲜的广泛交涉中,逐步积累起较为丰富的外交经验。中法战争爆发后,袁世凯被委任为清政府"驻扎朝鲜总理","总理营务处,会办朝鲜事务"。在朝鲜任职12年后,袁世凯回国,任山东巡抚,不久升任直隶总督。从袁世凯这段人生经历我们可以看出,早期在朝鲜历练12年的袁世凯实质就是一名中国派驻朝鲜的外交官。而这12年的人生经历在很大程度上影响了袁世凯担任直隶总督之后对津海关道的定位。在列强交还天津之际,他即委任他的朋友、同样在朝鲜历练多年,有丰富外交经验的唐绍仪出任津海关道,并以津海关道为核心开始与列国交涉归还天津,并收回秦皇岛主权。自唐绍仪被中央调派解决西藏问题之后，袁世凯均委以外交型官员担任津海关道，这些津海关道往往出使外国，并升迁为中央外务部官员，成为晚清正式职业外交官。无论津海关道人选的确定还是津海关道任职之后的升迁和发展方向，实际上均与直隶总督袁世凯之外交观念相得益彰。

自第二次鸦片战争之后，陈钦在总理各国事务衙门任职，一直处于对外交涉的前沿，后又出任津海关道，协助李鸿章处理对外交涉事务，其职责事实上已属于外交官的工作范畴。但他又不完全等同于最初两次鸦片战争期间"初办外洋交涉"①的琦善、伊里布、耆英和叶名琛等人，与琦善等第一代对外交涉官员相比，陈钦具有了相对更为专业的对外交涉知识。陈钦也不同于由清政府派遣他国的正式外交官。庚子事变之后，津海关道唐绍仪被任命为全权议约大臣，赴印度与英国谈判西藏问题；梁敦彦奉命出使美国、德国、墨西哥、秘鲁、古巴，同年官至外务部侍郎、尚书、右丞。因此相较于唐绍仪、梁敦彦后来成长为专业外交官而言，陈钦虽有对君父的忠诚，但未能看见世界的格局，总体仍处于被动外交的范围内。他是介于第一代被迫处理对外交涉事务的官员和晚清正式外派外交官员之间的中间体，是中国被迫打开国门之后由不情不愿向主动外交转型时期的典型代表。而后来的唐绍仪、梁敦彦等专业外交官员是晚清开始积极寻求以正式外交渠道维护国权的一种反映。

五 津海关道与直隶总督之间的矛盾

直隶总督不仅有选择任命津海关道之权，还有考核及调查权，但这些并不意味着直隶总督对自己荐请任命的每一位津海关道都满意，事实上两者之间难免存在一些不恰之处。

（一）处事态度与方式的不同

津海关道作为直隶总督下属，总体而言大都能秉承直隶总督意见行事，但两者共事时的冲突和矛盾难免。如首任津海关道陈钦虽为李鸿章荐举，李鸿章对之也颇为赞赏，但两者间仍然存在隔阂。

同治十二年十二月二十一日（1874年2月7日），李鸿章在致总署的信中曾写道：

---

① 崇彝：《道咸以来朝野杂记》，柯灵、张海珊主编《中国近代文学大系1840—1919》（第6集 第19卷 笔记文学集2），上海书店出版社1995年版，第745页。

明春陵差，鸿章例应随扈，应俟三月初二日恭送圣驾后回赴津门。葛使来津会议，自亦不须过早。至威使云，在津会商时，旁坐之人说话甚多，不好办事，似指津关陈道而言。鸿章前在上海与各国议事，必有关道在坐。近年津门亦仿此例，陈道论事精详，往往从旁挑驳，颇为洋酋所忌。前梅辉立来保定，鸿章曾属其转告威使，以该使所荐秘鲁翻译密妥士年老智昏，传话含糊。来春葛使回津议事，请另派妥慎之人。威使此言针锋相直，盖密妥士与陈道尤积不相能也。①

陈钦是一个"不畏外人，通论驳议的讨价还价者"②，李鸿章在一定程度上赞赏这种风格，文中说道："鸿章在上海议事，必有关道在坐，近年津门亦仿例。陈道论事精详，往往从旁挑驳，颇为洋酋所忌。"③ 西方各国在交涉过程中，总是倚仗本国实力，处处威胁。陈钦作为直隶总督下属，其强硬刚直、毫不畏惧之风往往能挫洋人之锐气，这正好符合李鸿章接待"往往矫强"之"洋人"④，先要津海关道"探明意指，折其机牙"⑤的定位。陈钦之刚强正好成为直隶总督和中央其他决策者折冲转圜之地，其强硬"制夷之态度"，在某种程度上释放了中国积弱积贫状态下曾国藩、李鸿章一直为强权之"势"所抑的痛苦，也反映了他们反抗强权想伸张正义之"理"的愿望，其"制夷"效果为高层决策者最后的"和戎"作下铺垫。

但是李鸿章也透露了对之太过强硬引发相关问题的指责之意。

---

① （清）李鸿章：《致总署 条议三事》（同治十二年十二月二十一日），顾廷龙、戴逸主编《李鸿章全集》30（信函二），安徽教育出版社 2008 年版，第 628 页。
② 林怡秀：《清季天津海关道之研究（1870—1895）》，硕士学位论文，台湾成功大学历史学系，2001 年。
③ （清）李鸿章：《致总署 条议三事》（同治十二年十二月二十一日），顾廷龙、戴逸主编《李鸿章全集》30（信函二），安徽教育出版社 2008 年版，第 628 页。
④ （清）李鸿章：《裁并通商大臣酌议应办事宜折》，顾廷龙、戴逸主编《李鸿章全集》6（奏议六），安徽教育出版社 2008 年版，第 152 页。
⑤ （清）李鸿章：《保黎兆棠补津关道折》，顾廷龙、戴逸主编《李鸿章全集》6（奏议六），安徽教育出版社 2008 年版，第 152 页。

"至威使①云，在津会商时，旁坐之人说话甚多，不好办事，似指津关陈道而言"，"威使此言针锋相直，盖密妥士与陈道尤积不相能也"。② 对此问题，曾国藩对此也有记载："英国洋官威妥玛来天津，毛公昶熙约洋官会议。既集，陈钦按理抗辩，侃侃而谈。洋人不能诘。"③ 陈钦针锋相对惹怒威妥玛，造成两者"尤积不相能也"的状况，此事在晚清高层官员中流传甚广。李鸿章作为直隶总督负责全局，言语之间对陈钦颇有不满之意。

在致其兄李瀚章的家书中，李鸿章也表达了这种思想。光绪元年五月十六日（1875年6月19日）清政府下旨派李瀚章前往云南查办马嘉理被戕案，当时李鸿章常与其兄探讨滇事处理办法。丁汝昌有派遣当时津海关道陈钦随行帮办的建议，李鸿章却认为"陈子敬洋务极为精能，但生性偏冗，入山必深，即敞处有事，尚恐招之不来，断难强行"。④ 身为陈钦直接上司的李鸿章无法自如调用陈钦做事，可知两者间关系并非毫无间隙。

（二）前嫌难弃：私交上的矛盾

上文已经分析过，凭借其在处理天津教案中的杰出表现，孙士达被李鸿章极力挽留在津，后委以津海关道重任。但孙士达与其他后期普遍得到升迁的津海关道相比，自己却于"光绪元年四月交卸署理天津海关篆务后，隐居常熟以终"。⑤ 为何孙士达没有得到升迁？孙士达在致当时任总理各国事务衙门大臣董恂信中曾表达自己的想法：

> 李节相以丁中丞既欲南旋，必留士达为其替身；否则断不能允。殊不知士达家有病人，大小儿年止九龄，不能管事，又乏戚属照应，本难远出，因感丁中丞知遇，奋身航海来津，志在公私两尽，而李节相素非同志，士达在苏候补八载，遇有棘手之事，则令

---

① 威妥玛（Thomas Francis Wade，1818—1895），为英国驻华外交官。道光二十一年（1841）参加鸦片战争。咸丰二年（1852）任英国驻上海副领事。咸丰四年（1854）任江海关首任税务司，次年去职。同治五年（1866）向清政府呈递《新议略论》。同治十年（1871）任英驻华公使。光绪九年（1883）回国。
② （清）李鸿章：《致总署会议三事》（同治十二年十二月二十一日），顾廷龙戴逸主编《李鸿章全集》30（信函二），安徽教育出版社2008年版，第628页。
③ 黎庶昌：《曾国藩年谱》，岳麓书社1986年版，第243页。
④ （清）李鸿章著，翁飞、董丛林编注：《李鸿章家书》，黄山书社1996年版，第191页。
⑤ 徐凌霄、徐一士：《凌霄一士随笔》第5册，山西古籍出版社1997年版，第1905页。

> 士达奔走，而上海道三次开缺，以候补道府及候补直隶州补授。士达向办洋务之员，故意沮抑，使补署皆成虚望，受屈已久，决意不就……今乃与不同志者共办一事，恐于公事无益，辞之甚力。乃李节相再三强留，不容脱身，丁中丞亦慰劝甚切，只得暂且留止；自知才弱事难，未能立效耳。①

信中"家有病人，大小儿年止九龄，不能管事，又乏戚属照应"，是孙士达不愿留任天津的个人原因，但其背后更重要的因素乃是先前与李鸿章的芥蒂。"……李节相素非同志，士达在苏候补八载，遇有棘手之事，则令士达奔走，而上海道三次开缺，以候补道府及候补直隶州补授。士达向办洋务之员，故意沮抑，使补署皆成虚望，受屈已久……"孙士达曾协助李鸿章任职，但上海道三次开缺，李鸿章均未提拔，致使孙士达"补署皆成虚望，受屈已久"，这种私下前嫌才是孙士达不愿继续留在天津任职的主要原因。除此之外，孙士达对李鸿章很多做法也持不满态度，他在评价天津教案时说道："自二十三日第一批出奏之后，地方文武，视为了事，又复恬嬉如故。曾侯相虽有九月二十日之限，而不破除情面，力加催办，恐亦徒成具文。李节相口气，惧招物议，怕做恶人，不知将来作何了结。"② 对此，徐一士评价道："孙氏不嫌于李鸿章，每流露于字里行间，鸿章倚办诸事，后遂委署津海关道，而其间终若未尽释然云"。③

李鸿章对此也有反映。同治六年八月初五日（1867年9月2日），李鸿章在写给曾国藩的信中曾如此评价孙士达："孙士达有才辩，熟洋商而未甚精于和约"。④ 也就是说，原本孙士达抱怨李鸿章在上海道三次出缺时均未保举自己出任之根源在于李鸿章对他"未精于合约"不尽满意。因孙士达前嫌在胸，难以尽心效命，致使李鸿章屡屡征调不动。光绪元年五月十六日（1875年6月19日），清廷下旨派李瀚章前往云南查办马嘉理被戕案，同年五月十八日（1875年6月21日）李鸿章在致其兄李瀚章的信件中说道："雨生所荐大小委员，敏斋（应宝时）久不升官，牢骚满

---

① 徐凌霄、徐一士：《凌霄一士随笔》第5册，山西古籍出版社1997年版，第1905页。
② 同上书，第1907页。
③ 同上书，第1910页。
④ （清）李鸿章：《上侯相》（同治六年八月初五日夜），顾廷龙、戴逸主编《李鸿章全集》29（信函一），安徽教育出版社2008年版，第531页。

腹,又系独子老亲。孙竹堂(孙士达)甫交卸津关道回江苏,亦未必愿远役。"① 逢总理各国事务衙门征求出使外国的人才,但"苦无以应",李鸿章征询孙士达是否能"慷慨远游",言辞极恳切,"出洋之举,目前谙练西事而又有卓识闳议,足服远人如执事者②,殊不数睹",还谓:"经相虽不甚谓然,文公尚相知有素也。"③ 但孙士达仍未就,李鸿章只好作罢,说道:"来函退然自抑,不欲引为己任,何敢过拂雅怀"。④

李鸿章与孙士达两人虽有短暂合作,但终未能前嫌尽弃,徐一士评价道:"孙……即翩然引去。"⑤ 李鸿章与孙士达所遇问题仍同于李鸿章与首任津海关道陈钦之关系,不仅有隔阂,而且征调不动。

前两任津海关道一病退、一隐归,两人均没有得到升迁,这与后期津海关道官职普遍升迁形成鲜明对比。这或许也成为李鸿章后来一直以淮军旧部和幕僚出任津海关道的原因之一。

第二节　津海关道与天津道

一　任职时间和资格出身

现将 1870—1911 年,历任津海关道与天津道诸人文相关情况列表如下(见表18—表20)。

表 18　　　　　　1870—1911 年历任津海关道与天津道

时间	直隶总督及籍贯	津海关道	出身	籍贯	天津道	出身	籍贯
1870	李鸿章（安徽合肥）	陈钦	举人	山东历城	丁寿昌	童生	安徽合肥
1871	李鸿章（安徽合肥）	孙士达		浙江山阴	丁寿昌	童生	安徽合肥
1872	李鸿章（安徽合肥）	孙士达		浙江山阴	丁寿昌	童生	安徽合肥

---

① (清)李鸿章著,翁飞、董丛林编注:《李鸿章家书》,黄山书社1996年版,第189—190页。
② 指孙士达。
③ (清)李鸿章著,翁飞、董丛林编注:《李鸿章家书》,黄山书社1996年版,第315页。
④ 《致孙士达》,具体时间不明,顾廷龙、戴逸主编《李鸿章全集》36(信函八),安徽教育出版社2008年版,第315页。
⑤ 徐凌霄、徐一士:《凌霄一士随笔》第5册,山西古籍出版社1997年版,第1907页。

续表

时间	直隶总督及籍贯	津海关道	出身	籍贯	天津道	出身	籍贯
1873	李鸿章（安徽合肥）	黎兆棠	进士	广东顺德	丁寿昌	童生	安徽合肥
1874	李鸿章（安徽合肥）	黎兆棠	进士	广东顺德	吴赞诚	拔贡	安徽庐江
1875	李鸿章（安徽合肥）	黎兆棠	进士	广东顺德	刘秉琳	进士	湖北黄安
1876	李鸿章（安徽合肥）	黎兆棠	进士	广东顺德	刘秉琳	进士	湖北黄安
1877	李鸿章（安徽合肥）	黎兆棠	进士	广东顺德	刘秉琳	进士	湖北黄安
1878	李鸿章（安徽合肥）	丁寿昌	童生	安徽合肥	刘秉琳	进士	湖北黄安
		郑藻如	举人	广东香山			
1879	李鸿章（安徽合肥）	郑藻如	举人	广东香山	盛宣怀	附生	江苏武进
					吴毓兰	监生	安徽合肥
1880	李鸿章（安徽合肥）	郑藻如	举人	广东香山	吴毓兰	监生	安徽合肥
1881	李鸿章（安徽合肥）	周馥	监生	安徽建德	刘树堂		云南永昌
1882	李鸿章（安徽合肥）	周馥	监生	安徽建德	额勒精额	进士	满洲人
1883	李鸿章（安徽合肥）张树声（安徽合肥）	周馥	监生	安徽建德	裕长	监生	满洲人
1884	张树声、李鸿章	盛宣怀	附生	江苏武进	季邦桢	进士	江苏江阴
		周馥	监生	安徽建德			
1885	李鸿章（安徽合肥）	周馥	监生	安徽建德	胡燏棻	进士	安徽泗州
					万培因	进士	福建崇安
1886	李鸿章（安徽合肥）	刘汝翼	监生	安徽庐江	胡燏棻	进士	安徽泗州
1887	李鸿章（安徽合肥）	刘汝翼	监生	安徽庐江	胡燏棻	进士	安徽泗州
1888	李鸿章（安徽合肥）	周馥	监生	安徽建德	胡燏棻	进士	安徽泗州
		刘含芳	监生	安徽贵池			
		刘汝翼	监生	安徽庐江			
1889	李鸿章（安徽合肥）	刘汝翼	监生	安徽庐江	吕耀斗	进士	江苏阳湖
					胡燏棻	进士	安徽泗州
1890	李鸿章（安徽合肥）	刘汝翼	监生	安徽庐江	胡燏棻	进士	安徽泗州

续表

时间	直隶总督及籍贯	津海关道	出身	籍贯	天津道	出身	籍贯
1891	李鸿章（安徽合肥）	李兴锐	附生	湖南浏阳	周懋琦	贡生	浙江钱塘
					余昌宇		
1892	李鸿章（安徽合肥）	盛宣怀	附生	江苏武进	吴廷斌	监生	安徽泾县
					方恭钊	举人	浙江仁和
1893	李鸿章（安徽合肥）	盛宣怀	附生	江苏武进	方恭钊	举人	浙江仁和
1894	李鸿章（安徽合肥）	盛宣怀	附生	江苏武进	吕耀斗	进士	江苏阳湖
1895	李鸿章（安徽合肥）王文韶（浙江仁和）	盛宣怀	附生	江苏武进	李兴锐	附生	湖南浏阳
					李岷琛	进士	四川安县
1896	王文韶（浙江仁和）	盛宣怀	附生	江苏武进	高骖麟		浙江仁和
1897	王文韶（浙江仁和）	李岷琛	进士	四川安县	高骖麟		浙江仁和
1898	王文韶、荣禄（满洲正白旗）、裕禄	刘汝翼	监生	安徽庐江	任之骅		
					方恭钊	举人	浙江仁和
1899	裕禄（满洲正白旗）	黄建筦	监生	广东顺德	方恭钊	举人	浙江仁和
1900	裕禄、李鸿章	黄建筦	监生	广东顺德	方恭钊	举人	浙江仁和
1901	李鸿章、袁世凯	黄建筦	监生	广东顺德	张莲芬	监生	浙江余杭
1902	袁世凯（河南项城）	张莲芬	监生	浙江余杭	张莲芬	监生	浙江余杭
1903	袁世凯（河南项城）	唐绍仪	留美学生	广东珠海	庞鸿书	进士	江苏常熟
					王仁宝	监生	江苏吴县
1904	袁世凯（河南项城）	梁敦彦	留美学生	广东顺德	王仁宝	监生	江苏吴县
1905	袁世凯（河南项城）	梁敦彦	留美学生	广东顺德	毛庆蕃		
					周学熙	举人	安徽至德
1906	袁世凯（河南项城）	梁敦彦	留美学生	广东顺德	周学熙	举人	安徽至德
1907	袁世凯（河南项城）杨士骧（安徽泗县）	梁如浩	留美学生	广东珠海	窦延欣		
					凌福彭	进士	广东番禺
					张镇芳	进士	河南项城

续表

时间	直隶总督及籍贯	津海关道	出身	籍贯	天津道	出身	籍贯
1908	杨士骧（安徽泗县）	梁如浩	留美学生	广东珠海	吴筠孙	进士	江苏仪征
					齐耀林	进士	吉林伊通
1909	杨士骧、端方（满洲正白旗）、陈夔龙	蔡韶基	留美学生	广东珠海	洪恩广	监生	湖北汉阳
1910	陈夔龙（贵州贵阳）	钱明训	举人	浙江嘉善	谢崇基	进士	云南恩安
					洪恩广	监生	湖北汉阳
1911	陈夔龙（贵州贵阳）	陈瑜	进士		洪恩广	监生	湖北汉阳

上表将直隶总督、津海关道和天津道任期及各自籍贯进行了对比，希望通过这种对比寻找出三者间相互的联系和规律。

表19　　　　　　　　　历任天津道的任职时间

先后任职数	总计任职时间	天津道	总计人数	比例
1	1年或以下	万培因、盛宣怀、刘树堂、额勒精额、裕长、季邦桢、吴赞诚、谢崇基、齐耀林、吴筠孙、周懋琦、余昌宇、吴廷斌、李兴锐、李岷琛、任之骅、庞鸿书、毛庆藩、窦延欣、凌福彭、张镇芳	21	65.62%
吕耀斗2次任职，其余1次	2年	吴毓兰、吕耀斗、高骏麟、张莲芬、王仁宝、周学熙	6	18.75%
2	3年	洪恩广	1	3.13%
1	4年	丁寿昌、刘秉琳	2	6.25%
2	5年	方恭钊	1	3.13%
3	6年	胡燏棻	1	3.13%
总计	42年	32人		

表 20　　　　　　　历任津海关道与天津道的任职时间

官职	总人数	人均任职年限	任期5—8年的官员	1870—1895		1896—1911	
				人数	人均年限	人数	人均年限
津海关道	19	2.21	黎兆棠、盛宣怀、周馥、刘汝翼	10	2.6	11	1.36
天津道	32	1.24	方恭钊、胡燏棻	17	1.53	15	1

　　由上述表格可知，任职 1 年或少于 1 年的天津道人数最多，有 21 人，占 65.62%，这说明天津道职位流动性之强。任职 2 年的有 6 人，占 18.75%。任职 3 年的 1 人，占 3.13%。任职 4 年的是丁寿昌、刘秉琳，占 6.25%。而有 5—6 年任期的分别是方恭钊和胡燏棻，前者 2 次担任天津道一职，后者 3 次担任天津道。

　　很明显，从晚清同治年间津海关道设立到晚清灭亡。出任津海关道一职的共 19 人，而相同时段任职天津道的总人数达 32 人。从总体看，津海关道的人均任职年限是 2.21 年，而天津道的平均任职年限只有 1.24 年，天津道的更换频率明显高于津海关道。这在一定程度上反映了津海关道职务专业性要求更高，毕竟天津道传统的河工与漕运等任务相较于外交和洋务来说，经由传统科举获得功名从而入仕的官员更容易做到。从官员的最长任职年限看，两种职务大体持平，天津道是 5—6 年，但津海关道是 5—8 年，有此任期的津海关道官员人数是天津道 5—6 年任期人数的 2 倍。

　　李鸿章担任直隶总督达 25 年之久，为了对比其任内津海关道、天津道与后期直隶总督任内之不同，表 20 分为 1870—1895 年、1896—1911 年两个时段进行具体分析。从表内显示的数据看，在李鸿章任内，无论是津海关道还是天津道的任期都长于其他直隶总督时的任职时期。这说明，从 1870 年至 1895 年，在李鸿章担任直隶总督期间，各个官员更调并不频繁，大体较为稳定。

　　再对比一下历任津海关道与天津道诸人的出身（见表 21）。

表 21　　　　　　　　历任津海关道与天津道的资格出身

资格	津海关道（总19人）		天津道（总32人）	
	人数	比例	人数	比例
进士	3	15.8	13	40.6
举人	3	15.8	2	6.25
生员或更低身份	6	31.6	10	31.3
正途人员合计	13	68.4	25	78.1
军队官员	1	5.3	1	3.1
留美学生	4	21.1	0	
异途人员合计	5	26.3	1	3.1
不确定	2	10.5	6	18.8

从表 21 看，天津道大多由科举正途出身的官员担任，正途人员所占比例明显高于津海关道。除丁寿昌外，几乎再没有其他异途出身的官员担任天津道一职。这与天津道并非直隶总督任命，而由军机处请旨由皇帝裁夺相关。丁寿昌出任天津道，得益于恰逢天津教案爆发，外国军舰集结天津，形势危急的背景。中央调丁寿昌统领淮军以镇守天津，是内外形势促成丁寿昌有此任职机会。这说明即便直隶总督能影响天津道的任命、考核和升迁，但天津道作为传统官职，中央更多依循传统路径进行任命与管理，其人事权更多集中于中央。

津海关道作为国家对南北洋大臣官职制度改革的衍生物，属于新兴事物，中央并无传统可以依循，因此中央在对其管理路径上有更多的摸索性。原本传统功名出身的官员无法从容应对津海关道对外交涉和洋务新政等新兴事业，于是在津海关道选任上就出现更多异途人员担任该职务的现象。当时间进入 20 世纪初的时候，接连有 4 任具有留美经历但无传统功名的人员出任津海关道，这种现象几乎为津海关道这一职务所独有。

二　任职路径和权力渊源

天津道和津海关道只是直隶境内多种道台之中的两种。根据《嘉庆重修大清一统志》，直隶省内的道台有以下几种。

  分巡霸昌道：驻昌平州，辖大兴、宛平、霸州、保定、文安、大城、涿州、房山、良乡、固安、永清、东安、香河、昌平、顺义、怀柔、密云、平谷十八州县，兼管屯田驿传事。
  分巡通永道：驻通州，辖通州、三河、武清、贺坻、苏州、宁河六州县及永平府、遵化州，兼管河务。
  分巡清河道：驻保定府，辖保定、正定二府，易、冀、定、赵、深五州，兼管河务。
  分巡天津兵备道：驻天津府，辖天津、河间二府，兼管河务。
  分巡大顺广兵备道：驻大名府，辖顺德、广平、大名三府，兼管河务。
  分守口北兵备道：驻宣化府。
  永定河道：驻固安县，总理永定河工程。
  分巡热河兵备道：驻热河。①

以上八位道台，其任命方式各异，《钦定大清会典》记载如下。

  请旨拣放缺四：永定河道、霸昌道、大名道、天津道，缺出由军机处以奉旨记名之道员进单请旨。
  题补缺二：通永道、清河道。缺出由本省督抚以应调、应开之员补授。
  拣补缺二：热河道、口北道。缺出由（吏部）以满蒙郎中、科道两项相间引授、补授。②

  从上述规定可知，在直隶省传统的八个道台员缺中，由直隶总督题补的员缺只有两名，即通永道与清河道。天津道属于"请旨拣放"缺，应由军机处以奉旨记名之道员呈送给皇帝，由皇帝裁决并任命。具体来说，在天津道任命过程中，首先由吏部在一批候补人员及推荐名单中挑选一些适合者，然后再由皇帝拣出一人出任，因此天津道的任命过程至少有两次被"拣"的过程，故又称拣放。从上述过程可以看出，天津道的任命权

---

① （清）穆彰阿、潘锡恩等纂修：《嘉庆重修大清一统志》卷5，第8页。
② （清）托津等纂：《钦定大清会典（光绪朝）》卷8。

归于中央。虽然直隶总督等地方大员也可以推荐人选，但经几重筛选，被推荐之人出任该缺的概率不大。

津海关道之设置出于总理各国事务衙门大臣毛昶熙的建议。经过总理各国事务衙门的讨论之后，上谕道："至天津新、钞两关税务，应否添设海关道一员，专司其事，著李鸿章一并酌议具奏。"① 当时毛昶熙和复议的总理各国事务衙门并未说明津海关道的选任与具体的管理制度，中央最终将这一新官职的策划权交给李鸿章。按照清以辖区"冲、繁、疲、难"之性质为划分道缺的定例，津海关道的任命方式应与天津道相同，即都为"请旨开放"缺，但李鸿章认为天津"洋务关系巨要，因时制宜，未便拘执常例，迁就贻误"②，所以津海关道"由直隶总督拣员请补，裨可得益"③。李鸿章作为事实上津海关道制度的具体筹划者，将这一制度之权力渊源更多偏向直隶总督。中央赞同李鸿章的主张，规定："津海关道缺出，著由直隶总督拣员请补"，"新设天津海关道，定为冲、繁、疲、难四字最要之缺，由外拣员请补"。④ 津海关道的任命权从此掌握在直隶总督手中。

综上所述，天津道和津海关道虽同城为官，品级相同，但天津道为"请旨拣放缺"，缺出由军机处以奉旨记名之道员进单请旨任命，而皇帝权衡、选择和裁决的过程无疑牵涉到中央与地方之间权力结构的变化与平衡。津海关道由直隶总督拣员请补，较多体现了直隶总督的意志和安排。津海关道与天津道在任命方式上的差异体现了两者权力渊源的不同。

三 权责分工和政治现实

（一）最初的分工构想

津海关道的权责在"洋务"，但天津道却并非因通商交涉而设立。据光绪年间《重修天津府志》记载：天津道"顺治初设，雍正四年改河道，

---

① （清）宝鋆等纂：《清代筹办夷务始末（同治朝）》卷78，第28—29页，《近代中国史料丛刊》第六十二辑，文海出版社1970年版。
② （清）李鸿章：《酌议津海关道章程折》，顾廷龙、戴逸主编《李鸿章全集》4（奏议四），安徽教育出版社2008年版，第174页。
③ （清）李鸿章：《裁并通商大臣酌议应办事宜折》，顾廷龙、戴逸主编《李鸿章全集》4（奏议四），安徽教育出版社2008年版，第108页。
④ 《大清穆宗毅皇帝实录》第293卷，第24页，同治九年十月下，大红绫本，现藏于中国第一历史档案馆。

总理南运河兼管子牙河、苑家口、淀河等处。设厅员二员，县丞一员，主簿一员，子牙河主簿一员。十一年，仍改巡道，管辖河间、天津二府十八州县钱谷、刑名，兼管河务，统辖河捕、泊河、津军、粮捕四厅，沿河十一州县。"① 因此天津道早在清顺治年间就已设置，雍正四年改为河道，至雍正十一年又恢复为天津道。由上所述，天津道权责复杂，既要负责分巡地方，"管辖河间、天津二府十八州县"的"钱谷、刑名"，监督府县及以下各级官员，还要"兼管河务"和协助漕运。在当时直隶的八个道台之中，天津道负责地方行政，同时兼管河工、漕运，是个相当重要的位置。②

我们注意到一个现象，晚清时期，为应对新兴事务，有许多官员兼管新的职务，比如驻于上海的苏松太道（即上海道台）在繁重的传统职务之外，在清末新形势下扩展其权责，把对外通商交涉事务及办理洋务事业也包罗在内。但天津道却不同，天津道没有扩展其职务，反将其一分为二，把通商、交涉和洋务事业交给津海关道专理，天津道仍保持其原来的职掌和功能。③ 李鸿章在设置津海关道的奏折中说："不独常、洋两税须人专管也。向来地方添设员缺，多就闲缺裁改，各口关道并有兼辖地方之责。查直省道缺各当要地，无可改并，天津道承办海运，每年南漕百万石由该道陆续接运赴通，烦难已极，未能兼任洋务，致有偏废。相应请旨准令添设津关道一缺，专管洋务及新、钞两关税务。凡华洋交涉案件，责令该道督同府县各官认真妥办，并由直隶总督拣员请补。"④ 这是李鸿章在1870年奏设津海关道时的分工构想，他以专业分工、各司其职的观念区分了天津两位道台的权责。正如梁元生所说："天津道有其传统的职掌——职司风宪、分巡地方、监督官员以及河工漕运，而津海关道则事属草创，没有传统，专管洋务。"⑤

（二）初期的政治现实

津海关道设置之后的政治现实是否按照李鸿章的分工构想发展？我们

---

① （清）徐宗亮：《（光绪）重修天津府志》卷12，考3，职官3，清光绪二十五年刻本。
② 参见梁元生《清末的天津道与津海关道》，《"中央研究院"近代史所研究集刊》第25期。
③ 梁元生：《清末的天津道与津海关道》，《"中央研究院"近代史所研究集刊》第25期。
④ （清）李鸿章：《裁并通商大臣酌议应办事宜折》，顾廷龙、戴逸主编《李鸿章全集》4（奏议四），安徽教育出版社2008年版，第108页。
⑤ 梁元生：《清末的天津道与津海关道》，《"中央研究院"近代史所研究集刊》第25期。

可以通过考察李鸿章担任直隶总督期间各位天津道的任职方式和任内业绩予以说明。李鸿章曾说："历任道员如丁寿昌、吴赞诚、吴毓兰等，皆由臣附片密保，诚蒙擢用在案。"① 文中"历任道员"就是天津道。丁寿昌、吴赞诚和吴毓兰是李鸿章任职直隶总督初期的几任天津道，他们因为与李鸿章的亲密关系而受其举荐出任天津道。

李鸿章担任直隶总督后首任天津道为丁寿昌。丁寿昌，字乐山，安徽合肥人。因跟随李鸿章转战苏松间，以军功由知县晋秩知府。后随潘鼎新攻浙江，克乍浦，摄乍浦同知，又随克嘉兴，晋道员，后加按察使衔。同治六年（1867）率师从刘铭传剿捻，再加布政使衔。同治八年（1869），天津教案发生，直隶总督曾国藩奏请调丁寿昌赴直隶分统铭字马步全军，兼驻扎保定之八营。于是"寿昌率铭军四千驰赴津、沽备非常。遂署天津道，寻实授"。丁寿昌任职天津道，时间长达 4 年。又于光绪四年（1878）署津海关道，五年署布政使，十月回按察使任，六年五月卒，官赐恤赠太常卿。② 由其履历可知，丁寿昌不仅出任了天津道，而且还曾署理一段时间的津海关道。那么，考察丁寿昌在天津道和津海关道任内分别的业绩可成为考察李鸿章最初分工构想是否严格执行的最好例证。

丁寿昌去世后，天津绅董为纪念丁寿昌，曾作《天津河间兵备道丁乐山观察寿昌政绩去思碑记》。

> 此御灾捍患，赈饥荒，严河防之尤著者。他如正风俗，勤农桑，惠士林，阐贞烈，恤穷黎，慎刑讼，率僚属，开水利，理海运，裕饷源，励清廉，戢强暴，五年间创立废兴，良安莠化，教深养厚，俗易岁登。无非为民造福。我津民均以性命依之矣！③

这段碑文说明丁寿昌任职天津道，在所有津门父老眼中其最大功绩是"御灾捍患，赈饥荒，严河防"，除此之外，丁寿昌还有很多造福人民之举，如"正风俗，勤农桑，惠士林，阐贞烈，恤穷黎，慎刑讼，率僚属，

---

① 李鸿章：《密保胡燏棻盛宣怀片》（光绪十二年六月十七日），顾廷龙、戴逸主编《李鸿章全集》11（奏议十一），安徽教育出版社 2008 年版，第 441 页。
② 赵尔巽：《清史稿》，列传 238，民国十七年清史馆本。
③ （清）张焘撰，丁绵孙、王黎雅点校：《津门杂记》，天津古籍出版社 1986 年版，第 58—59 页。

开水利，理海运，裕饷源，励清廉，戢强暴"。从此处看，丁寿昌极好地履行了天津道的传统职责。

除此之外，天津道丁寿昌还有另外一面。《清史稿》记载，天津教案爆发后，天津危急，"时人情汹惧，讹言繁兴。寿昌处以镇静，扶良诘奸，属境安堵。救火会董积愤西教，适大火，相约不救教堂。寿昌闻警奔赴，略无畛域。会董感其诚，乃施救"。① 救火虽属地方官专责，但丁寿昌不分畛域拯救教堂之举，也属对外交涉范围，属于当时津海关道之职。正如《清代七百名人传》评价道：丁寿昌"署天津道时，值民教不和，事机棘手，寿昌操纵缓急，措置裕如"。② 同时丁寿昌还扮演了一个重要角色，在天津各项洋务事业中，他不仅与津海关道陈钦一同督办天津机器制造局，1872年两人又一起督办轮船招商局，1877年丁寿昌还与唐廷枢及津海关道黎兆棠一起制定《开平煤矿章程》，并督办开平煤矿兴办事宜。③ 这些业绩说明丁寿昌作为天津道并没有固守天津道的传统职责，他广泛参与到天津各项洋务事业中。④ 光绪四年（1878），丁寿昌还曾署理津海关道一段时期。《清代七百名人传》中这样记载："四年，署津海关道，嗣以转运山西赈粮，饥民全活甚众，下部优叙。"⑤ 这说明即便丁寿昌出任津海关时，仍然从事着本属于天津道的分内之事。由此视之，首任天津道丁寿昌所体现出来的任内业绩更多集中于天津道职责内，但丁寿昌也能与津海关道和衷共事，共同参与各项洋务事业，其行动本身显然已经超越了李鸿章最初对于两道之间权责的划分。总体而言，在丁寿昌身上所呈现的更多是一种随事而忙的状态。

吴赞诚，字存甫，安徽庐江人。继丁寿昌之后，署任天津道。吴赞诚的发展起于太平天国时期在广东办理团练。⑥ 同治十一年五月十五日（1872年6月20日），天津机器局沈保靖"因厂基被水积受潮湿，屡请病假，亦须遴员替代"，李鸿章上奏中央，调吴赞诚来津办理洋务制造事宜，文中说："沪津机器各局仿制轮船枪炮军火，事体繁重，理大物博，

---

① 赵尔巽：《清史稿》，列传238，民国十七年清史馆本。
② 蔡冠洛编：《清代七百名人传》上，北京市中国书店1984年版，第375页。
③ 梁元生：《清末的天津道与津海关道》，《"中央研究院"近代史所研究集刊》，第25期。
④ 罗澍伟主编：《近代天津城市史》，中国社会科学出版社1993年版，第233—234页。
⑤ 蔡冠洛编：《清代七百名人传》第1篇，世界书局1984年版，第375页。
⑥ （清）闵尔昌纂：《碑传集补》卷15，第1页，明文书局1985年版。

非有精心果立，志趣深远者，实难相与有成"，"前署广东惠潮道候补道吴赞诚，清正有为，不惮烦苦，又精于算学，堪备督理制造之选"。① 吴赞诚随后赴任，在天津机器局任事期间获得李鸿章的极高评价："该道于上年八月间到津，赴局接办一载有余。察看该道吴赞诚，精细沉毅，体用兼全，驾驭中外员匠操纵咸宜，综核工料巨款丝毫不苟，监制军火，日起有功。"② 李鸿章认为："臣驻津筹办洋务棘手之件，往往资其商榷，动合机宜，该道实为直省不可多得之员"，"相应请旨，准将二品顶戴广东尽先补用道吴赞诚改留直省，仍归原班尽先补用，俾收臂指之助"。③ 于是吴赞诚以天津机器局的杰出表现为起点，一路仕途顺畅，"调天津制造局，补天津道，擢顺天府尹，督办福建船政，光绪三年诏赴台湾筹办防务"。④ 可以看出，吴赞诚主要以其洋务功劳出任天津道。

《清代碑传全集》中的《清署理福建巡抚光禄寺卿吴公家传》云："公性介而侠，其犯险赴难，未尝退让，幸而获济，亦无矜伐之色。在粤当为顺德县；顺德号粤东腴县，大吏以其积劳，故优筹之，公居年余，不乐，求去，上官皆怪且笑。天津海关道者，尤为天下美缺；李公欲奏任，公又固辞，乃已。归时，贫困，诸子济于寒士，晏然安之。"⑤ 因材料所限，我们无法找到关于李鸿章欲以吴赞诚担任津海关道更详细的记录，据分析，有两种可能，或者李鸿章在吴赞诚担任天津道之前就欲以其出任津海关道，但未果，后来转而以其出任天津道；或者吴赞诚担任天津道之后，李鸿章欲再令其出任津海关道，也未果，转而吴赞诚升任顺天府尹，并任职福州船政大臣。但不管是哪种可能，都说明李鸿章认为吴赞诚适合津海关道之职。从这个角度而言，李鸿章是因为欣赏和倚重有洋务才能之人，从天津洋务需求角度出发任用了吴赞诚，从而混淆了他所构想的天津道与津海关道最初之分工构想。

刘秉琳，字昆圃，湖北黄安人，咸丰二年进士，继吴赞诚之后出任天津道。最初任顺天宝坻知县，因其政绩卓著，一路由知县、知府循序升迁。

---

① （清）李鸿章：《沪津机局调员片》，顾廷龙、戴逸主编《李鸿章全集》5（奏议五），安徽教育出版社 2008 年版，第 110—111 页。
② （清）李鸿章：《奏留吴赞诚片》，顾廷龙、戴逸主编《李鸿章全集》5（奏议五），安徽教育出版社 2008 年版，第 480 页。
③ 同上。
④ 陈金林、齐德生、郭曼曼：《清代碑传全集》下，上海古籍出版社 1987 年版，第 1349 页。
⑤ 同上。

> 光绪元年，简授天津河间道，所辖南运河为重寄，因规险，要培堤埝，请增岁抢修，已减额银，河兵口粮既足，于是无偷工减料者。又补筑文霸中亭河北堤，水有所泄，涸腴田千余顷，岁镪杂粮十万石。时方旱，饥民流集于津郡，秉琳设粥厂十余所，分居男妇，给以衣食，事必躬亲，灾黎得活者甚众。尝太息曰，哺饥衣寒，救荒末策也。本计当于河渠书、农桑谱中求之。津俗尚械斗，擒其魁，绳以法，暴民皆殓戢。四年，以海运功晋二品衔，旋引病乞归，八年卒。①

从以上记录可看出，刘秉琳任职天津道的主要功绩体现在：第一，河工；第二，设粥厂赈灾；第三，除强暴；第四，海运漕粮，由此可见刘秉琳是一个典型的传统官员②，尽心恪守天津道之本职。从现有资料来看，李鸿章没有指派刘秉琳担任天津机器局会办，也即是说刘秉琳并没有因袭丁寿昌、吴赞诚担任天津道时兼任天津机器局会办的惯例。

吴毓兰，字香畹，安徽合肥人，继刘秉琳之后出任天津道。李鸿章如此评价这位同乡。

> 吴毓兰自同治元年与其兄记名道吴毓芬募立华字营，随臣东下，转战苏浙，迭克名城。吴毓芬假归，该员即代统所部。四年，东豫捻氛方炽，日谋回窜，臣令该员驻防扬州一带。六年，诸军会剿大捷于山东之寿光，捻首赖汶光突围南趋，追剿各军皆在贼后，该员率众迎击，乘大风雨血战一昼夜，生获赖汶光，东捻遂平。群捻中惟赖汶光为粤匪余党，蹂躏南北十数年，各盗奉以为魁，其党皆百战之余，剽悍无敌，沿江各城闻其将至，一日数惊。忽闻渠魁就擒，中外诧为奇功，江淮之间人心始定。③

---

① 蔡冠洛：《清代七百名人传》上，北京市中国书店1984年版，第366页。
② 参见林怡秀《清季天津海关道之研究（1870—1895）》，硕士学位论文，台湾成功大学历史学系，2001年。
③ （清）李鸿章：《再请优恤吴毓兰片》，顾廷龙、戴逸主编《李鸿章全集》14（奏议十四），安徽教育出版社2008年版，第124页。

从这段评价可知，吴毓兰一直跟随李鸿章转战南北，立下了赫赫战功，堪称李鸿章淮系主要幕僚，与李鸿章关系非同一般。

同治六年（1867），吴毓兰因军功以道员记名简放。七年（1868），加布政使衔。十年（1871），"李鸿章调充海防营务处，管天津机器局"。光绪六年（1880）"授天津河间兵备道"。① 因"滨海多盗"，在天津道任内，"毓兰按名捕置诸法"，而且"修南运河、子牙河堤，及千里堤湾、静海、军粮城河道，兴水利"。② 由此可知，吴毓兰捕盗贼，兴水利，尽心尽责于天津道本职。除此之外，光绪六、七年间天津机器局分别由津海关道郑藻如、天津道吴毓兰与道员许其光、潘骏德等会商妥办，"核其两年军火成件数目繁巨"。③ 这说明吴毓兰同丁寿昌和吴赞诚一样参与了天津机器局的管理事务。

19世纪70年代至80年代的天津道，正式任职的只有4人，除刘秉琳之外，其余丁寿昌、吴赞诚、吴毓兰3人皆为李鸿章的亲信或部属，这三位官员除尽职于天津道原本传统职责之外，还在李鸿章的调度之下，与津海关道和衷共事，参与了多项天津洋务事业。

在李鸿章看来："天津道一缺政务繁难，河工亦甚吃重，所辖两府十八州县连年灾歉，闾阎困苦，必须加意拊循，随时设法补救。"④ 天津道原本职务繁重，再加上李鸿章任职直隶总督后，因其在天津广泛兴办各项洋务事业，使天津"通商、洋务与地方交涉益烦"，这使天津道工作范围随之增加，在原本河工、保境安民等传统职责之外又有所延伸，"一切抚绥军民、调和中外"事务，也需依赖天津道襄助维持，这就成为李鸿章密保几位得力之员出任天津道的原因。若对照这一时期津海关道名单，恰好为陈钦、黎兆棠、郑藻如等非淮军系统出身之人。李鸿章以淮系的丁寿昌、吴毓兰和既具军功、私人关系又极密切的吴赞诚担任天津道，让他们与非淮军系统出身的津海关道一起办理洋务，恰能弥补李鸿章调度津海关道时不够裕如的局面。

---

① 赵尔巽：《清史稿》，列传221，民国十七年清史馆本。
② 同上。
③ （清）李鸿章：《机器局经费奏报折》，顾廷龙、戴逸主编《李鸿章全集》10（奏议十），安徽教育出版社2008年版，第164页。
④ （清）李鸿章：《密保胡燏棻，盛宣怀片》，顾廷龙、戴逸主编《李鸿章全集》11（奏议十一），安徽教育出版社2008年版，第441页。

（三）后期职责与权限的澄清

光绪八年（1882）额勒精额出任天津道，额勒精额系镶红旗满洲隆耀佐领下人，监生。① 翁同龢评价他："此三十年故人，讲理学，治行可观者也"，"并以人才为言，迂而不腐"，"文论时事尤切至，公廉正直，第一流也"。② 这样一位"讲理学"、甚至有点"迂"的官员在天津道任内着力推行传统文化，大力兴学。在任仅一年余开办的义塾竟有 20 间之多③，分布于天津、河间两府各县。

季邦桢，字士周，江苏江阴人，同治十年辛未进士④，光绪十一年（1884）出任天津道。翁同龢日记曾记载："季士周来，求致书丁雨生，为仙九师请谥。"⑤ 这说明季邦桢曾致书翁同龢，请翁代为请丁日昌为其师请谥，由此可见季邦桢与丁日昌并不认识，而丁日昌与李鸿章关系密切，因此季邦桢与李鸿章的渊源应该不深。

光绪十一年（1885）继任的万培因，专司河务，成功治理了东淀，"从此逐渐疏导，脉络贯通，可期上游七十二淀之来源流行下注，其查出该淀及静海南、北泊无粮地一千一百余顷，岁可得治淀经费银二千九百余两，洵于除害中兼能兴利"。⑥ 在任内万培因还开设了集贤书院⑦和育婴堂⑧。

胡燏棻，安徽泗州人，本籍浙江萧山，原本授广西灵川县知县，未就任，改在直隶省"纳赀为道员"，光绪十三年（1887）"补天津道"。⑨ 胡燏棻担任天津道 4 年，李鸿章对其任内业绩评价极高："天津道胡燏棻，

---

① 秦国经主编，唐益年、叶秀云副主编：《中国第一历史档案馆藏清代官员履历档案全编》第 5 卷，华东师范大学出版社 1997 年版，第 289 页。

② （清）翁同龢著；翁万戈编；翁以钧校订：《翁同龢日记》第六卷，中西书局 2012 年版，第 2219、2295、2475 页。

③ 梁元生：《清末的天津道与津海关道》，《"中央研究院"近代史所研究集刊》第 25 期。

④ 秦国经主编，唐益年、叶秀云副主编：《中国第一历史档案馆藏清代官员履历档案全编》第 4 卷，华东师范大学出版社 1997 年版，第 301 页。

⑤ （清）翁同龢著；陈义杰整理：《翁同龢日记》第 3 册，中华书局 1998 年版，第 1242 页。

⑥ （清）李鸿章：《清理东淀请奖片》，顾廷龙、戴逸主编《李鸿章全集》11（奏议十一），安徽教育出版社 2008 年版，第 312 页。

⑦ （清）徐宗亮：《（光绪）重修天津府志》，卷 24，考 15，舆地 6。清光绪二十五年刻本。

⑧ （清）徐宗亮：《（光绪）重修天津府志》，卷 7，纪 7。清光绪二十五年刻本。

⑨ 赵尔巽：《清史稿》，列传 229，民国十七年清史馆本。

自到任后，整顿地方，讲求河务，久著政声。"① 其任内业绩具体体现在：首先，保境安民。光绪十四年（1888），"鸿章将出阅海军，有巨猾觊为变，流言胥动。各国领事诘鸿章"，"巨猾"窥伺时机，叛乱即将发生，流言四起，社会不安定，直隶总督李鸿章受到各国领事等多方指责，重要关头，李鸿章将此事委以胡燏棻，足见李鸿章对他的信任，而胡燏棻也不负所托，"越三月捕治之"，"民乃定"。其次，管理海运漕粮。天津为海运漕粮转运要地，天津道本负有专责，但当时"海舟应谣自奉天运米豆输天津，充户长者，岁出金三万，往往破家"，这说明，因当时海运漕粮管理制度上的问题往往会造成"户长"破家之结局，作为天津海运漕粮的直接管理者，胡燏棻能查其弊端并为民请命，"燏棻廉得状，上鸿章奏罢之"。再次，办理赈灾。近代天津曾多次遭遇水灾，在胡燏棻任内，当大水再次肆虐之际，"民数万止城上"，胡燏棻遂"扩北仓、西沽粥厂"，民众纷纷"徙居之"，此举使生灵免遭涂炭。最后，讲求河务。减少水灾很大程度上依赖天津河务的治理，胡燏棻向直隶总督李鸿章提出治理河道的计划，"鸿章用其言，募集银三百数十万，复督塞南北运河诸溢流凡八十余处"，自此之后，天津不仅可以减缓水灾的压力，而且在治理后的河床上"民犹及种麦"②，实为一举多得之效。以上胡燏棻在天津道任内之举措，无论是保境安民还是管理海运漕粮、办理赈灾以及治理河务，其业绩均属传统天津道分内之事。③

光绪八年（1882）继吴毓兰之后担任天津道的有裕长、额勒精额、季邦桢、万培因等官员，他们均非淮系出身。梁元生《清末的天津道与津海关道》一文已对出现这种状况的原因作了考察。他认为，这与天津道的任命权有关，天津道乃"请旨拣放"缺，权力操于中央，"在太平军兴及1870年代捻乱未息之时，地方大员的推荐，起着较大的作用，但在80年代之后，中央就逐渐地恢复旧制，企图收紧部选及拣放两种权力"。④ "无论如何，我们可以从1882年以后天津道的委任情形，看出中央有压制

---

① （清）李鸿章：《司道统领工抚出力片》，顾廷龙、戴逸主编《李鸿章全集》14（奏议十四），安徽教育出版社2008年版，第258页。

② 赵尔巽：《清史稿》，列传229，民国十七年清史馆本。

③ 对以上额勒精额、季邦桢、万培因、胡燏棻四任天津道的分析，参考了梁元生《清末的天津道与津海关道》，《"中央研究院"近代史所研究集刊》第25期；林怡秀《清季天津海关道之研究（1870—1895）》，硕士学位论文，台湾成功大学历史学系，2001年。

④ 梁元生：《清末的天津道与津海关道》，《"中央研究院"近代史所研究集刊》第25期。

李鸿章扩展淮系势力的倾向。"① 非亲信官员出任天津道必然增加李鸿章在上下调度时的难度，这种难度不仅仅表现为听命与服从，更在于由中央选择的这些天津道的才能限制了和津海关道和衷共事的可能。以万培因为例，第一历史档案馆所藏《清代官员履历》对他有完整的记录。

> 万培因，现年五十九岁，系福建崇安县人，由附生中式，咸丰五年本省乡试举人，六年会试中式进士，九年补行殿试，奉旨以主事用，签分礼部。同治七年四月学习期满，奏留候补，光绪元年十一月因襄办典礼出力保奏，奉旨以本部主事，无论题选、咨留，遇缺即补，并赏加道衔。二年七月补主客司主事，三年三月充会试副提调官，九月升祠祭司员外郎，充仪制司掌印。四年六月奉旨记名以御史用，五年京察一等，闰三月因襄办典礼出力保奏，奉旨赏戴花翎并俟补御史。后作为历俸期满，十月升祠祭司郎中，调充祠祭司掌印，十二月因实录庆成，校对出力保奏，奉旨在任以知府不论双单月遇缺即选，俟归知府班，后赏加三品衔。六年三月充会试提调官，九月补山西道监察御史。七年四月俸满截取记名以繁缺知府用，五月转掌山西道监察御史，十二月奉旨巡视东城事务，八年充翻译乡试内帘监试官，九年四月署户科掌印给事中，五月署工科给事中，七月奉旨协理京畿道事务，十一月补吏科给事中。十年二月奉旨巡视北城事务，三月俸满截取记名以繁缺道员用，十二月补直隶天津道，十一年四月到任，十二年正月因办理江浙海运漕粮出力保奏，奉旨赏加二品衔，六月回籍，十二月因办理江浙海运漕粮出力保奏，奉旨赏给二品封典，十四年九月赴部候补，十五年六月补直隶永定河道，十月到任，十九年十一月俸满。本年十月经吏部带领引见，奉旨著回任。②

《清代官员履历》记载了万培因从考中功名，到后来担任一系列官职的升迁路径，无论是其担任会试提调官、御史、知府；还是户科、工科及吏科掌印给事中，以及后来办理江浙海运漕粮，都是一个典型传统文官的

---

① 梁元生：《清末的天津道与津海关道》，《"中央研究院"近代史所研究集刊》第 25 期。
② 秦国经主编，唐益年、叶秀云副主编：《中国第一历史档案馆藏清代官员履历档案全编》第 5 卷，华东师范大学出版社 1997 年版，第 572 页。

升迁路径。从万培因履历看,他几乎没有正式参与过洋务,也没有正式处理过对外交涉,就此我们可以认为他相对缺乏此方面的才能。这种局限不仅仅体现在万培因一人身上,天津道中有些传统官员甚至与李鸿章为首的洋务派官僚意见相左。光绪十年(1884),各地洋务运动已经蓬勃兴起,额勒精额还曾写有《驳开铁路》一文,并广泛送与他人阅览①,这种落后的思想必然与天津洋务勃兴的实际存在巨大差距,其结果就是天津道与津海关道无法较好合作。

综上所述,李鸿章认为天津道因忙于河务漕粮等传统事务,无法再负责关务及对外交涉事宜,提出添设津海关道,并分工分任的构想,但最初的分工构想与1870年津海关道设置之后的政治现实并不相符。在1870—1881年间,李鸿章明显地通过向中央密保的方式将自己信任的亲信或淮系官员安插在天津道位置上,使之成为自己在天津兴办各项洋务事业的帮手。丁寿昌、吴赞诚、吴毓兰这三位天津道除河工漕粮等传统事务之外,往往与洋务、外交事情有所牵连。因此这一时期天津道与津海关道并没有严格遵照李鸿章的分工构想。但从1882年至1895年天津道的任职人员看,李鸿章淮系势力显著地减弱了,故李鸿章只得更多地依赖津海关道去维持并发展其洋务事业,天津道与津海关道之间呈现出一种各司其职、各尽职守的状态,基本实现了李鸿章原本对两者的分工构想,而且这种分工一直保持下去,无论是在王文韶、荣禄和裕禄任职直隶总督期间,还是庚子事变之后袁世凯任职期间,天津道和津海关道各有管辖领域,各司其职,基本能保持分工分任的状态。②

第三节　津海关道与晚清官僚政治

原本天津城内只有天津河间兵备道和天津知府各一员,但天津教案爆发,三口通商大臣遭裁撤,直隶总督开始兼任北洋大臣,并享有钦差之权,至少半年时间常驻天津。中央同时添设津海关道一职,长久驻扎于天津。从横向看,从此天津城内出现了直隶总督、津海关道、天津道,天津

---

① 金梁辑录,邵镜人撰:《近世人物志》,明文书局1985年版,第319页。
② 林怡秀在其硕士学位论文中也得出了津海关道与天津道"由1870年的相互合作,至1880年代时变为专司其职,分工分任"的结论,参见林怡秀《清季天津海关道之研究(1870—1895)》,硕士学位论文,台湾成功大学历史学系,2001年。

府和天津州县四层官员并存的行政架构体系。从纵向考察，直隶总督、津海关道又与其他省份或中央官僚相互援引，互为奥援。在这种情况下，考察中央对地方官僚群体的控制和地方官僚群体的集体应对，就成为一个非常有意义的话题。

一　直隶总督职权的扩展

人们一直认为晚清自李鸿章任职直隶总督以来，直隶总督的职权与日增强，那么到底如何评价直隶总督的权限，其权力的扩展经历了怎样的历程？这种权限是表现在军事、政治、经济、行政和用人等多方面，还是凸显于某一领域，如何看待各个不同领域的不同状态？直隶总督与津海关道之间关系密切的特点是否能辅助说明晚清中央和地方的权利状态……本部分将以这些问题为着眼点，尝试将津海关道置于直隶总督和中央的关系上进行讨论。

（一）京畿危急：直隶总督职权扩展的需要

晚清中国多次遭外国列强入侵，北京作为京城，曾先后于咸丰十年（1860）和光绪二十六年（1900）两次沦陷。1870年天津教案爆发，各国军舰齐集天津，威慑京师，京师虽未再蹈被攻占的覆辙，但对京师高层之威慑力堪同咸丰十年的命运。畿辅天津与京师先后的几次噩运对晚清中国政局的影响至为深远。

咸丰十年（1860）第二次鸦片战争之际，英法联军首次攻入北京，咸丰皇帝逃至热河。"此后无论是北京的恢复或是两宫回銮，京师的安全，在一切问题之上。主国政者能对于京师安全有确定的把握，才可以谈维持政权。"① 咸丰十年十二月十四日（1861年1月24日）负责收拾残局的恭亲王明确说："臣等酌拟大局章程六条，其要在于审敌防边，以弭后患。然治其标而未探其源也。探源之策，在于自强，自强之术，必先练兵。"② 因此自强和练兵成为清廷的首要之务。在京师的武力方面，京营与八旗禁军率先接受西洋枪械训练，恭亲王等拟以俄国赠送万杆鸟枪和向法国购买的枪炮作为武器来源；在统练人选方面，由僧格林沁推荐；在训

---

① 王尔敏：《淮军志》，广西师范大学出版社2008年版，第380页。
② （清）贾桢等纂：《筹办夷务始末（咸丰朝）》，卷72，第11页，《近代中国史料丛刊》第五十九辑，文海出版社1970年版。

练规制方面，由八旗都统酌商①，后几经转折，训练之事最后由三口通商大臣崇厚在天津办理。

天津作为畿辅之地，是为京师屏障，其安全自然非常重要，中央在保证京师与八旗禁军的洋枪训练外，近畿天津的练兵亦同时进行，因此直隶总督一职开始由有领兵威望的大员出任。同治元年十二月二十七日（1863年1月14日）清廷将湘楚名将刘长佑自两广总督调补直隶总督②，来年五月总理各国事务衙门即奏请直隶设四镇练兵③，由直隶总督刘长佑负责督练。清廷授予直隶总督练兵职权，这可视为直隶总督权力扩张的开始。

刘长佑自同治元年（1862）十二月至同治六年（1867）十一月前后共任直隶总督五年。在此期间，中央先后拨给购置军械、火器、锅、帐、金、鼓的专款，以为练兵之用，数额达17万两之巨，但六军终未练成。恭亲王在奏折中说："即如同治五年奏请选练直隶六军，以为京师四壁防护，并非臣衙门本职，而亦毅然为之。所定章程，悉皆破格吁求恩允，期在必成。此外如购洋枪、置洋炮、办机器、造轮船，凡力所能及，有益于战事者，无不随时筹画，以冀一日之强。无如直隶练兵，已越两年，百无就绪，迥非倡议时意料所及，而臣等区区素志，亦遂为之抑郁而不伸。"④中央对此极为不满。同治七年（1868）正月，西捻窜入直隶，逼近保定。"二十一月庚戌朔……癸丑，以枭匪蔓延，褫刘长佑职，仍责自效。"⑤《清史稿》只以寥寥数语作简单记载，但其撤职背后除此次匪患外，还有另一因素，即刘长佑辜负了朝廷赋予的以练兵保卫京师的期望。

同治七年（1868）闰四月二十四日，为平捻患，中央命都兴阿为钦差大臣，节制春寿、陈国瑞、张曜、宋庆四军，会同左宗棠、李鸿章剿捻。嗣后各路军队集于畿南达十余万，与西捻周旋半载之久，始将其平

---

① （清）贾桢等纂：《筹办夷务始末（咸丰朝）》，卷72，第11—12页，《近代中国史料丛刊》第五十九辑，文海出版社1970年版。

② 《大清穆宗毅皇帝实录》第53卷，第41页，同治元年十二月下，大红绫本，现藏于中国第一历史档案馆。

③ 《大清穆宗毅皇帝实录》第69卷，第1—2页，同治二年六月上，大红绫本，现藏于中国第一历史档案馆。

④ （清）宝鋆等纂：《筹办夷务始末（同治朝）》卷64，第18页，《近代中国史料丛刊》第六十二辑，文海出版社1970年版。

⑤ 赵尔巽：《清史稿》卷22，本纪22，穆宗本纪2，民国十七年清史馆本。

定。此次朝廷为限期灭贼，一时任命了三位钦差大臣，足见中枢运筹举措之纷乱。同治七年（1868）西捻平定后，清廷遂以曾国藩出任直隶总督，希望借重其威望，坐镇畿辅；也期望借重其经验，整顿练军；但此时担任直隶总督一职的曾国藩，其权势并不较刘长佑时有任何变化。

同治九年（1870）天津教案爆发，"中外猜疑，人心惊惧"。① 英、美、法等七国联合集结军舰于天津、烟台一带示威，扬言要再次攻打北京。天津教案之外交争执和海防威胁震惊朝野，直隶总督曾国藩带病坐镇津门，虽最终平息了中外争端，却因一意主和，办理过柔，受到朝廷多数士大夫的怨谤。同治九年八月初三日（1870年8月29日），清政府借两江总督马新贻被刺之机，调曾国藩任两江总督，而委李鸿章任直隶总督。国家危难之际的这种变更使直隶总督的权力结构再一次发生了变化。

（二）李鸿章任职期间直隶总督权力的扩展

从同治九年（1870）直至1901年处理庚子事变善后事宜时病卒，李鸿章曾先后三次担任直隶总督，前后任职达到25年之久。在此期间，李鸿章一直肩负着晚清对外交涉与自强新政重任，"坐镇北洋，遥执朝政"，"一身系国家安危"。② 李鸿章之所以拥有如此大的影响力，自然与清末直隶总督权势之扩张相关。③

鉴于天津教案后的中外情势，中央认为"现在情形则天津洋务、海防较之保定省防关系尤重"④。由此，中央在前几次扩展直隶总督职权的基础上进一步扩大了该官职的权责范围：第一，"三口通商大臣一缺即行裁撤。所有洋务、海防事宜，著归直隶总督经管"。第二，"照南洋通商大臣之例，颁给钦差大臣关防，以昭信守。山东登莱青道所管之东海关、奉天奉锡道所管之牛庄关，均归该大臣统辖"。第三，"通商大臣业已裁撤，总督自当长驻津郡，就近弹压，呼应较灵。著将通商大臣衙署改为直隶总督行馆，每年于海口春融开冻后移扎天津，至冬令封河再回省城。如天津遇有要件，亦不必拘定封河回省之制"。第四，"将洋务事宜悉心筹

---

① （清）曾国藩：《拣员署天津道府县缺片》，《曾文正公全集》第2册（曾文正公奏稿），（上海）国学整理社1936年版，第919页。
② 王尔敏：《淮军志》，广西师范大学出版社2008年版，第332页。
③ 参见林怡秀《清季天津海关道之研究（1870—1895）》，硕士学位论文，台湾成功大学历史学系，2001年。
④ （清）宝鋆等纂：《筹办夷务始末（同治朝）》，卷77，第24—25页，《近代中国史料丛刊》第六十二辑，文海出版社1970年版。

画，海防紧要，尤须统筹全局，选将练兵，大加整顿。"同时规定直隶总督还需讲求畿辅水利，以利农田而固封守。① 由此观之，直隶总督权责之扩展表现在三方面：首先，在官职上，直隶总督兼北洋大臣，并颁给钦差大臣关防。官职的变化也意味着职权的扩展，原本属于三口通商大臣的职责尽归直隶总督。这就意味着原本直隶总督管辖地方之传统职责扩展至洋务、通商、对外交涉、海关及统领军队诸多方面。其次，在管辖范围上，直隶总督之管辖区域除原本直隶全境之外，山东登莱青道所管之东海关、奉天奉锡道所管之牛庄关都纳入直隶总督的管辖范围。最后，直隶总督驻地也相应变更，原本直隶总督常驻保定，但自天津教案之后每年至少有半年时间驻扎于天津。综上所述，自同治九年（1870）始，直隶总督兼任北洋大臣，并颁给钦差大臣的关防，授予全权负责通商及对外交涉事务，监管海关之权；每年还移驻天津海防重地，督办沿海防务，手握重要兵权。直隶总督在职务及权利上扩展幅度之大在当时实属罕见。

同治十三年（1874）日军侵略台湾，清政府意识到日本将"为中国永久大患"②，开始重视海防。光绪元年四月二十六日（1875 年 5 月 10 日）上谕："南北洋地面过宽，界连数省，必须分段督办，以专责成。著派李鸿章督办北洋海防事宜，派沈葆桢督办南洋海防事宜。所有分洋分任，练军设局，及招致海岛华人诸议，统归该大臣等择要筹办。其如何巡历各海口，随宜布置及提拨饷需，整顿诸税之处，均著悉心经理。如应需帮办大员，即由李鸿章、沈葆桢保奏，候旨简用。"③ 六月，为尽快建成海军，总理各国事务衙门及户部联合奏请在江浙等六省厘金项下提银 200 万两，分解南、北洋大臣，但南洋大臣沈葆桢却奏请将经费尽解北洋④，李鸿章遂以直隶总督兼任北洋大臣的身份统揽北洋的海防及海军大权⑤。

---

① （清）宝鋆等纂：《筹办夷务始末（同治朝）》，卷 78，第 28—29 页，《近代中国史料丛刊》第六十二辑，文海出版社 1970 年版。
② （清）宝鋆等纂：《筹办夷务始末（同治朝）》，卷 99，第 32 页，《近代中国史料丛刊》第六十二辑，文海出版社 1970 年版。
③ （清）钱骏祥纂：《大清德宗景皇帝实录》，第 8 卷，第 14—15 页，光绪元年四月下，定稿本，清（1644—1911），现藏于北京大学图书馆。
④ 李守孔：《李鸿章传》，学生书局 1978 年版，第 175—176 页。
⑤ 参见林怡秀《清季天津海关道之研究（1870—1895）》，硕士学位论文，台湾成功大学历史学系，2001 年。

(三) 庚子事变后直隶总督职权的扩张

光绪二十七年九月二十七日（1901年11月7日），直隶总督兼北洋大臣李鸿章病逝。当时，慈禧太后正从西安回銮途中，得知李鸿章逝世的消息后，她立即任命袁世凯署理直隶总督兼北洋大臣，次年五月实授。任命可能出于两点考虑：首先是对袁世凯军事实力的重视。袁世凯掌握由荣禄任北洋大臣时设置的武卫军的一支。经过与八国联军的战争后，武卫军中的四支或覆灭、或解体、或损失惨重，只有袁世凯的右军未与联军交战，得以保全。① 其次，袁世凯得到外国人的支持。英国驻烟台领事曾在一份报告中特别称赞袁世凯在山东的表现，说："我们目前在烟台所处的地位是相当稳固和平静的……我们之所以能够继续留在此地，我认为几乎完全是由于巡抚所采取的态度；无论他的动机怎样，据我的意见，他已经尽力用他掌握的军队把义和拳逐出本省，而且当他所管辖的地区内发生骚乱的时候，将骚乱镇压下去，他的僚属自然循他的榜样；直到目前为止，山东没有被卷入那个势将席卷它的叛乱和掠夺的浪潮。"② 正由于袁世凯镇压义和团之"功"，八国联军侵华时，并未进入山东境内，在各省惨遭占领的情况下，仅山东得以保全。直隶总督李鸿章病重之时，各国驻华使节积极四处活动，以谋求袁世凯接任。当时正值联军攻克北京之际，清政府必然考虑外国使节的态度。当时，张之洞在一份致军机处的电报中说："昨德公使穆默自京来鄂密谈，穆云李相病颇重……其大意愿袁抚到直隶而已。按今年已来所见各国提督、领事，皆盼袁抚为北洋大臣，众口一词，不仅穆一人也。"③ 袁世凯接任直隶总督可谓众望所归。

袁世凯就任直隶总督之后，事务日益繁重，其身兼数职：直隶总督兼北洋大臣；兼管长芦盐政；督办关内外铁路；参与政务大臣；督办商务大臣并会议各国商约；督办芦汉铁路公司事宜；督练八旗兵丁；督修正阳门工程；督办电政大臣；会订商律大臣；会办练兵大臣。一共11种，涉及铁路、商务、练兵、电政等各个部门，各项均为任大责重之事。④ 由此观之，庚子事变，天津、北京先后被占，值此变更之后，直隶总督职权再一次扩展。

---

① 房德邻：《封疆大吏的沉浮》，中国青年出版社1999年版，第195—197页。
② 胡滨译、丁名楠、余绳武校：《英国蓝皮书有关义和团运动资料选译》，中华书局1980年版，第366页。
③ 房德邻：《封疆大吏的沉浮》，中国青年出版社1999年版，第195—197页。
④ ［日］佐藤铁治郎：《一个日本记者笔下的袁世凯》，天津古籍出版社2005年版，第234页。

当今学术界有一普遍的观点，认为清末督抚势力与日增强，中央权力逐步削弱。考察历次直隶总督职权之扩展状况，从表面看此举颇有外重内轻之势，但有些问题值得我们深思。综合来看，李鸿章任职直隶总督，前后有两次权力扩张。但不论是最初李鸿章调任直督，在制度上扩大其权责，还是同治十三年（1874）以后总揽海防及海军大权，都是在外力入侵刺激下中央的决定。扩展直隶总督职权之根本目的在于保护中央。正如王尔敏所说："任何人任直督，均必须充分符合这项愿望，其地位才可以稳固。"[①] 袁世凯担任直隶总督时期，职权进一步扩展，也是出于庚子事变后中央所受刺激使然。从这个意义而言，直隶总督权力之屡次扩展，其来源均出身于中央，"并非地方官以及地方政府自身权力的扩张。其施行权力，在符合中央的愿望，并非与中央对立，也非分权行为"[②]。从这个角度而言，扩展直隶总督职权掌控方在中央，由此，评判晚清中央与地方势力之间的关系就有了新的视角，解答这一主题的另一个关键是看中央能否有效控制直隶总督之权。

二 中央对地方政治势力的控制

一般观点认为，"文忠安内攘外，声望极一时之盛"，"文忠坐镇津门，朝廷大事悉咨而后行。北洋章奏所请无不予也。淮军将校果有能者无不用也"[③]。庚子事变之后，袁世凯的权力也与日增强，形成"朝有大政，每由军机处问诸北洋（袁世凯）"[④] 的局面，从外表上看，朝廷处处倚重直隶总督李鸿章和袁世凯，对之所请无不依从，但从津海关道和天津道人事任命情况看，很多时候并非如此。

（一）初期权力的赋予与实际运作中的限制

在津海关道设置之初，中央曾明文规定："津海关道缺出，著由直隶总督拣员请补"，"新设天津海关道，定为冲、繁、疲、难四字最要之缺，由外拣员请补。"[⑤] 这在制度上确定了直隶总督对津海关道具有直接的任

---

① 王尔敏：《淮军志》，广西师范大学出版社 2008 年版，第 332 页。
② 同上。
③ 《异辞录》卷 2，第 22—23 页。
④ 张一麐：《古红梅阁笔记》，上海书店出版社 1998 年版，第 43 页。
⑤ 《大清穆宗毅皇帝实录》第 293 卷，第 24 页，同治九年十月下，大红绫本，现藏于中国第一历史档案馆。

命权。中央作此决策是对直隶总督权力的尊重，但其背后也有不得已的苦衷。清朝末年，西方列国纷至沓来，中国被迫开放，最早一批初办外洋交涉的官员"多不得当，丧失权利，在在皆是"①，出现这种状况的根本原因是对外交涉人才的匮乏。无论是通过科举考试在读书人中选拔，还是在其他官员中委任，中央通过正式的官员选拔途径均无法满足各地急需外交人才的需要，而且总理各国事务衙门也已明确表态："至新、钞两关税务，应否添设海关道一员专司其事之处，应由督臣李鸿章酌议，奏明办理"，最终中央委以直隶总督人事任命权，这是无奈之举。但这只是中央在制度上的规定，实质上李鸿章任职直隶总督之初并不能完全享有这份权力。同治九年十月二十六日（1870年11月8日），李鸿章向中央呈奏了《奏保陈钦沈保靖片》，李鸿章除了保荐陈钦出任津海关道之外，同时还保荐了"前调随臣营之湖北候补班遇缺前先补用道沈保靖"，希望他能"借署津海关道兼办机器局"。同一职位荐举两人，由中央裁夺，李鸿章如此做法，甚有深意。陈钦和沈保靖均有处理外交的经验，可堪重任，但两者亦有不同：陈钦因处理天津教案，获曾国藩屡次荐举在案，总理各国事务衙门对之亦赏识有加；沈保靖则有跟随李鸿章的苏沪经历。前者受曾国藩和总理各国事务衙门的赏识，后者是跟随自己的亲信，在接任直隶总督之初，照顾各方关系，又想援引自己熟悉的僚属，同一职位保荐两人是可以理解的。

但同一天即同治九年十月二十六日（1870年11月18日），李鸿章同时呈上另一奏折《筹议天津机器局片》，其间大力举荐沈保靖总理天津机器局。李鸿章保荐的理由主要是：首先，沈保靖的人品令李鸿章信赖。"沈保靖与臣交近三十年，坚明耐苦，丝毫不欺不苟，实所深信。可否请旨饬令该员总理天津机器局事务，以资熟手，臣当督同该员监管中外各员匠，逐细讲求，悉心研究，务期有裨军用，仰副圣慈。"② 其次，沈保靖已经有成功督办上海机器局的经验。"湖北补用道沈保靖，前经臣委令督办上海机器局，事事皆赖其创制，如雇用洋匠进退由我，不令领事、税务司各洋官经手，以免把持；定购外国机器货料，自择各洋商，评订、收

---

① 崇彝：《道咸以来朝野杂记》，柯灵、张海珊主编《中国近代文学大系 1840—1919》（第6集 第19卷 笔记文学集）2，上海书店出版社 1995 年版，第 745 页。

② （清）李鸿章：《筹议天津机器局片》，顾廷龙、戴逸主编《李鸿章全集》4（奏议四），安徽教育出版社 2008 年版，第 113 页。

货、给银,务取该国发货洋文单为凭;委员各有专司,其冗食不究心者汰去之,华匠学徒按日点工给价,无稍冒混。立法最称精善,是以沪局开设数年,已造成轮船四只,洋枪、大小开花炮、洋火箭等项接济各军应用者,均不下数千件,出货较多,而用款并不甚费;以视闽局专任税务司法人曰意格、津局专任领事官英人密妥士,将成尾大不掉之势,似稍胜之。"① 同一天发出的两份奏折中,李鸿章对沈保靖赞誉不断,分别欲将津海关道和总理天津机器局两职同时委任给沈保靖。李鸿章确实看重跟随自己多年,兼有外交、洋务经验的沈保靖,但他不直接荐举沈保靖,反加进陈钦请中央裁夺,这是因为李鸿章预感到直接荐举沈保靖会令中央不满。

两年前李鸿章曾以"于皖鄂等省剿捻出力"为由保荐候选知府沈保靖,中央旋于同治七年八月初九日(1868年9月24日)谕令"沈保靖著免选本班,以道员留于湖北归候补班遇缺前先补用"。但很快李鸿章发现自己奏保时有实情未查明,急忙补奏:"沈保靖系于丁忧期内调营当差。"同治九年四月二十九日(1870年5月29日),中央认为"沈保靖从征楚省系在丁忧期内,原保折内并未声叙,亦未先行奏调",决定按照定章将前保奖案撤销。② 李鸿章知道已违体制,虽赶紧弥补奏明,但中央仍没有考虑照顾权臣的情面,以绝对的决策权撤销了李鸿章的原本保案。

李鸿章再次上奏:"该员沈保靖从军多年,艰苦刚明,最为得力,计功请奖,实无冒滥。因臣督师追贼,奔驰倥偬,未经查例先行奏调,致将奖案撤销。若不为奏乞恩施,非特该员向隅,且无以鼓励人才。而先时未曾奏调,系臣疏忽之咎。相应请旨将臣交部察议,所有原保沈保靖免选本班以道员留于湖北归候补班前先补用之处,可否仰恳天恩,敕部照案注册。"③ 李鸿章坚持沈保靖功绩卓著,朝廷应给予奖励,同时自己也应承担"先时未曾奏调"的疏忽之责,请旨中央将自己交部察议。这实际上是以一种自我请求处罚的方式希望换来中央"照原保奖励"。中央允准,"惟念该员随从李鸿章剿贼,尚属得力,未便没其微劳。沈保靖著仍准其

---

① (清)李鸿章:《筹议天津机器局片》,顾廷龙、戴逸主编《李鸿章全集》4(奏议四),安徽教育出版社2008年版,第113页。
② (清)李鸿章:《沈保靖奖案请敕部注册片》,顾廷龙、戴逸主编《李鸿章全集》4(奏议四),安徽教育出版社2008年版,第91页。
③ 同上书,第90页。

免选本班以道员留于湖北归候补班前先补用,以示鼓励"。但中央的妥协是有条件的,"李鸿章先未奏调,究属疏忽,著交部察议"。① 在这次以责罚自己换来中央允准的经历之后,李鸿章已经预料到时隔半月之后,再度举荐沈保靖会令中央不快,于是采用津海关道同一职位举荐两人,由中央裁决的做法,缓和自己和中央之间就保荐人才上存在的矛盾。

中央采取了折中的做法,两职位由李鸿章荐举的两人分别委任,"其津海关道一缺,已令陈钦署理"②,"道员沈保靖即著总理天津机器局事务,李鸿章仍当饬令该员督率中外员弁匠役悉心研究,以期有裨实用"③。我们未能查明李鸿章对这一安排的态度,但是在同治九年十一月初六日,他在《开拓机器局片》中将津海关道和总理天津机器局这两个职务在职能上予以安排:"天津机器局经臣奏奉谕旨派道员沈保靖总理其事,当即转饬该道钦遵到局筹办一切","惟该局事件多与洋人交涉,沈保靖又系隔省人员,应派津海关道陈钦会同办理,庶支发税项、造销册籍可资分任,而便稽核。该关道亦藉以习练制器之法,冀于时局有裨"。④ 这是津海关道职务开始延伸的起点,津海关道由此开始参与近代化的洋务事业,这确是其职能的扩展,与其草创初衷略有不同。因为上谕明确规定津海关道的职责只是"专管中外交涉各事件及新、钞两关税务","沿海地方均归专辖,直隶通省中外交涉事件统归管理,兼令充直隶总督海防行营翼长"。⑤ 以津海关道帮办天津机器局事务,从某种程度上也是将津海关道置于合作辅佐天津机器局总办的地位。于是我们看到一种格局:天津道与津海关道同城任事;津海关道与天津机器局总办两职务间潜含的合作辅佐关系。而这恰是因缘于晚清中国内政、洋务、外交三者间的杂糅,因缘于大员对自己亲信和其他有才能官员的取舍,也因缘于中央对大员权力的控制。

---

① 《大清穆宗毅皇帝实录》第 292 卷,第 9 页,同治九年十月上,大红绫本,现藏于中国第一历史档案馆。
② 《大清穆宗毅皇帝实录》第 293 卷,第 25 页,同治九年十月下,大红绫本,现藏于中国第一历史档案馆。
③ 同上书,第 26 页。
④ (清)李鸿章:《开拓机器局片》,顾廷龙、戴逸主编《李鸿章全集》4(奏议四),安徽教育出版社 2008 年版,第 175 页。
⑤ (清)刘锦藻:《清续文献通考》,第 58 卷,市籴考 3。

（二）总理各国事务衙门的因素

李鸿章小心翼翼地奏请中央在沈保靖和陈钦之间进行选择，而在随后几任津海关道中李鸿章也并非完全按照自己的心意安排僚属。在最初的几任津海关道中，陈钦和黎兆棠均出身总理各国事务衙门章京，尽管因材料限制，我们无法明确孙士达是否也曾担任总理各国事务衙门章京，但孙士达经常与总理各国事务衙门大臣董恂往来通信，议论天津教案状况，言语间有诸多对处理天津教案大员的抱怨，若非关系非同寻常，孙士达在信函中不会如此表达。因此，我们可以看出前几任津海关道都有深厚的总理各国事务衙门背景。

应该说，由总理各国事务衙门章京担任各地海关道之职有其制度渊源。早在同治三年（1864）恭亲王奕䜣曾将相关制度上奏中央。

> 总理（各国事务）衙门奏定章程，内开九江之广饶九南道、江汉关之汉黄德道，镇江关之常镇道，与沿海浙海关之宁绍台道，江海关之苏松太道，东海关之登莱青道各缺，现添办洋务，与各国领事官办事，必须熟悉中外交涉事件，办理当较顺手，总理（各国事务）衙门章京中，如有才具出众。税务谙练之郎中、员外郎各员，经历三次保奖者，奏明交军械处存记，遇有前项通商各道决出，如遇各该省无奏升补熟悉洋务之员，拟请于京察一等记名简放人员，一体开单请旨。每逢保奖之年，满汉仍不得各过二员，如无二员可保，不得滥竽充数，当仅止于洋务熟悉。于地方不甚得力，该督抚仍照常参劾，不得稍有迁就。①

恭亲王等拟定的总理各国事务衙门章京条例中，总理各国事务衙门的章京累计年资六年，历至保奖三次，可与京察一等记名的简放人员一体开单请旨，简放九江关之广饶九南道、江汉关之汉黄德道、江苏镇江关之常镇通海道、沿海浙海关之宁绍台道、江海关之苏松太道、东海关之登莱青道等海关道缺。按此保奖条例，自同治三年（1864）奏准至同治九年

---

① （清）宝鋆等纂：《筹办夷务始末（同治朝）》卷73，第30页，《近代中国史料丛刊》第六十二辑，文海出版社1970年版；又参见李鸿章奉敕撰《钦定大清会典（光绪朝）》，卷122，总理衙门，第4页。

(1870) 时，总理各国事务衙门内应有两名章京可记名简放海关道台。

同治九年（1870）天津教案爆发，这时内阁中书李如松在讨论天津教案中三口通商大臣事权不专、备受掣肘一事时强调："海关道员关系紧要，要慎重简用。"他认为："海疆道员，为承上启下之官，有督率僚属、镇抚中外之责，非品端学粹，识力远到者，不能胜任。当由督抚保奏拣调，本省无人，准以邻省拣调。总理各国事务衙门司员，虽熟悉夷情，而初履外任，操纵未必合宜。嗣后请不得专以海关道员用，以昭慎重。"①李如松以此文明确反对总理各国事务衙门以保奖章京担任海关道的做法。此时，总理各国事务衙门已将有资格的张敬提请记名简放海关道。面对李如松的反对意见，恭亲王不甘示弱，立即反驳。

> 原以海疆道员，办理中外交涉事件，责任繁重，是以臣衙门两次保奖案内，皆慎重于选，于章京中择其资格较深者、税务谙练者，酌量保奖，每次满汉不过一、二员……查各部院衙门京察外简人员，均悉初任即膺繁剧，诚以该员等在京历练多年，于民情吏治自必一律通晓，况洋务头绪纷繁，尤非熟悉情形之员，不能胜任。该章京劳绩六年，经臣等择优保奖，实与各部院京察人员无异，且保奖之员，系在各部院内考取者，岂其在部院中才具觉其有余，一经取入臣衙门办事，才具转形不足？既积六年之劳，而复限以数处之缺，平心而论，亦未见过优，嗣后保奖海关道员，拟请仍照臣衙门奏定章程办理，该中书所奏，应无庸议。②

面对各方争论，最终中央权衡利弊，仍照总理各国事务衙门所请，沿用旧例任用总理各国事务衙门章京。但对天津新设之津海关道，以地处京畿，对外交涉事务繁重为由，改由直隶总督拣员请补，算是一种平衡策略。尽管如此，在最初几任津海关道的出身背景中我们仍然看到了总理各国事务衙门的因素，这就说明虽然中央已经做出了明确的制度规定，但惯例仍发挥着作用，最初几位津海关道仍然依循旧例选用总理各国事务衙门

---

① （清）宝鋆等纂：《筹办夷务始末（同治朝）》卷73，第20页，《近代中国史料丛刊》第六十二辑，文海出版社1970年版。

② 同上书，第30—31页。

章京担任。李鸿章初任直隶总督,在任职行事上,周全各方利益,这是人之常情,但其深层因素则在于他与总理各国事务衙门大臣恭亲王之间的私密关系。《异辞录》曾记载:"恭邸当国,阴行肃顺政策,亲用汉臣,李文忠尤其倚赖。凡所指置,足奠邦基。"① 于此,任职之初的李鸿章在行使本属于直隶总督用人职权时反而更多考虑总理各国事务衙门的原定章程,任用总理各国事务衙门之员就顺理成章了。

(三)弹劾的声音与中央的限制

在李鸿章担任直隶总督之初,无论是宫廷还是总署,皆倚赖李鸿章镇压内乱和办理对外交涉。1870—1880年间,李鸿章权力进入初盛时期。1874年美国驻华公使在其报告中说:"鸿章为清帝国最有势力之官吏,尤其于总署有特别之影响。故对各事先向鸿章征求意见。"西报载中国外交为"北京讨论,天津决定"。② 更有谣传说李鸿章权势之大,足比皇帝。英国人戈登甚至表示誓死效忠李鸿章,"愿牺牲其性命为鸿章服务"。戈登还在日记中写道:"然为李鸿章占北京,使鸿章为皇帝,则鸿章绝无此心。"③ 津海关四等一级帮办刘易斯·S. 巴伦在《1892—1901年津海关十年报告》(一)中说:"天津与甲午战争之关系,几可一言以概括之:天津城已为李鸿章之官邸。风暴在其周围、在其身边咆哮,适如众人所言,又以巨浪将其抛向不得民心之岩岸。李氏任直隶总督几近25载,在任期间实已制定中国之外交政策,故自日人观之,李即代表中国,并针对李而制定其政策:一旦施以战争与外交之压力,则能使之采纳日人之观点,终必全然达其目的。"④

直隶总督兼北洋大臣李鸿章在天津掌外交、洋务和海防之权,势大权重,颇受人侧目,一时遭到多方弹劾。1881年通政使参议刘锡鸿弹劾李鸿章说他"蔑抗朝廷,腹诽谕旨",更指责其"跋扈不臣,俨然帝制"⑤,对于这些言官的弹劾,中央派大员彻查。"其时有言文忠有异心者。旨令常熟密查。覆奏,李鸿章心实无他。"⑥ 对过火之指责,中央都加以否定,

---

① 《异辞录》卷2,第22—23页。
② 窦宗一:《李鸿章年(日)谱》,文海出版社1980年版,第95页。
③ 同上书,第129页。
④ 天津海关译编委员会编译:《津海史要览》,中国海关出版社2004年版,第4—5页。
⑤ (清)钱骏祥纂:《大清德宗景皇帝实录》第127卷,第21页,同治七年二月,定稿本,清(1644—1911),现藏于北京大学图书馆。
⑥ 黄浚:《花随人圣庵摭忆》上,中华书局2008年版,第87页。

刘锡鸿更以"妄言"而遭革职，但其他官员还是不断地对李鸿章加以攻击。中法战争时，"翰林院编修梁鼎芬奏李鸿章骄横奸恣，罪恶昭彰"①，梁鼎芬因此被降级调用。虽然弹劾之人反被惩罚，但这已然成约束李鸿章势力扩张的一种有效方法，而且这并不意味着中央对李鸿章全无防备之心。光绪七年正月二十九日（1881年2月27日），上谕："大学士左宗棠管理兵部事务，在军机大臣上行走，并在总理各国事务衙门行走。"② 中央从西北调回左宗棠，任其为军机大臣，并在总理各国事务衙门行走。而左宗棠和李鸿章在政见上一向不和，在天津教案、塞防与海防之争，以及后来的中法战争中两人都政见相左。③ 中央对李鸿章的牵制之意已洞若昭彰。

正由于此，1870年李鸿章担任直隶总督之初曾向中央密保几位淮系官员出任天津道，当时中央虽屡屡奏准，但自1882年开始，天津道的委任情形明显不见了李鸿章的因素，这正是中央压制李鸿章淮系势力的反映。从当时全国情况看，天津道的委任权被中央收回也是这一时期之大势所趋。光绪七年（1881）张楷曾上奏："道、府各缺向例题缺、调缺专归外补，遇缺专归内选。军兴后保举捐纳日多，内选之缺，有准其留补之条，自是各省尽数扣留。"④ 张楷所言"内选之缺"，指中央控制之简放及部选缺，天津道就属这种。文中所说军兴以来"外补"和"留补"现象，是指1870年后天津道的任免中央往往依循李鸿章之密保，即是张楷所说之"截取"。事实上张楷所说之方案，早在同治十二年（1873）就有过一次讨论，当时曾提出"一咨一留"的方案，所谓"一咨一留"，即选缺时第一次由中央选派，第二次则归地方大员留补，但"恐于外省有碍"，故改成"本省留补二次"。张楷主张恢复"一咨一留"协议，削减"外补"名额和次数。从1882年后直隶天津道的任命情况看，张楷所议的咨留问

---

① 梁鼎芬（1859—1919年），字星海，谥文忠。番禺人，1880年中进士。中法战争时，因疏劾北洋大臣李鸿章，降级调用。见中国人民政治协商会议福建省福州市委员会文史资料工作委员会《福州文史资料选辑》第3辑甲申马江战役专辑，1984年版，第205—207页。
② （清）钱骏祥纂：《大清德宗景皇帝实录》第126卷，第32页，光绪七年正月，定稿本，清（1644—1911），现藏于北京大学图书馆。
③ 张宇权：《思想与时代的落差——晚清外交官刘锡鸿研究》，天津古籍出版社2004年版，第250—251页。
④ 《申报》1893年4月23日。

题已获得中央的重视。①

袁世凯在直隶总督任内所受之弹劾也不在少数，光绪三十三年（1907）六月，御史赵炳麟参劾袁世凯，类似雍正时的年羹尧，权高势重。陆军部尚书铁良则向慈禧太后进言，说袁世凯"存心叵测，若不早为抑制，满人势力必不能保全"。② 七月，湖北按察使梁鼎芬又奏参奕劻贪贿，附片攻击袁世凯说"其人权谋迈众，城府阻（极）深，能诳人，又能用人"，与曹操相类。③ 御史成昌在奏折中说袁世凯门生故吏遍布天下，非国家之福。④ 对此中央也有应对之策，对袁世凯加以限制。纵观此时津海关道和天津道的人选，虽然继唐绍仪之后出任津海关道的几位官员均有留学美国之背景，但很明显并非袁世凯的心腹。后来清廷调袁世凯为外务部尚书兼军机大臣，免去其直隶总督兼北洋大臣一职。虽然袁世凯再三请求，希望继续留任直隶，但中央不允。同时为抑制袁世凯，又调湖广总督张之洞进京，任军机大臣。两人同是当时地方督抚中最有权势和影响的人物，又同时调入军机，中央通过此举使两人彼此牵制。⑤ 此后天津道大多由传统官员出任，很难看到原本李鸿章时代专任幕僚和淮系官员的现象发生。通过以上分析可以看出，即便到晚清末年，中央在人事任免上仍极具权威性。

（四）无形的威慑：不予理睬与斥责

中央采用各种对策削弱大臣的权势，这是有形的控制。除此之外，君王对臣下的不予理睬甚至斥责，是对大臣的一种无形却更大的威慑。

在唐绍仪的问题上最具典型。唐绍仪与袁世凯在朝鲜时就结下友谊，袁世凯出任直隶总督，唐绍仪遂出任津海关道，再次成为袁世凯的得力助手。西藏教案发生，清政府调派唐绍仪前往印度与英国就西藏问题进行谈判，袁世凯如失臂膀，曾极力挽留。光绪三十年八月二十一日（1904年9月30日）袁世凯上奏中央，恳请将唐绍仪暂留北洋。

---

① 参见林怡秀《清季天津海关道之研究（1870—1895）》，硕士学位论文，台湾成功大学历史学系，2001年。

② 《神州日报》1907年8月29日。

③ 《鄂臬梁鼎芬奏劾庆袁折片补录》，《神州日报》1907年12月11日。

④ 莊练：《中国近代史上的关键人物》下册，中华书局1988年版，据台湾四季出版事业有限公司1980年7月5日第三版影印，第154页。

⑤ 同上。

伏查自交收天津以来，各国联军迄未撤退，概以津埠为总汇，又为各国人出入门户，交涉繁杂，与庚子以前迥不相同。而两年来，中外相安，无大枝节者，讵臣一手一足之烈所能济事，实唐绍仪赞佐之力居多。本年日俄构兵，我守中立，稍有失当，牵动全局，而因应之难，筹维之苦，久在圣明洞鉴之中。臣自交秋后，心血极亏，肝热甚盛，两月来百方调治，迄未复元，事稍棘手，立即作烧，医家佥称必须静心调养，方可渐次就痊。然受国厚恩，值此时艰，何敢遽行请假休息，而力疾从公，亦惟赖唐绍仪遇事襄助。至唐绍仪在津历办各事，不但情形熟悉，每多力持大体，补救于无形之中，即其现在所经手未完者，如办理海河工程、商订津镇铁路条款、筹收开平煤矿秦皇岛口岸、商务、临城矿务，或已有头绪，或仍在相持，均属关系重要，一时亦实无人可以接替。臣非不知西藏事件需人前往查办，倘臣躯尚可支持，时局稍就平易，断不敢冒昧陈情，实以东方大局日益艰巨，臣又疾病侵寻，万难独任繁重，且以全局衡之，东北为根本重地，实较之西藏尤重且急，宜策群力以经营。如唐绍仪者，才识卓越，志趣正大，而谙练交涉，冠绝辈流，将来东方结局，应付极难，留备擘划，实亦必不可少之才。况现在北洋实难暂离，臣之体弱事繁亦必须有人襄助，合无吁恳天恩，俯念北洋繁要，臣病难支，特准将唐绍仪暂留北洋襄办交涉事宜之处，出自高厚鸿施。披沥上陈，不胜迫切悚惶恳祈待命之至。①

袁世凯既表白了面对日俄战争，直隶省危机四伏的局面，又表明了自己病重难以独撑大局，需人扶持襄助之意。其用词之恳切，心意之至诚已跃然纸上。即便浏览李鸿章有诸多挽留人才的奏折，其恳求中央同意的态度也难以与袁世凯这一奏折相比。面对晚清八大督抚之首的直隶总督的请求，朝廷冷淡地予以拒绝，"唐绍仪仍著遵旨前往，所请毋庸议。"②

李鸿章亡故后，袁世凯被委以重任，担任直隶总督，这说明中央鉴于时局选择了袁世凯，但这种选择并不意味着对袁世凯的完全信任。或者说

---

① 《请将唐绍仪暂留北洋襄办交涉事宜折》，廖一中、罗真容《袁世凯奏议》下，天津古籍出版社1987年版，第1015—1016页。
② 同上

中央鉴于督抚势力尾大不掉之格局,已然采取了回收权利的措施。但李鸿章在直隶总督任上所拥有的权势给后任官员留下的心理期待与任职后实际权力之间的落差是巨大的,这种心理失衡可以反映出晚清当时部分官员的心理格局,尽管表面依旧,但导火索一经引燃,其剧烈的反叛效果势必加剧清政府败亡的命运。

三 地方官僚群体的集体应对

光绪五年(1879),盛宣怀曾短暂署理天津道。① 光绪十年(1884),盛宣怀得以署理津海关道一职,再次得到了任职官场的机会,这是"读书不得科第,入世不趋时尚。子身从戎,毫无凭借"② 的盛宣怀多年担任候补官员以来走向官场的一个重要机会,但这一年对于盛宣怀来说同样是多事之秋。

这一年,盛宣怀屡屡遭人弹劾。原本因湖北开矿亏损,盛宣怀挪用剩余股本"发典生息",希望能弥补亏空,但"……奉大部咨查练饷数目,直隶复文误将此项十万串之生息一并列入咨请内销"。③ 户部察觉立即予以弹劾,并提出处理意见,湖北开矿亏损应由盛宣怀全部赔偿,不准以息保本。此事发生后,李鸿章力保盛宣怀,还指导盛宣怀四处求人,央人开脱。在李鸿章的授意下,盛宣怀积极寻求当时军机大臣阎敬铭④的帮助,光绪十年闰五月中旬(1884 年 7 月上旬)盛宣怀在致阎敬铭的信中写道:"侄自李傅相奏调不足十四年,差缺赔累,祖遗田房变卖将罄,众皆知之。今再被此重累,恐欲求吃饭而不能。父年古稀,无田可归。从此,出为负欠官债之员,入为不肖毁家之子。仰蒙年伯大人垂怜逾格,略分重情,用敢先将禀稿抄呈慈览,如尚有不妥之处,伏乞俯赐指示,俾有遵循,合家感德,何啻再生。"⑤

致信阎敬铭不数日,同年闰五月中旬(1884 年 7 月下旬)盛宣怀又

---

① (清)徐宗亮:《(光绪)重修天津府志》卷 12,考 3,职官 3,清光绪二十五年刻本。
② 盛宣怀:《盛宣怀上阎敬铭禀》,陈旭麓、顾廷龙、汪熙《湖北开采煤铁总局荆门矿务总局 盛宣怀档案资料选辑之二》,上海人民出版社 1981 年版,第 405 页。
③ 陈旭麓、顾廷龙、汪熙:《湖北开采煤铁总局荆门矿务总局 盛宣怀档案资料选辑之二》,上海人民出版社 1981 年版,第 403—404 页。
④ 阎敬铭,字丹初,号荔农,陕西朝邑人,当时任军机大臣,协办大学士,户部尚书。
⑤ 陈旭麓、顾廷龙、汪熙:《湖北开采煤铁总局荆门矿务总局 盛宣怀档案资料选辑之二》,上海人民出版社 1981 年版,第 403—404 页。

奉李鸿章之命，致信阎敬铭，再次"密求年伯"，以为松动。盛宣怀说道："近合肥钦服中堂之至，谓非高阳、吴江所可梦见，盖同休戚、共甘苦，情势然矣"，"侄于湖北开矿一事，受累甚重。合肥本批准以息保本，部文则全要侄赔。破家何足惜，贻老亲忧，何以为子！然不敢不赔。微官一去，更无生理。傅相命侄密求年伯，虽事事皆实，而逡巡不敢冒昧。所拟禀复一稿，特求张年伯转达钧前。"①"一官得失，成之者年伯；一家兴衰，全之者惟年伯。自幸年力尚强，当留此身乘年伯在位做一二件利国利民之事，以报深恩也。"② 语之恳切，令人动容。从信中"傅相命侄密求年伯""特求张年伯转达钧前"可看出，至少李鸿章、阎敬铭和张之万③已然结成了一张盛宣怀的保护网，集体应对中央对盛宣怀的诘责。

李鸿章本人也将此事前后办理情形上奏中央予以解释，又向中央保证"原议须至光绪十五年始能清款，今请提早一年于十四年本利全清，归还原拨制钱二十万串之数"。④ 终于，"奉旨允准"⑤，户部同意"以息还本"，并令"至十一年息钱一万串及盛宣怀认赔之一万串，于十一年年底易银解部。嗣后每年应得息钱均于年底易银解部。至光绪十四年除报解息钱外，并令将存本制钱十万串全数易银解部"。⑥ 最终盛宣怀并没有按照户部原定令其赔偿所有亏损金额的方案赔偿，这显然是官僚群体集体应对弹劾的成功。

这项赔偿案还未完结，盛宣怀又卷入另一场弹劾案中。"有人奏，左宗棠保举之署津海关道盛宣怀，钻营牟利，在苏州、上海开设钱庄、当店，与民争利。该员私亏甚巨，李鸿章将其奏署关道，实为该员弥补之地。并闻金州煤矿，但闻集股，并未开办，即系该员总办，请饬确查劾奏，撤销保案，即予罢斥，严追所集股本六十万归款等语，著锡珍、廖寿

---

① 陈旭麓、顾廷龙、汪熙：《湖北开采煤铁总局荆门矿务总局　盛宣怀档案资料选辑之二》，上海人民出版社1981年版，第405页。

② 同上。

③ "张年伯"即张之万，当时阎敬铭、张之万两人均为军机大臣。

④ 陈旭麓、顾廷龙、汪熙：《湖北开采煤铁总局荆门矿务总局　盛宣怀档案资料选辑之二》，上海人民出版社1981年版，第410页。

⑤ 同上书，第411页。

⑥ 同上。

恒按照所参各节确实查明，据实具奏，毋得稍有徇隐。"① 在经过一番调查后，上谕道"……逢迎接纳等情，现经查明无据可指。其开设钱庄当店，亦非在服官省分。即著毋庸置议。惟承办矿务未能周密，以致众商疑虑，实难辞咎，盛宣怀著交部议处"。② 前者弹劾虽查无实据，毋庸再议，但后者弹劾却是致命的，因为盛宣怀将开矿所集股本挪用作为所办电线股份，确实严重失职。对此，皇帝直接以盛宣怀"承办矿务未能周密，以致众商疑虑，实难辞咎"为由，将盛宣怀"交部议处"。当时盛宣怀形势岌岌可危，官职甚至性命悬于一线。

但此时的盛宣怀却再次受到左宗棠、李鸿章、曾国荃等人的极力保护。盛宣怀被"交部议处"，"李鸿章函商请会衔具奏"。③ 左宗棠也呈上一份奏折，奏折中左宗棠历数了自己举荐盛宣怀的经历，再次恳请中央"人才屈抑可惜，请旨再行饬查，以臻公允而励将来"。④ 李鸿章和曾国荃则联合上奏，对此事予以解释。

> 兹事未及两年，商股并未招齐，实本太少，是以未能遽收成效。更值海疆戒严，各省市面大坏，而电线关系军报，用款紧急，又须通融拨济，以维军国重务，尤非无事时从容筹办一事者所可比例。综核前后情节，尚非铺张失实；其挪矿股归入电股，曾据一再禀详，移缓就急，亦尚非有意含混。且苏、浙、闽、粤电线之成，皆缘该道移矿就电之力，于军务裨益尤大。合无仰恳天恩，准将该道盛宣怀免其降调处分，出自圣裁。臣等仍当严饬该道将各省电报认真经理，并照批准原案责成该道俟电股招足，归还矿本银两……其不敷之四万数千两，将机器等件变价益以电局应得之息。再有不足，令其照数赔补；倘不赔还，即由臣等从严参办。至该道平日办事得力，左宗棠业已剀切敷陈；其矿务一切出入账目，锡珍、廖寿恒已奏称数目相符，臣等

---

① （清）钱骏祥纂：《大清德宗景皇帝实录》第186卷，第6页，光绪十年闰五月下，定稿本，清（1644—1911），现藏于北京大学图书馆。
② （清）钱骏祥纂：《大清德宗景皇帝实录》第188卷，第29页，光绪十年六月下，定稿本，清（1644—1911），现藏于北京大学图书馆。
③ 《左宗棠奏人才屈抑可惜，请再饬查盛宣怀折》，顾廷龙、戴逸主编《李鸿章全集》10（奏议十），安徽教育出版社2008年版，第410页。
④ 同上。

更无庸赘述。所有遵旨详细查核,据实具奏缘由。①

左宗棠、李鸿章、曾国荃三位重臣的集体保全再一次奏效,上谕:"盛宣怀前得降调处分,著加恩改为降二级留任。"② 分析盛宣怀在署理津海关道期间面对弹劾却能安然度过之全过程,事情之关键在于中央的决策发生了变更,而变更之原因正是大臣的集体保全。

值得注意的是,在中央在处理这件事情的过程中,曾两度变更谕旨。第一次上谕将盛宣怀"交部议处",但在李鸿章等三位大员集体保全下,仅时隔半月,上谕改为"盛宣怀前得降调处分,著加恩改为降二级留任"。但半月之后,中央再次变更了对盛宣怀的处理决定,"有人奏请将署津海关道盛宣怀罢斥一折。盛宣怀屡被弹劾,物望未孚,著开去津海关道署缺。惟其才尚堪任使,可留于直隶另行差委"。③ 在光绪十年盛宣怀挪移矿本事件上中央态度游移不定,已发出之谕旨屡屡变更,其不坚定性已明显表露。

如果将这两次弹劾盛宣怀的处理时间予以对照,我们可看出,对盛宣怀挪用湖北开矿剩余股本"发典生息"案,户部最终做出同意"以息还本"之决定是在光绪十年十二月二十日(1885年2月4日)④,而中央对盛宣怀挪用金州煤矿矿本案做出的最后处理意见"著开去津海关道署缺,惟其才尚堪任使,可留于直隶另行差委"⑤ 之决定是在光绪十年九月下旬,也就是说在湖北矿局赔偿案中,户部同意按照李鸿章所请以息还本之策略是在中央革除盛宣怀署理津海关道之官职之后。这两件事情综合来看,事实上中央是为安慰李鸿章及相应官员而做出了减轻对盛宣怀湖北矿案处罚的决定。这应是中央为李鸿章等人挽留盛宣怀,但复又开去盛宣怀津海关道一缺的一种安慰和平衡策略,但这种平衡反而凸显了中央的摇摆性。

---

① 《查核盛宣怀参案请免降调折》,顾廷龙、戴逸主编《李鸿章全集》10(奏议十),安徽教育出版社2008年版,第409—410页。
② (清)钱骏祥纂:《大清德宗景皇帝实录》,第193卷,第15页,光绪十年九月上,定稿本,清(1644—1911),现藏于北京大学图书馆。
③ (清)钱骏祥纂:《大清德宗景皇帝实录》,第194卷,第9页,光绪十年九月下,定稿本,清(1644—1911),现藏于北京大学图书馆。
④ 陈旭麓、顾廷龙、汪熙:《湖北开采煤铁总局荆门矿务总局 盛宣怀档案资料选辑之二》,上海人民出版社1981年版,第411页。
⑤ (清)钱骏祥纂:《大清德宗景皇帝实录》,第194卷,第9页,光绪十年九月下,定稿本,清(1644—1911),现藏于北京大学图书馆。

第四章

津海关道与中外交涉事务

办理对外交涉是津海关道的主要职责。从其产生之初，津海关道就广泛参与了处理教案、与外国议约订交、庚子事变之后接收天津等众多中外交涉案件，他们以持平办理的理念缓解了中外矛盾。但在晚清不平等条约框架下，因中外之间存在的根本利益冲突，津海关道在对外交涉方面的工作绩效难以获得社会的普遍认可，陷入两难境地的津海关道只好以其他方式增加自己的社会声望。

第一节 津海关道的工作环境

如按时局之推迁代谢勾勒近代天津的演变，我们发现，天津地处偏僻，昔非冲要，"自与海外列国通商以后，于此为往来出入之门户。轮楫交驰，冠裳骈集，遂蔚然成一巨埠"。① 但由英国人阿诺德·赖特（AronldWeight）主编，成书于1908年的《香港、上海和其他中国口岸20世纪的印象》② 却认为近代天津是一个在"半个世纪以来发生过一次屠杀和两

---

① 王守洵撰，焦静宜点校：《天津政俗沿革记》序，天津市地方志编修委员会编著《天津通志 旧志点校卷》下册，天津社会科学院出版社2001年版，第5页。

② ［英］阿诺德·赖特（AronldWeight）：《香港、上海和其他中国口岸20世纪的印象》，劳埃德大不列颠出版社1908年版。这是一部英国在华殖民机构编撰的官方志书，又译为《商埠志》，编者包括香港总督、秘书、各口岸的领事馆、海关和租界当局。书的前言引用了英国前殖民大臣张伯伦的话："对海外不列颠和女王广大属地的全面知识具有联系王国统治各部分的联系纽带的价值。"编者还强调此书不仅是一部可靠的、永久性的参考书，或满足商业目的，还是为了大英王国发展利益服务的。为此目的，当时已出版了《纳塔尔》《锡兰》《英属马来亚》等系列志书，此书为其中的一部。书中的内容包括各地的历史、政治、人口、商业、工业、资源等等，书中还有大量的珍贵照片，具有很高的史料价值。收录入陈克《心向往集：献给天津博物馆成立九十周年》，天津古籍出版社2009年版，第209—233页。

次战争"① 的城市。该书在近代中外曾尖锐对立的大时代背景下看待驻扎于天津城的中层官员"津海关道",并阐述其对外交涉职能当具有特殊的意义。

近代天津无疑不是一个寻常之地。作为畿辅咽喉,首先,其战略意义十分重要。对于1858—1860年来此的欧洲人而言,他们要求开放天津口岸,是要"给欧洲列强一个足以威胁京城的基地"。② 近代在天津爆发的中国国内几起政治事变,如义和团运动,"不是以国家的京城为策源地,就是以京城为目标"③,都极大地震慑了北京乃至全国。其次,从经济意义上考虑,虽然列强都得以进入南方的上海和北方的天津,但天津与上海不同。上海在英法占据之前仅是个小渔村,开埠之前的天津却早已是漕粮转运的中心,已然形成了自己独特而悠久的城市传统。因此当英法等国真正进入天津时,不同的传统与文化间的隔阂立即激起中外之间的剧烈冲突。相较于上海而言,不管反抗源头是来源于庙堂之上的上层官员还是下层的黎民百姓,其程度都要剧烈得多。

自咸丰十年(1860)英法等国自大沽闯入天津开始,来自于天津的反抗就没有中断过。同治九年(1870),天津有教堂诱拐挖心之说,谣言愈传愈广,纠缠不能了结。群众积疑生愤,最终酿成焚毁教堂、愤戕法国领事的天津教案。直隶总督曾国藩带病到津处理中外交涉,知府张光藻与知县刘杰被发配边疆,20名嫌犯被处斩刑,但"执刑时的情形表明,他们在旁观者的眼中成了英雄豪杰"。④ 当中外矛盾不可调和之时,清政府不仅靠严刑弹压平民,更以惩罚官吏,撤换总督,裁撤三口通商大臣来震慑官僚,此一事件引发晚清直隶与中央官僚体制一系列的变更。就在这种风声鹤唳的中外矛盾间,津海关道正式创立,专管中外交涉和新、钞两关事宜。强力镇压并不能真正调和中外,中外隔阂也并没有因为官僚机构的变化自此消除。那一时段的天津"曾是中国人与外国移民之间感情极端

---

① [英]阿诺德·赖特(AronldWeight):《香港、上海和其他中国口岸20世纪的印象》,收录入陈克《心向往集:献给天津博物馆成立九十周年》,天津古籍出版社2009年版,第210页。
② [英]雷穆森(O. D. Rasmussen)著,许逸凡、赵地译,刘海岩校订:《天津租界史(插图本)》,天津人民出版社2008年版,第18页。
③ 同上书,第27页。
④ 李蔚海领事致威妥玛先生函(ConsulLaytoMrWade),1870年10月19日。转引自[英]雷穆森(O. D. Rasmussen)著,许逸凡、赵地译,刘海岩校订《天津租界史(插图本)》,天津人民出版社2008年版,第48—49页。

仇视的中心"①，这就是津海关道最初的工作环境。

第二节 处理教案

一 晚清教案

清政府原本奉行禁教政策，曾屡次严厉禁止基督教在中国的传播。道光元年（1821）《大清律例》有如下规定。

> 旗民人等向西洋人等转为传习者，拟绞立决。入教不知悔改者，发新疆给额鲁特为奴。如有妄布邪言关系重大，或符咒蛊惑诱污妇女并诓取病人目睛等情，仍临时酌量各从其重者论。至被诱入教之人，如能悔悟，赴官首明出教者，概免治罪；倘始终执迷不悟，照例发遣并严禁。西洋人不许在内地置买产业。其失察西洋人潜往境内并传教惑众之该管文武各官，交部议处。②

毋庸置言，清朝前期和中期严格的限教措施几乎使基督教会和教士在中国无法立足。

1840年鸦片战争爆发，形势发生逆转。1844年，法国首先强迫清政府签订《黄埔条约》，其中规定："佛兰西人按照第二款至五口地方居住"，"佛兰西人亦一体可以建造礼拜堂、医人院、周急（济）院、学房、坟地各项"，"倘有中国人将佛兰西礼拜堂、坟地触犯毁坏，地方官照例严拘重惩"，"凡佛兰西人在五口地方居住或往来经游，听凭在附近处所散步，其日中动作一如地民人无异，但不得越领事官与地方官议定界址，以为营谋之事……佛兰西无论何人，如有犯此例禁，或越界，或远入内地，听凭中国官查拿，但应解送近口佛兰西领事馆收管；中国官民均不得殴打、伤害、虐待所获佛兰西人，以伤两国和好"。③ 法国依赖《黄埔条

---

① ［英］阿诺德·赖特（AronldWeight）：《香港、上海和其他中国口岸20世纪的印象》，收录入陈克《心向往集：献给天津博物馆成立九十周年》，天津古籍出版社2009年版，第212页。

② ［法］卫青心著，黄庆华译：《法国对华传教政策》上，中国社会科学出版社1991年版，第2页。

③ 王铁崖：《中外旧约章汇编》第1册（1689—1901），生活·读书·新知三联书店1957年版，第62页。

约》最先取得了在中国五口传教的权力。此后，法国特使拉萼尼又多次与两广总督耆英交涉。1844年10—12月间，耆英接连上奏朝廷，请求"将中外民人凡有学习天主教并不滋事为非者概予免罪"①，"为体察夷情，参核定例，请将学习天主教之人稍宽禁令，以示羁縻"②。道光二十四年十月初二日（1844年10月11日），道光皇帝谕令"著两广总督耆英转谕法使天主教之禁可开，但断不能明降谕旨，通谕中外"。③ 以此为开端，基督教逐步打开了中国的大门。

虽然道光皇帝明令两广总督耆英"天主教之禁可开，但断不能明降谕旨，通谕中外"，但当事情往前发展时，其进程却再也难以控制。待到两广总督耆英奏请"将习教为善者免其治罪"④ 之后，道光皇帝明确表示："该督另折所拟准将习教为善之人免罪之处，于滋事为非者仍治以应得罪名，于外国习教者仍禁其擅入内地，所奏自属可行，已于折内批明依议。"⑤ 于是，有些学者认为，"应该肯定，这道谕旨结束了近122年的合法教难，为宽容基督教开辟了一个新的纪元"。⑥

1858年6月间，英法联军攻占大沽口，进逼天津，清政府被迫同俄、美、英、法签订《天津条约》。列强取得了更多在中国传教的权力。以中俄签订的条约为例，条约第8款作了明确的规定。

> 天主教原为行善，嗣后中国于安分传教之人，当一体矜恤保护，不可欺侮凌虐，亦不可于安分之人禁其传习。若俄国人有由通商处所进内地传教者，领事官与内地沿边地方官按照定额，查验执照，果系良民，即行画押放行，以便稽查。⑦

---

① 中国第一历史档案馆编：《鸦片战争档案史料》第7册，天津古籍出版社1992年版，第514页。

② 同上书，第512页。

③ 同上书，第531—532页。

④ 同上书，第534页。

⑤ 同上书，第543页。

⑥ ［法］卫青心著，黄庆华译：《法国对华传教政策》上，中国社会科学出版社1991年版，第426页。

⑦ 王铁崖：《中外旧约章汇编》第1册（1689—1901），生活·读书·新知三联书店1957年版，第88页。

这个规定除肯定中国内地居民有信仰宗教的自由外，还为外国传教士打开了绿灯，他们自此"可以在庞大的中华帝国任何一个角落传教布道，发展势力，使传教士获得了前所未有的活动空间"。①

1860年10月，清军战败，英、法联军攻占北京。清政府又被迫同英、法签订《北京条约》。《北京条约》除了承认《天津条约》继续有效外，又增加新的条款："将前谋害奉天主教者之时所充之天主堂、学堂、茔坟、田土、房廊等件应赔还，交法国驻扎京师之钦差大臣，转交该处奉教之人。"当时，法国方面担任翻译的传教士孟振生、艾美还在中文本中擅自增加了"并任法国传教士在各省租买田地，建造自便"的条款。② 这个条约赋予传教士和信教教徒众多特权。后来实际证明此举影响极为恶劣。这个特权阶层的出现，大大增加了晚清社会的不安定因素。其中部分教士教民依附某国列强，有恃无恐，以致横行乡里，倚势欺人，成为为恶一方的邪恶势力。于是民众"不服之心，固结而不可解，迨民教相争，酿成案件，地方官理当查办，而教士又出而庇护之，教民借此藐视官长，民心更为不服。且当中国有事之秋，凡一切罪人讼棍，俱以教中为逋逃薮，从中生乱，百姓始而抱怨，继将成恨，终且为仇"。③ 晚清教案由此大量产生。赵树好在他的著作《教案与晚清社会》中对晚清教案数量进行了初步统计，如果不包括义和团前后由于记载不清、暂时无法统计的数千起教案，"晚清时期发生了1998起教案"。④ 晚清教案数量之多，涉及面之广，是其他中外交涉事件无法比拟的。而且重大教案时有发生，其强度之大，影响之广，前所未有。一旦教案处理不当，往往又会成为列强讹诈中国甚至武装侵略中国的借口，从而引发更严重的危机。这就是晚清负责对外交涉的官员和地方督抚们必须应对的教案环境。对于他们来说，处理教案是一种躲避不开的要务。同治九年（1870），震惊中外的天津教案爆发，清政府派崇厚出使法国，专程道歉；直隶总督曾国藩办理不善，备遭朝野谴责，最终离职，不久含恨去世；天津诸多官员被撤职流放；三口通商大臣一职从此遭到裁撤……为应对中外交涉事务和新、钞两关税务，

---

① 赵树好：《教案与晚清社会》，中国文联出版社2001年版，第15页。
② 王铁崖：《中外旧约章汇编》第1册（1689—1901），生活·读书·新知三联书店1957年版，第147页。
③ （清）葛士濬编：《清经世文续编》卷112，洋务12，清光绪石印本。
④ 赵树好：《教案与晚清社会》，中国文联出版社2001年版，第10页。

一个新的官职——津海关道诞生。这个官职从诞生那天起就担负起处理教案的职责。

继曾国藩之后出任直隶总督的李鸿章高度重视官员在处理教案中的作用。同治九年闰十月初七日（1870年11月29日），李鸿章在议设津海关道的奏折中说："地方官办理教案能否操纵合宜，首在得人，不尽在法。"当时清政府刚刚确定天津教案处理方案，虽大事议结，但诸多小细节仍需筹商，"承示教案须筹议条约，固属目前急务。惟思条约一事，各国和约中大致已具，若有因时变通之处，必须与传教士公同会商，面面俱到，方可经久通行"。李鸿章心目中能"与传教士公同会商，面面俱到"，且"操纵合宜"之人就是首任津海关道陈钦。他对陈钦寄予厚望，"俟陈道接任后与洋人往来熟习，再窥察情形婉为开导"。①

二 修改《传教章程》

天津教案议结后，为规范各国来华传教行为，减少教案的发生，清政府命总理各国事务衙门大臣文祥、沈桂芬议定《传教章程》。值得注意的是，这篇由文祥、沈桂芬议定的《传教章程》是在接受津海关道陈钦意见的基础上酌情改动而成的。

同治十年正月初一（1871年2月19日），津海关道陈钦曾写下信函。

> 奉到寄下现议传教章程，职道悉心披读，剀切详明，于严以相范之中，仍寓宽以相待之意，使彼族果能遵办，数年积弊自可渐次厘剔，裨益大局，实非浅鲜，曷胜钦佩。职道愚见，窃谓条款最宜简括，一切辩论之语固应列入查笔，以备舌战。至传教士种种僭妄，匪伊朝夕，一旦严加束缚，几有一落千丈之势，若再将恶劣情状穷形尽相，恐彼族反疑中国志在驱逐教士，欲背条约，或付之不答，或以目前听凭中国办理等语，悠词搪塞。则我虽煞费苦心，亦恐无从着手。似不如处处托词保护，出以浑抟，藏锋敛锷，譬之棉里针，不使彼族望而生畏，或者尚易动听，可冀就我范围。所最要者，在令传教士归地方官管束一层，使其遵此，则其余各条皆可迎刃而解。故职道谨就

---

① （清）李鸿章：《致总署 议设津关道》（同治九年闰十月初七日），顾廷龙、戴逸主编《李鸿章全集》30（信函二），安徽教育出版社2008年版，第132页。

管见，令拟备稿八条，首载传教士比照儒教士人之例等语。明非我欲轻视，以期诱彼使从，并于各款未皆注明用意所在，以示曲为保护起见。俾彼族虽知我欲禁其猖獗，而又不能籍口我忽迫以难堪。

此事庶不至中止。又查教中滋事，多半由刁劣生监唆使其间，若不行斥革，则恐群起效尤；若竟行斥革，又苦难于措辞，因拟阳借推崇伊教职名，阴阻奸人趋附之计，妄增一款，未识可否列入。①

从陈钦给总署的信函中可以看出，首任津海关道陈钦对总理各国事务衙门拟定的《传教章程》的修改意见，强调的第一项是应注意外交技巧。陈钦认为总署确定《传教章程》的原则是"于严以相范之中，仍寓宽以相待之意"，对此原则陈钦表示钦佩。他建议总署"条款最宜简括，与其"将恶劣情状穷形尽相"，不如"处处托词保护"，"不使彼族望而生畏，或者尚易动听，可冀就我范围"。陈钦"托词保护"的观念即为"出以浑拈，藏锋敛锷，譬之棉里针"，其实质就是一种圆融的外交技巧，"俾彼族虽知我欲禁其猖獗，而又不能借口我忽迫以难堪"。

陈钦强调外交技巧的第二项就是不"将恶劣情状穷形尽相"，只需抓住"所最要者"——"令传教士归地方官管束"。有此一条，"其余各条皆可迎刃而解"。在这些原则下，陈钦在总理各国事务衙门原《传教章程》条款的相应地方作了文内批注，在有些地方还加了眉批，并完整写出了自己修改和增加的条款。

原本总理各国事务衙门拟定《传教章程》初稿第一款为："教中设立育婴堂收养幼孩，向不报官，事多隐秘，每致酿疑起衅，不如将外国育婴堂一律撤回，以免招人之疑，如必不能撤，或教中止收奉教人不能育之幼孩，仍报官立案，于何日收养何人，及由何日领回，获准他人具保抱养为嗣，以昭覆实。至教外人幼孩应由中国督抚通饬地方官选择绅董自行办理，各行各善，以杜疑端。"② 对此条款，陈钦眉批道："查本年天津一案，即因堂内幼孩病毙多名，未报地方官查验，因而积疑生忿，酿成巨案，似应将此层添入。"陈钦又在字里行间批注道："教中育婴堂到处皆

---

① "中央研究院"近代史研究所编：《教务教案档》第三辑（一），"中央研究院"近代史研究所1975年版，第1页。

② 同上书，第4页。

有，彼既假名行善，恐未必肯撤，似不如将此层节去"，"查中国育婴堂本系地方官应办之事，似可删除，彼族尚以教外幼孩无人收养为嗣，尽可告以现由总理各国事务衙门通行各省举办，自不患其失所，若载入章程与之比较，恐地方官设或不能认真办理，转致彼族口实。"① 最终陈钦将此款修改为《传教章程》第三款："教中育婴堂止准收养习教民人幼孩，何日收养何人幼孩，或男或女，年岁若干，应按月报明地方官存案，如日后本家领回或经他人抱养，亦应呈报，以凭查核，即实系病毙者，亦应请地方官验明方准掩埋，以释群疑。"②

原文第二款："各教堂概不准中国妇女入堂，并不准女修士在中国传教，以示教中严肃之规，而免中国观听之异。"陈钦在字里行间批注："查教堂既不准中外妇女出入，育婴堂向来不分男女，亦应稍示区别，定以年限。"③ 经陈钦修改后此款定为第四款："中国妇女不准出入教堂，亦不准女修士在中国传教，其育婴堂所收习教人女孩年至十二岁，应令其出堂，以别嫌疑而免浮议。"④

原《传教章程》第三款："传教士在中国居住应照中国法律风俗，不准自立门户，及违背国法、官令，僭权越权，损人名节，欺压人民，令人怀疑，招众怨怒，并毁谤中国圣教，致滋公愤。各传教士应一体归地方官约束。"⑤ 陈钦将其改为第一款："传教士应遵中国体制，用儒教士人之例，归地方官管束，不得稍有僭越，倘事关本身应行申诉，俱用禀呈，听候传讯，其民教交涉案件悉听地方官讯断，不准丝毫干预。"

鉴于"教中滋事，多半由刁劣生监唆使其间，若不行斥革，则恐群起效尤。若竟行斥革，又苦难于措辞"，陈钦特地增加一款："第七款习教民人不准恃教违犯法律。除民间演戏赛会准其免摊外，其余一切钱粮租税、差徭杂役均与平民一律承应，不准丝毫抗欠。如与平民涉讼，亦不准自称教民，倘理屈情虚，营求教士扛帮，是有意败坏教士声名。除将教士

---

① "中央研究院"近代史研究所编：《教务教案档》第三辑（一），"中央研究院"近代史研究所 1975 年版，第 4 页。
② 同上书，第 2 页。
③ 同上书，第 4 页。
④ 同上书，第 2 页。
⑤ 同上书，第 4 页。

撤回外，地方官应将教习人加等治罪，以期杜绝刁风，藉保教士体面。"①陈钦希望以此达到阳借推崇伊教职名，阴阻奸人趋附之计的目的。

除此之外，陈钦对原《传教章程》诸多细枝末节之处均提出了修改意见。如原文"如晋谒中国大宪，其礼节即照中国士人谒见大宪之例，至请见地方各官亦应照此例，以礼相见，不得径入公堂，扰乱公事"。陈钦的意见是："查中国士人谒见大宪必须行礼，传教士未必肯遵，但求归地方官管束一节，彼能遵办，则此层即不申明，该教士谅不敢仍前倨傲。"②

总体言之，总理各国事务衙门初拟之意见更多偏重在严格束缚外国传教士在中国的种种言行，陈钦则以长期处理对外交涉的经验考虑到了《传教章程》的可行性。在文中陈钦明确提出外国传教士不一定会遵守中国士人晋谒中国大宪的礼节；外国人未必肯同意撤除育婴堂等，这些观点和看法更接近当时中外交涉的实际。陈钦处于对外交涉第一线，相较于总理各国事务衙门大员而言，对中外交涉有更清晰的认识。

陈钦参与拟定《传教章程》的讨论，还充分展现了前瞻性。总理各国事务衙门于同治十年正月初一日（1871年2月19日）收到署理津海关道陈钦"附传教章程八款粘签意见，并另拟八款备供酌采"③的信函，在陈钦意见的基础上，总理各国事务衙门对《传教章程》作了进一步的修改，然后分发至各地督抚和各国公使，但各国公使均对此表示反对。对此结果，陈钦早已在预料之中。在修改《传教章程》前的信函中，陈钦就说道："条款最宜简括，一切辩论之语固应列入查笔，以备舌战。至传教士种种僭妄，匪伊朝夕，一旦严加束缚，几有一落千丈之势，若再将恶劣情状穷形尽相，恐彼族反疑中国志在驱逐教士，欲背条约，或付之不答，或以目前听凭中国办理等语，恣词搪塞。则我虽煞费苦心，亦恐无从着手。"④

此处我们暂且不讨论总理各国事务衙门制定的《传教章程》有没有起到作用，在整个事件中陈钦作为津海关道首任官员，能对总理各国事务

---

① "中央研究院"近代史研究所编：《教务教案档》第三辑（一），"中央研究院"近代史研究所1975年版，第3页。

② 同上书，第6页。

③ 同上书，第1页。

④ 同上。

衙门拟定的《传教章程》提出修改意见，足见总理各国事务衙门对陈钦的认可，这也体现了总理各国事务衙门对这个新设职位"对外交涉"职能的重视。

三 议结"布国①商人索赔案"

天津教案大致结案之后，清政府添设津海关道，从其创设之初，首任津海关道陈钦就参与了天津境内多起教案的处理。其中"布国商人索赔案"是天津教案发生后不久由津海关道陈钦负责处理的一起教案，较有代表性。整个事件的处理可谓一波三折。

（一）两方争论

"布国商人索赔案"实际上是天津教案的延伸案件，因普鲁士商人在天津教案中也有所损失，于是要求中国赔付。赔偿内容为："一系失落损坏物件；其二系旷用银钱及挪移等费；其三系该商等避难至紫竹林赁房及修治房屋各费。"以上要求赔付的数额高达二三万两。② 在交涉中，津海关道陈钦认为："查贵国条约第三十三款及第三十六款布国商人无论在洋面、在埠头被盗、被抢，均无由中国官赔偿之语。且查上年五月二十三日民教滋生一案，二十四日即经前天津道周大人（周家勋）亲历各洋行询问有无受伤被抢情事，二十五日复经崇宫保（当时的三口通商大臣崇厚）两次派员查询贵国各洋行，俱称并无滋扰之事，与别国商民实被焚杀抢掠，情殊可悯，理应加以抚恤者迥不相同。况事隔半年，始行开单索赔，其虚实已可概见。再查来单多开，均系该商自己费用，按照条约即实系被盗、被抢，官尚不能赔偿"，这更无赔偿之理。③

陈钦持理不允，但布国坚持要求赔偿，并且认为"此事不必论理，只可论数多寡，以期早为了结"。后经反复查证协商，陈钦认为，"职道因其自行转圜，已有相求之意，遂将花园小船前曾查明实系被毁物件酌量允赔"④，但"仅止花园被损微物尚可通融办理。此外俱系洋商自己费用，何得索赔"。陈钦一直持理驳议，毫不松口，这是有原因的，他认为"在

---

① 即普鲁士。
② "中央研究院"近代史研究所编：《教务教案档》第三辑（一），"中央研究院"近代史研究所 1975 年版，第 188—189 页。
③ 同上书，第 117 页。
④ 同上书，第 191 页。

我所争最重商人自用之款，遇事索赔，端不可开，至银数多寡犹其末节"。① 这说明陈钦论争的焦点是布商索赔须布国声明商人自用之款例不应赔，庶可杜将来流弊。②

（二）事件的转折

津海关道陈钦与布国领事之间的争论长达半年之久，久拖不决，但事情却越过津海关道和布国驻天津阿领事，最终在总理各国事务衙门、直隶总督李鸿章和布国驻京公使介入后得以解决。

总理各国事务衙门来函催促陈钦迅速结案，说布国璧翻译来函："此案辩论半年之久，若仅赔二百之数，未免贻笑各国，非如原索之数不足以少遮面目。"因此，总理各国事务衙门催促陈钦，"阁下既以银数多寡似犹末节，究应如何加增之处，即希大人裁夺，总期商办妥协，迅速了结，是为至盼"。③ 总理各国事务衙门催促陈钦酌量赔付迅速结案的背后另有隐情。在给津海关道陈钦的信函中，总理各国事务衙门道："璧翻译又云，布商赔款原数不下三四万两，经李大臣核减至一千余两。李大臣临行时曾说此事不能再少。并言可惜此事李大臣办理较迟，若于去岁津案之后当各国索赔之时一律办理，即使李大臣不为核减，彼时中国未必不照本国商人原数赔偿也。"④ "李大臣"即当时的直隶总督李鸿章，璧翻译的这番话使事情趋于复杂。在布国商人索赔事件中原本津海关道与布国驻天津领事两者之间的争论演变成了直隶总督李鸿章、总理各国事务衙门和布国公使之间的角逐。事实上是布国领事遭遇津海关道陈钦的强硬之后，转而由布国驻京公使及其翻译向直隶总督李鸿章寻求支持，并同时获得了总理各国事务衙门在某种程度上的认可，这种越级寻求支持的行为超越了津海关道陈钦的处理权限。

而布国在获得直隶总督和总理各国事务衙门的某种认可之后，态度愈加强硬。津海关道陈钦在得到催促迅速结案的津字二十三号公函后，马上猜想"布商索赔一事，璧翻译既屡以商人原请三四万减至一千二百为言，专论数不论理，想即函致阿领事亦必以此立论"。果不其然，之前与津海

---

① "中央研究院"近代史研究所编：《教务教案档》第三辑（一），"中央研究院"近代史研究所 1975 年版，第 180 页。
② 同上书，第 181 页。
③ 同上书，第 187—188 页。
④ 同上。

关道陈钦讨论此事时原本"词气均属嗫嚅"的阿领事,"此次改变声口",称"奉公使来文,非一千二百之数无可再商"。①

(三) 变通之下的结果

在越级讨论的结果之下,津海关道陈钦只好遵照总理各国事务衙门的决定按照 1200 两赔付,但觉事理不平,仍然执着寻求变通之策。他坚持前议,与布国驻扎天津之阿领事协商,赔付仍止 200 余两,其 1000 两算陈钦私自垫出,并决定这 1000 两不在照会中严明,"以免痕迹"。布国驻津领事初步认同这种变通举动,天津阿领事亦表示同意。事情如此完结,陈钦不由感叹:"弟自愧无能,致此案宕悬许久,屡劳各堂,茕茕负疚实深,且自莅任以来涓埃罔效,尤不敢只图一时了事,贻将来无穷流弊,所有另给银一千两拟不开销公款,自行赔出,署以示罚,庶各国将来不致籍为口实也。"②

同治十年八月初八日(1871 年 9 月 23 日)津海关道陈钦收到布国照会:"查前者津案赔款一事,除各洋商自用银两例不应赔外,贵道已允赔洋银一百八十元,银九十四两七钱五分。现已商妥,应请贵道即行将应赔洋银一百八十元、银九十四两七钱五分送由本领事发交各洋商,俾得了结此案。为此合行照会,希即查照办理。"同治十年八月十五日(1871 年 9 月 29 日),总理各国事务衙门收布使安讷克照会:《德意志商人受损银两已蒙津海关道按数发给,请为转达布商索赔一事已办理完结》,在函件中,布国驻京公使安讷克向总理各国事务衙门表达了谢意:"惟有感念贵王大臣分心转为代办,致谢无尽。"③

同治十年八月十八日(1871 年 10 月 2 日),总署收到直隶总督兼北洋通商大臣李鸿章关于"布商索赔一事已办理完结"的函件,全文仅将同治十年八月十二日(1871 年 9 月 26 日)津海关道陈钦致直隶总督李鸿章关于事件处理经过的函文直接报告给了总理各国事务衙门,并未加任何评述。自此看来,津海关道以私人方式解决布国商人索赔一案,其表现出的民族大义令人钦佩,但事实却未能如此简单了结。

---

① "中央研究院"近代史研究所编:《教务教案档》第三辑(一),"中央研究院"近代史研究所 1975 年版,第 188—190 页。

② 同上书,第 189—190 页。

③ 同上书,第 190—191 页。

（四）案件余声

同治十年九月初三日（1871年10月16日）总理各国事务衙门收到布国翻译官璧斯玛的函件，称"日前在署面谈德意志商人所讨受亏银一千二百零三两已按数发给一事，备文勿写数目等情，本翻译官当将一切情由回明本馆署钦差大臣安。现奉安大人言，实系难以照办。目下已将该商收银之数文送本国，若另行办理必然不符，再四思维，诚难如是等语。本翻译奉此。惟惜所能，一切不能照办，想贵大臣定然可以料理。祈另行设法，是所至望，专此奉达，并将原文二件仍行送回。"① 无论是总理各国事务衙门、直隶总督李鸿章，还是津海关道陈钦大概都未料到如此结果，无论对津海关道陈钦，还是对整个中国而言这都是一次引人深思的经历。

（五）教案背后的事实

在这起案件的处理中，我们看到了在津海关道设立初期，直隶总督兼北洋通商大臣、总理各国事务衙门与津海关道三者间的微妙关系。虽然添设津海关道时中央已言明，津海关道由直隶总督管辖，但从这起案件中我们看到津海关道时时越过直隶总督李鸿章，直接向总理各国事务衙门呈报案件处理之经过，而总理各国事务衙门也越过直隶总督李鸿章直接指示津海关道陈钦。这与后期直隶总督兼北洋通商大臣对津海关道的管辖方式略有不同。跨越直隶总督，总理各国事务衙门与津海关道直接联系的原因，除陈钦原本任职总理各国事务衙门章京，初任津海关道，仍然寻求总理各国事务衙门支持这一私下原因外，也说明总理各国衙门与直隶总督对津海关道的权力隶属关系并没有完全理清。

虽然津海关道跨越直隶总督，但直隶总督并非完全置身事外。事实上直隶总督李鸿章的允诺是整个事件的关键转折点。布国璧翻译有恃无恐的背后就在于他得到了直隶总督李鸿章的支持，这使案件愈显复杂。李鸿章最后致总理各国事务衙门的报告信函中只是原本抄录津海关道陈钦的报告，未加一字评价，这显示了直隶总督李鸿章与首任津海关道陈钦之间在此事上的不恰。陈钦不予全额赔付，坚持的是杜绝以后列国照此要挟的流弊，但直隶总督李鸿章信奉的是更为圆滑的痞子外交，两者处理对外交涉之立场、观点和态度显然不同。

---

① "中央研究院"近代史研究所编：《教务教案档》第三辑（一），"中央研究院"近代史研究所1975年版，第199页。

除这起教案之外，首任津海关道陈钦还参与处理了天津教案结尾工作——"津民误毙俄人案"①等多起教案。处理教案成为以后历任津海关道的主要交涉工作。尤其是到清朝末年，津海关道不仅负责处理天津地方之教案，还屡屡被清政府外派其他地方处理棘手教案。光绪三十年八月十七日（1904年9月26日），直隶津海关道唐绍仪开缺，以三品京堂候补，赏给副都统衔，前往西藏查办西藏教案。②光绪三十二年三月二十二日（1906年4月15日）内阁奉上谕，派直隶津海关道梁敦彦前往确查江西南昌教案。朝廷根据梁敦彦的调查结果，将"颟顸贻误"的胡廷干先行撤任，布政使周浩查办，按察使余肇康交部议处。③总体说来，津海关道自创设始，处理中外教案就成为其主要的对外交涉工作。在袁世凯任职直隶总督期间，津海关道事实上已经超越天津一地之限制，成为晚清各地遭遇棘手问题后可急速征调之消防员。

第三节　中日定约、修约谈判

天津为畿辅重地，拱卫北京。两次鸦片战争后，外国公使开始广泛进驻天津，天津遂成为"中外交涉最要之区，英、法、美、布、秘鲁诸夷酋颂斌，而至者日不暇给"。④陈钦因在协助处理天津教案中表现卓著，遂出任首任津海关道，协助直隶总督李鸿章处理对外交涉事件。"君乃益厉其气，而力持正议"⑤，与各国使节秉公往来。其中"议论往复，惟日本为最久"。⑥

最初日本遣使东来请求定约，至同治十二年（1873）换约成功并于同治大婚之时觐见同治皇帝，"议约换约更历四载"，其间日本竟屡次毁约，可谓反复无常。

---

① "中央研究院"近代史研究所编：《教务教案档》第三辑（一），"中央研究院"近代史研究所1975年版，第223页。
② 中国第一档案馆馆藏档案，光绪三十年八月十七日，档案号：01/1487/002。
③ 中国第一档案馆馆藏档案，光绪三十二年三月二十二日，档案号：01/1498/003。
④ （清）游百川：《皇清诰授荣禄大夫直隶津海关道陈君墓志铭》，现藏舟山市博物馆。
⑤ 同上。
⑥ 同上。

一 日本谋求订约

明治维新后，日本国力日强，为谋求对外扩张，日本开始觊觎中国。同治九年八月初六日（1870年9月1日），以外务大臣柳原前光为首的日本使团乘美国船只自长崎出航，先达上海，后赴天津，要求与清政府"通情好，结和亲""预前商议通信事宜"。① 对日本此项要求，清政府官员意见不一，李鸿章同意议结条约。

> 鸿章前闻日本与英、法通商立约，简严特甚。海关不用西人，传教不许开禁，即此二节已杜许多后患。又购求泰西机器、兵船，仿制精利枪炮，不惜工本，勿谓小国无人。此来五人中有曰仓信敦者，据道前数年屡至上海、金陵敞营察看军容，言之历历如绘，与之深谈西事，似有大不获已之苦衷。日本距苏、浙仅三日程，精通中华文字，其兵甲较东岛各国差强，正可联为外援，勿使西人倚为外府。②

除考虑与日本"联为外援"外，李鸿章还认为："设因拒绝所请，致该国另托英、法为介绍，英、法更助该国以筹张。彼时允之，则示弱于东藩，不允则必肇衅于西族，在彼转有唇齿之固，在我愈无牢笼之方。似又不如由我准其立约，以示羁縻。此即前函所云，纵不能为中国外援，断不使为西国外府之意。"③ 曾国藩等人也赞同与日本议约，清政府最终同意日本所请。

为从容筹议与日本议约事宜，总理各国事务衙门于同治九年十月二十一日（1870年11月13日）致函李鸿章，希望遴委时任津海关道的陈钦，将日本预先交给中国的约稿详加核议，逐条粘签，由李鸿章核定后，再行咨送总署，以集思广益。④ 李鸿章同意，并立即督饬陈钦将日方约稿"悉心查核，逐条签驳"，"其未尽之意，均粘签眉註，详加说明"。⑤ 于是，

---

① 王玺：《李鸿章与中日订约1871》，"中央研究院"近代史研究所1981年版，第16页。
② （清）李鸿章：《致总署 论天津教案》（同治九年九月初九日），顾廷龙、戴逸主编《李鸿章全集》30（信函二），安徽教育出版社2008年版，第99页。
③ 王玺：《李鸿章与中日订约1871》，"中央研究院"近代史研究所1981年版，第22页。
④ 日本换约档，同治九年十月二十一日，总署致李鸿章函，引自王玺《李鸿章与中日订约1871》，"中央研究院"近代史研究所1981年版，第49页。
⑤ 王玺：《李鸿章与中日订约1871》，"中央研究院"近代史研究所1981年版，第49页。

陈钦起草了十八款的《会商条规备稿》①，对日方约稿中不平等性质的内容一一批驳。

二　日本第一次毁约

同治十年五月十八日（1871年5月）以大藏卿伊达宗城为钦差全权大臣，以外务大臣柳原前光和津田真道为副使的日本使团到达中国，并提请正式议约。日本使臣抵达天津，李鸿章表示："虽奉命为全权大臣，然而身秉国钧，公事颇繁，且贸易事务生疏，故奉请钦派江苏按察使应宝时，天津海关道陈钦为帮办，希望而后专由柳大臣等与应宝时等商议条约事务，议成后再共同裁决。"②伊达宗城等表示同意。事实上，真正负责处理与日本议约事宜的是津海关道陈钦和记名海关道孙士达。孙士达在帮办与日本议约事件时，曾致函总理各国事务衙门大臣董恂："宝时身任臬司，一味取巧规避，毫不沾染。刻下日本议约，极欲含糊了事，既不如愿，故智复萌，又以耳聋请假矣。"③又说"日本约已议定，应宝时耳聋亦愈。昨闻日本使臣进京之行，总署函令宝时伴送，乃宝时志切南旋，坚辞不允"。④之后在陈钦病假期间，孙士达也以其在处理天津教案和日本议约等事件中的杰出表现，被李鸿章任命为津海关道。从这个角度言，中日议约事件是由津海关道全权负责处理的。

中日会谈正式开始，但出乎意料的是日本使者竟全面推翻前次来华提交的《日本国清国条约草稿》，而重新仿照中国同其他西方国家订立之"西约"拟定了一份新约草案，这令中国猝不及防。津海关道陈钦对日本此种"未定交先失信"⑤的行为进行了谴责，"贵国既有戒心，自可无庸相强，夫中国非有所希冀欲与贵国立约也，特因去岁情词恳切，并送来十六条，均以两国立论，其中虽有数条未能妥洽，余尚可采，是以我中堂奏

---

① 日本换约档，同治九年十二月十八日，总署收李鸿章文，附件三，陈钦拟会商条规备稿。引自王玺《李鸿章与中日订约1871》，"中央研究院"近代史研究所1981年版，第50—67页。
② 《日本外交文书》第4卷，第150号文件，附使清日记，第188页。引自吴文星《中日修好条约初探》，收入中华文化复兴运动推行委员会主编，中国近代现代史论集编辑委员会编辑《清季对外交涉（二）俄、日》，台湾商务印书馆发行1986年版，第35页。
③ 徐凌霄、徐一士：《凌霄一士随笔》五，山西古籍出版社1997年版，第1912页。
④ 同上。
⑤ （清）李鸿章：《应宝时陈钦复日本副使函》（同治十年六月二十一日），顾廷龙、戴逸主编《李鸿章全集》4（奏议四），安徽教育出版社2008年版，第367页。

准派使前来会议。此次尊处送到章程全改作一面之词,荟萃西约,取益各款而择其尤,竟与去岁拟稿自相矛盾,翻欲将前稿作为废纸,则是未订交先失信,将何以善其后乎,我中堂又将何以复命乎",并建议"将前送条规章程彼此再行酌商删并,以便早日定议"。"如尊意必不谓然,只好转请中堂将贵国遽改前议、不欲守信之处据情具奏,或仍照总理各国事务衙门去岁初议,照旧通商和好,毋庸立约。"① 陈钦诘责日本失信行为,字字句句,可谓掷地有声。

第二日,津海关道陈钦再次前往日使公馆,向对方递交了中国预先起草的条约草案。说道:"昨阅草稿,全照西人之约书照抄,与我政府之希望甚为相反。贵国与我一海相隔,今后互相往来,情谊原为唇齿之邦,此与西洋各国有来无往不同。贵国去秋修通信之谊,我政府格外亲切,旨在订立永久不变之条约。因此,我李中堂自始即再三熟议筹酌,作为此约,今日送来。此为两国通行之约,由于贵国为比邻往来,始可行用。"② 由此我们看到陈钦既能再三诘责日使失信行为,又能刚柔相济,以诚、以礼相待,体现了一个处理外交事务官员的良好素质。

后经激烈辩论,中日最终"修好条规十八条,通商章程三十三款,附以中国日本海关税则"。③ 这一条约受到后来历史学家的普遍肯定,"和以前同西方各国历次签订的不平等条约相对照,这次中日条约确实比较合理,并反映了清政府与日本修好的真诚愿望"。④ 如果事情至此终结,近代中日关系似乎将平滑而无波折。

三 日本第二次毁约

同治十一年正月二十四日(1872年3月3日),因为对议结条约不满意,日本政府再次遣使中国,复欲易约,而且"必欲准照西约成例",且

---

① (清)李鸿章:《应宝时陈钦复日本副使函》(同治十年六月二十一日),顾廷龙、戴逸主编《李鸿章全集》4(奏议四),安徽教育出版社2008年版,第367—368页。
② 《日本外交文书》第4卷,第1册,第180页。转引自王玺《李鸿章与中日订约1871》,"中央研究院"近代史研究所1981年版,第103页。
③ (清)黄遵宪:《日本国志》卷6,邻交志上3,清光绪刻本。
④ 丁名楠等:《帝国主义侵华史》(第一卷),人民出版社1961年版,第181页。

"隐有挟制之意"①，陈钦"责以'甫立约，旋易，无以信将来也'"。②但日本既来，就不能不认真对待，而且这次交涉既不能损害清朝利益，又不能与在议约修约中反复无常的日本直接敌对，困难可谓重重。陈钦在关键时刻再次表现出了一个外交家的智慧和机敏。同治十一年（1872）四月，当柳原等再次抵达天津后，亟期面晤李鸿章，商议改约事宜。但李鸿章公务繁忙，无暇接待，于是同治十一年四月初二、三日（1872年5月8日、9日），津海关道陈钦，江苏记名海关道孙士达等接洽柳原前光一行。陈钦据理力争，说道："向来两国议约，各派全权大臣定议画押后，不可更改，除再派大臣互换外，并无另有钦差大臣，议改前约之事，尔等此来若系换约，中国当循例接待，既非换约，何为又有钦差大臣，既非钦差大臣，何能径递照会，自称本大臣，与中国钦宪平行。且柳原于同治九年间来津充委员，十年夏间来津充随员，今无故忽称钦差，究竟差办何事，名不正，则言不顺。"柳原前光等云："为送信而来"，陈钦对答："送信则仍为委员之职耳。"③作为一个直接与外国使节交涉的中层官员，陈钦毫不退让，逐条批驳，"定议画押后，不可更改"；柳原前光"既非钦差大臣"，何能"与中国钦宪平行"；柳原前光三次来华，前两次充委员、随员，今无故忽称钦差，名不正，言不顺。三句话环环相扣，折杀了日本使臣的骄横之气。日本再次改约的企图最终以失败告终。

纵观首任津海关道陈钦谈判的全过程，陈钦之敢于担当、据理力争、再三诘责的态度最引人注目，这与当时中国官员在涉外事务上普遍畏怯的风气大相径庭。从最初日本遣使东来请求定约，到同治十二年（1873）最终换约并于同治大婚之时觐见同治皇帝，"议约换约更历四载"，时间可谓久已，陈钦作为接待日本使臣的第一站，"无一毫牵率苟且于其间"。在与日本使臣交往过程中，陈钦往往有理有节，据理驳议，正如曾国藩所评价的："其辩才足以折服强悍"④，这种辩论又非毫无理由的诡辩，国家积弱积贫，面对周遭纷纭而至的强敌，陈钦只能以诚信二字立足，在两国

---

① （清）李鸿章：《日本议约情形折》，顾廷龙、戴逸主编《李鸿章全集》4（奏议四），安徽教育出版社2008年版，第365页。

② （清）游百川：《皇清诰授荣禄大夫直隶津海关道陈君墓志铭》，现藏舟山市博物馆。

③ 日本换约档，同治十一年四月十二日，总署收北洋通商大臣李鸿章函。见王玺《李鸿章与中日订约1871》，"中央研究院"近代史研究所1981年版，第157页。

④ （清）曾国藩：《请以陈钦署天津府折》，《曾文正公全集》第2册，（上海）国学整理社1936年版，第927页。

交涉间尝试以尺寸之舌维护国家权威。

在历时四年的中日议约改约过程中，日本反复无常，陈钦已有深刻体会，他敏锐地洞察到日本"无以信将来"。这种观念和李鸿章的观念相同，李鸿章说："日本自（同治）九年遣使来津修约，厥后岁辄一至……其人外貌呴呴（笑貌）恭谨，性情狙诈深险，变幻百端"；又说："日本志不在小，为中国永远大患。"① 时隔仅20年后甲午中日战争爆发，随后半个世纪里日本对中国野蛮侵略，历史证实了陈钦作为首任津海关道在处理对外交涉事务时的敏锐洞察力。

第四节　庚子事变后接管天津

一　庚子事变后的天津政局

世纪之交的庚子事变对中央的震动是巨大的，对天津政局也产生了重大影响。

第一，庚子事变带来几届直隶总督的宦海沉浮。由于直隶总督裕禄支持义和团，致使义和团势力迅速控制了天津。义和团除在天津展开了对各国租界和使馆的进攻外，还与来援的各国联军进行战斗，最终不敌，致使天津失陷。直隶总督裕禄无颜面对残局，随即自杀，这是众多被撤职、被查办的直隶总督中又一个悲剧性的人物。庚子事变后，清政府再次任命李鸿章担任直隶总督，负责谈判和处理各项善后事宜，但李鸿章在对外交涉中心力交瘁，油尽灯枯，最终于光绪二十七年九月二十七日（1901年11月7日）逝世。直隶总督兼北洋大臣一职暂由直隶藩司周馥护理，半月之后，清政府正式委任原山东巡抚袁世凯署理直隶总督。纵观整个过程，伴随着庚子事变的发生与发展，前后四任直隶总督相继更迭，其中两位总督离世，可谓乱世沉浮不定。

第二，庚子事变中津海关道慌乱出逃。庚子事变之前，津海关道由黄建筦担任。黄建筦，字花农，大良人，原本为"盐运使衔，分发直隶尽先补用道"②，对天津事务极熟悉。光绪二十五年至光绪二十七年

---

① 政协天津市河东区委员会学习和文史资料委员会编：《河东区文史资料》第十八辑，2006年，第63页。

② 中国第一历史档案馆编：《光绪朝朱批奏折》第五辑，中华书局1995年版，第22页。

(1899—1901) 任津海关道。

津海关道属清政府正式官职，义和团也明言扶助清王朝，但义和团对一切涉洋事务充满仇恨，这使津海关道衙门也受到冲击。光绪二十六年五月二十一日（1900年6月17日）津海关税务司杜德维（E. B. Drew）在致总税务司赫德的信中写道："昨天紫竹林一带很平静，但天津县城则为乱民所盘踞，为所欲为，甚至道台衙门也不免被扰。海关道派译员蔡某来问我，可否由外国兵保护他的衙门。我当即去与俄军上校沃嘎克（Wogck）交涉，但无结果，沃嘎克答复不适宜派兵去保护。现在还不知道海关道的情况如何，想来他的衙门必定抢掠一空了。他的情况很难说，因为他在总督面前极力主张镇压。至于总督的情况，更无从知悉。星期五（15日）晚义和团进攻最烈时，蔡委员还能往返传递消息，但昨天他已不敢再去总督衙门了。"① 大约两月之后，光绪二十六年七月十五日（1900年8月9日）杜德维在给赫德的信中透露了津海关道的具体下落。"海关道现在德州。他在天津时曾请我要求外兵保护，但军事当局无法派人去。义和团把他的古玩铺捣毁了，并且把他从后门赶出衙门"，他"躲了两天以后前往德州"。②

黄建筦由此成为第一个出逃的津海关道。由于天津还处在列强的军事占领中，连重新出任直隶总督的李鸿章也不得不坐着俄国人的军舰抵达天津，因此，黄建筦一直无法返回天津任职。他虽在德州，但仍以电报向李鸿章报告时局，履行着职责。

> 续探西军后队二三千已占沧城，梅、章退出，西军又到庆云、盐山、吴桥、泊头等处安队。梅接统范军三营，溃退德州，当饬员收并归队。细度前次图界，恐系沧州以南。直界外我军既能驻扎，河间、正定将来未悉如何，已函报大名道转致叶道，相机进退。③

津海关道出逃在外的命运不免令人担忧。光绪二十七年九月十三日

---

① 中国近代经济史资料丛刊编辑委员会：《中国海关与义和团运动》，中华书局1983年版，第82页。

② 同上书，第83页。

③ 《盛京堂转黄道来电》（光绪二十六年十月二十四日到），顾廷龙、戴逸主编《李鸿章全集》27（电报七），安徽教育出版社2008年版，第459页。

（1901年10月24日），盛宣怀电请清政府，"英国所派议办通商条约及税则人员将到沪，除税务司外需员相助，查有津海关道黄建筦才长心细，熟悉商务情形，已电商李鸿章拟请暂调该道来沪随同办理，以资臂助，可否仰恳天恩即电直督转饬迅速赴沪预筹一切"。① 九月十五日清政府下令，"盛宣怀电奏请调津海关道黄建筦襄办通商条约等语，黄建筦准其调往。著李鸿章饬令该员即行赴沪，随同办理"。② 此举最终解救黄建筦走出困局。紧接着，光绪二十八年（1902年）正月上谕，"以直隶津海关道黄建筦为湖南按察使"。③ 我们可以看出，在晚清复杂的政治格局中，黄建筦最终受益于这个群体之间的相互关照。

第三，天津道一身兼两任。天津城被联军占领，中外交涉事宜必然头绪繁多，但津海关道已外逃，这时处理日常事务的就只有天津道张莲芬了。张莲芬，浙江余杭人，"由文童投效军营，浡保知县捐升道员"④。因津海关道出逃在外，"前督臣李鸿章檄饬嗣由前护督臣周馥委天津道张莲芬暂行兼署关篆"⑤，但张莲芬当时还"尚无驻津明文"，为解决"常行公事远道送印殊多不便"的问题，张莲芬又"禀请刊发办理租界关防一颗，以昭信守"。⑥ 时势紧急，天津道张莲芬自此开始一身担任两职。据1901年6月26日德璀琳给赫德的函件称："天津以南地区已平静下来。由于德军主动撤退，有一支中国部队已开同静海县接防。昨天该军统领和天津道台前来拜会，我已安排好他们两人和德国的立侧尔将军（Lessel）见面，并希望通过这次会面能产生良好影响。"⑦ 信中所说的"天津道台"即为当时天津道张莲芬，他与清军统领一同面见德国的立侧尔将军（Lessel），开始负责对外交涉事宜，而这正是津海关道的职责所在。一人同时担任二职，这在津海关道史上也是唯一特例。

---

① 中国第一历史档案馆编：《庚子事变清宫档案汇编》10（辛丑条约谈判卷2），中国人民大学出版社2003年版，第721页。

② 同上。

③ （清）钱骏祥纂：《大清德宗景皇帝实录》第493卷，第18页，光绪二十八年正月上，定稿本，清（1644—1911），现藏于北京大学图书馆。

④ 中国第一历史档案馆：《光绪朝朱批奏折》第5辑，中华书局1995年版，第826页。

⑤ 廖一中、罗真容：《袁世凯奏议》（上），天津古籍出版社1987年版，第391页。

⑥ 天津市档案馆编：《袁世凯天津档案史料选编》，天津古籍出版社1990年版，第35页。

⑦ 中国近代经济史资料丛刊编辑委员会：《中国海关与义和团运动》，中华书局1983年版，第100—101页。

在一年多时间里，张莲芬"夙夜儆惧，遇事实事求是，不敢稍有罅漏，致贻外人之羞"。① 最后张莲芬在与后任津海关道交接之时，"经办俄比日本三国界务，比日两国地亩已经清查就绪，一俟该国给发地价即可竣事"，而"俄界事多牵掣"②。

第四，经交涉，各国交还天津。在李鸿章去世之后，直隶总督由原山东巡抚袁世凯担任。当时盛宣怀已奏调津海关道黄建笎到沪襄办通商条约事宜，清政府已同意其前往。在袁世凯还未正式赴任之前，面对烦琐的收复天津事务，他奏请朝廷委任唐绍仪接任津海关道，"北洋交涉事件，向由关道综理。现正筹议收复天津之时，头绪纷繁，天津道张莲芬有地方专责，势难兼顾，亟应遵员专署，以重责成。查有北洋委用记名道唐绍仪，谙练交涉，胆识兼优，堪以署理。"③ 朝廷允准。

1902年7月25日德璀琳在致赫德的信中说道："天津临时政府似已肯定将于8月15日从天津县所属地区撤退，但迄今还未奉到各国军事当局的明令。目前已有大批中国官员到来，海关道唐绍仪也将于一两天内与临时政府谈判如何接管各部门事宜。临时政府在移交时准备举行隆重仪式，并希望当地的人民对它能有感谢的表示。"④ 这显示了天津回归中国管辖之际，各方对津海关道一职的期盼，接管天津的工作已正式展开。

二 接管天津

1900年夏天，京津地区的义和团势力迅速发展壮大，为镇压中国人民的反抗，八国联军大举侵华。联军一路杀戮，先攻破大沽口炮台，进入天津，后直接占领北京，两宫仓皇出逃，这就是庚子事变。李鸿章被任命为全权议约大臣负责善后谈判。在与联军多次艰难交涉之后，李鸿章最终签订《辛丑条约》，八国联军同意退兵。在奏折中李鸿章向中央叙述了与列强交涉的过程。

> 臣等上年奉命议和，始而各使竟将开议照会驳回，几莫测其用

---

① 天津市档案馆编：《袁世凯天津档案史料选编》，天津古籍出版社1990年版，第36页。
② 同上。
③ 袁世凯：《委道员唐绍仪署津海关道员缺片》，《袁世凯奏议》（上），第391页。
④ 中国近代经济史资料丛刊编辑委员会：《中国海关与义和团运动》，中华书局1983年版，第102页。

意之所在。嗣于十一月初一日始据送到和议总纲十二款,不容改易一字。臣等虽经办送说帖,于各款应商之处详细开说,而各使置若罔闻,且时以派兵西行多方恫吓,臣等相机因应,笔秃唇焦,卒以时局艰难,鲜能补救,抚衷循省,负疚良深,所有一切办理情形,均随时电陈折奏,及至商定总结条款,各使犹必须候惩处各省教案牵涉人员奉旨,始肯画押。今虽将京城内外撤兵日期填注约内,而各国在天津所设暂理地方之都统衙门仍复不肯遽撤,各使有俟奉天牛庄交还时一体交还之说,容少迟再行设法另案磋商,以期早日收回,免多窒碍。①

李鸿章上述简单数语,让人深刻体会到弱国被占,一位老臣单纯以唇舌求和所受的屈辱,也能从字里行间体会到交涉人员的艰难,即便后人评价《辛丑条约》竭尽卖国之极限,但就当日状况言能达成此协议已是李鸿章等和谈人员极尽全力之举。负责善后谈判的李鸿章在《辛丑条约》签字后即大口吐血,经此一难,李鸿章两月之后即油尽灯枯,告别人世。

光绪二十七年(1901)八月上谕"各国在天津所设暂理地方之都统衙门不肯遽撤,并有俟奉天、牛庄交还时一体交还之说。现在和议业经画押,各国在津所设都统衙门自应一律撤回,及早交还。著奕劻、李鸿章速行设法竭力磋商,务期早日收回,以免窒碍,是为至要"②,但"此事美、日颇愿赞成,余多观望,在津各国都统贪津税务,无不留恋"③,接管天津的交涉异常艰难。

在光绪二十七年(1901)年底前,美国已允诺交还1900年7月在天津所收的税款三十七万六千三百美元。中国驻美使臣伍廷芳请求美国政府转促各国按照《辛丑条约》早日交还天津的统治权④;光绪二十八年五月初六日(1902年6月11日)北京公使团也正式答应交还天津。六月初十日(7月14日),德、英、俄、法、日、义六国公使联合照会外务部,提

---

① (清)李鸿章:《和议会同画押折》,顾廷龙、戴逸主编《李鸿章全集》16(奏议十六),安徽教育出版社2008年版,第327页。
② (清)钱骏祥纂:《大清德宗景皇帝实录》第486卷,第11—12页,光绪二十七年八月,定稿本,清(1644—1911),现藏于北京大学图书馆。
③ 《清光绪朝中日交涉史料》卷65,第16页。
④ 郭廷以:《近代中国史事日志》,中华书局1987年版,第1156页。

出各国交还天津的具体条件，要求中国先答应由各国军队削平大沽及京津沿线炮台、各国军队在津原地照驻、中国在天津周围二十华里内不得驻兵、各国于京津沿线诸重镇驻扎、军队的巡逻范围应为沿路两旁三里以内、中国不得重修天津城墙和天津至大沽及山海关沿线的炮台等，清政府被迫全部应允。1902年8月，天津督统衙门终于与中方官员达成一致意见，交还天津。中方负责接收八国联军所占天津的正是津海关道唐绍仪。

唐绍仪赶赴天津后首先同天津道张莲芬交接，然后迅速展开接收天津的各项工作。作为全权负责交接天津的要员，唐绍仪利用各国之间的矛盾，迅速展开了接收天津的各项谈判，他留学美国的教育背景，以及他以往办理中外交涉事务的不凡表现颇为洋人所敬佩，"各都统等均接见甚欢，听任华官在天津部署一切，并准各委员至该都统署考查各司员所办之事"。① 交接工作正式开始，唐绍仪在天津妥为布置一切。具体规划是：

第一步：选派袁世凯精练军队两千人，改组为"巡警队"进驻市区，按原本天津都统衙门划分的几大辖段分段接办。各国占领天津后，曾设"天津都统衙门"，以管理天津日常事务，"其自天津全县以逮宁河县境唐（塘）沽、北塘沿海各处，均归管辖。该都统署内划分八股办事，一总文案、一汉文、一巡捕、一河巡捕、一发审、一库务、一工程局、一卫生局；其外复划分四段，一城北段，二城南段，三军粮城段，四唐（塘）沽段，每股均各派员分司其事"。唐绍仪仍按照天津都统衙门原设之天津四区分段展开接收工作。

第二步："各国原设之华捕一千余人亦暂行酌留，免其流落滋事。复在津城二十里内，按东、西、南、北及四隅分设保甲局八处，每局派文武员弁各一人，统带马步巡丁，稽查匪类。其二十里外，则分拨营队，扼要屯扎。海口及附近铁路各处，酌派水陆巡警队，分布弹压。"②

第三步：直隶总督袁世凯于光绪二十八年七月十二日（1902年8月15日）自北京抵达天津，"同文武各员径赴该都统署，将所有地段及官场各产一一接收，并由各都统当面呈交各件，一合议日录、一财务簿、一银款票据、一各案犯卷宗、一各工程卷宗、一各合同底卷。其银款一项，除

---

① 《署直督袁世凯奏报接收天津地方情形折》，王彦威、王亮辑编，李育民、刘利民、李传斌、伍成泉点校整理《清季外交史料》6，湖南师范大学出版社2015年版，第3028页。
② 同上。

各都统支用外,计实存银十八万五千余两,洋银四万余元,均留备地方各项善后工程之需"。① 随后直隶总督袁世凯与各都统签字画押,彼此交割。自此都统衙门撤销,清政府正式恢复对天津的管辖权。同日晚,袁世凯"在新衙门里举行盛大的宴会,为已经移交的临时政府的人员饯行"。②

在接收天津一事初露峥嵘后,唐绍仪还负责收回了英国中英公司(The British and Chinese Corporation)所投资的关内外铁路。此外,唐绍仪又通过谈判收回了秦皇岛口岸的主权,由此巩固了清政府对天津的统治,也使袁世凯在北洋的地位趋于稳定,袁世凯很快从"署任"直隶总督兼北洋大臣,改为"实授",还被任命为督办关内外铁路大臣和督办正由英德筹议合筑的津镇铁路大臣。袁世凯对唐绍仪甚为满意,他上奏朝廷,称唐绍仪"谙练外交,冠绝辈流","两年以来,中外相安,无大枝节者,讵一手一足之烈解济事,实唐绍仪赞佐之力较多"。③

天津在庚子事变之后,顺利交接,这是当时清政府的一项大事。津海关道唐绍仪全权负责交接事宜。以此角度论,此时津海关道一职不仅负责管理天津的中外交涉和海关事宜,唐绍仪在事实上还成为北洋大臣的外交代表,承担着国家的外交重任。天津顺利交接使清政府对津海关道这一职务对外交涉职能高度首肯,以后唐绍仪在西藏教案发生时被朝廷任命为全权议约大臣,赴印度与英国就西藏问题进行谈判,这是清政府对这一职务历经锻炼后所具备的外交能力的认可。津海关道唐绍仪的外交能力开始受到朝廷赏识,这成为他在晚清政坛崛起的起点。后来清政府成立外务部,唐绍仪凭借自己出色的外交才能升任外务部右侍郎。

随着唐绍仪在政治上的飞黄腾达,许多留学美国而在传统功名上毫无凭藉与渊源的人士,亦能联袂而起。后几任津海关道相继以具有留美学习背景的梁敦彦、梁如浩、蔡韶基担任。这些人员以晚清外交领域为起点开始在晚清政坛上崭露头角。1904—1906 年任职津海关道的梁敦彦被派出使美国、德国、墨西哥、秘鲁和古巴,后官至外务部侍郎、尚书和右丞;1907 年任职津海关道的梁如浩后来也升任外务部右丞兼奉天左参赞。在晚

---

① 《署直督袁世凯奏报接收天津地方情形折》,王彦威、王亮辑编,李育民、刘利民、李传斌、伍成泉点校整理《清季外交史料》6,湖南师范大学出版社 2015 年版,第 3028 页。

② 中国近代经济史资料丛刊编辑委员会:《中国海关与义和团运动》,中华书局 1983 年版,第 102 页。

③ 袁世凯:《养寿园奏议辑要》,文海出版社 1966 年版,第 593—594 页。

清政局中，逐渐形成一批具有相当权力的留美集团，其实力不容忽视。以唐绍仪为首的留美集团并无传统功名，是一群"新官僚"，他们处理政务的方式与运用权力的技巧和态度，都与传统官员不同，代表着晚清政治人物在新旧过渡时期的一种新类型。随着留美力量日益增强，这批新官僚的影响力不仅仅局限于政治方面，他们对我国经济、社会、教育、思想等各方面均产生重大影响。在晚清民国过渡时期，这批新官僚甚至决定了民初的政治格局，其间诸多问题，值得学者们深入研究。

第五节　对津海关道交涉职能的评价

办理对外交涉是津海关道最主要的职能。天津教案发生后，专办对外交涉和通商事务的三口通商大臣崇厚如风箱之鼠，处于人人喊打的境地。洋人也不满崇厚的无所作为，坚持要把崇厚当作罪魁祸首惩办，"一切有关的官吏应当偿命，特别是，崇厚必须处死……如果允许他逃脱的话，那么在这个国家中的每个欧洲人都要遭到灾祸"。[①] 天津地方官员皆"欲劾崇厚以申士民之气"[②]，连李鸿章也认为"崇公平日谄媚彼族过甚，洋风太炽，绅民含愤已久，触机一发，遂不可制"。[③] 三口通商大臣崇厚之所以受到各方唾弃，其根源在于对外交涉时处理不善。事实上崇厚的处境是当时晚清诸多办理对外交涉官员的普遍状况。曾任直隶总督的琦善因在鸦片战争中处理不当，被"革职锁拿"，所有家产被"查抄入官"[④]，两广总督叶名琛被英法军队掳走，在加尔各答绝食而亡。一时之间，士人皆以洋务为畏途。津海关道于此时创立，自然会在办理对外交涉时倍加慎重，不敢稍有疏忽。

历任津海关道以崇厚的媚外而遭天津官民唾弃为前车之鉴，在处理中外交涉时保持了较为一致的风格。首任津海关道陈钦"按理抗辩"[⑤]"齿

---

① 《北华捷报》1870年8月11日。
② （清）王之春：《国朝柔远记》卷16，清光绪十七年广雅书刻本。
③ 《复曾相》（同治九年六月初七日夜），顾廷龙、戴逸主编《李鸿章全集》30（信函二），安徽教育出版社2008年版，第74页。
④ 《大清宣宗成皇帝实录》第346卷，第10页，道光二十一年二月上，大红绫本，现藏于中国第一历史档案馆。
⑤ （清）黎庶昌：《曾国藩年谱》，岳麓书社1986年版，第243页。

牙有劲"①，同时"其辩才足以折服强悍，其诚心亦足以感动彼族"②。第三任津海关道黎兆棠任职期间，俄国和德国商人借口海关收纳银两时判断成色不准而横加指责，并促使本国领事到津争辩，黎兆棠"历引条约，折之，卒不得逞而去"。③ 自1880年起任职津海关道时间最长的周馥每遇中外交涉，均"持平办结"。④ 1891年起任职津海关道仅一年的李兴锐，"遇交涉事件持重不轻可否，而一诺则立办，不诺则百折不回，外人咸悦服"。⑤ 1892年起长期任职津海关道的盛宣怀在经办中外交涉时，"刚柔得中，不为挠屈"。⑥ 庚子事变之后任职津海关道的唐绍仪，"血气忠诚"，"能持大体"。⑦ 1908年任职津海关道的蔡韶基在对外交涉中"不动声色"，"颇能从容应付，折冲于樽俎之间"。⑧ "诚心""持平""信诺""不卑不亢""持大体"，这就是中国早期专职处理对外交涉的官员——津海关道的外交风格。

应该肯定的是，这种风格与中国最早一批初办外洋交涉的官员形成鲜明对比。晚清西人渐至东来，最早和西方列强打交道的官员从琦善到叶名琛在办理外交时都充满了从蒙骗到拖延的机会主义色彩。⑨ 琦善办理"夷务"的技巧是："吾有何法，不过骗其走开耳。"⑩ 因定海失守，被道光帝派往浙江的伊里布认为"洋务只可粗枝大叶去画，不必细针密缕去缝"。⑪ 耆英的外交之道"太近儿戏"，"与英人所订条约，皆非当面折冲，派家

---

① （清）李鸿章：《致曾中堂》（同治九年十二月初二日），顾廷龙、戴逸主编《李鸿章全集》30（信函二），安徽教育出版社2008年版，第152页。

② （清）曾国藩：《请以陈钦署天津府折》，《曾文正公全集》第二册，（上海）国学整理社1936年版，第927页。

③ 周之贞等修：《顺德县志》，成文出版社据民国十八年刊本影印，第232页。

④ 周馥撰，周学熙等校：《民国周玉山先生馥自订年谱》，台湾商务印书馆1978年版，第49页。

⑤ 李兴锐著，廖一中、罗真容整理：《李兴锐日记》，中华书局1987年版，第144页。

⑥ （清）李鸿章：《奏留盛宣怀片》，顾廷龙、戴逸主编《李鸿章全集》10（奏议十），安徽教育出版社2008年版，第428页。

⑦ 廖一中、罗真容：《袁世凯奏议》上，天津古籍出版社1987年版，第361页。

⑧ 廖一中、罗真容：《袁世凯奏议》下，天津古籍出版社1987年版，第1226页。

⑨ 何新华、王小红：《中国首次对西方外交冲击的制度反应——1842—1860年间清政府对西方外交体制的形成、性质和评价》，《人文杂志》2003年第4期，第135页。

⑩ 中国史学会主编，齐思和、林树惠等编：《鸦片战争》（三），神州国光社1954年版，第387页。

⑪ 黄恩彤：《抚远纪略》，中国史学会主编，齐思和、林树惠等编《鸦片战争》（五），神州国光社1954年版，第419页。

人张禧偕首府某公出而协定"①。叶名琛被称为"不战、不和、不守、不死、不降、不走"之"六不总督",《清史稿》称之:"遇中外交涉事,略书数字答之,或竟不答"②,他的拖延战略使西方国家对中国极为恼怒。近代中国在无效率的敷衍、拖延、权宜之计等外交策略中屡屡丧失了利权。但津海关道的设立改变了这种局面。事实证明,创设津海关道一职是晚清外交领域一次成功的区域性尝试。津海关道事实上成为介于晚清第一代被迫处理对外交涉事务的官员和清政府正式外交官之间的过渡体。在晚清缺乏正式外交官的时候,津海关道以李鸿章得力臂膀的身份和专办中外交涉的职责弥补了这个不足。

自创设以来,津海关道持平办理、不卑不亢的风格获得了中央和地方的普遍首肯。清政府在其他地区出现对外交涉危机时屡屡征调津海关道前往办理,津海关道郑藻如、梁敦彦等人被委任为正式的外交使臣出使他国,唐绍仪、梁敦彦、梁如浩等人先后出任外务部侍郎……津海关道凭借其对外交涉才能超越了天津,超越了本职。

津海关道也获得了来津大多数国家和人士的首肯。自盛宣怀之后,历任津海关道都成为海河治理委员会中最主要的成员,并在其间担负起主要组织者的工作。历任津海关道一直与天津的各国领事和海关税务司打交道,尽管矛盾不可避免,但在津海关道和直隶总督的共同努力下,在津海关道持平办理的理念指导下,晚清天津城市以及直隶省的中外矛盾趋于缓和。一度间,天津以全国外交和洋务中心的引领地位迎来了中外"公众结成同质的群体"③ 的时期,中外之间 "长期潜滋暗长的理想"④ 得以发芽。

如果说1895年之前天津出现的和谐局面在很大程度上归功于直隶总督李鸿章个人魅力,那么直到王文韶任职直隶总督时,中外仍然和谐就不得不让人全面考虑天津的外交体制问题了。光绪二十二年正月二十六日(1896年3月9日),天津租界内戈登堂里各国官商共同设宴为即将前往俄、德等国访问的李鸿章送行,包括直隶总督王文韶、津海关道盛宣怀在

---

① (清)崇彝:《道咸以来朝野杂记》,北京古籍出版社1982年版,第22—23页。
② 赵尔巽等:《清史稿》,列传181,第394卷,民国十七年清史馆本。
③ [英]雷穆森(O. D. Rasmussen)著,许逸凡、赵地译,刘海岩校订《天津租界史(插图本)》,天津人民出版社2008年版,第54页。
④ 同上。

内的中国官员 20 人与各国领事欢聚一堂。王文韶在日记中形容这场宴会是"举国若狂、兴高采烈得未曾有"。① 甲午中日战争后李鸿章事实上已是遭贬黜的身份，王文韶继任后，天津城内中外之间仍然保持着友好亲切的关系，这不得不归功于津海关道与直隶总督兼北洋大臣二元合作的外交体制。自 1870 年设置津海关道，到 1895 年李鸿章离职，津海关道已存在 25 年。这 25 年的历练已然使这个特例演变为一种制度，即便直隶总督易人，津海关道仍能秉承一贯的对外交涉体制和风格，并持之以恒，连贯性地发挥作用。但我们也应该承认津海关道对外交涉职能的发挥是在不平等条约框架下进行的，晚清中外之间根本利益的冲突无法调和，在此前提下，天津中外矛盾缓和只能居于表面和局部，而无法扭转全局。津海关道专办中外交涉的工作绩效难以获得社会民众的广泛承认，陷入两难境地的津海关道由此开始了用其他方式赢取声望、获得社会认可的历程。

---

① 王文韶著，袁英光、胡逢祥整理：《王文韶日记》下册，中华书局 1985 年版，第 934 页。

第五章

津海关道与海关事务

传统观念认为海关监督一职徒有虚名，海关道被日益剥夺了管理权，成为税务司的附庸，但这些观念并不能反映历史的全部真实。梁元生在《清末的天津道与津海关道》一文中，提出了许多有价值的问题："洋人控制中国海关行政是不容否认的事实，但我们可以问：其侵夺中国海关主权到何种程度？是否垄断了关税征收及分配的权力？是否把海关监督完全架空？他们是完全为总税务司服务，抑或是为外国（帝国主义）服务，还是为中国地方政府及中央政府服务？"① 遗憾的是梁元生一文并未对这些问题展开充分论述。而是直接呈现了一个似乎与上述提问倾向相反的结论，"天津海关名义上虽由津海关道监督，而实际却由总署属下委派之税务司负责"②，鉴于以上各种未曾言明的问题，本章重点解答的问题是如何定位晚清的海关监督与税务司、津海关道与津海关税务司之间的关系？

第一节 清代的海关监督与税务司

"天津地当繁要，关道职在稽征，臣在仕多年，虽于税务一切竭力讲求，深愧毫无裨补，惟有吁求宸训，敬谨遵循。"③ 这是津海关道周馥于光绪十二年十一月二十六日（1886年12月21日）给皇帝奏折中的一段话，"关道职在稽征"说出了津海关道在处理对外交涉之外的另一项职能——监管税务。

---

① 梁元生：《清末的天津道与津海关道》，《"中央研究院"近代史所研究集刊》第25期，1996年，第137页。
② 同上书，第135页。
③ 中国第一历史档案馆编：《光绪朝朱批奏折》（第五辑），中华书局1995年版，第416页。

天津开埠通商之初，津海关之税务由三口通商大臣监管，但后来号令不行，弊端重重，同治九年（1870）中央将其裁撤，改设北洋大臣，由直隶总督兼任。因直隶总督事务繁杂，无暇专顾，特地添设津海关道一职，并明令："直隶设津海关道一人，专管中外交涉各事件及新、钞两关税务。"① 这是津海关道"职在稽征"，"于税务一切竭力讲求"之根源。

"新、钞两关"分别指天津钞关和海关，"钞关"即户部在天津所设之户关，位于天津北门外河北浮桥侧畔。《皇朝掌故汇编》称："凡天下水陆衢会，舟车之所辐辏，商旅之所聚集，设关置尹，掌其治禁，以安行旅，以通货贿，爰系（涉及）之税，以便訽几（会查），以佐国家经费。"② 天津地处繁要，钞关之设始在康熙元年（1662），以稽征为务，旨在管理贸迁，充实帑藏。据光绪年间《重修天津府志》记载，天津钞关公署"在户部街，前大门、仪门、大堂、二堂、三堂、后楼，凡六层，左右厢房、耳房、关房、土地祠、书役各房，共计八十间。而监放船只，曰收钱粮，则在河北甘露寺之东偏设有官厅。本关税口凡十有二，曰苑口、曰东安、曰三河、曰王摆、曰张湾、曰河西务、曰杨村、曰蔡村、曰永清、曰独流、曰海下、曰杨家垞，又稽查之口凡七，曰西沽、曰东沽、曰西马头、曰东马头、曰杨柳青、曰稍直口、曰三岔河"。③ 以此统计可知，天津钞关前后6层，房屋80间，税口12处，稽查之口7处，规模宏大，其日常税务必然兴旺！

"新关"特指据1860年《中英北京条约》而设之津海新关，最初由三口通商大臣崇厚请首任总税务司李泰国派克士可士吉筹设，1861年3月23日正式成立。津海新关关址先设于天津城内梁家园，翌年迁往城内东南紫竹林租界之河岸。因新、钞两关均归津海关道专辖，两关统称津海关。庚子事变后，《辛丑条约》签订，其中第六款载明："在通商口岸之常关，均归新关管理。"④ 两关正式谓为津海关，只不过平时仍俗称为常关与新关，以示区别。

津海关道管辖新、钞两关，具体职能如何？津海关道与新关之税务司

---

① 《钦定大清会典（光绪朝）》卷25，吏部九，官制，各省道员。
② 《钦定大清会典（乾隆朝）》卷16，户部，关税。
③ （清）徐宗亮：《（光绪）重修天津府志》卷24，考15，舆地6。清光绪二十五年刻本。
④ 王铁崖编：《中外旧约章汇编》第1册（1689—1907），生活·读书·新知三联书店1957年版，第1006页。

如何划分各自职掌，又如何合作？许多问题相应而生，烦琐似乎无序，本书拟转换思路，以放大视野追溯津海关道隶属的晚清海关监督群体，探讨海关监督在海关中的地位和职掌，以此为视角分析津海关道管理海关的实际职能，探讨津海关道是否只是名义上的海关最高领导，并审视中国近代海关的主权问题。

一　传统观念中的海关监督

海关监督是鸦片战争之后出现的管理海关的官员总称。1842年后五口开放通商，各口相继设立新关。新关隶属中央，以稽征洋船货税为务。以后随着中国被迫开放更多沿海沿江口岸，每开一商埠，即增设一海关。海关需员管理，于是中央于各口海关或专设监督，或设海关道管理，或由地方兵备道、分巡守备道兼任，此类关道或者官员统称海关监督，其职责是"掌水陆通商货税"。① 总体说来，海关监督"或隶于南北洋大臣，或隶于本省督抚，有将军兼理，有专设监督，有关道分理之别"。② 本书研究的主要对象津海关道实质就是天津海关之海关监督。

学术界对于海关监督职能的认识一直存在一个误区。黄序鹓曾供职于民国时期的财政部，1917年他撰写的《海关通志》是民国时期关于海关关税研究的较有影响的一部著作。书中第十章探讨了晚清以来的海关机构。文中说道："原来海关收税事宜均系责成各关监督亦系监督委任之事，逮自海关关务实权移归外人掌握，而海关监督一职遂徒拥有虚名，每年仅于四季按照税务司之报告，查收税银，通告于该省督抚，以转报于中央政府，又听候中央政府之命令，拨解各项税银，此外则无责焉耳"。③ 从他的分析中，我们可知晚清海关监督在税务司制度成立之后保留的职能包括上报关税情况，并依照中央命令拨解税银。但"海关监督一职遂徒拥有虚名"，"此外则无责焉耳"似乎已将海关监督这些职责的具体作用完全否定。

在以后海关研究的学术发展史中，众多学者更多强调海关的税务司系统，而忽视了海关监督在其中的作用和职能。由于时代背景之下政治主题

---

① 《钦定大清会典（光绪朝）》卷100，总理各国事务衙门，南洋大臣职掌。
② 同上。
③ 黄序鹓：《海关通志》下册，出版者不详，1921年版，第98页。

的影响，较多学者以革命史观和民族主义情结来看待海关史，表现出明显的谴责税务司劫夺中国海关主权的倾向。陈诗启是厦门大学海关研究最著名的学者之一，《中国近代海关史》是其代表作。他在书中这样评价海关监督的作用："近代中国各口的海关，正规地说，海关监督是最高负责人。他是代表清政府在某一地区行使海关主权的官员。"但在该书的同一页，他又强调："海关监督设有海关监督衙门或海关监督署（新关文件中一般叫海关监督处），有独立的员司。新关设立后，海关监督除了作为海关的名义首长以外，还管理华商民船贸易征税事宜。外籍税务司制度推行各口之后，各口税务司为了征收轮船贸易的夷税，另行组织了税务司署，也就是各口海关。后来，税务司夺取了海关监督权力，海关监督被架空，税务司署便取代海关监督衙门而成为海关的主要官署了。"① 陈诗启教授在这个问题上前后略显矛盾，前面的观点是"正规地说，海关监督是最高负责人"，这显然已经承认了晚清海关监督的地位。但后面又说海关监督是"海关的名义首长"，"税务司夺取了海关监督权力，海关监督被架空，税务司署便取代海关监督衙门而成为海关的主要官署了"。或许是研究关注点的不同，因而前后行文未能顾及细节，但这说明该著作对晚清税务司和海关监督之间关系的定位存在一定的模糊性。

以上近代和现代学者均认为近代海关只有洋税务司的声音，海关监督只是傀儡或摆设，进而洋税务司完全控制了晚清政府之财政命脉。如果这样认识，自然会产生一系列问题：一方面，清政府为什么会将自己的财政命脉任由洋人去控制？如果以赫德为代表的洋税务司真正控制了晚清财政命脉，清政府又凭借什么开办一系列洋务新政，并屡屡与列强开战？另一方面，如果洋税务司不足以控制晚清财政命脉，那么晚清海关监督是否真的形同虚设，海关监督群体具体职能如何，是否能控制各口税务司？

二 五口通商之初的海关监督与领事官

清代榷关亦称常关，其监督同时拥有收和支两项职能，也就是说无论税款的征收还是分派都由榷关监督负责。自第一次鸦片战争后，五口开放通商，海关监督开始出现，不同于清政府原本管理常关的榷关监督，它是

---

① 陈诗启：《中国近代海关史》，人民出版社2002年版，第142页。

应对鸦片战争后中国被迫开放通商而产生的新事务。在五口通商之初，粤、闽、浙、江四海关的海关监督负责估税、收税、保管关税和解款所有环节。道光二十三年八月十五日（1843年10月8日），中英两国签订《五口通商章程：海关税则》，其中规定："凡英商运货进口者，即于卸货之日，贩货出口者，即于下货之日，先期通报英官，由英官差自雇通事转报海关，以便公同查验，彼此无亏。"① 这说明，当英国货船进口后，须向英官，即后来的领事交船牌及舱口报单，然后由英官报知中国海关监督，共同查验后，确定应缴纳的税额，之后"海关应择殷实铺户、设立银号数处发给执照，注明准某号代纳英商税银字样，作为凭据，以便英商按期前往"。② 英商"将船钞、税银扫数输纳全完，由海关给发完税红单，该商呈送英国管事官验明，方准发还船牌，令行出口"。③ 这表明在晚清被迫开埠通商之初，海关之关税事宜基本都是"由管关之监督道员会同各国领事官经理"。④ 在整个过程中，我们必须注意到一个事实，那就是鸦片战争中国战败，中国在与各国被迫签订一系列不平等条约的情况下，五口才被迫开放通商，因此海关监督从最初负责征税起，就不得不受驻扎于各关口的领事官牵制。但总体而论，自上海口岸开放起到1853年9月止，海关行政完全在中国人手中。⑤ 这就是19世纪50年代，外籍税务司制度产生之前中国海关监督的工作状态。当税务司制度出现后，情况发生了变化，海关分成两个部门，即税务司和海关监督。自此之后，中国的海关事务由税务司和海关监督共同管理。

三　税务司与海关监督

虽然陈诗启教授认为"列强为了保障不平等条约关于关税特权方面的规定，为了发展洋商在华的进口贸易，垄断中国市场，曾经千方百计地夺取中国海关的行政权和关税征收权"，他认为税务司与海关监督之间的

---

① 王铁崖：《中外旧约章汇编》第1册（1689—1901），生活·读书·新知三联书店1957年版，第41页。
② 同上。
③ 同上。
④ （清）宝鋆等纂：《筹办夷务始末（同治朝）》卷6，第27页，《近代中国史料丛刊》第六十二辑，文海出版社1970年版。
⑤ ［英］莱特（S. F. Wright）著，姚曾廙译：《中国关税沿革史》，生活·读书·新知三联书店1958年版，第84页。

关系是"税务司夺取了海关监督权力,海关监督被架空",但陈诗启教授首肯:"不论从条约的规定或在实际工作中,在清代外籍税务司制度建立后的50多年间,从没有取得海关税款的保管权;就征收权来说,也只限于估税的权力,收款则归海关监督管理下的海关银号。"①

马士在其《中华帝国对外关系史》中也说:"总税务司署所属机关估税,〔海关〕监督收款,总税务司署呈报。但是没有一个中国口岸有总税务司署的任何机构掌握税款的任何部分。"②自晚清以来在中国海关工作多年的税务司魏尔特③在论述总税务司的权限时也说:"计自清咸丰四年(西历一八五四年)创办海关,迄辛亥革命时止,数十年间,所有税款征收、存放、汇解等事,俱由海关道或海关监督主之。"④"总税务司对于税款从无直接管理之职责。"⑤那么税务司和海关监督各自职能如何?两者如何合作,应如何准确定位两者间的关系呢?

(一) 税务司与海关监督是并立的二元体制

早在第一次鸦片战争之后,中英两国签订《江宁条约》,其中第二款规定:"自今以后,大皇帝恩准英国人民带同所属家眷,寄居大清沿海之广州、福州、厦门、宁波、上海等五处港口,贸易通商无碍;且大英国君主派设领事、管事等官住该五处城邑,专理商贾事宜,与各该地方官公文往来;令英人按照下条开叙之例,清楚交纳货税、钞饷等费"。⑥这明确了在五口开放通商之后,英国领事官驻扎各口,他们的主要工作是"专理商贾事宜,与各该地方官公文往来,令英人按照下条开叙之例,清楚交纳货税、钞饷等费。"配合中国海关监督的工作,令英国商人完纳货税钞饷,成为通商口岸驻扎的英国领事最初之职能。在日后的工作中,为使本

---

① 陈诗启:《中国近代海关史》,人民出版社2002年版,第473页。
② 马士著,张汇文等译:《中华帝国对外关系史》第3卷,商务印书馆1960年版,第427页。
③ 魏尔特(Stanley Fowler Wright, 1873—1951,英籍,其著作的中译本大都将其名译作莱特),1903年6月来华,进入中国海关,历任帮办、副税务司、税务司等职。1925、1927、1931年任总税务司署秘书科税务司,1928、1929、1930年任总税务司署汉文秘书科税务司(驻北京),1931年起任秘书科税务司,驻沪。曾著有多部著作论述中国海关及税收问题。参考海关总税务司署统计科编《海关职员录》,海关总税务司署统计科1931年版,第324页。
④ 魏尔特:《自民国元年起至二十三年止关税纪实》,海关总税务司公署统计科1936年版,第1页。
⑤ 同上。
⑥ 王铁崖:《中外旧约章汇编》第1册(1689—1901),生活·读书·新知三联书店1957年版,第30—31页。

国与中国制定的各项通商章程能有效实施，领事在实践中逐步总结了一条行之有效的办法。

  责成每一个船主在进口时，将一切船舶证件、提单、舱口单等交由领事馆收执，然后由领事通知海关，请准将该船舱口单所开列的货物装卸上岸，并照税则规定分别课征关税。为证明一切海关手续均已照办，一切海关税课均已完满，船主必须向他的本国领事提呈一件由中国道台，也就是海关监督所发盖有道台印信（即通称"大印"）的文件，然后领事才发还船舶证件等项，并发给准许船舶离港的出口准单。进出口货物的验估，舱口单的核对，税项的评定和征收，自然都完全是道台所属员司掌管的事情。①

这就是五口通商之初，商人进关、验货、纳税、出关一系列程序的运行细节，也是最初领事和海关监督分别的工作状态。自此之后，英国领事的这种办法尽管细节之处略有变通，但一直为各国相延采用，并一直沿用到税务司制度建立之后。陈诗启在《中国近代海关史》中有明确的说明。

  总税务司赫德为了保证税款不受官吏的侵蚀，取得清政府的信任，曾经制定了一套比较严密的纳税办法，以完善税收制度。这套办法规定洋商卸货、验估货税之后，由海关发给"验单"，洋商持单向银号纳税，银号掣发和验单税额相符的"号收"（收据），号收转送海关。海关据以编制实收税款季度报表，分送海关监督、总税务司和海关领导机关——总理（各国事务）衙门以及户部查核。②

据上所述，我们以商船入港后，如何纳税，如何出港为例说明税务司、海关监督分别的职责。

进出中国各海关关口的除有领事驻扎的有约国商船之外，还包括没有本国领事驻扎的其他国家商船和中国商船，这些商船在经过海关缴纳税收

---

  ① ［英］莱特（S. F. Wright）著，姚曾廙译：《中国关税沿革史》，生活·读书·新知三联书店1958年版，第85—86页。
  ② 陈诗启：《中国近代海关史》，人民出版社2002年版，第474页。

时，则会相应减少"领事"环节，图 2 中的①和⑥两步骤相应交由税务司负责。

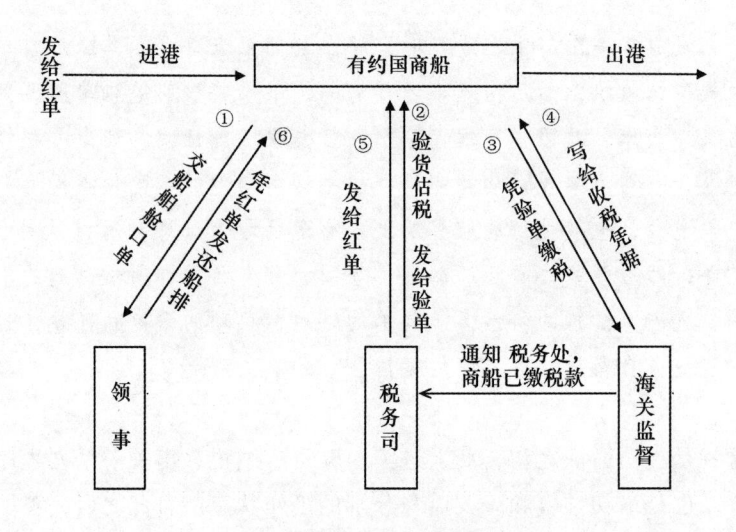

图 2　有条约国商船关税征收示意图

由此可见，自晚清税务司制度建立之后，在海关具体操作程序中，税务司负责商船的验货估税，海关监督负责发给缴税凭据，税银则由海关监督指定的银号征收。同时晚清各关税银均由海关监督根据户部等衙门的指令划拨。其具体过程如图 3 所示。

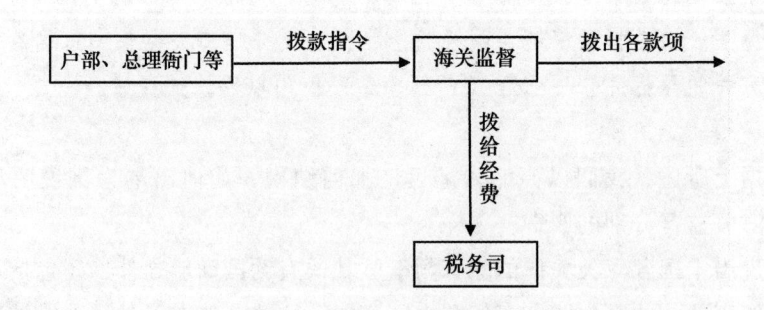

图 3　晚清关税拨解程序图

图 2、图 3 均参考任智勇：《晚清海关与财政以海关监督为中心》，博士学位论文，北京大学，2007 年。

从以上分析可以看出，正如魏尔特所说："税务司对于税款从无直接管理之职责"①，晚清税务司没有直接征收、保管和划拨税款的权力，他们的职责是验货估税、管理港口航道以及进行贸易统计。与此对应，海关监督的职责是：第一，征收税款；第二，保管税银；第三，根据户部和总理各国事务衙门等机构的指令支付与解运税款。② 与税务司制度出现之前海关监督估税、收税、保管关税和解款四大职责相比，自税务司进入海关系统后，开始掌控了依据税则估税的权利，而其余三大职能依旧掌握在海关监督手中。由此可以认为，税务司制度的出现，虽有帝国主义的因素，但外籍税务司还称不上清朝财政的主人。晚清的海关由海关监督和税务司两个系统共同组成，海关监督在整个晚清五十余年中依旧履行着自己的职能。③ 这就是晚清海关逐步形成的税务司与海关监督并立，共同管理海关的二元体制。这种二元体制的最大意义在于"通过分权、互相监督，使先前模糊不清的税种、税额、税款变得清楚准确。外籍税务司的效率与廉洁，减少其间的贪渎，保持了海关税收的增长"。④

从五口开放通商之初，海关监督负责估税、收税、保管关税和解款所有环节，税务司制度形成之后，海关监督负责收税、保管关税和解款三大环节。纵观鸦片战争以来的所有变化，能得出的较为客观的结论是海关监督的职能范围呈缩减趋势。但应该肯定的是海关从来就是清政府的一个财政部门，而海关监督是这个财政部门的负责人之一。海关税务司可以帮助估税，但税款一直归中国自己控制。

（二）清政府和总税务司对两者关系的定位

清政府和总税务司对海关监督与税务司关系的定位也能说明以上问题。1858年11月8日，中英两国签订了《通商章程善后条约：海关税则》，其中有如下文字。

> 通商各口收税如何严防偷漏，自应由中国设法办理，条约业已载

---

① 魏尔特：《自民国元年起至二十三年止关税纪实》，海关总税务司公署统计科1936年版，第1页。
② 任智勇：《晚清海关与财政——以海关监督为中心》，博士学位论文，北京大学历史学系，2007年，第78页。
③ 同上书，第18页。
④ 同上书，第79页。

明；然现已议明，各口画一办理，是由总理外国通商事宜大臣或随时亲诣巡历，或委员代办。任凭总理大臣邀请英人帮办税务并严查漏税，判定口界，派人指泊船只及分设浮桩、号船、塔表、望楼等事，毋庸英官指荐干预。其浮桩、号船、塔表、望楼等经费，在于船钞项下拨用。至长江如何严防偷漏之处，俟通商后，察看情形，任凭中国设法筹办。①

"任凭总理大臣邀请英人帮办税务"，"各口画一办理"，这项规定成为外籍税务司制度在中国正式确立的条约依据。但清政府从一开始，就将聘请外人视为"帮办"税务。

1859年，李泰国被任命为中国第一任外籍总税务司（Inspector General of Customs）。1861年清政府成立总理各国事务衙门，海关从此由户部转归总理各国事务衙门管理。但同治元年（1862）五月的上谕仍强调："英法各国公使驻京后，一切紧要事件，均由总理各国事务衙门办理，其余关税事务，则由管关之监督道员，会同各国领事官经理，仍由该省将军督抚稽察，已足以资控驭。"② 可见，即便在总理各国事务衙门建立之初，在税务司制度已经确立的前提下，在清政府眼中，"管关之监督道员"仍是各海关关税事务的负责人。

同治三年（1864）七月，总理各国事务衙门公布了《海关募用外国人帮办税务章程》，其中明确规定了税务司和海关监督两者间的关系。

> 各口税务司如才不胜任及办事错误者，亦为（惟）总税务司是问。至通商各口办理收税事宜，如有不妥，均系各关监督之责任。是以凡有公事，自应归监督做主，如此，则税务司所办之事。即监督手下之事。惟税务司系总税务司所派之人，非监督属员可比；然不得因非其所属，遇事招摇揽权，有碍公事，以致监督难专其责。③

---

① 王铁崖：《中外旧约章汇编》第1册（1689—1901），生活·读书·新知三联书店1957年版，第119页。

② 《大清穆宗毅皇帝实录》第28卷，第44页，同治元年五月中，大红绫本，现藏于中国第一历史档案馆。

③ 《海关募用外国人帮办税务章程》，原载黄序鹓《海关通志》，1921年版。录自陈诗启《中国近代海关史》，人民出版社2002年版，第435页。

作为海关的最高管理者,总理各国事务衙门给税务司和海关监督之间进行了定位。虽然总理各国事务衙门承认"税务司为总税务司所派之人",并非海关监督之属员。但强调了"凡有公事,自应归监督做主",而且"税务司所办之事,即监督手下之事"。总理各国事务衙门还强调税务司不得招摇揽权,妨碍海关监督行使权力。晚清普通官员也以同样观点看待两者的关系。两江总督何桂清(1816—1862)曾言:"各口税务司……系帮同各监督办事,应由各口监督发给谕单(任命书)。"①《钦定大清会典》亦说:"凡征榷之务,则关道上其册于大臣,按结奏报,并咨总理(各国事务)衙门及户部以备核。"② 清政府从制度上明确规定了"凡征榷之务"由关道负责。概而言之,从清政府角度而言,晚清各口海关的真正负责人应是海关监督。

总税务司是直接管理各关税务司的领导人,他对海关监督和税务司关系的定位也至为关键。为能从总体上把握总税务司的观点,我们选择总税务司在1864年、1873年和1905年三个时段向各口税务司发出的通令予以分析。

第一阶段:税务司制度设立之初。1864年,赫德在《总税务司通札》中强调各口税务司"首先要清清楚楚而且经常记在心里的就是,税务司署是一个中国的而不是外国的服务机关"③,在此基础上,赫德具体而细致地分析了总税务司和各口税务司的地位,"虽然在奉派在海关供职的各种各样的外国人的办事效率和可靠方面,以及在负责行政的洋员的一般工作方面,对于中国政府负责的是总税务司;但是就事实而言,在适当处理每一个口岸的海关职务方面正式负责的却是那一个口岸的海关监督。所以税务司的职位必须是次于海关监督"。④ 各口税务司"在一切有关所在口岸的对外贸易事项中是海关监督的顾问"。⑤ 这就意味着总税务司和各税务司的地位是:总税务司对中国负责,而税务司是各海关监督的"顾问"。赫德还强调,一旦"一位税务司所采取的任何行动或提供的任何意

---

① 陈诗启:《中国近代海关史》,人民出版社 2002 年版,第 142 页。
② 《钦定大清会典(光绪朝)》卷 100,总理各国事务衙门,南洋大臣职掌。
③ 《总税务司札 1864 年第 8 号》,陈诗启:《中国近代海关史》,人民出版社 2002 年版,第 438 页。
④ 同上书,第 440—441 页。
⑤ 同上书,第 439 页。

见，只要产生使一位海关监督处于虚妄或不堪维持的地位的效果，将被认为是证据，证明那位税务司没有获得充分的经验，并且不熟悉他的职务当中的较重要事项（只有熟悉这些事项才能使他合理地占有他的位置）"。① 通过以上通令，赫德明确地告知各税务司，如果一旦税务司不能处理好与海关监督的关系，将被撤职。由此可以得出这样的结论，在税务司制度建立初期，赫德对税务司和海关监督间关系的定位是："税务司的职位必须是次于海关监督。"

第二阶段：1873 年前后，一系列不平等条约陆续签订，沿海沿江诸多海关纷纷建立。在原有海关中，税务司与海关监督已共事相当长时间。此时总税务司对各口税务司与海关监督之间关系的定位有无变化引人关注。1873 年 12 月 18 日赫德在一篇名为《为税务司与监督间之关系事》的通令中说道："吾等之于海关不过为其所用，借以与洋人办理事务而已，而且不论其如何喜欢吾等为之充当助手，但绝对不容颠倒地位，吾等于食其俸禄期间必须听命于斯也。"② 显而易见，从"吾等之于海关不过为其所用""吾等为之充当助手"两句中，赫德已经对自己和其他税务司有了准确的定位，税务司只是中国聘请为中国服务的人员，税务司"食其俸禄"，就必须"听命于斯"。1873 年税务司制度已普遍推广到了沿海沿江各海关，此时赫德对所有税务司之告诫表明总税务司 1864 年对两者关系的定位仍然没有改变。

第三阶段：1901 年之后，庚子事变对晚清政府是一次重大的打击，中国政府被迫签订了《辛丑条约》，其中规定："在各通商口岸之常关均归新关管理。"③ 由此，各地陆续将常关交由税务司管理。这是晚清税务司权力的一次大扩展。在这样的背景之下，总税务司如何界定税务司与海关监督之关系呢？

1905 年 7 月 14 日，赫德发布《为阐明有关海关税务司与海关监督之各自之职位及相互关系事》的海关总税务司署通令。

---

① 陈诗启：《中国近代海关史》，人民出版社 2002 年版，第 440 页。
② 《为税务司与监督间之关系事》，海关总署《旧中国海关总税务司署通令选编》编译委员会编《旧中国海关总税务司署通令选编》第 1 卷（1861—1910 年），中国海关出版社 2003 年版，第 182 页。
③ 《寄西安行在军机处》（光绪二十七年七月初七日），顾廷龙、戴逸主编《李鸿章全集》28（电报八），安徽教育出版社 2008 年版，第 402 页。

本总税务司发此通令，意在重申 1864 年第 8 号通令所提各注意事项。海关监督对各口岸任务之正确执行负有正式责任，虽然地方状况及发展赋予税务司多少独立行事之余地，但海关监督绝不可被忽视。相反，遇事皆应向监督报告、协商并使监督充分了解有关海关事务及要求税务司经办之任何其他事务等情况。若未报监督并经其批准，不得改变口岸惯例、革新办事手续，亦不得推广其他任何新措施。海关税务司与监督之间存在任何意见分歧时，在未奉到指令前，应以监督之意图为主。

海关系中国而非外国之海关，其目的，本不在于取代中国政府任命之官员，而系有责任与彼等和睦、忠诚共事，努力避免各种摩擦，尽力做好任何工作，以简化、便利海关业务之运行，提高贸易及税收利益，保持并促进普遍之良好关系。①

通令开篇便"重申 1864 年第 8 号通令所提各注意事项"，这说明尽管赫德于 1864 年发表的第 8 号通令已过去四十多年，但总税务司态度和立场仍然未变。在 1905 年通令中，他向所有海关税务司强调了一个关键的问题："海关系中国而非外国之海关"。通令中赫德的用词引人注目，"虽然地方状况及发展赋予税务司多少独立行事之余地，但海关监督绝不可被忽视"；"遇事皆应向监督报告"；"存在任何意见分歧时，在未奉到指令前，应以监督之意图为主"。相对于之前赫德曾下发的涉及海关监督与税务司关系的文件或通令，这些语句中的"绝不可""皆应""任何"等用词显示，相较以前，总税务司的态度更为坚决。在常关转归新关管辖，各口岸税务司扩展了其职能范围之后，总税务司赫德反而向所有海关税务司强化了税务司必须以海关监督为主的概念。

综上所述，无论是从清政府的角度，还是从不同时期总税务司的态度看，在晚清海关事务中，税务司必须尊重海关监督的意见，尽量避免摩擦，当两者观点有冲突时，应以海关监督的观点为主。不言而喻，晚清海关监督的地位十分重要，学术界以前所认为的"海关监督徒有虚名""海

---

① 《海关总税务司署通令第 1265 号》（第二辑），海关总署《旧中国海关总税务司署通令选编》编译委员会编《旧中国海关总税务司署通令选编》第 1 卷（1861—1910 年），中国海关出版社 2003 年版，第 547 页。

关监督被架空",海关监督只是税务司的附庸等观念有失偏颇。

第二节　津海关道的海关职责

清政府明确规定了关道在管理海关事务时具体的工作程序:"凡征榷之务,则关道上其册于大臣,按结奏报,并咨总理(各国事务)衙门及户部以备核。"① 这就意味着,津海关道必须通过直隶总督兼北洋大臣按"结"奏报中央,然后由总理各国事务衙门和户部审核。为便于理解津海关道在管理津海关事务时的具体职能,笔者将引用同治十三年十月十六日(1878年11月24日)直隶总督上奏的《津海关续征第五十六结洋税数目折》予以说明。这是一份嵌入式奏折,由直隶总督兼北洋大臣李鸿章上奏中央。全文的开头和结尾简单几句由李鸿章叙述,中间全部引述津海关道孙士达对津海关税收收支情况的报告。当时全国只有粤海关和闽海关这两个特例拥有直接的上奏权,津海关道和其他大多数海关监督一样,其税款的奏报必须通过督抚进行。

津海关续征第五十六结②洋税数目折
同治十三年十月十六日

奏为查明津海关续征第五十六结洋税收支数目,缮单恭折仰祈圣鉴事。窃津海关征收洋税截至同治十三年五月十七日第五十五结止,业经奏报在案。兹据署津海关道孙士达详称,自十三年五月十八日起至八月二十日止,按英国三个月一结,系第五十六结期满,共征收进出口各税、船钞并招商局轮船各税、船钞③,暨俄商陆路税,共银十

---

① 《钦定大清会典(光绪朝)》卷一百,总理各国事务衙门,南洋大臣职掌。

② "结"在时间上是指西历的3个月,指完整的西历3个月——相当于现在的一个季度,但不一定为90日,自1860年后,清政府以"结"为财政上的一个奏销时段。

③ 船钞亦称吨钞,起源于按船舶吨位征税银的规定,而新关征收船钞,据军机处录副奏折记载:凡"商人船无论大小,皆台吨税,百五十吨以上者,每吨征银四钱,百五十吨以上,征银一钱。一次缴清吨税后,在四个月期内,无论开往任何港口不须再纳吨税"。(《军机处副奏折》,3/86/4873/32,同治五年三月二十六日,总理衙门片。) 在财政分配过程中,船钞分七成和三成,七成由各税务司交总税务司作为"塔表望楼经费",即港务建设的费用;而三成则解往总理各国事务衙门作为同文馆经费,但须经此解总税务司转交而不是由海监督汇解。(参见海关总署《旧中国海关总税务司署通令选编》编译委员会编《旧中国海关总税务司署通令选编》第1卷(1861—1910年),中国海关出版社2003年版,第26页。)

二万一千一百六十七两八钱五厘;又,外国船只江海等关免单银八万四千一百四十四两一钱四分八厘,招商局轮船江海等关免单银一万二千二百六十六两三钱三分一厘。经前道与该署道先后督饬委员,会同税务司详细稽查,调取收税总册较对,数目相符。内除半税、俄商陆运税、子税、招商轮船各税不提四成外,计所征进出口税银项下应按四成提银三万六百六十三两九分二厘,遵照奏定成案专拨机器局经费,并将征收外国船钞内提出三成银六百六十六两一钱二分,汇解总理各国事务衙门,其余七成发交税务司作为海口塔表望楼经费。至进出口正半各税陆续拨发津郡海防军饷及税务司等薪工,并扣存八分经费项下开支各款,统共支发过银十二万七千七百三十九两九钱九分一厘,除俟分项造具清册详咨外,所有津海关经征第五十六结洋税收支数目,分款开单,详请查核具奏前来。臣复核无异,理合缮单恭折具陈,伏乞皇上圣鉴。谨奏。

附清单
同治十三年十月十六日

谨将津海关第五十六结期内收支各款缮具清单,恭呈御览。

计开:

收款:

一、收外国船只进口洋药税银四万七千四百五十五两三钱五分;

一、收外国船只进口正税银一万六千八百五十二两九钱八分二厘;

一、收外国船只出口正税银一万二千三百四十九两三钱九分七厘。

前三项应提归机器局经费四成银三万六百六十三两九分二厘。

一、收外国船只复进口半税银三万二千一百三十四两二钱一分九厘;

一、收俄商陆路税银六百九十二两四钱二分;

一、收子口税银二千一百二十两八钱一厘;

一、收招商轮船进口洋药税银二千七百六两七钱;

一、收招商轮船进口正税银一千九百七十八两六钱六分八厘;

一、收招商轮船进口半税银一千六百十五两二钱六分六厘;

一、收商(招)商轮船出口正税银五百三十五两二钱二厘。

前十项应提每两八分经费银九千四百七十五两二钱八分，每两一分二厘倾镕火耗①银一千四百二十一两二钱九分二厘。

一、收外国船只船钞银二千二百二十两四钱，内提三成汇解总理（各国事务）衙门，其余七成按月发交税务司；

一、收招商轮船船钞银五百六两四钱。

以上十二项共收银十二万一千一百六十七两八钱五厘。

支款：

一、支发税务司外国船只七成船钞银一千五百五十四两二钱八分；

一、支拨机器局六、七、八三个月经费银六万三千一百八十两三钱五分六厘；

一、支发税务司六、七、八三个月薪水、工食、船价等项银七千六百五十两；

一、支拨支应局七、八两月海防军饷银四万五千两；

一、支发六、七、八三个月通商大臣并关道衙门委员书差人等各项经费银八千九百三十四两六分三厘；

一、支发每两一分二厘倾镕火耗银一千四百二十一两二钱九分二厘。

以上六项共发银十二万七千七百三十九两九钱九分一厘。②

分析这份奏折及后面所附清单可看出津海关道处理海关事务时的具体职责是：

一　征收税款

奏折中说："自十三年五月十八日起至八月二十日止，按英国三个月一结，系第五十六结期满，共征收进出口各税、船钞并招商局轮船各税、船钞，暨俄商陆路税，共银十二万一千一百六十七两八钱五厘。"津海关征收税银的大致种类有"进出口各税、船钞并招商局轮船各税、船钞，

---

① 火耗亦称耗羡，是零星征收税银，熔铸成银锭的损耗。清代前期的银两成色、重量各地不一致。银两在市场上流通，政府没有规定统一的银两标准，完全由商人自由掌握。但国库存贮银锭，却有统一的含银量标准。商人到税关缴税，税官要多收银两，作为熔铸银锭的损耗。

② 《津海关续征第五十六结洋税数目折》，顾廷龙、戴逸主编《李鸿章全集》6（奏议六），安徽教育出版社 2008 年版，第 156—157 页。

暨俄商陆路税"。随后的"津海关第五十六结期内收支各款缮具清单"将税款划分为"收款""支款"两部分。"收款"项下详细列出了津海关征收关税的具体情况。在"自十三年五月十八日起至八月二十日止"三个月时间里，津海关征收了十二类海关税银。"收款"项下不仅明确记录了各类税款的名目，还记录了各类税款相应的数额。十二类海关税银又分为四大块，即第一，"应提归机器局经费四成银"；第二，"应提每两八分经费银"；第三，"提三成汇解总理（各国事务）衙门，其余七成按月发交税务司"的外国船钞银；第四，"收招商轮船船钞银"。通过这些具体名目，我们大致可以得出一个结论，津海关所有税银之征收全部由津海关道负责。而其征收税款的依据就是户部和总理各国事务衙门的具体规定。反过来说，如果税款由税务司征收，这就意味着税款相应收入和支出的情况应由税务司向总税务司报告，也就绝对不会出现上述李鸿章的奏折了。

二 保管税款

津海关道是一个官职，其衙门虽有相关书吏，但仍难以胜任津海关如此繁杂的关税征收任务。于是税银的征收和管理就由津海关道委任专门的银号负责。当税务司开具纳税清单之后，商人到指定银号缴税，商人付清税款后由津海关道发放缴税清单，据此清单津海关予以放行。海关银号就其业务性质来说，实质是关税收付的出纳机关，其业务主要是将零星税款征收后按照海关指示数目提解交付。在天津，被津海关道指定收取海关税收的银号称裕丰银号。[①] 由于资料不足，相应研究有待以后展开。

三 支付和解运税款

奏折称："内除半税、俄商陆运税、子税、招商轮船各税不提四成外，计所征进出口税银项下应按四成提银三万六百六十三两九分二厘，遵照奏定成案专拨机器局经费，并将征收外国船钞内提出三成银六百六十六两一钱二分，汇解总理各国事务衙门，其余七成发交税务司作为海口塔表望楼经费。至进出口正半各税陆续拨发津郡海防军饷及税务司等

[①] 在武昌起义波及天津时，裕丰官银号终于倒闭，当时的津海关道积极参与解决裕丰官银号亏欠库款 70 余万两的事情。参见天津市档案馆等编《天津商会档案汇编（1903—1911）》上，天津人民出版社 1989 年版，第 613 页。

薪工，并扣存八分经费项下开支各款，统共支发银十二万七千七百三十九两九钱九分一厘。"在后面的"津海关第五十六结期内收支各款缮具清单"中明确列出了六项"支款"，即一、"支发税务司外国船只七成船钞银一千五百五十四两二钱八分"；二、"支拨机器局六、七、八三个月经费银六万三千一百八十两三钱五分六厘"；三、"支发税务司六、七、八三个月薪水、工食、船价等项银七千六百五十两"；四、"支拨支应局七、八两月海防军饷银四万五千两"；五、"支发六、七、八三个月通商大臣并关道衙门委员书差人等各项经费银八千九百三十四两六分三厘"；六、"支发每两一分二厘倾镕火耗银一千四百二十一两二钱九分二厘"。总之津海关道要将所征收的税款支拨给"税务司""机器局""薪水、工食、船价"等经费，以及"通商大臣并关道衙门委员书差人等"各项经费，具体而言，津海关道支拨税银大致有四大方向，即第一，向税务司支付的七成船钞银，这是作为"塔表望楼经费"，即港务建设的费用，由各税务司上交总税务司。第二，留作天津洋务事业和其他事业所需费用，如报给天津机器局的经费以及用于海防军饷的支应局①费用。第三，用作津海关税务司"薪水、工食、船价"以及北洋通商大臣、津海关道署衙等机构的办公经费。第四，将"外国船钞内提出三成银六百六十六两一钱二分，汇解总理各国事务衙门"。

四　参与确定税额

总税务司赫德认为："监督主要依照惯例行事，税务司则依照业已颁布之规章承办公务。"② 税务司的公务之一就是根据自己的业务知识帮助中国衡量关税③，并确定每一项应收税银的数目。一般认为拟定税额是税务司的职责，但津海关道在这一方面的表现让我们对此问题有了更多的认识。

北京大学图书馆藏有一本《辩论洋药觔数多少案》，该书刊印于同治十三年（1874），内容涉及当时天津海关税务司汉南与津海关道黎兆棠之

---

① 清后期各省地方政府为特殊需要而特设的筹款部门。清后期时局多变，各方支应浩繁，而朝野府库储备渐罄。为应付时变，各省督抚请允就地筹款，以应特殊需要，从而成立支应局后各省支应局几成常设机构，并成为借口派捐勒索、税外加收的执行机构。
② 海关总署《旧中国海关总税务司署通令选编》编译委员会：《旧中国海关总税务司署通令选编》第1卷（1861—1910年），中国海关出版社2003年版，第184页。
③ 陈诗启：《中国近代海关史》，人民出版社2002年版，第434页。

间关于进口洋药关税问题的来往函件，具有极高的史料价值。从中可以看到在洋药每箱多装斤两如何纳税问题上津海关道的处理意见和执行时的具体表现。

同治十一年三月初三日（1872年4月17日），有义森号商人由上海运来洋药14箱，经津海关查验过秤，按每箱百斤计，实际重量比呈报数量多出49斤，这49斤洋药按理也应纳税，但当时税务司认为以往惯例向来只按箱征税，不论轻重，因此，这49斤洋药不需纳税。当时任职津海关道的黎兆棠认为，"新关征收货税本应认真，况洋药一项为税厘大宗，尤非别货可比"，"若以每箱多装无几，置之不问，恐各商纷纷效尤，从此每箱将无不多之洋药。统计十一年进口箱数，漏征税厘不少。即将上年进口洋药，共计六千九百余箱计之，设使每箱多装两斤，新关洋税及新旧洋药厘金，核计短征之数已将万两。"① 对此，黎兆棠坚持"必须酌拟办法，予以修正"。他的解决办法是：."嗣后进口洋药如斤两多寡不定，商人声明在先，称得每箱多装若干斤，即按称得斤数饬令完税，如未经声明，须按多装若干斤，应完税银若干，罚加一倍，此系通融办理，用示格外体恤。"② 但黎兆棠的这一办法却遇到阻碍，未能执行。津海关道在向直隶总督李鸿章陈述问题经过的信件中说道：他将这个办法"知会税务司照办"，但来自英国的这位名叫汉南的税务司并不执行，"汉税司来署面称，新关征收洋药税银，向按每箱征收，多数斤不为多，少数斤不为少"，而且税务司汉南强调"此系各口新关定章，如欲更改，只好饬令商人立具保单，请示总理（各国事务）衙门"。虽然黎兆棠诘问："此项定章系何时条文，殊未见过，即使果有此章亦可酌量情形，随时详请更改，非比条约，必须遵守，今洋药按斤征税，系属照约办理，毋庸请示。"但税务司汉南"执定请示之说，百折不回"，"非请示总理（各国事务）衙门，断难遵办"。③

随后双方各自请示了直隶总督、总理各国事务衙门和总税务司，但各方态度并不一致。直隶总督兼北洋大臣李鸿章同意津海关道黎兆棠的意见，认为"当此库款支绌之际，自应设法查禁偷漏，未便任听商人取巧"，但是他同时指示，"仰俟咨请总理（各国事务）衙门核示，俟覆到

---

① 天津海关道署撰：《辩论洋药觔数多少案》，天津海关道署清同治十三年（1874）版，第2页。

② 同上书，第1页。

③ 同上书，第23页。

日，另行饬遵"。① 李鸿章的意见是等总理各国事务衙门给出明确的处理意见后，再令税务司遵照执行。

总理各国事务衙门首先肯定了津海关道认真稽查的做法，认为津海关道拟采用的洋药进口事先声明斤数、按斤征税的办法"于认真经理之中，仍寓体恤商情之意，自系持平办理"，但总理各国事务衙门最终给予的处理意见很有踢皮球的味道，"惟此等处，若事事必待本衙门核议，未免多繁案牍"，他指示北洋大臣李鸿章，"先行督饬关道，会同总税务司将所有进口洋药每箱除去箱皮，百斤之外，或多或少，应限以若干斤为断，其有多少斤数，或应补税，或应议罚之处，一并妥议申报，统归贵大臣妥核办理。知照本衙门可也"。② 于是事情又重归津海关道处，他需要与总税务司商谈此事，议论好细节，然后再向北洋大臣汇报。

津海关道黎兆棠得到指示后开始与总税务司赫德往来函覆，商讨处理意见。赫德的意见是"进口洋药，如每箱在一百零四斤之下，九十六斤之上，均仍照百斤征税，倘再多再少，则按实载斤两征收，否则照旧论箱"。但津海关道对此表示反对："洋药税重，非别货可比，兹于查验办法，拟准每箱多装四斤，似宽严太为悬殊矣，本道之见，每箱或多或少，只可仍以一斤为限。"③ 因双方意见不一，津海关道"往返照会，并面为驳辩"，最终一年过去了，在双方没有达成协议的情况下，津海关道确定了"开验洋药之法，如一行烟土，或连次开验或隔数次开验，悉听关便，至核算斤数，须以三箱为准，俱照本单所开三箱斤数均分合算纳税，大小土一律办理，并请海关于所开之箱，皆给一在关开验之据，实帖箱面，以便商人售卖"。④

自政策出台之后，津海关道一方面"札饬新关委员并函致代理天津屠税司遵照"，另一方面向北洋大臣李鸿章提交了详细的报告，此政策得到了北洋大臣李鸿章的批准。

海关道黎兆棠就如何收取洋药进口时多装斤数部分的关税问题，与税务司和总税务司往来辩论，时间长达1年多。事实上，总理各国事务衙门对此事并未作出任何决策，反而觉得"若事事必待本衙门核议，未免多

---

① 天津海关道署撰：《辩论洋药觔数多少案》，天津海关道署清同治十三年（1874）版，第3页。
② 同上书，第17页。
③ 同上书，第47页。
④ 同上书，第50页。

繁案牍",而直隶总督李鸿章也大都支持津海关道的处理意见。纵观此事件的前后过程,可以发现,从津海关道发现问题,同税务司商讨税额,又和总税务司历次函商辩论,到最后做出抉择,制定洋药多装斤数的征税政策,可以清晰地看出津海关道拥有监督税额,并同税务司、总税务司商定具体税额的权力。

值得注意的是,这一案例中因最初税务司不同意津海关道提出的意见,双方各自向总理各国事务衙门和总税务司提出了报告,在没有得到明确批示之前,税务司汉南仍尊重津海关道的意见开箱称验。"溯自开关以来,十载有余,所有进口洋药,均照旧规查验,即通商各口亦皆如此办理,嗣于西历四月中旬起,经贵道将从前旧规改用,是以迄今海关均照钧意开箱称验。"① 即便后来总税务司赫德参与处理此事,在意见遭到津海关道反对的情况下,最终仍遵照津海关道的意见,执行了其制定的洋药进口多装斤两问题的处理政策。透过这个案例,可以发现津海关道不仅可以参与确定税额,其意见还起到了很重要的作用。由此可见,《中国近代海关史》一书提出的外籍税务司推行各口之后,"便本来拥有主管权力的海关监督,变成空头的傀儡;另一方面,被募用的外籍税务监督取代了海关监督,窃取了海关的管理权"② 的结论过于泛化。

第三节 津海关的税务司

《北京条约》宣布天津成为对外通商口岸后,克士可士吉(C. Kleczkowski)③ 与赫德一起参与筹建津海关,1861年3月23日,津海关正式建立,津海关税务司制度也随之确立。克士可士吉(C. Kleczkowski)成为第一任津海关税务司。

一 津海关税务司群体

自添设津海关道始,至1908年赫德休假离职回国,津海关先后共有

---

① 天津海关道署撰:《辩论洋药觔数多少案》,天津海关道署清同治十三年(1874)版,第23页。

② 陈诗启:《中国近代海关史》,人民出版社2002年版,第147页。

③ 克士可士吉为当时法国驻华代办哥士奇(K. A. CKleczkowski)之弟,经哥士奇推荐进入中国海关。以下关于津海关税务司的资料来源于天津海关译编委员会编译《津海关史要览》,中国海关出版社2004年版,第205—210页。

17 任税务司,均系总税务司赫德委任。

表 22　　　　　　　　1869—1912 年天津海关历任洋税务司

任职年代	税务司	国别
1869—1872	汉南（C. Hannen）	英国
1872—1873	赫政（J. H. Hart）	英国
1873.8—1873.10	吴秉文（A. Huber）	英国
1875.4—1875.11	屠迈伦（J. Twinem）	英国
1875—1876	马福臣（A. Macpherson）	英国
1877—1882	德璀琳（G. Detring）	德国
1882.3—1882.5	法来格（E. Farago）	匈牙利
1882.5—1882.9	哲美森（Colin Jamieson）	英国
1882—1884	好博逊（H. E. Hobson）	英国
1884—1896	德璀琳（G. Detring）	德国
1896—1897	安格联（F. A. Aglen）	英国
1897—1899	贺璧理（A. E. Hippisley）	英国
1899—1900	杜德维（E. B. Drew）	美国
1901—1904	德璀琳（G. Detring）	德国
1904—1906	费妥玛（T. T. H. Ferguson）	荷兰
1906—1908	墨贤理（H. F. Merrill）	美国
1908—1909	辛盛（C. L. Simpson）	英国
1909—1911	义理迩（H. M. Hillier）	英国
1911—1912	欧森（J. F. Oiesen）	丹麦
合计	19 任 17 人	

资料来源：中国社会科学院近代史研究所近代史资料编辑部编:《近代史资料》总 83 号,知识产权出版社 2006 年版,第 46—62 页;《津海关外籍税务司任职表（1861—1928）》,载天津市档案馆、天津海关编:《津海关密文解译：天津近代历史记录》,中国海关出版社 2006 年版,第 373 页。

从上表可知：

第一,津海关税务司中英国人居多,共 11 人,占 64.7%。这与总税务司的委任权相关,总税务司赫德正是英国人。

第二，津海关税务司中除汉南①和德璀琳任期在3年以上外，任期2年以内的税务司有15人，占88.24%。这说明晚清税务司流动性较大。

第三，德璀琳②分别在1877—1882年、1884—1896年、1900—1904年先后三次出任津海关税务司，任职时间长达22年之久，这与其他税务司的短暂任职形成了鲜明对比。德璀琳任职津海关税务司时正逢李鸿章任职直隶总督时期，这说明德璀琳与李鸿章之间的关系较为密切。事实正是如此，德璀琳曾协助李鸿章办理了诸多外交与洋务新政事业。1884年中法战争时，德璀琳撮合李鸿章和法水师总兵福禄诺签订"简明条款"。1894年冬，德璀琳奉李鸿章之命赴日本接洽和谈。李鸿章对这位洋幕僚优待有加。1885年6月英国政府任命赫德为驻华公使时，李鸿章曾竭力推荐德璀琳为总税务司，因赫德辞谢公使职，继续留任总税务司而未果。

根据以上津海关税务司的具体情况，我们可以总结出以下表格（见表23）。

表23　　1869—1911年天津海关历任洋税务司的综合情况统计

任职年代	税务司	任职津海关税务司前		任职津海关税务司后	
		曾任其他关口税务司	曾在津海关工作过	曾在总税务司署任职	调任别口海关任税务司
1869—1872	汉南（C. Hannen）	√			√
1872—1873	赫政（J. H. Hart）	√			√

---

① 汉南（C. Hannan），英国人。1859年进中国海关。翌年受上海税务司德都德（Daries. H. Tuder）之命，代行税务司职务。1862年转福州，以税务员之职负责该关事务。1863年任烟台税务司；1866年任九江税务司；1869年任厦门税务司；1869年9月10日任津海关税务司（1869年海关总税务司署第48号训令）；1876年任汕头税务司；1877—1886年任福州税务司；1890年辞职。

② 德璀琳（G. Detring），德国人。1864年进中国海关。1867年5月在津海关时为三等税务员。嗣后累升至税务司。1872年3月为镇江海关、浙海关（宁波）、粤海关（广州）税务司；1876年调烟台，1877年12月4日任津海关（兼秦皇岛）税务司；1878年奉赫德之命筹办邮政工作。1904年，在天津海关税务司任期内，德璀琳每月从开平矿务局秘密领取几百两银子的车马费一事为总税务司追查，遂使德璀琳不得不离职。1905年11月18日德璀琳由欧洲返津，但未回天津海关工作。1906年4月1日起请长假2年，一直拥有海关税务司的职衔。1913年1月4日死于天津。按照他的愿望，将其遗体葬在他宅内花园之一角。

续表

任职年代	税务司	任职津海关税务司前		任职津海关税务司后	
		曾任其他关口税务司	曾在津海关工作过	曾在总税务司署任职	调任别口海关任税务司
1873—1873	吴秉文（A. Huber）	√			
1873—1875	屠迈伦（J. Twinem）		√		√
1875—1876	马福臣（A. Macpherson）	√			
1877—1882 1884—1896 1901—1904	德璀琳（G. Detring）	√	√		√
1882.3—1882.5	法来格（E. Farago）			√	√
1882.5—1882.9	哲美森（Colin Jamieson）		√		√
1882—1884	好博逊（H. E. Hobson）	√			√
1896—1897	安格联（F. A. Aglen）	√	√	√	√
1897—1899	贺璧理（A. E. Hippisley）	√			√
1899—1900	杜德维（E. B. Drew）				
1904—1906	费妥玛（T. T. H. Ferguson）		√		√
1906—1908	墨贤理（H. F. Merrill）	√		√	√
1908—1909	辛盛（C. L. Simpson）		√		

续表

任职年代	税务司	任职津海关税务司前		任职津海关税务司后	
		曾任其他关口税务司	曾在津海关工作过	曾在总税务司署任职	调任别口海关任税务司
1909—1911	义理迩（H. M. Hillier）	√	√	√	
1911—1912	欧森（J. F. Oiesen）	√		√	
合计	17人	11	7	5	11

资料来源：天津海关译编委员会编译：《津海关史要览》，中国海关出版社2004年版，第205—210页。

注：对以上津海关税务司的分析主要以笔者能收集到的资料为主，画钩之处为据现有材料已能够确定的地方。因掌握资料的局限，其间还有诸多未尽之处，表中将这些地方留作空白，其结论有待以后进一步研究后给出。因此，上表仅对考察津海关税务司群体的整体状况有所帮助。

分析以上表格可知：

第一，津海关税务司的任职路径引人关注，多数津海关税务司在任职之前就已经拥有多年的海关工作经验，并曾经担任过其他关口的税务司。上表中这类人物占64.7%。据此可以认为，大多数津海关税务司与津海关道打交道时已有充足的经验。

第二，7名税务司在任职津海关税务司前已在津海关工作多年，对津海关工作较为熟悉，对津海关道与津海关税务司之间的关系也应较为熟悉。

第三，4人在任职津海关税务司前曾在总税务司署工作过，后被外派担任津海关税务司。值得一提的是，从简历看，津海关税务司中至少有两人与赫德是亲戚关系。1872—1873年出任津海关税务司的是赫德的弟弟赫政[①]

[①] 赫政（J. H. Hart），英国人。中国海关总税务司赫德之弟，1865年进中国海关。1872年10月18日任津海关税务司（1872年海关总税务司署第31号A字训令）。后来历任牛庄、汉口、淡水等海关的税务司。1885年当英国政府任命赫德为驻华公使时，赫德推荐赫政继任总税务司，后因外交团反对未成事实，赫德亦未就驻华公使职。1889年1月，经赫德推荐，总理各国事务衙门派赫政担任驻藏大臣翻译。于1890年3月17日及1893年12月5日，协助清政府与英国签订《藏印条约》和《藏印续约》。1896年李鸿章访英时赫氏充随员。

(J. H. Hart),继赫政出任津海关税务司的是赫德的妹夫吴秉文(A. Huber)。①

第四,担任津海关税务司职务只是这些外国人在中国海关工作的一个阶段,之后大多数人被调往中国其他口岸继续担任税务司②,比例达64.7%。我们认为,津海关道与津海关税务司的关系具有普遍的代表性,是全国海关监督和各口税务司关系的缩影。从这个角度看,对海关监督与税务司两大群体间关系的研究可以为探讨津海关道与税务司之间的关系提供有效帮助,而津海关道与税务司之间的关系又是全国海关监督与税务司之间关系的缩影。

二 津海关税务司的职责

通过上文对津海关税务司群体的分析,可以看出两种现象,首先,有64.7%的津海关税务司在任职津海关税务司之前曾担任过其他关口的税务司。其次,绝大多数的津海关税务司在结束津海关任职后被调往其他口岸继续担任税务司。因此,津海关税务司拥有在中国海关工作后积累的丰富经验,由总税务司规定的各口税务司之职责也是津海关税务司必须遵循的。

同治三年(1864)海关总税务司赫德拟定了《海关募用外国人帮办税务章程》,其中规定:"各关所有外国人帮办税务事宜,均由总税务司募请调派,其薪水如何增减,其调往各口以及应行撤退,均由总税务司作主。"③"税务司与地方官民相处熟悉,遇有外国人与地方交涉之事,从中调处,两受其益。"④"各关所有总办、帮办、通事、扦子手、头目四项人等应领薪水,不得由该关税务司增减,亦不得任意撤退;若内有不妥之人,即准暂停薪水,不令赴关办事,一面申报总税务司示遵。如此四项人

---

① 吴秉文(A. Huber),法国人。中国海关总税务司赫德的妹夫。1857—1869年任驻华使馆翻译,1869年转入中国海关,任一等帮办。1871年后在天津、镇江、汕头等地任副税务司。1871年崇厚为天津教案事赴法道歉,吴氏随往。1873年8月2日任津海关税务司(1873年海关总税务司署第21号训令)。1874年同马福臣(A. Maepher. son)赴古巴协助中国公使陈兰彬调查华工情形。1885年辞职回法。

② 其中6人例外,辛盛1909年病逝于天津海关税务司任上,欧森任职跨越晚清、民国交替时期。其余因材料局限,吴秉文、杜德维、义理迩任职津海关税务司之后情况并不明晰。

③ 陈诗启:《中国近代海关史》,人民出版社2002年版,第434页。

④ 同上书,第436页。

内有自行辞退者，亦随时具报总税务司，以便另行选派。"① "各口税务司人等，逐月在关与商民交涉，均应设法重税课，顺商情。查各口章程分两项，一系禁止作弊以重税课，一系将税务司各事晓谕各商，以顺商情。是以各税司，除严行防堵走私偷漏外，应每日在关察看所用之人，是否尽心办公，随时体恤各商，有无刁难之处；且买卖税课之本，若令人为难，不顺其情，不免于税（课）有碍，应由各该税务司，细心斟酌地方情形，多便贸易，以期多收税饷，但不可与章程、条约相背。"② "每口税务司，每逢结底，将结内收、支、罚三项各款，照前示折报及遇事随时具报外，每于月底须将该口买卖收税各情形简明报知，均须端楷，尽写汉文，报折不得挖补。"③ "各口税务司于各国所派领事官，常有交涉事件，若领事官非做买卖，税务司与之交好，自于公事有益，惟当论事办事之间，愈当以凡事均以监督责任，不可稍存侵权见好之心，致罹咎谴。"④

从《海关募用外国人帮办税务章程》看，总税务司和各关税务司的具体职责是：对于总税务司而言，各关所有外国人办理税务事宜，均由总税务司募请调派；各关所有职员应领薪水，不得由税务司增减，亦不得任意辞退。各关税务司、总办、帮办、扦子手头目等，若有不妥，须请示总税务司，由总税务司一人做主辞退。

对于各关税务司而言，各关税务司在各海关的具体职责应是：第一，领导属员认真工作，防止走私、偷漏税收等事件发生；第二，按期将各口海关之收入、支出、罚款三项造册并报送总税务司；第三，经常与中国地方官及各国领事接触会商；第四，按期写出各类相关海关报告，报送总税务司。各口税务司相较于总税务司而言，他们更多负责监督管理本关工作人员，与地方官员接触以及管理海关日常具体事务。

赫德对税务司的工作范围只进行了大致界定，实际上，津海关税务司在这几项工作基础上，还有许多具体工作。直隶总督李鸿章在一份奏折中对其日常工作有较为细致的说明。光绪十三年（1887），总理各国事务衙门和户部决定，改革以前洋药分别由海关征收关税和地方收取厘金的做法，实行洋药税厘并征。此项工作由各关监督与税务司共同执行。在奏折

---

① 陈诗启：《中国近代海关史》，人民出版社2002年版，第437页。
② 同上书，第435页。
③ 同上书，第437页。
④ 黄序鹓：《海关通志》下，出版者不详，1921年版，第148—150页。

中李鸿章对这个新添加的任务有简要说明。

> 据署津海关道刘汝翼另刊津海关洋药税、厘并征之关防与税务司豫用印花，以备按包粘贴。其载运凭单则盖用津海关道关防并税务司印信，由商人自行赴关请领，各出汉、洋文告示晓谕。续准总理（各国事务）衙门咨送总税务司赫德所拟详细办法各条，又经分行照办。兹据该署道刘汝翼详称，自本年正月初九日起，进口洋药业照新章封存关栈，每百斤应收厘银八十两，与进口税银三十两必在新关同时交足，方准贩运。其正月初八日以前进口已经完税、未经完厘之洋药，亦属税务司派令扦手向各洋行查明数目，由关登记，饬商于六个月限内，每百斤赴关补厘银八十两，其进口药膏照总理（各国事务）衙门电示每百斤收税银三十七两五钱、厘银一百两。此后所收税、厘银两均照向章分款入库，税仍按结汇报，厘则按结专报，以清界限。其新关应添华、洋人役办理验货、发单、粘贴印花等事，已由税务司自行雇募，所需经费亦由税务司按月具领，撙节支有。俟试办一年，据实造报，作正开销。应购轮船，添设关栈，系照章应准之事，亦归税务司酌量购置。此新关开办并征之节目也。①

通过李鸿章的这段奏折，我们可以看出津海关税务司日常还负责以下工作：

第一，津海关出口进口货物缴纳税款完毕，津海关税务司须加盖税务司印信，津海关道加盖津海关道关防，商人凭借盖有两样印信的载运凭单方可出关。

第二，对没有缴纳完税厘的洋药，税务司应派扦子手向各洋行查明数目，登记，然后催促商人缴纳。

第三，在海关需要雇请办理海关验货发单、粘贴印花等事宜的华、洋雇员时，津海关税务司确定人选，所需经费由税务司按月领取，在津海关税收中开支，据实造报。

第四，津海关应购轮船，添设关栈等照章应准之事，由税务司负责购置。

---

① （清）李鸿章：《洋药税厘拨还洋息折》，顾廷龙、戴逸主编《李鸿章全集》12（奏议十二），安徽教育出版社2008年版，第77页。

第四节　津海关道与津海关税务司

一　权责互补之同僚

从以上关于津海关道和税务司各自职责的分析，津海关的税收工作可划分为估税、征税、保管税收和税银分配四大块，估税由税务司负责，后三大环节则由津海关道负责。同治十三年十月十六日（1874年11月24日），李鸿章上奏的《津海关续征第五十六结洋税数目折》曾记载："支发税务司六、七、八三个月薪水、工食、船价等项银七千六百五十两。"①从此处可以看出，税务司及津海关其他工食、船价等经费均由津海关道从税银中划拨，也就是说，税务司负责的仅仅是整个津海关收税步骤的第一步，即估税环节。税务司不负责税银的征收、保管和划拨，否则税务司会自己给自己发薪水，而非由津海关道给税务司支发薪水了。此项设计，正与"国人设一官以察另一官之观念，尤相吻合"。所以清政府每每"以税司之报告，核监督之账目"，即以税务司收税项目报告验证监督所呈报之税银数目，"有如石验金之妙，两相对照，无可假借也"。②从这个意义上说，税务司与津海关道之间的关系正体现了清政府权责互补、相互监督之制度设计的本意，这正是清朝海关二元管理体制的特点。

基于这种制度设计，总税务司对各口税务司提出具体要求。

> 须着意培育并保持与监督友好融洽关系。为公务计，保持随和交往必不可少。而且为求同僚双方，一为身居要职之本土官员，一是客卿，各自恪尽职守，两人间相处愈诚挚则于公务愈有益。③

从上文可以看出，津海关道是"身居要职之本土官员"④，总税务司赫德对此的解读是"乃系由皇帝任命，或由皇帝钦命大员任命"，"以本

---

①《津海关续征第五十六结洋税数目折》，顾廷龙、戴逸主编《李鸿章全集》6（奏议六），安徽教育出版社2008年版，第156页。
② 孔祥熙：《关税纪实》（全一册），海关总税务司公署统计科1936年版，第1—3页。
③ 海关总署《旧中国海关总税务司署通令选编》编译委员会编：《旧中国海关总税务司署通令选编》第1卷（1861—1910年），中国海关出版社2003年版，第185页。
④ 同上。

国官员身份于口岸职掌行政，官位显赫，是海关之首席长官"。① 而税务司为"客卿"，是一位特殊的清朝官员。② "税务司仅由总税务司任命，然税务司仍不失其为一名官员，盖因总税务司系由总理各国事务衙门奉钦准而任命，并允准总税务司任命税务司会同监督办差，犹如中国大员奉钦命之指派监督同出一辙也。"③ 两者一为本土官员，另一为特殊的清朝官员，两者之间权责互补，各自恪尽职守，是一种"同僚"关系。

二　友好合作关系的培育与保持

总税务司对各口税务司有统一的评价标准，赫德认为："各关税务司对海关负有义务，为恪尽义务，莫过于圆满履行下列三项职责，即：其一为保海关高效，其二为保属员称职，其三为保与同僚监督及其他官员间有良好关系。凡不能如此者则缺少税务司应有之气质与机智也。"④ 这即是说，是否能保持和海关监督或者海关道台之良好关系是评价税务司的重要标准之一。为了培养这种良好关系，总税务司谆谆告诫循循善诱。

  为求执行部门于办理分管之海关日常业务时与以监督为首之两部门间和谐共事，彼此以同僚相待，保持良好合作关系，下开各端，望予铭记并竭力实践之，即如：

  1. 须着意培育并保持与监督友好融洽关系。为公务计，保持随和交往必不可少。而且为求同僚双方，一为身居要职之本土官员，一是客卿，各自恪尽职守，两人间相处愈诚挚则于公务愈有益。

  2. 凡事有章可循有例可依，则例行公事即不犯难，若无章可循无例可依，则应即与监督从长计议商得一致。

  3. 漠视监督之错，莫过于将监督不当帮手当对手，而置税务司于困境或失误者，莫过于自己出格行事。税务司不得"自作主张"行不寻常之举。若迫于请求而采取非常之举，又无总税务司不得为之指令时，当先与监督商得处置办法。

---

①　海关总署《旧中国海关总税务司署通令选编》编译委员会编：《旧中国海关总税务司署通令选编》第1卷（1861—1910年），中国海关出版社2003年版，第183页。
②　同上书，第185页。
③　同上书，第183页。
④　同上书，第185页。

4. 海关经历之一切应为监督所知悉，为此税务司每周至少造访监督一次，以叙情谊并谈论公事。

5. 监督之职责范围遍及文案部门与执行部门，故而税务司对待监督因生性好问或因其性格所致而发之质疑甚至指责，不应为之不快。税务司之行为乃官方行为，得有税务司之气度，应容得评头品足。凡监督有所指责，应择其善者而从之，承认自己之错误。除非监督暗示此事可作罢，不然亦可说服监督承认其本人之不是也。

6. 时时切记上述各项之方方面面，税务司及其属员当与中国当局合作共事尽襄助之责，不得漠视之，更不得取而代之。

7. 一旦意见分歧，税务司应与监督详加探究，共同决定处置办法。若分歧无法消除，双方均应不存敌意而欣然让步，暂依定制，即在接奉总理各国事务衙门旨意之前先按监督之见行事。

上述诸项考虑应时时切记，并习以为常。①

每位税务司皆有一位同僚，须与之共事相商并保持和顺关系，并且时时切记不得削弱监督权势或与之相对，盖因税务司为襄助而来，非取而代之也。

勿动辄冒犯，勿轻视或怠慢中国当局，不经批准不超越税务司职责范围，遇事以坦诚与愉悦心情与监督相商，遇有自己主张不为人接受时亦不要不满。应记住，中国官员为当地之实职常任官时，洋员虽为平等之同僚，毕竟临时之客卿也。必须承认事实，洋员只为襄助而来，非为取代中国当局而至。旨在诸事顺当，避免争执并尽量不上告京城，乐于让他人争得名声，但求事成。各关切记应以处理公务为主，而公务中之分歧尽少争论，商议公事切忌失态或争吵。按照以上各点行事，则既能维持与监督之良好关系又可公务顺当，且有助于维护海关之稳定与声誉。②

尽管有学者认为，这只是总税务司截取中国海关主权而作的表面文章，但我们不能否认，税务司人员都得到了自己主管官员的告诫，要努力

---

① 海关总署《旧中国海关总税务司署通令选编》编译委员会编：《旧中国海关总税务司署通令选编》第 1 卷（1861—1910 年），中国海关出版社 2003 年版，第 185 页。

② 同上书，第 186 页。

减少纷争，力求与中国海关官员合作，"着意培育并保持与监督友好融洽关系"。在"辩论洋药觔数多少案"中税务司汉南原本与津海关道意见不一，但仍尊重津海关道的意见开箱称验。津海关税务司德璀琳更成为直隶总督李鸿章的洋幕僚。纵观津海关道存在的 42 年时间，总体而言，税务司与津海关道之间的合作是较为平静而愉快的，这是税务司和津海关道共同努力的结果。

历任津海关道共计 19 人，虽各有特色，但总体隶属于晚清的海关监督群体，有其统一的群体特征。在赫德看来："众多监督乐于与税务司处好关系，亦确是如此。监督即令心存不悦，亦比其同僚更善于掩饰，甚或装出若无其事平静如常。"① 而津海关道在管理新、钞两关税务之外还负责天津对外交涉事宜。因为近代中国与西方国家之间冲突不断，天津靠近京畿，往往最先受到冲击，因此津海关道比其他海关监督更乐意与税务司合作，因为两者之间的良好关系可以为津海关道处理对外交涉提供重要帮助。津海关外籍税务司是清政府委托总税务司聘用的专职管理津海关的工作人员，他们与自己的母国政府间保持着千丝万缕的联系，而各税务司的母国也希望通过他们的关系加强在中国的地位，有时甚至通过他们提供的信息来制定对华政策。而各税务司与在天津的其他国家人士关系也非常紧密，这种关系在某种程度上源于税务司能与直隶总督、津海关道等中国官员直接接触。事实上，总税务司赫德也希望他们在办理好税务的同时，能适当参与中国地方事务，这就为津海关道请税务司协助处理对外交涉事件提供了可能。

天津为畿辅之地，拱卫北京。正因为这种异常重要的地域位置，近代以来，天津往往成为遭受外国列强首先冲击的重地，每当危急时刻，求助于津海关税务司就成为津海关道必然的选择了。

庚子事变，义和团攻打天津各租界，同时也冲击了津海关道衙门。1900 年 6 月 17 日，津海关税务司杜德维（E. B. Drew）给总税务司赫德写了一封信函。

> 昨天紫竹林一带很平静，但天津县城则为乱民所盘踞，为所欲

---

① 海关总署《旧中国海关总税务司署通令选编》编译委员会编：《旧中国海关总税务司署通令选编》第 1 卷（1861—1910 年），中国海关出版社 2003 年版，第 186 页。

为，甚至道台衙门也不免被扰。海关道派译员蔡某来问我，可否由外国兵保护他的衙门。我当即去与俄军上校沃嘎克（wogck）交涉，但无结果，沃嘎克答复不适宜派兵去保护。现在还不知道海关道的情况如何，想来他的衙门必定抢掠一空了。①

庚子事变之际担任津海关道的正是黄建筦，当这位津海关道的署衙遭遇义和团冲击的时候，他主动向海关税务司杜德维寻求帮助，杜德维"当即去与俄军上校沃嘎克（wogck）交涉"，虽然最终没能派兵保护，但杜德维确实是在积极地为津海关道提供帮助。义和团在天津受到了当时直隶总督裕禄的支持，杜德维说道："总督裕禄一开始就向义和团屈服，供给他们军械等等外，还给受伤者以奖赏，给死亡者的家属以抚恤。"但为什么义和团会冲击天津正式的官府机构津海关道衙门呢？杜德维分析道，津海关道黄建筦的情况"很难说，因为他在总督面前极力主张镇压"。②在杜德维看来，津海关道黄建筦因为与当时直隶总督裕禄在对待义和团态度上的不一致最终导致了津海关道府衙受到冲击。从海关税务司杜德维致海关总税务司的信函中，字里行间都透露出杜德维对津海关道黄建筦的同情。

津海关道处理对外交涉事件时寻求税务司帮助的例子还有很多。如庚子事变之后，德璀琳继任天津海关税务司，因津海关道黄建筦逃到德州，天津道张莲芬就同时担任起津海关道一职。摆在这位官员面前的是义和团与联军军事冲突之后的乱摊子。战败求和之后作为中方代表的天津道兼津海关道处理事务的难度可想而知。张莲芬请税务司德璀琳从中协调。德璀琳不负所托，安排好张莲芬与另一位清军统领和德国的立侧尔将军（V01. Lessel）会面。③

总税务司对各口税务司曾有这样的要求："海关经历之一切应为监督所知悉，为此税务司每周至少造访监督一次，以叙情谊并谈论公事。"④

---

① 中国近代经济史资料丛刊编辑委员会：《中国海关与义和团运动》，中华书局1983年版，第82页。

② 同上书，第82—83页。

③ 同上书，第100—101页。

④ 海关总署《旧中国海关总税务司署通令选编》编译委员会编：《旧中国海关总税务司署通令选编》第1卷（1861—1910年），中国海关出版社2003年版，第185页。

总税务司要求的是税务司主动去找海关监督,"以叙情谊并谈论公事",而庚子事变后情形却略有不同,德璀琳报告中反映的是同时兼任天津道和津海关道的张莲芬主动拜会税务司,这一主动和被动的变化反映了津海关道请税务司从中协调中外关系时对其的依赖。

三 两者的矛盾及解决途径

"据云监督税务司关系交恶者,内中不乏税务司存有明显怠慢或轻蔑委员之情事。对于此类私事原本无章可循,总以宽容待之为上,盖因与监督保持友好关系乃税务司巩固自己职位最为重要之外力援助也。"① 这是总税务司赫德在通令中的一段原文。尽管总税务司一直强调税务司应"以宽容待之为上",当从点滴之处注意保持和海关监督间的良好关系,但在实际交往过程中两者间的矛盾仍然不可避免。在上文曾述及的"辩论洋药觔数多少案"中,海关税务司汉南和津海关道黎兆棠间就存在工作上的矛盾。德璀琳从同治六年(1867)到天津海关工作,先后3次担任津海关税务司,总计达22年之久,他被认为是李鸿章的幕府成员之一,凭他与李鸿章的关系,他应和历任津海关道都保持良好关系,因为津海关道归直隶总督管辖,但事实上李鸿章最亲密的幕僚周馥仍同德璀琳存在工作上的矛盾。

中日甲午战争之后,王文韶接替李鸿章担任直隶总督,他于光绪二十一年八月十二日(1895年9月30日)向中央上奏过一份名为《奏开设天津中西学堂疏》的奏折。他说道:"窃据津海关道盛宣怀禀称:自强之道,以作育人才为本,求才之道,以设立学堂为先。光绪十二年,前任津海关道周馥禀请在津郡设立博文书院,招募学生,课以中西有用之学,嗣因与税务司德璀琳意见不合,筹款维艰,致将造成房屋抵押银行,未能开办。"② 这说明津海关道周馥和税务司德璀琳虽同为李鸿章的幕僚,但两者在开办学堂问题上曾存在矛盾,而且不可调和,以致办学未成,校舍也被抵押。

既然津海关道与海关洋税务司间难以避免地存在矛盾,那么分析两者

---

① 海关总署《旧中国海关总税务司署通令选编》编译委员会编:《旧中国海关总税务司署通令选编》第1卷(1861—1910年),中国海关出版社2003年版,第187页。
② 《皇朝经世文新篇》,卷五,学校上。

间矛盾的性质就是问题的关键了。从对以上几个案例的分析中我们知道，汉南与黎兆棠的矛盾源于对津海关洋药关税如何拟定的问题，是属于工作上两者意见不同。而津海关道周馥与海关税务司德璀琳之间也源于如何开办学校意见的分歧，因此，津海关道与海关税务司之间的矛盾和冲突较少根源于税务司态度傲慢或其他语言行为上之不恭，更多出自于工作上的意见不同。一旦产生矛盾和冲突，津海关道和海关税务司如何解决？以税务司汉南与津海关道黎兆棠之间就洋药是按箱征税还是按斤征税的矛盾为例。整个事件从其发生到最后解决大致经过了三个阶段。每个阶段津海关道黎兆棠与汉南税务司之间的态度都在发生变化。两者间经过了一个从相互指责到相互体谅的发展过程。

第一阶段：从同治十一年三月初三日（1872年4月17日）至同治十一年四月初三（1872年5月9日），双方剑拔弩张。

事件开始于同治十一年三月初三日（1872年4月17日），双方各执己见，开始时就剑拔弩张，"汉税司总执定请示之说，百折不回"。① 津海关道据理力争，立即上诉至直隶总督李鸿章，并请直隶总督李鸿章转咨总理各国事务衙门。同治十一年四月初三（1872年5月9日），津海关道收到直隶总督李鸿章的札文，从中反馈的信息是总理各国事务衙门对此事件充满抱怨，"惟此等处，若事事必待本衙门劾议，未免多烦案牍"，而且没有给予准确的指导意见，解决问题还得靠津海关道与税务司相互协商。② 于是，津海关道与税务司汉南之间又开始新一轮的辩论往复。

第二阶段：从同治十一年四月初三（1872年5月9日）至同治十一年七月初三（1872年8月6日），税务司与津海关道往返协商，关系渐趋和缓。

这一阶段两者的争论有一特点，虽然各自仍执前说，但双方均想说服对方。从整体来说，这属于矛盾产生之后相互协商的必然过程。同治十一年六月二十五日，在致津海关道的信函中，税务司运用了准确的统计数字，颇具说服力。

---

① 天津海关道署撰：《辩论洋药觔数多少案》，天津海关道署清同治十三年（1874）版，第2页。
② 同上书，第16页。

本税司已将西历四月中旬改章称验以后洋药进口数目并或多或少分两总共核算清楚,送请查验,计自西历四月中旬起至昨日止,共进口洋药一千三百九十六斤箱,除称出分两,所多之数与所少之数相抵外,计尚多二百三十六斤,应纳税银约七十两,至于每箱数目,本税司查极多者,照原数多四斤,极少者,照原数少几斤,并查西历四月中旬,初次遂然称验之洋药,亦只照原数多三斤半也,若以三月之久,进口洋药,通盘核算,只多二百三十斤,现按一千三百九十六箱,一一分开配匀核算,则每箱只多二两五钱,是以本税司思及此事,要非不甚想干,且开关十载有余,忽然开箱称验,只较原数所差无几,足见从前审时度势,定旧规之精详矣。①

津海关道对此的解释亦极有分量。津海关道黎兆棠认为,"三月之久,进口洋药通盘核算,除多少相抵外,只多二百三十六斤,按一千三百九十六箱,一一分开,每箱只多二两五钱",税务司的这种统计方法"核算尚属精细",但津海关道黎兆棠指出这个数据是津海关对洋药进口采取称验措施已一个月之后的统计数据,已经不能说明最开始的情况。"然此仅就称验旬余后,多少之数,通较而论,若从前皆系如此,则本道亦何至如是斤斤较量者乎,不知称验旬余以后,始有短斤之事,则短数不足凭信矣。""倘就初验旬日数起有多无少而论,则十年来亏课之数,当不知若千万矣。"②在评价税务司的统计方法之后,黎兆棠指责道:"本道所不解者,自面商此事以来,不说商人取巧,反疑本道为苛,不说各口皆来认真,反云本道先行改章,是以不能不往复辩论。"③显然,津海关道对汉南税务司表示了不满。面对有可能再一次陷入僵局的局面,汉南税务司再次来函对自己并非指责津海关道做出了解释:"详阅复函之意,似疑本税司以贵道改规之意为非,究竟贵道之意或然或否,本税司并未置词。"而且语气稍作和缓,对津海关道表示了关切之意,"至论本税司平素趋拜日期早当到署面谈,因深知贵道抱恙,故而迟迟,实恐彼此晤谈,致烦渎清神。"税务司还对自己长久

---

① 天津海关道署撰:《辩论洋药觔数多少案》,天津海关道署清同治十三(1874)年版,第23页。
② 同上书,第28页。
③ 同上书,第29页。

没有拜会津海关道作了解释，"本税司数月以来，亦屡次患病"。① 自此津海关道黎兆棠也和缓下来。

> 覆者接展来函，均已聆悉，查洋药按斤，本系照约，并非欲立新章，若依本道之意，当日即可议定，似并不须十日二十日。今既已数月，只好缓缓从长计议也。贵税司自三月间晤面以来，因恐本道病中劳神，未肯光临，具极雅意，此后遇有要事，如贵税司恳来署晤商，较之函牍往来，自更详晰。②

第三阶段：同治十一年七月初三（1872年8月6日）至同治十三年二月初八（1874年3月25日），英国领事从中调解，争议最终得以解决。

到同治十一年（1872）七月，无论是汉南税务司还是津海关道黎兆棠均已首肯原本海关按箱数不按斤数征税的旧规需要改变，但对如何变动，双方还有争议，争议之症结点集中在一箱中超过多少斤可算作额外免征税收的范围。汉南的观点是："称验每箱，或多五斤者，或少五斤者，概免查办。"③ 但津海关道黎兆棠认为："酌拟每箱只准多半斤，或一斤，过此数，或补税，或议罚。"④ 在双方即将再次陷入僵局的时候，英国领事从中调解，三方终于达成共识，遵照津海关道黎兆棠的意见，以三箱为准，俱照本单所开三箱斤数均分合算纳税。⑤

事情从同治十一年（1872）三月间发生，至同治十三年二月初八日（1874年3月25日）由津海关道将最后的处理结果上报直隶总督并请其咨呈总理各国事务衙门，整个事件持续了两年之久。研究两者间的矛盾及矛盾的解决路径可以看出，津海关道与海关税务司产生矛盾时，税务司一般能按照总税务司的要求去做，"税务司应与监督详加探究，共同决定处置办法"。若分歧自此消除，皆大欢喜，但若分歧无法解决则往往通过以下途径办理：

---

① 天津海关道署撰：《辩论洋药觔数多少案》，天津海关道署清同治十三（1874）年版，第33页。
② 同上书，第34页。
③ 同上书，第24—25页。
④ 同上书，第31页。
⑤ 同上书，第50页。

第一，矛盾产生先按津海关道意见行事。海关税务司和津海关道一旦意见不合，首先之立场应是"在接奉总理（各国事务）衙门旨意之前先按监督之见行事"①，这是总税务司屡屡告诫各口税务司的一项"定制"。

第二，向各自主管官员汇报。从《辩论洋药觔数多少案》一书所刊载的信函原文看，津海关道经常向直隶总督李鸿章报告此事件的经过和结果，并请李鸿章转咨总理各国事务衙门。我们还可以想象作为下属的津海关道每当面见直隶总督时，也会经常汇报此事的进展状况。但从信函内容看直隶总督对这件事情的关注度并不高，他只是偶有批示，"当此库款支绌之际，自应设法查禁偷漏，未便任听商人取巧"②，以此表示对津海关道观点的支持，但并不做出裁决，只是要求津海关道"仰侯总理（各国事务）衙门核示"③。

汉南在致津海关道的信中这样说道："本税司当将贵道与李领事来往函稿及与本税司来往函稿并嘱寄交赫总税务司公文一件，均遵照来信送至上海，呈赫总税务司查照矣。"④ 由此可知，归总税务司赫德管辖的津海关税务司，也时时在向赫德报告事件的进展情况，并随时将与津海关道来往之信函抄送总税务司，因此总税务司事实上也参与了整个事件的全过程，而且就洋税超过部分如何征税的问题还发表过自己的意见："同治十一年八月初八日准贵总税务司照会，以进口洋药，如每箱在一百零四斤之下，九十六斤之上，均仍照百斤征税，倘再多再少，则按实在斤两征收，否则照旧论箱。"⑤ 但津海关道最终仍否决了总税务司的意见。

> 洋药按箱征税既未载明条约，亦未定有章程，此项办法，不知系何时专设，若照约按斤，有一斤之土即征一斤之税，何谓于税饷无益。且照约每百斤征税银三十两，直截了当，何谓不便。日前，贵总税务司谓所以不便者，以斤两参差，须当核算，不如按箱征税，不问多少，较为省事，然此次所拟四斤限外，再多再少，未尝不须核算

---

① 海关总署《旧中国海关总税务司署通令选编》编译委员会编：《旧中国海关总税务司署通令选编》第1卷（1861—1910年），中国海关出版社2003年版，第185页。
② 天津海关道署撰：《辩论洋药觔数多少案》，天津海关道署清同治十三（1874）年版，第3页。
③ 同上。
④ 同上书，第32页。
⑤ 同上书，第42页。

也,至各口论箱征税,本无明文,应否一律照约,本道不便与闻,缘本分只应管津海一关也。①

可以看出,虽然津海关道与税务司分别报告给了各自的上司,但无论是直隶总督,还是总税务司,两者意见的效用是有限的,并不能解决根本的矛盾和分歧,尤其是总税务司对津海关道并没有直接的约束权限,建议的分量相对更弱。

第三,诉诸总理各国事务衙门裁决。赫德向税务司们强调,"若分歧无法消除,双方均应不存敌意而欣然让步"②,然而,如果矛盾还无法解决就应该分别诉诸直隶总督和总税务司赫德,然后分别请其"转咨总理各国事务衙门,核示遵办"③,等候总理各国事务衙门裁决,因为"海关者归根结底中国之海关也,大权操诸总理(各国事务)衙门"。税务司由总税务司聘请,但总税务司又由总理各国事务衙门聘请,受清政府和各国事务衙门的制约。同时,津海关道虽直接由直隶总督荐请任命,但是总理各国事务衙门既然负责管理全国中外交涉事务,津海关道自然也归之管辖。由此,津海关道和税务司将矛盾上诉总理各国事务衙门等候裁决是"定制"。事实上,上诉总理各国事务衙门这项办法更多被津海关道采用。如前文述及税务司汉南与津海关道黎兆棠就洋药超出斤两如何征税问题产生矛盾后,黎兆棠立即通过直隶总督兼北洋大臣上诉至总理各国事务衙门,以寻求支持和最后裁决,但总理各国事务衙门管理众多中外事务,并不重视这等小事。当总理各国事务衙门不能给出明确处理意见时,解决争端的办法只有靠津海关道与税务司和解协商。

与津海关道依赖总理各国事务衙门这种态度形成鲜明对比的是,税务司对总理各国事务衙门并不抱奢望。"如此言及并非意为凡有争议之事总理(各国事务)衙门不会公正处置",赫德告诫道:"余所知,总理(各国事务)衙门渴望保持良好关系,但事实又是诸事归由总理(各国事务)

---

① 天津海关道署撰:《辩论洋药觔数多少案》,天津海关道署清同治十三(1874)年版,第46—47页。
② 海关总署《旧中国海关总税务司署通令选编》编译委员会编:《旧中国海关总税务司署通令选编》第1卷(1861—1910年),中国海关出版社2003年版,第185页。
③ 天津海关道署撰:《辩论洋药觔数多少案》,天津海关道署清同治十三(1874)年版,第3页。

衙门做出最终裁定。如此说,其意是吾辈不必为发觉偏袒中国官员而惊讶,或言之,中国官员不愿陷入在明面上支持洋人反对国人之境地。再或言之,鉴于此,纵使有充足理由,诉诸总理(各国事务)衙门亦非善策。总理(各国事务)衙门固能秉公处置,然对胜诉人不会生感激之意。"①在税务司看来,总理各国事务衙门毕竟是中国人的机构,总理各国事务衙门要么会偏袒中国人,要么不愿意因明里支持洋人而遭到国人的反对,即便是税务司胜诉,总理各国事务衙门和其他中国机构也不会对胜诉的税务司有好感,因此税务司们事事指望总理各国事务衙门并非明智之举,更进一步说,"仰仗于总税务司出面强行干预"更不符合现实。既然如此,摆在各税务司面前的也只能是"亲自去培育与维系与监督间之正常关系"。②

第四,和解协商。在洋药超出部分如何征税辩论的第二个阶段,很明显可以看见津海关道与税务司间的关系日渐融洽。在津海关道回复汉税务司的来函中用词首次开始和缓,他说:双方辩论既已数月,只好缓缓从长计议:贵税司自三月间晤面以来,因恐本道病中劳神,未肯光临,具极雅意,此后遇有要事,如贵税司恳来署晤商,较之函牍往来,自更详晰。"③这种转变根源于汉税务司态度的转变,因为汉税务司的来信不再纠结于洋药税收问题,而是转而关心津海关道的身体状况,"至论本税司平素趋拜日期,早当到署面谈,因深知贵道抱恙,故而迟迟,实恐彼此晤谈,致烦渎清神"。④来自税务司态度的和缓成为这件事情的转折点。自此之后,两者间少了很多火药味,事件真正进入协商处理的阶段。

综上所述,既然两者矛盾无法避免,两个群体就只有正确地对待矛盾。当矛盾一旦产生后,解决的途径是多样的,但总体原则只有一个,即"监督之所为不容反对,不同之见并无妨碍,凡属公务中之存疑即按公务对待,不可意气用事"。从辩论洋药斤数多少案中,我们可知在相互争论的两年多时间里,基本是按津海关道意见办理的。从这个角度我们可以说,当两者发生矛盾的时候,津海关道的意见占主要地位。

---

① 海关总署《旧中国海关总税务司署通令选编》编译委员会编:《旧中国海关总税务司署通令选编》第1卷(1861—1910年),中国海关出版社2003年版,第188页。
② 同上。
③ 天津海关道署撰:《辩论洋药觔数多少案》,天津海关道署清同治十三(1874)年版,第34页。
④ 同上书,第33页。

第六章

津海关道与洋务新政

李鸿章在天津开创了一个前所未有的时代，天津一度成为全国洋务和外交的中心。津海关道作为直隶总督的得力臂膀，自然参与了众多洋务新政事业的创办与管理，并在其间发挥了重要作用。但1895年李鸿章的离职使津海关道已然拓展的洋务新政职能开始收缩。庚子事变之后任职直隶总督的袁世凯在全国推行新政的浪潮中往往依靠幕僚周学熙等人，津海关道的洋务职能再次收缩。

第一节 津海关道洋务职责的拓展

清政府创设津海关道之初，就明确将其职能定位为："专管中外交涉及新、钞两关税务。"但在晚清津海关道实际存在的42年时间里，津海关道的职能并不限于"对外交涉"和"管理税务"这两大方面，相对清政府原本的制度设计而言，在实际工作中津海关道的职能有时延伸，有时缩小，其间的变化我们可尝试通过历届直隶总督对津海关道的评语进行分析。

李鸿章任直隶总督期间对各津海关道的评语的侧重点各不相同。

陈钦："心地正大，才辨明通，在总理（各国事务）衙门总办多年，于中外交涉情形洞悉本末，研究入微。"[①]

[①] （清）李鸿章：《奏保陈钦沈保靖片》，顾廷龙、戴逸主编《李鸿章全集》4（奏议四），安徽教育出版社2008年版，第112页。

孙士达："有才辩，熟洋商"①，"谙练西事而又有卓识闳议，足服远人。"②

丁寿昌："识量深闳，才力沉毅，兵事吏事，具有兼长，其办事讲求实际，心精力果，实足以振起疲苶，肩任艰巨，为国家缓急足恃之材。"③

黎兆棠："于洋务讲求有年"，"忠毅敏果，持正而不至过激，知难而勇于有为，堪资折冲驾驭之选。"④

郑藻如："廉干沉毅，德器深厚，识略闳通。前在上海综理机器局十余年，与洋人交涉已久，深明机要，熟习情形。"⑤

周馥："才识宏远，沉毅有为，能胜艰巨，历年随臣筹办军务、洋务、海防，力顾大局，劳怨不辞，并熟悉沿海情形，堪资倚任。"⑥

盛宣怀："心地忠实，才识闳通，于中外交涉机宜能见其大，其所经办各事，皆国家富强要政，心精力果，措置裕如，加以历练，必能干济时艰。"⑦"如以之调补津海关道，不特洋务地方及联络各营借资熟手，而于国家商轮、电线两大要政辅益良多，臣亦得收指臂之助。"⑧

刘含芳："布置炮台船坞，创设鱼雷水雷各营，联络将士，讲求操练，海滨苦守，劳瘁不辞，始终弗懈，坚忍卓绝，条理精详，在事

---

① （清）李鸿章：《上侯相》（同治六年八月初五日夜），顾廷龙、戴逸主编《李鸿章全集》29（信函一），安徽教育出版社 2008 年版，第 532 页。
② 《致孙士达》（时间不详），顾廷龙、戴逸主编《李鸿章全集》36（信函八），安徽教育出版社 2008 年版，第 315 页。
③ （清）李鸿章：《奏保丁寿昌片》，顾廷龙、戴逸主编《李鸿章全集》7（奏议七），安徽教育出版社 2008 年版，第 418 页。
④ （清）李鸿章：《保黎兆棠补津关道折》，顾廷龙、戴逸主编《李鸿章全集》6（奏议六），安徽教育出版社 2008 年版，第 152 页。
⑤ （清）李鸿章：《郑藻如请简关道折》，顾廷龙、戴逸主编《李鸿章全集》8（奏议八），安徽教育出版社 2008 年版，第 196 页。
⑥ （清）李鸿章：《周馥总理北洋营务片》，顾廷龙、戴逸主编《李鸿章全集》12（奏议十二），安徽教育出版社 2008 年版，第 69 页。
⑦ （清）李鸿章：《盛宣怀引见片》，顾廷龙、戴逸主编《李鸿章全集》7（奏议七），安徽教育出版社 2008 年版，第 313 页。
⑧ （清）李鸿章：《盛宣怀调津关折》，顾廷龙、戴逸主编《李鸿章全集》14（奏议十四），安徽教育出版社 2008 年版，第 426 页。

最久，情形最熟，功绩最多，实属海防尤为得力、臣军必不可少之人，军事、吏事均深历练，在文员中洵为难得。"①

刘汝翼："廉明笃实，心细才长，在直隶二十余年，资劳最深，委办机器局巨细躬亲，力任劳怨，讲求制造，条理井然，办有成效。"②

李兴锐："条理精密，血性过人，前在曾国藩军中调和将士，节慎饷糈，不避险难，不辞劳怨，其办事久著成效。若使得所展布，必不愧贤能之选。"③

袁世凯任职直隶总督期间对各津海关道的评语也不一样。

唐绍仪："才识卓越，血气忠诚，谙练外交，能持大体，洵为洋务中杰出之员，环顾时流，实罕其匹。"④

梁敦彦："办事精详，长于交涉。此次臣遵旨查办遵化地案。颇赖该道从容商办，不动声色，卒将印契收回，地价给领，用能结此要案，洵属因应有方。"⑤

蔡绍基："西学优富，与在津各洋员往来肆应，悉合时宜。臣与各国武官暨各领事每有商办要案，辄派该员前往磋议，该员不动声色，颇能从容应付，折冲于樽俎之间，于国体邦交，裨益匪浅。"⑥

客观地说，从评语着手考察津海关道职务侧重点的转移是一个全新的视角，因为每道评语体现了直隶总督最看重的地方，这正是津海关道得以任职或者日后升迁的基础，而不同时段，直隶总督欣赏重点的转移正是我们要研究的重点，这种转移与津海关道职责或固守、或拓展、或收缩、或

---

① （清）李鸿章：《奏保刘含芳等片》，顾廷龙、戴逸主编《李鸿章全集》14（奏议十四），安徽教育出版社 2008 年版，第 191 页。
② （清）李鸿章：《奏留刘汝翼片》，顾廷龙、戴逸主编《李鸿章全集》15（奏议十五），安徽教育出版社 2008 年版，第 411 页。
③ （清）李鸿章：《奏留李兴锐折》，顾廷龙、戴逸主编《李鸿章全集》5（奏议五），安徽教育出版社 2008 年版，第 363 页。
④ 廖一中、罗真容：《袁世凯奏议》上，天津古籍出版社 1987 年版，第 361 页。
⑤ 同上书，第 1186 页。
⑥ 同上书，第 1226 页。

转移等变迁情况相吻合。因限于资料，我们仅列举1870年以来任期最长的两届直隶总督对13任津海关道的评语。但就任职时间看，这13任津海关道在津海关道一职存在的42年时间里占据绝大部分时段，因此，上述统计已能大致反映津海关道的整体情况。

品读直隶总督对历任津海关道的评语，可以发现历任津海关道各有特长。从评语看基本与"交涉"和"洋务"才能无关的有3人，分别是丁寿昌、刘含芳和李兴锐。他们都偏重军事才能，三者任职津海关道均不到一年，从时间上看，都属暂居其位。丁寿昌在任职津海关道之前曾长时期任职天津道，所以李鸿章评论其"兵事吏事具有兼长"。其余10人的才能或业绩都与洋务或交涉相关，但若从整体把握，我们发现直隶总督对各个时段的津海关道才能赏识的侧重点明显不同。

第一阶段：官职创设之初，几任津海关道相对偏重"交涉"才能。这在首任津海关道陈钦身上体现得最为充分，李鸿章认为陈钦"于中外交涉情形洞悉本末，研究入微"。后两任津海关道中，无论是孙士达的"谙练西事""足服远人"，还是黎兆棠"持正而不至过激"，都是李鸿章对两人对外交涉才能的肯定。

第二阶段：从第四任津海关道郑藻如开始，津海关道除具有"交涉"才能之外还同时兼具办理"国家富强要政"的才能。郑藻如"在上海综理机器局十余年"，"深明机要，熟习情形"；刘汝翼"在直隶二十余年，资劳最深，委办机器局，巨细躬亲，力任劳怨，讲求制造，条理井然"，两人均有综理机器局的经验，并且卓有成效。李鸿章对盛宣怀更是浓墨重彩，格外重视，"所经办各事皆国家富强要政""以之调补津海关道，不特洋务、地方及联络各营，借资熟手，而于国家商轮、电线两大要政，辅益良多"。周馥一直尽心竭力辅佐李鸿章，堪称全才，李鸿章对他的评价概括性最强，"历年随臣筹办军务、洋务、海防，力顾大局，劳怨不辞"。对此，《清史稿》亦有评价："鸿章之督畿辅也，先后垂三十年，创立海军，自东三省、山东诸要塞皆属焉。用西法制造械器，轮电路矿，万端并举，尤加意海陆军学校。北洋新政，称盛一时，馥赞画为多。"[①]《清史稿》对周馥的评价实际秉承了李鸿章对周馥评价的路径，可以看出在李鸿章"万端并举"的洋务事业中出力最多

---

① 赵尔巽：《清史稿》，列传236，民国十七年清史馆本。

的周馥也必然具有办理"制造械器，轮电、路矿"等多项洋务事业的才能。

第三阶段：袁世凯任职直隶总督时期，历任津海关道均偏重外交才能。袁世凯评价唐绍仪，"谙练外交，能持大体"；梁敦彦"长于交涉"；对蔡韶基，袁世凯认为他"西学优富，与在津各洋员往来肆成，悉合时宜"，"于国体邦交，裨益匪浅"。在对后两任津海关道的评价中，袁世凯用了相同的词汇："从容""不动声色"，这实际指一种外交风范。可以看出，曾留学美国的几任津海关道颇具职业外交官的技巧和风范。

上述直隶总督对津海关道的评语已清晰地划出了一条津海关道职能的演变曲线。津海关道创设之初，其职责重在对外交涉；到中期，自1878年郑藻如出任职津海关道开始，津海关道的职责开始偏重办理"国家富强要政"；到袁世凯任职直隶总督时，津海关道又开始侧重"外交"职能。这是一个非常有意思的变化。对比津海关道创设之初国家赋予的"专管中外交涉和新、钞两关税务"的职能，在1878年之后，相对前后两个阶段，津海关道在职务上的拓展倾向十分明显。这一时期李鸿章选择的津海关道都相应具有办理"管理机器局"等"国家富强要政"的才能。或者说李鸿章之所以选择这群具有管理机器局、办理"富强要政"经验的人出任津海关道，是因为李鸿章需要他们去实践"国家富强要政"的计划。上谕说："三口通商大臣既已裁撤，所有天津洋务一切事宜，该督责无旁贷，著随时度机宜，悉心筹画。"① 上谕中的"所有天津洋务一切事宜"也就是今天学术界普遍公认的"洋务新政"，尽管"李鸿章到死都是把办理外交称作'洋务'，而把借西法练兵、办海军等称作是'裱糊破屋'"②，即便李鸿章并没有准确地将他创办的诸多"自强新政"或"洋务新政""国家富强要政"等归纳入"洋务"范畴，但20世纪初梁启超写《李鸿章传》就已经把李鸿章原先处理中外关系的"洋务"称之为"外交"，而把李鸿章办理军事和民用工业称作"洋务"。③ 后来随着洋务思潮的兴起，人们已经广泛地认为李鸿章创办的军事工业、民用企业、电

---

① 《大清穆宗毅皇帝实录》第293卷，第25页，同治九年十月下，大红绫本，现藏于中国第一历史档案馆。

② 张海鹏：《东厂论史录——中国近代史研究的评论与思考》，广东人民出版社2005年版，第81—82页。

③ 梁启超：《李鸿章传》，百花文艺出版社2008年版，第2页。

报电信、修建铁路、举办邮政、兴办教育等都属于洋务新政。

李鸿章作为晚清洋务新政事业的主要创始人，他选用具有管理机器局经验和办理"富强要政"才能的人出任津海关道，实际上包含了以津海关道作为自己"洋务新政"事业直接实践者的目的。或者说李鸿章的实业思想使他更欣赏具有管理机器局经验和办理"洋务新政"才能的人，并委任这些人出任津海关道。因此1878年之后，在直隶总督李鸿章的影响下，津海关道开始普遍参与天津以致全国的洋务新政事业，津海关道创设之初的职业定位在实践中得到了拓展和延伸。

第二节　津海关道参与的洋务新政事业

一　天津机器局

天津机器局原名为"天津军火机器总局"，由原三口通商大臣崇厚在天津创办，在官职裁撤之时该局交直隶总督兼北洋大臣李鸿章办理。交接之时，在实地勘验后李鸿章认为该局"规模粗具，垣屋尚须加修，机器尚须添制，火药亦尚未开造"①，并认为崇厚报告中所说"再添研药机器三分，则所出火药可增三倍，较之采买即可节省"等言论乃"夸大之词"。②

（一）天津机器局最初的管理人选

鉴于天津机器局"火药亦尚未开造"的格局，李鸿章荐请原上海机器局督办、湖北补用道沈保靖来津主持局务。

首先，他认为沈保靖督办上海机器局期间，凡"定购外国机器货料，自择各洋商，评订、收货、给银，务取该国发货洋文单为凭；委员各有专司，其冗食不究心者汰去之，华匠学徒按日点工给价，无稍冒混"等，"事事皆赖其创制"，因其"立法最称精善"，"是以沪局开设数年，已造成轮船四只，洋枪、大小开花炮、洋火箭等项接济各军应用者，均不下数千件，出货较多，而用款并不甚费"。③

其次，李鸿章对沈保靖保持上海机器局的自主控制权，不令领事税务

---

① （清）李鸿章：《筹议天津机器局片》，顾廷龙、戴逸主编《李鸿章全集》4（奏议四），安徽教育出版社2008年版，第113页。
② 同上。
③ 同上。

司把持的能力尤其赞赏，"以视闽局专任税务司法人曰意格，津局专任领事官英人密妥士，将成尾大不掉之势，似稍胜之"。① 换言之，李鸿章认为如有沈保靖任天津机器局总办，天津机器局内"夸大其词"，已"成尾大不掉之势"的密妥士就不会造成危害。

再次，在多年交往中，李鸿章极其信赖沈保靖的人品②，"沈保靖与臣交近三十年，坚明耐苦，丝毫不欺不苟，实所深信。"因考虑到"惟该局事件多与洋人交涉，沈保靖又系隔省人员"，李鸿章同时荐请中央，派津海关道陈钦会同办理。李鸿章如此安排有其深意。沈保靖为"隔省人员"，其实质是没有正式官职的候补官员，面对天津机器局密妥士已成尾大不掉之局势，以及万事期待更新的初始状态，沈保靖权威性不足，办事易遭掣肘。如果由专管中外交涉和新、钞两关税务的津海关道任会办，人员调动呼应较灵，"该局事件多与洋人交涉"，这本属于津海关道分内之事，有津海关道参与，能更有力地解决天津机器局密妥士的问题。而且同治五年（1866）在天津设立机器局时，经崇厚奏请，中央"准将津海、东海两关四成洋税留充经费"。既然天津机器局的经费来自东海、津海两关的四成洋税，由管理天津新、钞两关的津海关道担任会办，在保证天津机器局经费不被挪用上将更为得力。同时津海关道陈钦在天津机器局任职，也可"习练制器之法"。由此可知，李鸿章在荐请中央设置津海关道之初就有以津海关道负责办理洋务新政事业的考虑。自首任津海关道陈钦之后，以后历任津海关道也大都成为天津机器局的承办人员。

（二）天津机器局内历任津海关道

详列天津机器局内历任津海关道如下（见表24）。

表24　　　　　　　　**天津机器局历任总办、会办人员**

名称	任职年份	总办会办姓名
天津军火机器总局	同治六年（1867）	总办德椿（奉天府尹）、提调局务高从望（广东候补知县）

---

① （清）李鸿章：《筹议天津机器局片》，顾廷龙、戴逸主编《李鸿章全集》4（奏议四），安徽教育出版社2008年版，第113页。

② 同上。

续表

名称	任职年份	总办会办姓名
天津机器局	同治九年（1870）	总办沈保靖（湖北补用道）、会办陈钦（津海关道）
	同治十一年（1872）	总办吴赞诚（广东补用道）、会办陈钦（津海关道）
	光绪二年（1876）	承办局员吴赞诚（升任道）①、黎兆棠（津海关道）、刘汝翼（候补道）
	光绪四年（1878）	会办丁寿昌（署津海关道）②、吴毓兰（记名道）
	光绪四年（1878）	经办局务黎兆棠（升任道）③、刘汝翼（候补道）
	光绪六年（1880）	承办局员郑藻如（津海关道）、吴毓兰（天津道）、许其光（候补道）
	光绪九年（1883）	承办局务周馥（津海关道）、许其光（候补道）、潘俊德（候补道）
	光绪十一年（1885）	承办局务周馥（津海关道）、刘汝翼（署清河道）、潘俊德（候补道）
	光绪十二年（1886）	司道沈保靖
北洋机器局	光绪二十一年（1895）	总办傅云龙（候补道）
	光绪二十二年（1896）	道员汪瑞高
	光绪二十三年（1897）	道员任之骅
	光绪二十五年（1899）	总办王仁宝

资料来源：《中国舰艇工业历史资料丛书》编辑部编纂：《中国近代舰艇工业史料集》，上海人民出版社1994年版，第851页；天津市河东区地方志编修委员会编著：《河东区志》，天津社会科学院出版社2001年版，第1019页。

从上表可知：

第一，天津机器局最高管理人员一般称"总办""会办"或者"承办局员"，他们往往由道员担任。津海关道从1870年初创到1886年间，历任津海关道陈钦、黎兆棠、郑藻如、周馥、刘汝翼等均为天津机器局的会

---

① 升任天津道。
② 升任直隶按察使。参见（清）李鸿章《津局晋赈收数折》，顾廷龙、戴逸主编《李鸿章全集》8（奏议八），安徽教育出版社2008年版，第13页。
③ 升任直隶按察使。

办或者承办局员。除津海关道外，机器局的总办或其他承办局员大多由候补道担任。

第二，在天津机器局的管理中，大多数官员或者由候补道得到实任，或者由实任进一步得到升迁，天津机器局事实上已经成为官员历练之后迅速升迁的跳板。首任总办沈保靖自1870年担任总办以来，两年之后擢升至九江关道。① 1872年任天津机器局总办的吴赞诚最初仅为广东补用道，两年后升任为天津道。吴毓兰最初任职天津机器局时只是记名道，两年后升为天津道。1876年刘汝翼最初任天津机器局承办局员时仅是候补道，1885年开始署清河道，一年后再升任为津海关道。津海关道黎兆棠、吴赞诚以及周馥任职承办局员后都升迁至直隶按察使。光绪二十三年（1897）负责管理天津机器局的道员任之骅后来也升任为天津道。

第三，继沈保靖之后，奉调至天津机器局管理局务的郑藻如、丁寿昌、吴毓兰、刘汝翼、王德均、刘含芳等人，几乎全为淮系人物。英国人在上海出版的《北华捷报》也注意到天津机器局大规模的人事变动，1872年5月4日，该报"天津通讯"评论说："自从李鸿章就任直隶总督以后，就任命了大批的南方人到机器局里来；在以往的十八个月里，这些官吏把局里的每人每月只领5元至8元工资的北方旗人和汉人都解雇了，另外介绍来许多南方人，每人每月工资自60元至110元。很显然，李鸿章的这种政策如果继续下去，再过半年，机器局里将要连一个北方工人或学徒都留不住了，而机器局则将完全由忠于李鸿章的南方人所把持。"② 这是实情，李鸿章自己也曾表示："常调沪局员匠归津局遣用。"③

第四，以吴汝伦编撰的《李文忠公奏稿》为主要史料依据，从光绪十二年（1886）开始，天津机器局承办局员中再没有出现津海关道的官职和姓名。李鸿章在奏折中论及天津机器局事务时仅列"司道沈保靖"一人，或者写"该局司道沈保靖等督同承办局员"。④ 在李鸿章接管天津

---

① （清）李鸿章：《机器局动用经费折》，顾廷龙、戴逸主编《李鸿章全集》6（奏议六），安徽教育出版社2008年版，第52页。

② 孙毓棠编：《中国近代工业史资料1840—1895》第1辑上册，中华书局1962年版，第358页。

③ （清）李鸿章：《复总署 论各省购制枪炮》（光绪四年七月初四日），顾廷龙、戴逸主编《李鸿章全集》32（信函四），安徽教育出版社2008年版，第345页。

④ （清）李鸿章：《机器局报销折》，顾廷龙、戴逸主编《李鸿章全集》11（奏议十一），安徽教育出版社2008年版，第574页。

机器局之后，沈保靖是第一任总办，因卓有成效已升迁至九江关道，为什么在1886年之后他再次担任天津机器局的总办？为何从这时开始天津机器局再没有出现其他同期任职津海关道的名字？究其原因，这是李鸿章出于凸显沈保靖功劳的考虑。沈保靖在任职天津机器局总办两年后，因功绩卓著，擢升九江关道，后一路升迁，1881年调任福建布政使，任内遭言官弹劾，后经前大学士臣左宗棠查明后覆奏，认为沈保靖"秉性刚直，实事求是，精明强干，不避嫌怨"，并将其被参各款逐条辨析分明，"惟以闻警之际，该员之弟携眷回籍，形迹疑似之间，未能阻止，请交部议处，以示薄惩"。① 对此调查，前鸿胪寺卿邓承修竭力反对，再次上奏，认为沈保靖"禀复之词不足为据"，吏部斟酌之后，遂对沈保靖处以降调处罚，沈保靖回到原籍。对故员亦是旧友的沈保靖的遭遇，李鸿章颇为同情。

1886年李鸿章重新奏调沈保靖回北洋差遣，仍负责管理天津机器局。自此之后，李鸿章关于天津机器局的奏折中仅列沈保靖一人之名，即便涉及其他承办局员，也仅注明"该局司道沈保靖等督同承办局员"。② 事实上这一时期津海关道仍按惯例参与了机器局的管理，但并未明确列名为承办局员。李鸿章在关于机器局的奏折中只列名沈保靖一人，此举应是凸显沈保靖功绩，想重为其谋取官职的考虑。时值光绪十五年（1889）三月十六日，中央谕令："自同治元年以来，曾经任用现已革职官员，除大计贪赃及居官不职以至失守城池各员外，若有事系冤枉被革，果有才力堪用者，在外听该督抚查明，详开缘由，奏明请旨。"③ 据此，光绪十七年（1891）李鸿章奏称：沈保靖"自同治元年即随臣上海军营，憔悴专一，久历艰苦"，"相从最久，知之最深。其为人廉正坚实，治事精核，能任劳怨"。李鸿章还认为上次吏部对沈保靖的处罚"据道路讹传之言，以为定论，似近苛刻"④，希望朝廷能酌情处理，重新委任。但直隶总督李鸿章的苦心落空，清政府虽恢复了沈保靖的官衔，却再没有委任他任何官

---

① （清）李鸿章：《奏保沈保靖片》，顾廷龙、戴逸主编《李鸿章全集》14（奏议十四），安徽教育出版社2008年版，第76页。

② （清）李鸿章：《机器局报销折》，顾廷龙、戴逸主编《李鸿章全集》11（奏议十一），安徽教育出版社2008年版，第574页。

③ 中国第一历史档案馆编：《光绪朝朱批奏折》第6辑，中华书局1995年版，第467—470页。

④ （清）李鸿章：《奏保沈保靖片》，顾廷龙、戴逸主编《李鸿章全集》14（奏议十四），安徽教育出版社2008年版，第76页。

职。这在一定程度上与中日战争爆发，李鸿章自身命运受挫有关。

1895 年后，因中日甲午战争惨败，李鸿章受到各方指责，直隶总督易人。从这时起直至庚子事变天津机器局被八国联军彻底焚毁，天津机器局内只有总办一职，津海关道再没有列名其间。相对沈保靖再次任职总办时李鸿章凸显一人功绩的考虑，1895 年后天津机器局重建，改名北洋机器局，只设总办一人，其性质却是一种制度性的变更，其间缘由引人深思。

（三）津海关道在局内的工作

1. 整顿开拓：接管天津机器局初期的工作

1870 年，总办沈保靖和会办津海关道陈钦接管天津机器局之初，面对的是一个凌乱的局面。

> 局内所购机器、料物来自西洋，名目互异，笔难尽译，其制造诸法，随时与洋匠讲求改变，费工费料较多，中外匠役量才给值，高下悬殊。又复随宜损益，均无例价可循，核与军需营造各则例，实在不能相符。①

针对困境，津海关道陈钦与前后两任总办分工负责，共同协作，在整顿中力求开拓。机器局前两任总办为沈保靖和吴赞诚，前者"曾督办上海机器局，事事皆赖其创制"②，后者"精于算学"③，"于外洋制器事理闻见较熟"④，两任总办都偏重管理全局的技术性工作，"驾驭中外员匠"，"综核工料巨款"，"监制军火"⑤，津海关道陈钦担任会办，即"会同办理"，处于襄理局务的地位，负责"支发税项、造销册籍"⑥ 等事。

沈保靖和陈钦时常"经营商榷，深费苦心"，并能"破除情面严束员

---

① （清）李鸿章：《奏报机器局经费折》，顾廷龙、戴逸主编《李鸿章全集》5（奏议五），安徽教育出版社 2008 年版，第 200 页。
② （清）李鸿章：《筹议天津机器局片》卷 293，第 26 页，顾廷龙、戴逸主编《李鸿章全集》4（奏议四），安徽教育出版社 2008 年版，第 480 页。
③ （清）李鸿章：《奏留吴赞诚片》，顾廷龙、戴逸主编《李鸿章全集》5（奏议五），安徽教育出版社 2008 年版，第 480 页。
④ 同上。
⑤ 同上。
⑥ （清）李鸿章：《开拓机器局片》，顾廷龙、戴逸主编《李鸿章全集》4（奏议四），安徽教育出版社 2008 年版，第 175 页。

匠，撙节经费毫无虚糜"。① 他们解雇了原本在天津机器局为霸一方的密妥士，努力整顿天津机器局存在的种种弊厄，使"局务乃渐就绪"。②1872年沈保靖擢升九江关道后，津海关道陈钦继续与接任总办之职的广东尽先补用道吴赞诚"一意讲求，整顿开拓"③，"近来天津海防暨直隶各处防营练军所需，既能源源济用，即神机营时有调拨热河、察哈尔、奉天、营口等军需，及西北边外各城征军商拨要件，亦多酌量应付，洵足以备缓急而固根本"④。总体而言，经由陈钦与前两任总办齐心协力的工作之后，天津机器局"颇收成效"。⑤

2. 保障机器局经费

原本在三口通商大臣任内，中央曾准"将津海、东海两关四成洋税"⑥留充机器局经费，后经李鸿章四处争取，天津机器局经费得以扩充，主要由"新关四成洋税""招商局税"和"自光绪六年九月起由户部按月拨给银一万两"三部分组成。⑦其中最大宗的经费来源于津海关道所管辖之新、钞两关，津海关道自然成为天津机器局经费的直接划拨者。

自晚清以来，国家内忧外困，各处用款急剧增多，户部经费往往入不敷出。面临危机局面，清政府四处征调经费，有时甚至征调固定划拨款项。天津机器局经费也时常有被挪作他用的危险。

光绪九年京城遭遇水灾，受灾"亿万穷黎，嗷嗷待哺，赈抚至重至急"，中央苦无赈灾之款，部议"由直隶拨机器局经费银四万两，洋药税银六万两"⑧以解燃眉之急。

光绪十一年，"粤海等关前解抵闽京饷，业经期满，今改为加放俸饷

---

① （清）李鸿章：《奏报机器局经费折》，顾廷龙、戴逸主编《李鸿章全集》5（奏议五），安徽教育出版社2008年版，第200页。
② （清）李鸿章：《致曾中堂》（同治十年十二月十一日），顾廷龙、戴逸主编《李鸿章全集》30，信函二，安徽教育出版社2008年版，第387页。
③ （清）李鸿章：《机器局动用经费折》，顾廷龙、戴逸主编《李鸿章全集》6（奏议六），安徽教育出版社2008年版，第52页。
④ （清）李鸿章：《奏留吴赞诚片》，顾廷龙、戴逸主编《李鸿章全集》5（奏议五），安徽教育出版社2008年版，第480页。
⑤ 同上。
⑥ （清）李鸿章：《四成税留充机局经费片》，顾廷龙、戴逸主编《李鸿章全集》8（奏议八），安徽教育出版社2008年版，第134页。
⑦ （清）李鸿章：《顺属赈抚请拨练饷片》，顾廷龙、戴逸主编《李鸿章全集》10（奏议十），安徽教育出版社2008年版，第261页。
⑧ 同上。

银两，自光绪十二年正月起仍令按结提解部库。计津海关于六成洋税项下每结提银五千两，如六成不足，在四成项下凑解，其欠解抵闽京饷并应陆续筹解"。①

光绪十二年，津海关又被添派"代还神机营息借洋款本利银一百五十七万余两，分作十年还清，计光绪十七年至二十一年本利兼还"。②

……

面对众多需要，津海关道常常面临"库空如洗，应发之款，节节延欠"的艰窘情形。即便如此，作为新、钞两关主管官员的津海关道仍在津海关洋药税按结汇入洋税、招商局税之后，首先提出四成"归机器局经费"③，然后再按相应规定解款入部，或者用于其他开支。于此角度而言，津海关道不仅是天津机器局经费的直接划拨者，更是天津机器局经费的有力保障者。

3. 扩建厂房

天津机器局在直隶总督李鸿章以及历任总办和会办的共同努力下，规模日渐增大，也急需扩建厂房。津海关道主要负责这项工作。周馥任津海关道期间是"参办"天津机器局"局务"，是机器局的管理人员之一。光绪八年（1882），"因旧建蒲口药库储药已满"，急需扩建新的厂房，他和候补道许其光、潘骏德等一起统筹规划，切实操办，在韩家墅建起了包括新药库、新厂房、新住房等在内的一个规模庞大的新建筑群。

> 旧建锟水厂铅房尚小，复建新厂一所，以铅房六间蒸汽，用料少而出水多，最为合算。机器库、硝库、铁库暨库楼住房约添四十余间、厂棚三十间。局东面移拓围墙，共筑新墙四百四十丈。浚河培堤，以资环护。④

---

① （清）李鸿章：《津关部款缓解片》，顾廷龙、戴逸主编《李鸿章全集》11（奏议十一），安徽教育出版社2008年版，第482页。
② 同上。
③ （清）李鸿章：《顺属赈抚请拨练饷片》，顾廷龙、戴逸主编《李鸿章全集》10（奏议十），安徽教育出版社2008年版，第261页。
④ （清）李鸿章：《机器局奏销折》，顾廷龙、戴逸主编《李鸿章全集》10（奏议十），安徽教育出版社2008年版，第375页。

除周馥外，作为天津机器局会办，其他津海关道也担负起了机器局的厂房建设工作。

4. 管理天津机器局涉外事务

天津机器局主要通过学习西方技艺，来仿制西洋枪炮军火，这就必然涉及与洋人购买外国新式机器设备、货料以及评订、收货、给银等各个环节。较于其他传统官员，津海关道作为专办中外交涉的官员，通晓洋务，因此津海关道往往成为天津机器局涉外事件的主要负责人。津海关道黎兆棠经办机器局局务期间，"实事求是，殚力致精"，引进外洋先进技术并在机器局仿制，李鸿章评价道："其造价视臣昔在军购自外洋者所省亦多"[①]，而且"臣筹办北洋海防，购置泰西新式炮械分拨各军，所有应用军火均由该局取给"[②]。这是另一项艰巨的涉外事务，也成为津海关道的重要工作。此外，作为学习西方先进技术的军事工业，天津机器局还聘用了诸多外国技术专家（见表25）。

表25　　　　　天津机器局聘用的部分外国人员情况统计

姓名	籍贯	职务
密妥士	英国	机器局局务管理
麦克·伊尔瑞斯	英国	机器局监督
司图诺	英国	机器局总工程师
薄郎	英国	机器局专家
戈登	英国	机器局专家
狄勒	英国	机器局铸造专家
特尔纳	英国	机器局炼钢总工程师
约士	英国	机器局工程师

---

① （清）李鸿章：《机器局经费奏报折》，顾廷龙、戴逸主编《李鸿章全集》8（奏议八），安徽教育出版社2008年版，第212页。

② （清）李鸿章：《机器局动用经费折》，顾廷龙、戴逸主编《李鸿章全集》7（奏议七），安徽教育出版社2008年版，第175页。

续表

姓名	籍贯	职务
施爵尔	英国	天津机器局教习
沙兰	英国	天津机器局教习
沙尔富	德国	天津机器局教习
克纶西	丹麦	天津机器局电报教习

资料来源：郭俊杰主编，天津市河东区地方志编修委员会编：《河东区志》，天津社会科学院出版社2001年版，第1019页。

如此多的外国技师，机器局必然认真择选，然后聘用，对天津机器局各外国技师之选拔、聘用以及给发薪水等事宜自然也成为津海关道的重要工作。

客观而言，在与洋人打交道过程中，津海关道比天津机器局的总办或者其他承办局员更有威信。这源于机器局其他管理人员大多由候补道员担任，无正式官职，外国人往往轻视。在天津城内，津海关道乃省道府县四个层级中第二层级的官员，与领事和税务司平级往来，这自然增加了津海关道在外国技师心中的分量。最初曾任机器局总办的美国领事密妥士在天津机器局内已成尾大不掉之势，机器局总办沈保靖虽有"雇用洋匠进退由我，不令领事、税务司各洋官经手"，"其冗食不究心者汰去之"[①] 的锐意进取精神，但在接办天津机器局之初，密妥士因其官职低，处处掣肘，事事刁难，气焰十分嚣张，致使沈保靖难以正常开展工作。陈钦正是以与领事平级的津海关道这一正式官员的身份起到震慑作用，并以"美国领事密妥士，于机器未甚精核"[②] 为借口，成功将其撤差。借此机会，陈钦和沈保靖又以"技艺未精"为由，辞退了一批不合格的洋匠，从而促使机器局迅速发展。

除了机器局本身涉外事务之外，因天津机器局盛名远播，还引来朝鲜国派员前来学习。光绪六年（1880），津海关道郑藻如与朝鲜赍咨官卞元

[①] （清）李鸿章：《筹议天津机器局片》，顾廷龙、戴逸主编《李鸿章全集》4（奏议四），安徽教育出版社2008年版，第112页。

[②] （清）李鸿章：《奏报机器局经费折》，顾廷龙、戴逸主编《李鸿章全集》5（奏议五），安徽教育出版社2008年版，第200页。

圭共同制定了朝鲜学员到天津机器局学习章程，其中明文规定。

> 选派三十八人分入东、南两局，学习制造，以两员分管之。通事传语者，东局用二人，南局用一人。又选派精明强壮弁兵四十人，分隶亲军枪炮营内学习操练，亦以两员分管之。通事传语者二人。以上共以八十七人为额。资斧火食等项，皆朝鲜国自备，惟住房由中国借给。①

天津机器局为此专门建立"习艺厂""朝鲜馆"两处，并要求机器局工匠对朝鲜学员"尽心教导，以期技艺速成，俾得回国转相传授"。②

（四）天津机器局的成就

在天津机器局日常管理事务中，历任津海关道和其他承办局员"商榷妥办，日起有功"③，在直隶总督李鸿章的领导下，经过各位官员殚力经营，次第开拓，机器局呈现出日益兴旺的局面。光绪年间的《重修天津府志》描绘当年机器局盛况时说："巨栋层栌，广场列厂，迤逦相属，参错相望。东则帆樯沓来，水栅启闭；西则轮车转运，铁辙纵横。城堞炮台之制，井渠屋舍之观，与天津郡域遥相对峙，隐然海疆一重镇焉。"④张焘曾撰写《津门杂记》，光绪十年（1884）成书，书中也描述了天津机器局的规模。

> 机器局，即制造局。一在城南三里海光寺。工匠六七百人。以机器制造洋枪炮架等物，兼制小火轮船。每日卯正上工，酉初停息。由气机管放气为号，响声遥闻数里。一局在城东八里，大直沽东北，人称东局。地广数百亩，屋宇、机器全备，规模宏大，井井有条。工作者约二千人，日费不止千金，专制火药及各种军械，均有道员总理其事，并有洋匠及闽、广、江、浙人为之监制云。水雷、水师、电报各

---

① （清）李鸿章：《拟议朝鲜来学章程片》，顾廷龙、戴逸主编《李鸿章全集》9（奏议九），安徽教育出版社2008年版，第190页。
② （清）李鸿章：《朝鲜来学制造折》，顾廷龙、戴逸主编《李鸿章全集》9（奏议九），安徽教育出版社2008年版，第545页。
③ （清）李鸿章：《机器局动用经费折》，顾廷龙、戴逸主编《李鸿章全集》7（奏议七），安徽教育出版社2008年版，第176页。
④ （清）徐宗亮：《（光绪）重修天津府志》卷24，考15，舆地6，清光绪二十五年刻本。

学堂，并附于东机器局肄业，考究洋学。①

通过清朝年间清政府官方、民间两方视角，我们可知，19世纪90年代初，天津机器局规模庞大，成绩喜人，已成为能够生产火药、铜帽、枪子、拉火、炮弹、炮架、水雷、洋枪、洋炮和修造舰船的综合性近代大型军火工厂。当时，全局共有职工2600余人，其中东局最大，有2000余人，西局600余人。该局历年生产的军火除供应本省淮练各军、兵轮、炮船之用外，还按时拨给吉林、奉天、察哈尔、热河及分防在江南的水陆淮军。中南地区如河南等省也向天津机器局支取火药、铜帽等。② 1888年11月23日，《北华捷报》评价道："这个火药厂是世界最大火药厂之一。"③

二 旅顺军港

以李鸿章《筹议海防折》为代表，清政府逐步认识到必须加强北洋海防建设。从北洋防务范围考虑，中国沿海北自鸭绿江口，南迄胶州湾，其间计有青岛、烟台、威海卫、大连、旅顺、营口、山海关、北塘、大沽等港口，都需分别设防，才能相互呼应。晚清财力有限，受诸多因素影响，如此多的军港同时施工建造肯定无法并举，"惟有分别轻重缓急，择其首要，先期进行，其余则只能次第开拓"。④ 同时，随着北洋水师的筹建，清政府开始不断向西方订购各种舰船。截至1882年，清政府向西方订购各种舰船数量已达11艘。虽然当时中国已有福州船坞、江南造船所、大沽船坞、广东黄埔船坞等⑤，但以上船坞不是泥坞（Mud docks），即为木坞（Wood docks），而且规模狭小，根本无法容纳1880年清政府订购的"定远""镇远"号铁甲巨舰。因此，建设可以维修铁甲舰的大型船坞也成为当时迫在眉睫之事。几经争议和勘察，直隶总督兼北洋大臣李鸿章决

---

① （清）张焘撰；丁绵孙、王黎雅点校：《津门杂记》，天津古籍出版社1986年版，第66页。
② 《中国舰艇工业历史资料丛书》编辑部编纂：《中国近代舰艇工业史料集》，上海人民出版社1994年版，第850页。
③ 《北华捷报》1888年11月23日。
④ 参考王家俭《李鸿章与北洋舰队：近代中国创建海军的失败与教训》校订版，生活·读书·新知三联书店2008年版，第230页。
⑤ 参看池仲祜《海军实记》（造舰篇下），李定一、包遵彭、吴相湘编《中国近代史论丛》第1辑第6册，正中书局1957年版，第68—101页。

定在旅顺兴建北洋水师军港和船坞工厂。从提议到最后完成，多任津海关道都参与了旅顺船坞的建设工程，并起到重要的作用。

（一）参与议论筹商，决定旅顺建港

准确来说，李鸿章在很早阶段就已开始对修建大型船坞一事进行讨论筹商，当时部分津海关道或者曾经担任过津海关道的官员都参与了早期议论筹商的过程。早在光绪三年八月十五日（1877年9月21日），李鸿章在致船政大臣吴赞诚的书信中，便有有舰而无容纳铁甲之坞的担忧。同年十月二十一日（1877年11月25日），在复两江总督兼南洋大臣沈葆桢一函中，又曾论及铁甲船与船坞之事。其后，他于光绪四年、五年、六年之间，与吴赞诚、李凤苞（出使德国大臣）、黎兆棠（先任津海关道，后任船政大臣）、郑藻如（曾任津海关道）等讨论购买铁甲及修建船坞之事，还曾试探是否能扩大闽沪船坞，或购买福建天裕洋船坞及广东黄埔洋船坞。然而因多种原因，原本策略均未能付诸实践，后来各方讨论的重点逐步转移至北洋各口，并最终决定选择旅顺口作为兴建大船坞的处所，同时展开积极的筹备工作。①

从以上所列名单中，吴赞诚、黎兆棠和郑藻如都曾担任过津海关道，正是因为津海关道经常处理中外交涉事件并管理海关，在行使职能过程中所具有的超过其他传统官员的世界眼光，使他们参与到李鸿章建设北洋军港和船坞建设工程的早期筹商阶段中来，并直接影响了李鸿章的抉择。

在众多备选口岸中，旅顺因其重要的战略位置成为首选，光绪七年（1881），李鸿章偕津海关道周馥、营务处道员马建忠、黄瑞兰、编修章洪钧、知府薛福成等官员前往旅顺，亲自勘察旅顺口地形。经实地考察后，一行人认为该处是建设军港和船坞的首选之地。第一，此处"实居北洋险要"，"为奉、直两省海防之关键"，战略位置极其重要。第二，旅顺口"四山围拱，沙水横亘，东西两湾中泓水深二丈余，计可停泊大兵船三只、小兵船八只"，这正可以弥补晚清已有船坞太小，无法停泊、维修铁甲舰的不足。第三，旅顺口优越的自身条件也非常适合作大型军港，因为它的位置处于东经121°15′，北纬38°48′之间，平均温度常在10℃左右，全年雨量约为500厘米，严冬不冻，实为一天然良港。再加上口门

---

① 王家俭：《李鸿章与北洋舰队：近代中国创建海军的失败与教训》校订版，生活·读书·新知三联书店2008年版，第230—231页。

向南，东有黄金山，西有老虎尾半岛，左右环抱，宛如蟹之双螯。西面较长，东面较短，两侧距离不过300米，且两岸山势险峻，不易攀登，不经口门，难以入内。口门狭小，无法容纳多舰进口，在军事上易守难攻，实可谓北洋不可多得的国防门户。① 综上所述，此次实地考察让李鸿章认识到旅顺口不仅可以选作船坞以维修战舰，同时也适合作大型军港，拱卫京津，这正符合当时北洋海防建设的多重需要。经多方努力，旅顺军港正式进入建造施工阶段。

（二）总办袁保龄恳请津海关道协助共同建设旅顺军港

值得注意的是，在旅顺军港施工问题上，津海关道参与工程建设的管理很大程度上是因为工程总办袁保龄的要求。最初负责旅顺工程的是黄瑞兰，但1年之后，因黄瑞兰督办旅顺军港工程办事不力，李鸿章将其撤回②，改派营务处直隶候补道袁保龄前往督办。③ 但袁保龄在上任之初就恳请李鸿章允许当时的天津军械所总办，后来继周馥之后出任津海关道的刘含芳会同筹办。

> 现办军械所刘道含芳综核精密，于修库、器械，靡不殚心研究，中外各员闻声推服，职道深愧弗如。现在旅顺新建各库，可否仰恳宪台，俯念工程重大，特派该道会同筹办；即不能常川驻工，而一切派员购料，随时往复函商，诸事较有把握。④

除此之外，袁保龄还请当时的津海关道周馥参与诸多旅顺船坞涉外商务事宜。旅顺船坞所需机器有些必须从外洋订购，为慎重起见，光绪十一年十二月初七日（1886年1月11日），袁保龄向李鸿章提出请周馥共同参与办理此事。

> 职道于订购轮船一事向未经受，且此项帑款甚盛，当局时怀懔

---

① 王家俭：《李鸿章与北洋舰队：近代中国创建海军的失败与教训》校订版，生活·读书·新知三联书店2008年版，第233页。
② （清）李鸿章：《黄瑞兰不堪任用片》，顾廷龙、戴逸主编《李鸿章全集》10（奏议十），安徽教育出版社2008年版，第611—612页。
③ 袁保龄：《阁学公集》，公牍，卷1，第1—2页，宣统辛亥夏清芬阁编刊。
④ 同上。

懔，既恐未悉商情疏略滋弊，亦虑书生偏见扞格难行，伏恳饬下津海关周道会同支应机器制造各局公商定议，斟酌损益再呈宪核……至此项合同，职道与善威及怡和洋行宓克均属责无旁贷，拟恳宪台添派津海关周道共襄此举，协力图维，以补职道所不逮。并请饬税务司德璀琳一并列名合同，以符该税司荐员建议之初心。①

津海关道周馥随后担任旅顺军港会办一职。光绪十二年（1886）袁保龄病重，周馥"自请督工"②，开始管理旅顺军港建设的全部事宜，因此周馥在津海关道任内参与了同期旅顺船坞建设的全过程。

和其他津海关道主要由直隶总督李鸿章派遣前往管理洋务新政事业的方式不同，在旅顺工程建设问题上，主要由旅顺工程总办袁保龄请求津海关道协助办理。前者显示了直隶总督的全盘筹划，后者更多体现了袁保龄的个人请求。

袁保龄（1841—1889），字子久，一字陆龛，河南项城人，同治元年（1862）举人。他是咸同年间钦差大臣漕运总督袁甲三的次子，也是袁世凯的叔父。同治二年（1863），曾随父至皖北剿捻。同治五年（1866），官内阁中书，历时13年。光绪七年（1881），李鸿章以其"谙习戎机，博通经济，才具勤敏"，调赴直隶委办海防营务处。保龄幼读经史，胸怀伟略，对于洋务有相当的认识。③ 李鸿章正是基于对袁保龄洋务才能的赏识才在黄瑞兰督办旅顺工程出现问题之后委派袁保龄全面负责管理。而袁保龄出于自己本身并非李鸿章亲信或旧部的考虑，任职之初就极为小心谨慎。他恳请当时身为李鸿章心腹的津海关道周馥和幕僚刘含芳前往会办旅顺工程正是这种想法的体现。

在袁保龄接管旅顺工程之后，曾在光绪八年十一月二十四日（1883年1月2日）写有《黄道在旅众论禀》一文，其中对黄瑞兰在旅顺工程上出现问题的原因进行了分析，他认为"黄道病在偏执，不能虚己求

---

① 袁保龄：《阁学公集》，公牍，卷8，第29—37页，宣统辛亥夏清芬阁编刊。
② 周馥撰，周学熙等校：《民国周玉山先生馥自订年谱》，台湾商务印书馆1978年版，第45页。
③ 王家俭：《李鸿章与北洋舰队：近代中国创建海军的失败与教训》校订版，生活·读书·新知三联书店2008年版，第237页。

贤"①。正是基于这一点，袁保龄才刻意请求李鸿章派遣津海关道周馥和当时天津军械所总办刘含芳协同办理旅顺工程建设，周馥与刘含芳的才能在当时人尽皆知，恳请两人协助，正是袁保龄虚己求贤的表现。

同时袁保龄的请求本意上既夹杂了对周馥、刘含芳身为李鸿章信任之幕僚的身份认同，还夹杂了对津海关道一职的职位认同。周馥一生追随李鸿章，恪尽职守，刘含芳是李鸿章信赖的幕僚，两人与李鸿章的密切关系人尽皆知，在这种情况下，让自己的工作得到李鸿章身边亲密人士的帮助确实是一种有效的工作方法。自1870年添设津海关道，至旅顺军港开始建造以来，津海关道一职存在历时已越10年，其专办中外交涉的职业身份已经获得了官员们的普遍认同。旅顺工程不可避免地与多个国家进行商业往来，专办对外交涉的津海关道参与工程的管理正好符合工程建设的需要。多种因素影响下，旅顺军港工程成为津海关道施展洋务新政职能的又一阵地。

（三）津海关道周馥在工程建设中的作用

津海关道周馥经常为袁保龄出谋划策，为旅顺工程的建设立下了汗马功劳。袁保龄曾自言与当时负责旅顺船坞工程建造的洋人善威合作极为不顺，自周馥亲往旅顺船坞督工后，他以津海关道的身份"撤退袁手所用洋人善威等"②，保证了工程不受洋人把持，确定了中国在建设旅顺船坞工程上的主导权。

周馥协助袁保龄督办旅顺工程最引人注目的一点是以公开投标方式办理旅顺工程涉外商务事宜。当旅顺船坞建设工程进行到中间阶段时，遇到技术、资金、管理人选等瓶颈，工程须借重洋人的技术方可完工，"惟应筑石船坞，备修铁甲快船，尤关水师根本，工程极为艰巨，需费繁多，必须几经历练、结实可靠之人，方能承办。中国无此良匠，各国洋匠欲揽工作者甚多，非并开价过昂，即不肯保固"。③ 面对揽工洋匠甚多，但不是"开价过昂"，就是"不肯保固"的问题，专办中外交涉的津海关道周馥创造性地将船坞工程向各国公开招标。各国踊跃地参与了

---

① 袁保龄：《阁学公集》，公牍，卷1，第39页，宣统辛亥夏清芬阁编刊。
② 周馥撰，周学熙等校：《民国周玉山先生馥自订年谱》，台湾商务印书馆1978年版，第45页。
③ （清）李鸿章：《旅顺兴办船坞片》，顾廷龙、戴逸主编《李鸿章全集》12（卷议十二），安徽教育出版社2008年版，第557页。

竞标，其中有的投标131万，但是没有担保；有的愿意承担此项工程，却不愿提出工程费的总数以及完工的日期，同时也不愿在完工以后予以质量担保。在参与竞标的外国公司中只有法国公司不仅开价合理，而且愿意担保。①

> 有善办船坞之洋师法人德威尼，经其本国制造公会选派来津，与之讨论多次，所开做法，条理周详，价值亦较核实，且有法国银行作保。计大石坞一座，凡修理铁甲各船一应机器俱全，连做工各厂，储料各库，办公住人各屋，并周澳三里余之靠船大石泊岸，以及铁道、起重码头、电灯、自来水等工，一切在内，订明承揽包办实需银一百二十五万两。②

周馥遂与法商订立契约，由法商承包旅顺船坞工程，并议定："自揽定之日起，按西历三十个月完工，验收后一年内仍由德威尼与该银行照料修理。此后再保固十年。倘有损坏，由于工程不精者，皆责成该银行赔偿。"③ 在周馥与法商议定的工程契约中，除明确规定了完工限期外，还规定了完工一年修理，十年保固及责成银行赔偿等善后服务和品质保证事项。条约达成，中法两方都感满意。此次对外公开招标事件，津海关道周馥立功最多，可以说津海关道周馥是兴建旅顺军港的幕后功臣。袁保龄曾谓："保龄于工作未曾阅历，此行辞不获命，后路一切事宜，津海关道周馥实左右之。周久在河工，人极忠鲠，与保龄投分最深。今日从合肥者，惟此人与章琴生翰林，可期有建树耳。"④

光绪十六年（1890）九月，历经10年，旅顺工程初步完工。数年以来，李鸿章时时为北洋有船无坞而烦恼，如今船坞告成，李鸿章夙愿得偿，深感快慰。在亲自勘察旅顺船坞工程之后，李鸿章在奏折中写道："新建大石船坞，全坞皆用大块条石，亚以外洋塞们德土，坞外大石澳周

---

① 参看 The Chinese Times, Nov. 6th, 1886, pp. 4 – 5, Lettertotheeditor. acalmandwelldis—posedindividual, "Nothing Remarkableinthe So Called Remarkable Affair".
② （清）李鸿章：《旅顺兴办船坞片》，顾廷龙、戴逸主编《李鸿章全集》12（卷议十二），安徽教育出版社2008年版，第557—558页。
③ 同上。
④ 袁保龄：《阁学公集》，书札，卷1，第21—23页，宣统辛亥夏清芬阁编刊。

围泊岸，俱用条石垒砌，西面拦潮坝与南面泊岸相连，并极坚固。坞傍设机器厂库十四座，大小电灯四十六座，建铁码头、造大铁道通连厂库，以便起卸转运料物。澳东建小石船坞，以便修理雷艇驳船"，言语之间李鸿章的欣慰与期待之情一目了然，他在奏折中接着说道，此工程"实为前此中国所未有"。①

三　华盛纺织厂

上海机器织布局最初筹建于1878年，几经波折，光绪十五年十二月初七日（1889年12月28日）织布局正式开工。自投产起，上海机器织布局"出布渐多，市座乐于购运，其行销南北各处者骎骎乎有层累益上之势"。②但1893年10月19日一场大火却使织布局十多年来筹建之功毁于一旦。鉴于纺织业潜在的巨大利润，直隶总督李鸿章决定重建织布局，1893年11月26日，李鸿章正式向清政府递交《重整织布局片》。

> 惟查洋货进口以洋布、洋纱为大宗，光绪十八年洋布进口值银三千一百余万两，洋棉纱进口值银二千一百余万两，中国出口丝茶价值不能相抵。布缕为民间日用所必需，其机器所纺织者，轻软匀净，价值尤廉，故远近争购。岂知多销一分洋货，即少用一分土产。是以因势利导，不得不用机器仿造，必使所纺之纱与洋纱同，所织之布与洋布同，庶几华棉有销路，华工有生机，华商亦沾余利。③

李鸿章以国家民生为重，认为只有重建上海机器织布局，并"以为提倡"，"方可以土产敌洋货，力保中国商民自有之利权"。但原厂已成废墟，亏累甚多，在这种状态下组织重建，其难度绝非新建可比。李鸿章认为"谋始图成，得人尤难"，此次他准备任用之人即为津海关道盛宣怀。盛宣怀"历办轮船招商局及各省电报局，著有成效，于商务、洋务尚肯

---

① （清）李鸿章：《巡阅海军竣事折》，顾廷龙、戴逸主编《李鸿章全集》14（奏议十四），安徽教育出版社2008年版，第94—95页。

② 《论中国必当振兴纺织》，《申报》1893年11月10日。

③ （清）李鸿章：《重整上海织布局片》，《李鸿章全集》15（奏议十五），安徽教育出版社2008年版，第220页。

苦志研求"。① 在上海机器织布局已成废墟之时，李鸿章推荐盛宣怀担此重任是基于对盛宣怀历来成就的信任。而且此时正值冬天，"津河将封，关权事简"②，津海关道盛宣怀可暂时赴沪会同江海关道聂缉椝共同办理织布局善后和重建事宜。

与官方的信任态度相同，当时上海各界的社会舆论对即将到来的津海关道盛宣怀也充满了期待，"李中堂派遣盛道台来重建上海（机器）织布局，因为他的身份、势力和财力都适宜于担当此任"。③ 在"身份、势力、财力"三者中，社会最看重的是盛宣怀的"身份"，即津海关道官职的身份。原本上海机器织布局为官督商办，经营期间曾屡屡受挫，又逢火灾，各股东几乎血本无归。此次盛宣怀以正式官员身份坐镇上海，重建上海机器织布局，象征着国家权利，其拯救的力度绝非普通商人身份可以代替，这是舆论将身份摆在首位的认识本源。在官员身份之外，盛宣怀还具有涉猎电报、矿产等诸多领域的"势力"以及盛宣怀背后盛康家族的"财力"，三者结合确实给惊惶中的上海机器织布局股东甚至整个上海注入了希望。1893年12月8日，盛宣怀动身前往上海，开始重振上海机器织布局。

（一）旧局财产"先尽商股摊分"，"官款则候日后出纱时陆续归缴"

上海机器织布局原有资产大约合计100余万两，在遭遇火灾后，经聂缉椝、杨宗濂等人调查与评估，原上海机器织布局所剩资产仅10万两左右④，而织布局"尚欠官款规银二十六万五千余两"。⑤ 按照当时的一般惯例，当企业破产时，"地方政府通常要求优先赔偿官方贷款、存款和资本，给商人股东所剩无几"。⑥ 这就意味着，"若以烬余之地产物料，尽数变价归官亦属不敷尚巨，而该局存款股份莫不向隅饮恨"。⑦ 为吸引商人

---

① （清）李鸿章：《重整上海织布局片》，《李鸿章全集》15（奏议十五），安徽教育出版社2008年版，第220页。

② 同上。

③ 《北华捷报》卷51，第843页。

④ 《申报》1893年12月21日。

⑤ 《盛宣怀致李鸿章、刘坤一、奎俊禀》，陈旭麓、顾廷龙、汪熙主编，陈梅龙编：《上海机器织布局》，上海人民出版社2001年版，第219页。

⑥ ［美］陈锦江（Wellington K. K. Chan）著，王笛、张箭译《清末现代企业与官商关系》，中国社会科学出版社1997年版，第88—89页。

⑦ 《盛宣怀不致李鸿章、刘坤一、奎俊禀》，陈旭麓、顾廷龙、汪熙主编，陈梅龙编：《上海机器织布局》，上海人民出版社2001年版，第219页。

进一步投资入股，在取得李鸿章同意后，盛宣怀阻止了政府收回亏欠官方"二十六万五千余两"①贷款的做法，主张按照"商股五十五万余两及奉饬之存款十万两系保险局八万两，龚升道二万两，如数摊派，填发新股票，与新局股份一律分利"。②盛宣怀改变了先赔官本的传统做法，将火灾之后剩余的10万余两资产如数摊派，分给原商股；原上海机器织布局55万两商股，每股按照一定比例折合后置换为新股，与新局股份一同分利。盛宣怀还考虑到了原本上海机器织布局所欠官款如何归还事宜，他计划"所欠官款，悉归以后局厂，按每出纱一包捐银一两陆续归缴，免其摊分"。③也即是说，他计划责成在原址基础上建立的后继"局厂"陆续归还原欠官股，具体还款方式是"出纱一包捐银一两"。

盛宣怀这种改变以往成规，大胆处理旧局财产的方式，不仅使上海机器织布局原股东感激涕零，更获得当时舆论的一致好评。《申报》曾称赞道："盛观察拟将烬余之物共同估价，先尽商股摊分，官款则候日后出纱时陆续归缴，是观察之顺商情也。"④当时英国驻沪领事也对盛宣怀计划采取的"出纱一包、捐银一两"的还款方式持首肯态度，他分析道："抽成办法是每生产一包棉纱纳银1两，按当前价格计算，大致相当于只征收产值的约 $1\frac{1}{2}\%$。由于每包肯定可得10到12两的利润，上述要求并不苛刻，因此有很多中国资本家愿意参加这个行业。"⑤而英国驻沪领事对此还款方式的评价更引人深思，他说原本纺织局的创办者总是"力图保持制造棉纱和棉布的垄断权"⑥，但这场偶然事件⑦改变了他们原本一贯的做法，即允许别的工厂在向这家首创的纺织厂厂主"按其产值缴纳一笔专

---

① 《盛宣怀不致李鸿章、刘坤一、奎俊禀》，陈旭麓、顾延龙、汪熙主编，陈梅龙编：《上海机器织布局》，上海人民出版社2001年版，第219页。
② （清）薛福成著，蔡少卿整理：《薛福成日记》下，吉林文史出版社2004年版，第856页。
③ 同上。
④ 《论规复织布局当顺商情》，《申报》1893年12月29日。
⑤ 《领事哲美森1893年度上海贸易报告》，李必樟译编《上海近代贸易经济发展概况1854—1898年英国驻上海领事贸易报告汇编》，上海社会科学院出版社1993年版，第848页。
⑥ 同上。
⑦ 指织布局被焚。

利权税或抽成①的条件下加入这个行业"②，领事认为这种普遍获利的办法对原纺织厂更为合算。以此角度分析，盛宣怀此举突破了以往工厂企图以垄断市场获得发展的做法，开始将良性竞争引进晚清新式洋务企业，从而使此种经营模式具有了划时代的意义。

（二）"规复织局，筹本百万"

1893年11月28日，盛宣怀的父亲盛康在给盛宣怀的信中说："布局被焚，官商资本一百余万都归乌有，我以为此时新股断不愿来。"③ 由此可知规复旧局，筹措资金之难度。为重建新厂，盛宣怀必须解决这个难题。

盛宣怀筹集资金与他对新厂的规模设想有关，陈伟宁在其硕士学位论文《上海机器织布局的创建过程及其失败原因考察》中认为，盛宣怀重建和扩增织布局的计划分两步，第一步，募集资金50万两，定购纺纱机70台，纱锭25000个，先行纺纱；第二步，再筹集资金100万两，定购织布机1000张，纺纱机100张，正式兴建一大厂。④ 在这一设想的指导下，盛宣怀积极向各方筹措资金，其中有盛宣怀以自己在洋务企业滚打多年的声望直接向上海、宁波等地商人筹集的资金，有从其他洋务企业挪补的资金，还有盛宣怀以自己津海关道的官员身份向官方筹集的资金。综合统计，盛宣怀直接筹股约100万两，具体情况分列如下：第一，织布局烬余资产估价入股13万两。第二，仁济和保险公司32万两。第三，上海、宁波、苏州绅商包括上海洋货公所所属各行认股约35万两。第四，天津筹赈局公砝平化银10万两和天津海防支应局库平银10万两，合计存款20万两。⑤

而此处存入的官款并非与社会筹集股本一样对待，因为盛宣怀的官员身份，纺织厂从官款中得到多种优惠。以天津筹赈局和天津海防支应局存入华盛纺织总厂的20万两为例，盛宣怀曾在给盛宙怀的信中详细说明了

---

① 这即是指盛宣怀采取的"出纱一包、捐银一两"的做法。
② 《领事哲美森1893年度上海贸易报告》，李必樟译编《上海近代贸易经济发展概况1854—1898年英国驻上海领事贸易报告汇编》，上海社会科学院出版社1993年版，第848页。
③ 陈旭麓、顾廷龙、汪熙主编：《上海机器织布局》，上海人民出版社2001年版，第215页。
④ 陈伟宁：《上海机器织布局的创建过程及其失败原因考察》硕士学位论文，华东师范大学，2004年。
⑤ 徐元基：《试论华盛纺织总厂》，丁日初主编，上海中山学社主办《近代中国》第六辑，立信会计出版社1996年版，第229—230页。

对这项官款的安排："原议作为官股,现与两局会办商酌,改为存项,十年为期,前五年缴利不缴本,后五年归本带做利,每年还银二万两,只需常年五厘算息。似此总厂大有利益,业已会禀批准定案。"① 光绪二十一年（1896）九月,因天津广仁堂经费不足,盛宣怀曾"于关库各项善举款内提银壹万两,业交上海华盛机器纺织厂,常年按六厘生息,作为该所经费"。② 前者官款常年只以五厘算息,而天津广仁堂存入的善举款却以六厘生息,这之间的对比凸显了津海关道盛宣怀以官员身份重建上海机器织布局的特权与便利。

以此角度看,确实只有盛宣怀的"身份、势力和财力""适宜于担当此任"③。经多方筹措,到1894年,盛宣怀电告李鸿章:"规复织局,筹本百万,已有就绪。"④ 充足的资金保证了重振上海机器织布局工作的顺利进行。

（三）为重建新厂（华盛纺织总厂）谋求特权

盛宣怀还借助津海关道的官员身份积极向直隶总督李鸿章和其他官员为新厂谋求多种形式的帮助和保护,从而保障了华盛纺织总厂的稳步发展。

光绪二十年二月十四日（1894年3月20日）,盛宣怀致函李鸿章:"总署通行机器非官办不准验放,而怡和犹请沪关准放纱机进口,并有洋商美查已将棉花子造油机器进口,擅自设厂开工,并不关照道台。"⑤ 盛宣怀以津海关道的身份明锐地预感到这些行为必然威胁正在重建之中的华盛纺织总厂,他请李鸿章迅速遏止此类事情的蔓延。光绪二十年二月十七日（1894年3月23日）,李鸿章同时致电上海江海关道聂缉椝和津海关道盛宣怀:"怡和拟运纺纱机器,美查已将造棉子油机器进口设厂开工,此即改造土货,通商以来向不准行。本署与各使折驳及华局与洋商争讼各事沪关案牍具在,应查案与领事辩阻。本署现已照会英使,并札赫德诘沪

---

① （香港）吴伦霓霞、王尔敏合编：《盛宣怀实业函电稿》下册,"中央研究院"近代史研究所1993年版,第998页。

② 天津档案馆存,广仁堂卷宗,档案号：J0130/001/000029。

③ 《北华捷报》1893年11月24日。

④ 《盛道来电》（光绪十九年十二月三十日未刻）,顾廷龙、戴逸主编《李鸿章全集》23（电报三）,安徽教育出版社2008年版,第441页。

⑤ 《寄译署》（光绪二十年二月十四日未刻）,顾廷龙、戴逸主编《李鸿章全集》24（电报四）,安徽教育出版社2008年版,第13页。

税司机器进口情形。此种机器实碍华民生计，万难迁就。祈电沪关，切实办理云。望即照办。"① 除此外，南北洋通商大臣刘坤一、李鸿章再次奏请中央严禁贩运外洋纱机进口。② 客观而言，如果此时盛宣怀不是津海关道的官员身份，必然无法在短时间内知晓怡和洋行进口机器事件，也无法根据职业知识迅速寻求更高层官员的干涉。这一系列安排紧锣密鼓，迅速排除了对正在重建中的华盛纺织总厂的威胁，这是盛宣怀以其官员身份为新厂的发展寻求的特权保护。

盛宣怀又在随后的《华商机器纺织稽查公所章程》中明确限制洋商在中国开办纺织厂，甚至严厉限制洋商附搭股份变相经营纺织厂。《华商机器纺织稽查公所章程》认为：纱布为民生日用之需，纺织厂惟有华商自办，以供华民自用，尚不致有碍民生，所以"各省华商会禀，请将机器纺织概归华商购机设厂，自行办理，不准洋商附搭股份，以保中国自有之利权"。为防止李代桃疆事件发生，《华商机器纺织稽查公所章程》还规定："如有查出华商出名代洋商请领机器进口凭照者，除撤出护照外，仍将假冒出名之华商议通罚银一万两，以充善举，查出华商出名代洋商搭附股份者，亦议罚。"③ 这些规定欢迎其他中国人参与经营纺织行业，也促使华商开始组织起来集体抵制洋商参与竞争，这是盛宣怀再一次以官员身份为华盛纺织总厂寻求的特权庇护。

光绪二十年五月初二日（1894年6月5日），盛宣怀又禀请南北洋通商大臣为华盛纺织总厂进口机器三年内免税。"机器进口向有应完税项，如蒙俯察商情，三年之内凡有购运纺纱布机器进口者免其纳税。如逾三年之限，即行照则征收，众商希图优免税银，藉轻成本，自必争先订购不致日久因循。"④ 上述请求有章可循，盛宣怀说道："近年北洋铁路公司及开平煤矿等局厂所需机器，历经关道发给专照，免税验收，核与上海机器纺织官督商办者情事相同，似可援照办理。"⑤ 他所列举的"北洋铁路公司及开平煤矿等局厂"，由关道发给专照，免收机器税收，这正是津海关道

---

① 《寄上海聂道盛道》（光绪二十年二月十七日亥刻），顾廷龙、戴逸主编《李鸿章全集》24（电报四），安徽教育出版社2008年版，第15页。
② 夏东元：《盛宣怀年谱长编》上，上海交通大学出版社2004年版，第422页。
③ 同上书，第416页。
④ 同上书，第427页。
⑤ 同上。

经办的业务，盛宣怀又一次以津海关道的职业知识为恢复中的华盛纺织总厂谋求了特权，并有效地保护了这个刚刚处于起步阶段的民族工业。

（四）招标建厂

和前津海关道周馥以公开招标解决旅顺船坞建设工程难题一样，盛宣怀此次重建华盛纺织总厂也采用了公开招标的方式。通过公开招标确定的是华盛纺织总厂主要机器的代购商。德国的信义洋行在此次招标中获胜，盛宣怀代表中方与德国信义洋行签订了合同，合同详细规定了信义洋行购置机器的价格、性能和交货时间。① 1894年9月17日重建的华盛纺织总厂正式开工投产。②

从1893年10月19日上海机器织布局发生大火，到1894年9月17日华盛纺织总厂开工，盛宣怀在不到一年的时间内完成了恢复上海机器织布局的任务，这样的办事效率，《北华捷报》都为之惊叹："上海机器织布局于去年10月19日被焚，这次火灾并没有阻住中国工业的努力建设，规模更大、设备更好的织布局又建起来了，并于上星期一开工，星期三即19日，大火之后整整十一个月，棉花已经入厂，预计数日后即可出纱。"③

此次上海机器织布局遭遇火灾，十年之功毁于一旦，但不到一年时间得以顺利重建，除非津海关道盛宣怀，其他人难以办到。除了盛宣怀个人能力等因素外，最重要的是他的津海关道官员身份和职业知识——他不仅以此筹集到巨额资金，还多次为其谋求官方特权，为上海机器织布局成功重建立下了汗马功劳。此举极大地鼓舞了陷入"商情疑阻"困境的诸多民族资本，为中国民族资本的兴盛奠定了基础，正如李鸿章所评价的："此次督令盛宣怀等推诚劝导，得于毁烬之余，另开局面，倘能从此渐推渐广，未始非商务一大转机。"④

第三节 津海关道在洋务新政中的作用

同治九年（1870），李鸿章就任直隶总督，自此，他一直以天津为中心

---

① 《信义洋行续订纺纱机器合同》，《盛档六》，光绪二十年七月十五日。转引自陈伟宁《上海机器织布局的创建过程及其失败原因考察》，硕士学位论文，华东师范大学，2004年。
② 《北华捷报》1894年9月28日，《申报》1897年3月10日。
③ 《北华捷报》1894年9月17日。
④ （清）李鸿章：《推广机器织局折》，《李鸿章全集》15（奏议十五），安徽教育出版社2008年版，第326—327页。

大力创办各类洋务企业，逐步使天津成为全国的实业中心。津海关道作为李鸿章的左右臂膀，在负责对外交涉和海关事务的同时还协助李鸿章筹办并管理了诸多洋务新政事业，是李鸿章开创的洋务事业的兴建者、组织者和管理者，津海关道的职能也在晚清洋务新政事业的勃兴中得到拓展和延伸。

一　指臂之助

通过本章第一节的分析，我们已能清晰地看到李鸿章在确定津海关道人选时经历了一个演变过程。李鸿章最初选用津海关道时，更多是基于对其才能和经历的赏识——如陈钦、孙士达和黎兆棠偏重对外交涉才能，1880年前后，李鸿章的洋务新政事业初步勃兴，这一阶段出任津海关道的官员表现出了共同的特长——即擅长制器之术或经营机器局的经验。这种吻合正说明了直隶总督兼北洋大臣李鸿章事业侧重点的转移。李鸿章在洋务事业发展急需人才的时候，有意让津海关道员们广泛参与了自己的洋务新政事业。

从津海关道角度而言，他们依靠自己的官职，努力在洋务企业中筹资开拓，成为李鸿章的指臂之助，有些人甚至鞠躬尽瘁，被李鸿章引为知己。李鸿章坐镇畿辅，逐步使天津成为中国北方的"洋务"建设中心。周馥在津海关任内8年，正逢李鸿章在天津设立天津机器局、电报局，开采开平煤矿，修建铁路，开办天津水师学堂和天津武备学堂，创办海军，筹建博文书院……周馥"无所不与其役"，[①] 他虽"不通晓外国语文"，但周馥对李鸿章的诸多洋务新政事业，均能"规划付应，动中机窾"[②]，对李鸿章的洋务新政设想，周馥往往倾其全力，襄助赞划其间，李鸿章推行的各项洋务新政章程，大都由其手订。1897年，著名古文学家吴汝伦准备编辑李鸿章文稿时，曾写信给周馥："其中盖多执事底稿，以其有关大计，正不必尽出合肥之手"[③]，这着实点破了周馥在李鸿章创办的一系列洋务事业中的中流砥柱作用。李鸿章曾评价道："吾推毂天下贤才，独

[①]　马其昶：《神道碑铭》，录入闵尔昌《近代中国史料丛刊（碑传集补）》，文海出版社1973年版，第936页。

[②]　同上。

[③]　政协天津市河东区委员会学习和文史资料委员会编：《河东区文史资料》第十八辑，2006年版，第59页。

周君相从久,功最高,未尝一自言,仕久不迁。今吾老,负此君矣。"①由此可见李鸿章对周馥倚重之深。

盛宣怀一生追随李鸿章。对于李鸿章的洋务新政事业,盛宣怀长袖善舞,无不参与其间。盛宣怀先后两次出任津海关道,李鸿章对他的评价最为浓墨重彩。

> 该道志切匡时,坚忍任事,才识敏赡,堪资大用。前委创办轮船招商局,两次收回旗昌各轮船码头,并增置新船多只。历年与洋商颉颃,挽回中国权利,关系通商大局,该道力任艰巨,为人所不能为。又,光绪六年以来,随臣创办电线,绵亘十七省腹地,以迄东三省、朝鲜、新疆各处,东与俄罗斯、日本,南与法、英、丹各国水陆线相接,遇有军国重要事件,消息灵捷,均赖该道心精力果,擘画周详。②

盛宣怀"力任艰巨",从事洋务新政事业功绩卓著,常"为人所不能为",是李鸿章不折不扣的"指臂之助"。盛宣怀后人在《显考杏荪府君行述》中曾对此有过论述。

> 时文忠督直久,内政修举,海内粗安。恒思效法欧西,为自强大计。知府君夙以开通风气自任,辄垂问商榷。府君以为欲谋富强莫先于两大端。两者维何?铁路、电报是已。路事体大,宜稍辽缓,电则非急起图功不可。文忠瞿然曰:"是吾志也,子盍为我成之?"府君唯唯。③

总体而言,李鸿章坐镇直隶,创办洋务事业凡 30 余年,历久弥坚,政绩卓著。津埠为各国通商总汇,关道专管中外交涉及新、钞两关税务,兼充北洋海防翼长,联络统将,部署行营事宜,其责任繁重,非他省关道

---

① 马其昶:《神道碑铭》,录入闵尔昌《近代中国史料丛刊(碑传集补)》,文海出版社 1973 年版,第 936—937 页。
② (清)李鸿章:《盛宣怀调津关折》,顾廷龙、戴逸主编《李鸿章全集》14(奏议十四),安徽教育出版社 2008 年版,第 426 页。
③ 盛宣怀:《愚斋存稿》(附录行述),文海出版社 1975 年版,第 58 页。

可比。19任津海关道，有的亲自创办、管理各类洋务企业，有的运筹帷幄其间，他们对推动中国近代军事工业、民用工业和文化教育事业的近代化进程建立了不可磨灭的功勋。

二 保驾护航

在李鸿章筹建的诸多洋务新政事业中，既有许多军事工业，也有诸多民用工业和教育事业。在当时情况下，如果没有官方给予免税、禁止洋商进入等措施的保护，晚清时期刚刚兴起的民用工业将很难生存。津海关道以其官员身份担任洋务企业会办之职确实能起到保驾护航的作用。盛宣怀以津海关道的身份前往上海负责重建遭遇火灾的上海机器织布局。他及时发现怡和洋行"并不关照道台"，"独请沪关准放纱机进口"，"洋商美查已将棉花子造油机器进口，擅自设厂开工"①，并高瞻远瞩地看清了这种方式妨碍华民生计的潜在危害，当机立断奏请南北洋大臣下令遏止事件的继续发展。盛宣怀此举不仅保护了一个华盛纺织总厂，还保护了中国刚刚起步的弱小民族工业。众多新兴洋务企业如北洋铁路公司及开平煤矿等局厂，因为创办或者扩建的需要，也会进口一些机器，作为管理天津新、钞两关的官员，津海关道往往依循海关政策积极促成机器免税事宜，并亲自发给免税专照，以此角度论，津海关道已然成为晚清最早一批洋务新政事业的官方保护者。

三 保障经费

洋务新政事业能否顺利创办并良性发展，除了人才、技术和市场等诸多要素外，资金是否充足也是一个异常关键的环节。对于军事工业，清政府虽在制度上明确给予巨额经费支持，但晚清财政窘迫，海关和户部经常处于无款可拨的状态，"从前户部拨定北洋经费号称二百万两，近年停解者多，岁仅收五六十万。自去岁法事起，报拨更稀而待之甚急"。相对军事工业，清政府对后来普遍兴办的民用工业支持力度明显薄弱许多，即便清政府有时允诺给予经费支持，但多数属于空头支票。在这种情况下，津海关道任职洋务企业，却往往能在困窘之中设法为企业筹得发展资金。天津机器局经费向由津海关四成洋税拨付，因此津海关道担任天津机器局会

---

① 夏东元：《盛宣怀年谱长编》上，上海交通大学出版社2004年版，第427页。

办，其中最重要的作用就是竭力保证经费不被侵占和挪用。盛宣怀在规复上海机器织布局时，不仅能以津海关道的身份和自己的才能引来苏、沪等地的富商资金，更从天津海防支应局和天津筹赈局各划拨 1 万元官款。管理海关并拥有划拨税款权限的津海关道担任洋务企业的会办人员，无疑会给这些洋务企业获得资金带来便利。

四　确保权益

擅长"洋务"是津海关道的专长，处理中外交涉更是津海关道最重要的职责所在。中国近代新兴洋务企业在发展中必然和外国发生各种联系——如购买外国机器、聘用外国技师、订立涉外合同等。传统官员在应对这些关涉洋人的事情时，往往极为辛苦——督修旅顺船坞的袁保龄就经常致信津海关道周馥，表达自己与洋人相处不恰的苦闷之情；有些洋务企业甚至因为不懂外国商情，在进口机器和签订合同时还会损伤国家利权，并给自身带来极大的损失。在这种情况下，津海关道的职业身份往往能帮助新兴的洋务企业在涉外商务中维护权利。津海关道周馥就旅顺船坞工程建造事宜向外国公开招标，从中选择了价格公道且有各种保障条款的法国公司；盛宣怀在重建上海机器织布局时也以公开招标的方式向外国购买织布机器，并订立了详细的合同。总之，津海关道是在以自身在经办对外交涉过程中积累的经验预防涉外商务中可能出现的纠纷，以此确保新兴洋务企业的权益。

第四节　津海关道洋务职能的再变化

一　津海关道职能的收缩与回归

前文已述，两任直隶总督对历任津海关道的评语已清晰地划出了一条津海关道职能的演变曲线。津海关道创设之初，重在对外交涉；到中期，面对李鸿章广泛展开的洋务新政王国，津海关道积极襄助其间，为晚清军事工业和民用工业的兴起发挥了重大作用。但袁世凯担任直隶总督时，留学美国的几任津海关道均偏重对外交涉才能。这说明，在世纪交替的时刻，津海关道开始重新侧重"外交"职能，产生这种变化颇有渊源。

（一）中日甲午战争对李鸿章洋务新政事业的冲击

李鸿章一生因洋务负谤最甚，"李鸿章保举洋务人才不下百数十辈。朝廷以海防为重，无不优加录用，冀济艰难，故洋务人员薪俸升迁至为优异。今日有事,所谓能办机器者何人?能决胜负者何人?徒令国家破格求才之心,适为该督植党营私之计"。"天津、上海皆由李鸿章设立机器局矣,设立之意,非所以求精器械,以备不虞者哉。综计每年开销皆数十万,若购铁甲船则一只亦需数十万。朝廷不惜帑项之重,筹画之艰,凡经奏请无不允准。今该督临时畏缩,是前此浩费,非归无用,即饱私囊,外削民膏,内伤国帑。"① 虽然之前朝廷屡屡罢黜弹劾的言官,力保李鸿章,但甲午中日战争之后,李鸿章已然成为众矢之的。翁同龢在朝廷上"尤百计龇龅之"②;张之洞也电奏中央,指斥李鸿章之"昏迷";李鸿章的女婿张佩纶则说李鸿章"晚年为贪诈所使,七颠八倒,一误再误",致使"四十年之勋名威望,一旦为倭约丧尽"③。李鸿章事实上已经陷入"国人皆曰可杀,万口一词"④ 的境况之中。

　　面对甲午战争中国的惨败,人们自然会探寻战败的原因。朝廷上诸多保守派官僚将批判的矛头指向了李鸿章创办的各类洋务新政事业。他们认为李鸿章于"整顿之法、救弊之方"懵然无知,所办各类洋务事业事实上是"得其貌,失其真,慕其名,忘其实",只是"享富贵、贻子孙之计"。⑤ 连李鸿章自己都开始质疑自己穷极半生精力兴办的洋务新政事业,"我办了一辈子的事,练兵也,海军也,都是纸糊的老虎","不过勉强涂饰,虚有其表,不揭破犹可敷衍一时。如一间破屋,由裱糊匠东补西贴,居然成一净室,虽明知为纸片糊裱,然究竟决不定里面是何等材料,即有小小风雨,打成几个窟窿,随时补葺,亦可支吾对付。乃必欲爽手扯破,又未预备何种修葺材料,何种改造方式,自然真相破露,不可收拾,但裱糊匠又何术能负其责?"⑥ 李鸿章在终老之际的感叹说出了兴起于19世纪70年代的洋务新政事业在甲午中日战争之后所受到的冲击。这种社会舆

---

① 《翰林院编修梁鼎芬奏李鸿章骄横奸恣罪恶昭彰恳旨明正典刑折》,中国人民政治协商会议福建省福州市委员会文史资料工作委员会《福州文史资料选辑(第3辑甲申马江战役专辑)》,1984年,第205—207页。
② 吴永口述,刘治襄记:《庚子西狩丛谈》卷4,上海书店出版社1996年版,第128—129页。
③ 《中日战争》第5册,新知识出版社1956年版,第229、230页。
④ 《中日战争》第4册,新知识出版社1956年版,第71页。
⑤ 阿英:《中日甲午战争文学集》,中华书局1958年版,第479、490页。
⑥ 吴永口述,刘治襄记:《庚子西狩丛谈》卷四,上海书店出版社1996年版,第128—129页。

论以及李鸿章的倒台直接影响了津海关道的洋务新政职能，津海关道开始逐步回归自己"对外交涉和管理新、钞两关事务"的本任。

（二）洋务人才的普遍崛起

查看天津机器局历任总办和会办的名单，我们注意到一个问题，1895年是直隶总督李鸿章一生中至为关键的一年。在这一年里，因为中日甲午战争的战败，直隶总督易人，李鸿章从此进入他一生中的低谷时期。而李鸿章为之耗费无数心血的天津机器局改名为北洋机器局，管理人员也改弦更张，总办换成傅云龙，李鸿章一直倚重并想方设法提拔的沈保靖不见踪影，自此之后的历任津海关道再也没有列名天津机器局管理者的名单。

相对传统官员而言，新任总办傅云龙颇具传奇色彩。光绪十三年（1887），清政府决定公开招考出国游历使。在54名应考者中，46岁的兵部候补郎中傅云龙高居榜首，以第一名入选。① 傅云龙随即被朝廷外派公费游历各国。在两年多时间里，傅云龙先后考察了日本、美国、加拿大、古巴、秘鲁、巴西六国，并顺途考察了哥伦比亚、巴拿马、智利、阿根廷、乌拉圭等国。② 游历期间，傅云龙曾会见了美国总统格罗弗·克利夫兰、秘鲁总统尼古拉斯·彼罗拉、智利总统何塞·曼努埃尔·巴尔马塞达、巴西国王佩德罗二世和日本首相伊藤博文等政府首脑③，见识可谓广博。途中以及回国后，傅云龙曾撰写了一系列介绍西方的书籍，其中《游历图经》86卷、《游历图经余记》15卷和10余卷游历诗选呈交光绪帝和总理各国事务衙门阅览，朝野为之注目。李鸿章曾为傅云龙《游历日本图经》一书作序，对该书给予极高的评价："繁而成体，博而得要，洵足备考镜之资，可谓用力勤而成书速矣！"④

总体来看，这是一个见识广博、擅长"洋务"并熟悉"制器"之术的官员。接任直隶总督的王文韶对之赞赏有加，在傅云龙任差天津机器局

---

① 《考取游历人员名单》，《申报》1887年10月28日。
② 王小秋：《一段晚清历史的辉煌、遗忘与发掘、探索——论1887年海外游历使》，载入李世愉主编，中国社会科学院历史研究所清史研究室编《清史论丛2007年号　商鸿逵先生百年诞辰纪念专集》，中国广播电视出版社2006年版，第462页。
③ 傅云龙：《游历美利加图经余纪》，转引自王小秋《一段晚清历史的辉煌、遗忘与发掘、探索——论1887年海外游历使》，载入李世愉主编，中国社会科学院历史研究所清史研究室编《清史论丛2007年号　商鸿逵先生百年诞辰纪念专集》，中国广播电视出版社2006年版，第462—463页。
④ 李鸿章：《游历日本图经序》，光绪十五年冬十月。

一段时间之后,遂荐举他出任天津机器局总办之职。① 在这样一位官员面前,传统正途或异途出身的津海关道即便熟悉洋务也不算特长。傅云龙只是 19 世纪末 20 世纪初纷纷涌现的无数熟悉洋务人才中的一个,因李鸿章的影响,天津在全国洋务和外交中心的地位吸引了一大批洋务人才聚集此地。开平煤矿的张翼②;曾留学英国,回国后先后担任船政学堂教习、天津水师学堂总办、天津《国闻报》主编的严复③;早年留学德国学习军事,1885 年任北洋武备学堂翻译,1900 年佐赞山东军务的荫昌④……这些通晓外国知识的人才的兴起,无疑减少了需要津海关道插手各项洋务事业的迫切性。

对于直隶总督而言,寻找既熟悉洋务又具有管理洋务企业才能的人员已相当容易。往日津海关道在兼管洋务企业时的不可替代性消失了。津海关道在李鸿章任职直隶总督期间极大扩展了的职能开始收缩并逐步回归本任。

(三) 直隶新政时期袁世凯对其他幕僚的依赖

经历庚子事变,仓皇出逃的慈禧太后以光绪皇帝的名义颁布"预约变法"的上谕,决定实行新政。1901 年 4 月 21 日,中央设立督办政务处作为新政的领导机构,以此为开端,清末十年新政拉开帷幕。1901—1907年袁世凯任职直隶总督。在这 6 年时间里,袁世凯根据朝廷颁布的新政纲领,事事率先倡办,着力推行,直隶新政成效显著,位居全国之首,甚至有"中国各省新政之布必资模范于北洋"⑤ 之赞誉。

---

① 光绪二十二年十一月初五日,李鸿章在《致总办天津机器局即补道台傅》中说:"懋元仁弟大人阁下:津门小驻,时得晤谈。近阅邸钞,欣悉夔帅奏留原局之疏已蒙俞允。疏中叙述资劳至为翔实,此后驾轻就熟,益励长才,桑榆之收,曷胜企属。"见李鸿章《致总办天津机器局即补道台傅》(光绪二十二年十一月初五日),顾廷龙、戴逸主编《李鸿章全集》36(信函),安徽教育出版社 2008 年版,第 118 页。

② 原总办唐廷疏去世后,就由张翼接任开平煤矿总办。

③ 严复,1854—1921 年,福建侯官人。1871 年毕业于福州船政学堂,1877 年留学英国。1897 年主办天津《国闻报》。1902 年任京师大学堂编译局总办,1905 年参与创办复旦公学。1909 年筹办海军事务处顾问官,1910 年调任京师大学堂监督。

④ 荫昌(1859—1928),字午楼,属满洲正白旗。早年留学德国习军事,1885 年任北洋武备学堂翻译;1900 年佐赞山东军务;1901—1905 年任驻德使臣,兼驻荷使臣;1906 年授陆军部右侍郎;1908—1910 年任驻德使臣;回国后迁陆军部尚书、训练近畿各镇大臣;1911 年任奕劻内阁陆军大臣兼军谘大臣,武昌起义爆发后率军镇压;清帝逊位后寓居青岛。资料来源于闵杰《晚清七百名人图鉴》,上海书店出版社 2007 年版,第 664 页。

⑤ 甘厚慈辑:《北洋公牍类纂》,文海出版社 1999 年版,第 828—829 页。

在直隶新政中，袁世凯推行的最重要的一条措施就是振兴实业，发展农工商业。工业方面，主要由周学熙①负责。我们可以列举一下周学熙乡试中举之后的主要经历：

1894年中顺天乡试举人，初官于浙江，后为山东候补道员。

1901年入直隶总督袁世凯幕，是袁在经济方面的得力助手。

1898年6月，直隶总督裕禄任命张翼（燕谋）为开平矿务局督办，周学熙为总办。

1903年8月，天津工艺总局成立，周学熙任总办。总局先后创办了实习工厂、劝业铁工厂、高等工业学堂、教育品制造所等机构。

1903—1908年，周学熙兴工振商，名声大振，晋官加爵，开始担任天津道。

1905年，周学熙任天津官银号督办。

1906年，周学熙经艰苦交涉，收回被强占的唐山细棉土（水泥）厂，开办唐山启新洋灰公司，采取新工艺，生产飞速发展。

1907年，在开平煤矿不能收回国有的情况下，周学熙创办滦州矿务局。

1908年，周学熙建成北京自来水厂，任总经理。②

可以看出，周学熙作为直隶总督之幕僚事实上担负起了晚清新政时期北洋创办实业总负责人的任务。除了周学熙以工艺总局为领导机构，创办的一系列实业之外，在商业管理上，袁世凯设立的商务局（后改组为商务公所），以其幕僚凌福彭负责；在农业上，创办农务局，由其幕僚黄璟等组办。直隶新政中，农、工、商业袁世凯均依赖其幕僚完成，已全然不见津海关道的身影。

（四）津海关道对外交涉工作繁杂，无法兼顾其他

津海关道职能的收缩除外在因素影响之外，还存在自身原因。因庚子事变的冲击，津海关道所面临的对外交涉任务剧增，而且这一时期对外交

---

① 周学熙（1865—1947），字缉之，别号止庵。1894年中顺天乡试举人。初官于浙江，后为山东候补道员。1901年入直隶总督袁世凯幕，受派主持北洋实业，是袁世凯在经济方面的得力助手，以他为主，创办了中国近代工业。1898年6月，直隶总督裕禄任命张翼（燕谋）为开平矿务局督办，周学熙为总办，这是周学熙从事实业之始。

② 天津市档案馆、天津市和平区档案馆编：《天津五大道名人轶事》，天津人民出版社2008年版，第223页。

涉涵盖的内容已非同治年间可比。光绪三十一年正月十三日（1905年2月16日），直隶总督兼北洋通商大臣袁世凯曾饬令道员颜世清编撰一本《交涉要览》，此书分门别类，分为定约、交际、疆界、开埠、租借、通商、行船、禁令、诉讼、聘募、招工、游学、游历、传教、偿借、铁路、矿务、圜法、邮电、赛会门，共计"二十门"，"三十一类"，基本涵盖了中外交涉的方方面面，是名副其实的交涉汇览。① 如此广博的交涉内容正是津海关道工作的范畴，范畴之广意味着津海关道日趋繁杂的工作量，这势必使津海关道分身无术。

同时，自1901年中央成立外务部，较之于以前的总理各国事务衙门，外务部加强了对津海关道工作的监督，这就意味着津海关道不仅对直隶总督兼北洋大臣负责，而且要对外务部负责。因此，后任直隶总督在调用津海关道时必然会减少一些随意性。

二 津海关道职能的后期定位

在袁世凯任职直隶总督时期，津海关道的职责开始收缩，并逐步回归本职。那么津海关道是否自此禁足实业和商业领域呢？如何给这一时期的津海关道在这两个领域的职能进行准确定位，这是必须解决的问题。

光绪二十九年（1903）天津发生了一系列严重的金融危机，其中有贴水风潮、银色风潮、铜元危机、钱庄倒闭风潮等。这些金融危机是由庚子事变引发，导致数百家银号、钱铺歇业或倒闭，引起了天津商业萧条和对外贸易的衰败。以贴水风潮为例，天津"承平时，业钱行者仅百余家。自经庚子之变地面久未归还，官吏无从过问。于是奸商恃无限制，乘便逐利，作伪售欺，一时钱业骤增，几及三百家之多，而资本不充，徒用拨条，以相诳骗，凭条借银，则赚以虚利；持条取款，则骤与减成，贴水之名，缘是而起。其后，现银日少一日，贴水日涨一日，竟有每银千两，贴水涨至三百余两者。若辈不费巨资，坐获厚利，遂成一买空卖空之市面。而商旅闻而裹足，百物为之腾踊，几岌岌不可终日。究其流极外埠，货物停发，票号兑汇不通，困竭情形，将至不可收拾"。② 为了平抑危机，压

---

① 北洋洋务局辑：《光绪乙巳（三十一）年交涉要览》（上篇），沈云龙主编《近代中国史料丛刊续编》第291辑，文海出版社1979年版，第4页。
② 廖一中、罗真容：《袁世凯奏议》（中册），天津古籍出版社1987年版，第780页。

低物价，维持市场，几任津海关道对金融风潮都先后采取过诸多措施。如光绪三十年（1904），天津现银奇缺，已严重影响了市面流通，津海关道唐绍仪发出公告明示禁止银洋外流①，以限制银钱出境。光绪三十四年九月二十五日（1908年10月21日）津海关道蔡绍基申斥天津商会对拆息一事拖而不办，并拟定拆息章程二十一条。② 光绪三十四年八月二十日（1908年9月15日）津海关道蔡韶基为解决津埠银色低潮问题同驻津各国领事拟定了六条办法。③ 津海关道蔡韶基发布"行平化宝银色低潮，各商纳税必补足九九二色方准兑收"的告示。④ 光绪三十二年（1907）十二月，为了活跃天津本埠市场，为滞塞存货打开销路，天津商会准备照各国博览会章程，举办商业劝工会，由此商会禀请津海关道，"请将出境华货应完关税厘捐亦照洋货出口，华货进口例一律核减，估本二成征收，并请将会期展至四月十九日止"。津海关道在请示了直隶总督袁世凯之后，同意商会所请，以"藉抒商艰"。⑤

  从以上商业和实业领域历任津海关道的作为可以看出，进入20世纪后，津海关道已逐步退出了筹办、管理各类洋务事业的舞台，津海关道的职能更多表现为立足对外交涉领域，依托天津海关，为涉及海关进出口或其他纳税事宜，或涉及对外交涉事宜的直隶商业、矿业和铁路等各类实业提供服务。津海关道经历了洋务新政事业的组织者、创办者和筹建者等多重身份之后开始向外交和海关税务专业化职官方向发展。

---

① 天津市档案馆等编：《天津商会档案汇编（1903—1911）》，天津人民出版社1989年版，第346页。
② 同上书，第378页。
③ 同上书，第390页。
④ 同上书，第350页。
⑤ 甘厚慈辑：《北洋公牍类纂》，文海出版社1999年版，第1492—1493页。

第七章

津海关道与天津的建设

津海关道只能在不平等条约的体制下行使职能，这使津海关道的工作绩效难以获得士绅、民众和官僚的认可，为求自保和发展之道，津海关道开始比天津其他官僚更主动、更积极地投身到办学、城市建设和各类善举活动中去，这些活动不仅为津海关道赢得了社会声望，在客观上也促进了天津的发展。

第一节 开埠通商后的天津

天津的形成始于隋朝大运河的开通。唐中叶以后，天津成为南方粮、绸北运的水陆码头。宋金时称"直沽寨"，元朝改称"海津镇"。明永乐二年（1404）筑城设卫，称"天津卫"。清雍正三年（1725），由卫升州，雍正九年（1731），改州为县，设府置防。从此，天津成为近畿府城。对于直隶全省而言，天津偏居东南，较之地位略微逊色于控御四方的省会保定。

从经济角度看，天津却极占优势。自隋朝大运河开通，天津就奠定了其漕粮转运中心的地位。明清两朝京师选址北京后，出于驻扎军队，护卫京师以及转口漕运的需要，天津迅速繁荣。"南运数百万之漕，悉道经于此。舟楫之所式临，商贾之所萃集，五方人民之所杂处，皇华使者之所衔命以出，贤士大夫之所报命而还者，亦必由于是。实水陆之通衢，为畿辅之门户，冠盖相望，轮蹄若织，虽大都会莫能过焉。"[①] 但这种繁荣极大

---

① （清）张焘撰，丁绵孙、王黎雅点校：《津门杂记》，天津古籍出版社1986年版，第1—2页。

地仰仗着河槽。道光六年（1826），清政府决定漕粮转为海运，因商路改变，又逢灾歉频繁，天津昔日"生意勃勃，异常热闹"①的景象逐步减少，城市的发展面临着衰减的危险。

一切自第一次鸦片战争之后发生改变，西人屡屡依靠坚船利炮侵扰沿海地区，并希图通过天津进犯北京。咸丰十年（1860），中国迫不得已与英、法签订《续增条约》（即《北京条约》），天津被迫开埠通商，天津随之开始发生巨大转变。

一 国家的海防重地

英法等国屡次兵临城下强占天津，威胁北京。经几次劫难，清政府虽签订不平等条约得以自我保全，但屡次受创令清政府逐步认识到天津乃"畿辅喉襟"②，一地之安危实动关全局。同治九年（1870）天津教案爆发，在中外和局几乎再次崩溃之时，中央明确指出，"现在情形，则天津洋务海防较之保定省防，关系尤重"。③由此清政府将"三口通商大臣一缺，即行裁撤，所有洋务、海防各事宜著归直隶总督经管；照南洋通商大臣之例，颁给钦差大臣关防"，而且规定"通商大臣衙署改为直隶总督行馆，每年于海口春融开冻后移扎天津，至冬令封河再回省城。如天津遇有要件，亦不必拘定封河回省之制"。④实际上，最初李鸿章还保持着冬令封河后回驻省城的形式，不久即因洋务日繁，海防事重，"遂终岁驻此，不复回驻保定"。⑤不仅如此，鉴于天津教案事态虽平但余悸尚存的形势，此后天津城内不仅有直隶总督坐镇，还有津海关道、天津河间兵备道、长芦盐政、天津府、天津县等机构长年驻扎，天津的政治地位逐日提高。

二 北方最大的对外贸易港口

天津开埠通商之后，各国商人接踵而至，多国领事及海关洋税务司也

---

① （清）张焘撰，丁锦孙、王黎雅点校：《津门杂记》自序，天津古籍出版社1986年版，第1页。

② 同上。

③ 《大清穆宗毅皇帝实录》第293卷，第9页，同治九年十月下，大红绫本，现藏于中国第一历史档案馆。

④ 同上。

⑤ 《天津县新志》卷17，"职官"。见天津市地方志编修委员会编著《天津通志（旧志点校卷）》中，南开大学出版社2001年版，第502页。

常川驻扎。各色洋货不断涌入，土特产亦经此大量出口，天津对外贸易总量逐年上升，经开埠以来 30 年的发展，至 1895 年左右，天津的外贸总值翻了两番。天津经济已不再单纯仰仗漕粮，而是逐渐成为北方最大的对外贸易港口。1885 年成书的《津门杂记》记载："津关高设在河干，一到河冰收税难。只盼新秋风色好，洋船广到百忧宽。"① 天津城中与外贸有关的搬运、打包、货栈、报关、批发、土产收购、旅店、钱庄等行业均得以迅速发展。据天津《直报》记载，中日甲午战争前后，"本埠当铺约有四十余处"、"烧锅一行有数十家"、"大米厂有十余处"、"东海河一带各鱼店二十余家"、"新开小钱铺及换钱局何止数十家"、"山货铺约有五十余家"、"城乡内外大小棚铺数十余家"；还有纸铺、鲜果局、斗店、估衣铺、茶商、磨坊、鞋铺、煤灰店、炮店、柴火厂、杂货店、染坊、砖窑、油漆染料店、饭馆等行业不胜枚举。② 此时的天津已非往日依赖漕运状况可比，"畿南巨镇此称雄，都会居然大国风，百货懋迁通蓟北，万家粒食仰关东，市声若沸鱼虾贱，人影如云巷陌通，记得销金锅子里，盛衰事势占今同"③。在当时人眼中，天津已是"蓟北繁华第一城"④。

开埠以来天津的巨变根源于中外之间贸易与文化的交流，也根源于直隶总督李鸿章在天津开办的一系列洋务新政事业，更根源于弥合中外矛盾、缩短中外差距的津海关道的努力。

第二节　津海关道与近代天津的教育事业

晚清天津民间并不十分重视教育。《津门杂记》记载："天津义学，向不多见。即有之，亦如晨星落落。贫家子弟，大率以卖糖豆为生，日赚数十文，或沿途爬草拾柴，以供炊爨，无以读书为当务之急者。"⑤ 这种教育状况已不能适应天津迅速发展的需要。作为较早、较多接触外国知识的津海关道能切身体会中国求强求富必须以人才为根本的重要性，因此多任津海关道皆身体力行，积极创办各类学校——其中既有传统的义学，也

---

① （清）张焘撰，丁绵孙、王黎雅点校：《津门杂记》，天津古籍出版社 1986 年版，第 9 页。
② 陈克：《19 世纪末天津民间组织与城市控制管理系统》，《中国社会科学》1989 年第 6 期。
③ （清）张焘撰，丁绵孙、王黎雅点校：《津门杂记》，天津古籍出版社 1986 年版，第 2 页。
④ 同上。
⑤ 同上书，第 45—46 页。

有近代意义上的大学堂。

一　广设义学

天津一直有官绅倡办义学的传统。自1870年清政府添设津海关道一职以来，历任津海关道都积极地参与了创办义学的活动。天津义学分为总塾和分塾两种。总塾和分塾均以贫寒子弟为主要招生对象。但总塾学生的水平高于分塾。一般招收贫寒幼童、初读书者入分塾；在分塾学生中，已能作应试文章者，可改入总塾。总塾、分塾皆有定额，保送者挨次补入。

同光年间分布在天津城周围的总塾共计5所，其中由津海关道创办的占3所，分别命名"崇正""崇敬""崇文"，其中"崇正，为津海关道陈钦立"；崇敬和崇文，"为津海关道黎兆棠立"。[①] 总塾中另外两所分别由长芦盐运使和天津府立。分设于天津城内外的分塾大概有30余处，其中长芦盐运使设9处，天津府设2处，天津县设4处，而由历任津海关道创办的最多，达13处。[②]

津海关道所设义学中总塾聘用的教员身份威望之高，非当时其他义学可比。据成书于1875—1878年间的《天津事迹纪实闻见录》记载，由首任津海关道陈钦创办的总塾聘请的主教习名叫丁琪，"每年修金三百六十两，两馔，往来轿送"。助讲名叫刘启新，"每年修金一百六十两"。[③] 津海关道陈钦所给薪金确实不是一般数额，当时天津流传有这样的俗语："最可悲的是教书匠，命苦作何商"，"家有三担粮，不作孩儿王"。读书人不愿为教书匠除社会风气原因外，很大程度上是因为当时教书之人薪水很低。一般而言，教习薪金大约为"大馆六十金，小馆三十两"，对此数额，社会的评价是"不够吃饭，只可吃糠，半饥半饱度时光"。[④] 相对社会一般教习的薪金而言，津海关道创办之总塾，无论是总教习还是助讲之薪金，数额均极其高昂。

从社会影响力的角度，津海关道陈钦所聘教习之声望足以令全天津的

[①]　王守洵撰，焦静宜点校：《天津政俗沿革记》序，收录入天津市地方志编修委员会编著《天津通志　旧志点校卷》下册，天津社会科学院出版社2001年版，第45页。

[②]　（清）张焘撰，丁绵孙、王黎雅点校：《津门杂记》，天津古籍出版社1986年版，第45—46页。

[③]　佚名：《天津事迹纪实闻见录》，天津古籍出版社1986年版，第12页。

[④]　（清）张焘撰，丁绵孙、王黎雅点校：《津门杂记》，天津古籍出版社1986年版，第104—105页。

读书人景仰。主教习丁琪的事迹在天津广为流传。

> 母少寡,家索贫、琪幼孤,母苦节抚孤成立,教训有方,戚族咸钦敬之。琪善体亲心,苦读不辍,案元入学,随于道光甲辰科中式举人,得赴鹿鸣之宴,出仕阜城教谕。事母最孝。无论在家居官,凡伊母饮食起居,亲身奉侍,至溺器等物,琪亲自提携,绝不假手婢仆。今琪因母年届九旬,已告终养回籍。①

丁琪既是天津远近闻名的孝子,更是在朝为官多年后退休在家的名士。聘请这样身份威望的人出任总教习,礼遇有加,津海关道陈钦之见地绝非一般乡绅可比:"现在津海道宪陈,聘请琪设帐在总义学内,馆谷饮馔之丰隆,可谓忠而且敬焉。"② 从天津社会绅民对津海关道陈钦此举的评价看,津海关道陈钦以自己对天津教书人、读书人的尊敬换来了社会对他的首肯。

而历任津海关道兴办义学时不仅保障了义学的师资,还向入学的贫寒子弟提供了基本的生活保障:"观察给各童四季衣服,俾随时更换。又日给面十二两,以充口腹。"③ 除此之外,津海关道每月还"躬诣各塾面加考试,与以奖赏"④,此举形成常规,历任相沿。经种种保障和激励措施后,义塾中子弟"发名成业者,盖綦众焉"。⑤ 历任津海关道热衷创办义学,此举在社会上获得了一致好评,当时天津民众普遍认为津海关道此举"至善也"。⑥

二 兴办近代学堂

如果说最初几任津海关道所设还属于义学义塾,那么自周馥任职津海

---

① 佚名:《天津事迹纪实闻见录》,天津古籍出版社1986年版,第43—44页。
② 同上。
③ (清)张焘撰,丁绵孙、王黎雅点校:《津门杂记》,天津古籍出版社1986年版,第45—46页。
④ 同上。
⑤ 王守洵撰,焦静宜点校:《天津政俗沿革记》,收录入天津市地方志编修委员会编著《天津通志 旧志点校卷》下,天津社会科学院出版社2001年版,第45页。
⑥ (清)张焘撰,丁绵孙、王黎雅点校:《津门杂记》,天津古籍出版社1986年版,第45—46页。

关道始，鉴于中外差距，津海关道道员们开始转而兴办各类近代意义上的大学堂。

光绪十一年（1885），周馥代李鸿章草拟《创设武备学堂折》，经朝廷批准后，李鸿章命周馥负责创办"天津武备学堂"。在创建过程中，"购地建堂，延外国武将为师，派各营弁卒来堂肄业，一切考课奖赏章程"①，皆周馥手订。武备学堂初址设在水师公所内，后迁至海河东岸新址（今河东区唐家口大直沽之间）。这是中国最早的一所陆军军官学校。

清光绪十二年（1886）四月，周馥"自捐三千两"，禀请李鸿章建立博文书院。并计划延聘外籍教师，"课以中西有用之学"。②书院设在"东圩门外"邻近海河一带。博文书院成为天津第一所培养外语人才的学校。但创办进行到一定阶段时，周馥因与税务司德璀琳意见不合，再加筹款艰难，最终博文书院房屋抵押给了银行，蹉跎10年，并未开办。

光绪二十一年（1895），津海关道盛宣怀感于"东西列强所以有今日者，皆贤豪辈出之效"，率先奏请设立天津中西学堂。他提出"自强之道，以作育人才为本，求才之道，尤宜以设立学堂为先"，"况树人如树木，学堂迟设一年，则人才迟起一年"③，这些观点震动朝野。在他的倡议下，1895年10月2日，光绪钦准设立"北洋西学学堂"，这就是中国历史上的第一所大学。"北洋西学学堂"以前博文书院为校址，以美国驻津副领事丁家立为总教习。④针对当时清政府急需熟悉法律以及开发矿业资源人才的实际，北洋西学学堂开设了律例、矿务、制造等学科。学生除学习语言文字外，主要学习理工知识。自盛宣怀创立北洋西学学堂⑤，以后历任津海关道都是该学堂的督办，即校长。

盛宣怀，1895年10月至1896年10月任天津北洋西学学堂督办。

李岷琛，1896年10月至1903年出任北洋大学堂督办。

唐绍仪，1903年至1904年出任北洋大学堂督办（校长）。

---

① 周馥撰，周学熙等校：《民国周玉山先生馥自订年谱》，台湾商务印书馆1978年版，第43页。

② 盛宣怀：《拟设天津中西学堂章程禀》（1895年9月17日），见《皇朝经世文新篇》卷五，学校。

③ 同上。

④ 王文韶：《奏开设天津中西学堂疏》，陈学恂主编《中国近代教育文选》，人民教育出版社1983年版，第71—74页。

⑤ 后于1896年更名为"北洋大学堂"。

梁敦彦，1904 年至 1907 年出任北洋大学堂督办（校长）。

梁如浩，1907 年至 1908 年出任北洋大学堂督办（校长）。

蔡韶基，1908 年至 1910 年出任北洋大学堂督办（校长）。

钱明训，1910 年至 1911 年出任北洋大学堂督办（校长）。①

总体来看，历任津海关道高度重视发展教育，不管是民间乡里的义学还是负责"课以中西有用之学"②的大学堂，津海关道都在以自己的实际行动推动教育的发展。

第三节　津海关道与近代天津的市政建设

一　整修道路

天津城曾流行一首竹枝词："繁华要算估衣街，宫南宫北市亦佳。东北门边都是水，晴天也合着钉鞋。"③ 这描述的是天津开埠之后与繁华不相称的道路状况。天津发展迅猛，但旧有的交通状况与其发展的速度越来越不相称，甚至已经不足以维系一个对外贸易日益繁盛的城市的正常生活。"城内外街道逼窄，行旅居民均苦不便，沿河泊岸倾圮，航船往来起卸甚行艰阻。"④ "大街上终日一片泥泞，在下了几小时的雨之后简直无法通行。"⑤ 天津城内闸口胜水西局会所前的官道，长约数十丈，但道路"坑坎不平，险同蜀道，行人车辆日常塑塞"。⑥ 面对这些问题，光绪九年（1883），津海关道周馥以"天津为北洋通商总汇之区，商贾辐辏，舟车络绎，而地势低洼，街道偏窄，行旅居民均苦不便"⑦ 为由，倡议设立天津工程局，"拟仿照上海筹防捐办法在新关抽收华商码头捐，修筑道

---

① 中国大学校长名典编辑委员会编：《中国大学校长名典》上，中国人事出版社 1995 年版，第 99—100 页。
② 《拟设天津中西学堂章程禀》，《皇朝经世文新编》卷五上，学校。
③ （清）张焘撰，丁绵孙、王黎雅点校：《津门杂记》，天津古籍出版社 1986 年版，第 115 页。
④ 王守洵撰，焦静宜点校：《天津政俗沿革记》，收入天津市地方志编修委员会编著《天津通志　旧志点校卷》下，天津社会科学院出版社 2001 年版，第 13 页。
⑤ ［英］雷穆森（O. D. Rasmussen）著，许逸凡、赵地等译，刘海岩校订：《天津租界史（插图本）》，天津人民出版社 2008 年版，第 35 页。
⑥ 《直报》第 466 号。转引自陈克《中国十九世纪末天津民间组织与城市控制管理系统》，《中国社会科学》1989 年第 6 期。
⑦ （清）徐宗亮：《（光绪）重修天津府志》卷 24，考 15，舆地 6，清光绪二十五年刻本。

路"①，天津工程局自此设立，"专办修路、浚沟、掩胔②诸事"③。工程局建立之后第一项城市建设工程就是修筑新"官道"，"自紫竹林租界，上至天津四城内外，直街横巷，一律修治，或筑碎石、或砌条石，逐渐而北，至入京大道"。④

在官道修建过程中，周馥要求工程局学习租界官道的修筑办法，"先将旧泥锄松，中间铺垫砖石，厚约尺余，令小工以铁锤击碎，上加土沙一层，用千斤铁轴，以数十人牵挽压实，中高外低，形同龟背。两旁则砌石成渠。以便卸［泄］水，如租界官道式样相同"。⑤官道修成之后与往日旧观截然不同，"砥平洁净，行人称便"。受益匪浅的天津民众"咸感周行之惠我也"⑥，津海关道周馥之名从此记在了天津市民心中。

这条开创了"天津城厢修筑道路之原始"⑦ 的新官道只是津海关道改造天津道路的一个开端。在获得天津民众普遍好评后，天津工程局"又拟兴修城内街道，及城外单街、估衣街、竹竿巷、针甫（市）街等处"。⑧津海关道周馥的目标是要将"所有通衢，俱作石路。并将郡城内外沟渠一律疏浚"。⑨除了津海关道周馥之外，以后多任津海关道都为改造天津城市道路状况做出了贡献。

二 整饬环境

"水波混浊是城河，惹得行人掩鼻过。更有矢遗满街路，须防鞋上踏来多。"⑩ 这首竹枝词描述了旧天津城落后的卫生状况。传统的天津城没有卫生法规，更没有完整的垃圾管理制度。"所有污秽之物无不倾弃沟

---

① （清）徐宗亮：《（光绪）重修天津府志》卷24，考15，舆地6，清光绪二十五年刻本。
② "胔"指腐烂的肉。掩胔即指天津工程局还负责掩埋一些污秽之物。
③ 周馥撰，周学熙等校：《民国周玉山先生馥自订年谱》，台湾商务印书馆1978年版，第41页。
④ （清）徐宗亮：《（光绪）重修天津府志》卷24，考15，舆地6，清光绪二十五年刻本。
⑤ （清）张焘撰，丁绵孙、王黎雅点校：《津门杂记》，天津古籍出版社1986年版，第118—119页。
⑥ 同上。
⑦ 王守洵撰，焦静宜点校：《天津政俗沿革记》卷1，"道路"，收录入天津市地方志编修委员会编著《天津通志 旧志点校卷》下册，天津社会科学院出版社2001年版，第13页。
⑧ （清）张焘撰，丁绵孙、王黎雅点校：《津门杂记》，天津古籍出版社1986年版，第119页。
⑨ 同上。
⑩ 同上书，第115页。

内,以致各处沟渠尽行堵塞。适本月大雨连宵,将各处郁积之水冲溢街衢,行人无不病涉。"① 在天津护城河周围居住的居民约有四千余户,因为没有明文的垃圾处理措施,致使两岸居民每日向护城河倾倒秽物,积日累年之后,"……几至堵塞",每每到了春末夏初时期,"熏蒸之气臭不可闻,易酿瘟疫等症"②,即便城外新修官道也由于"铺户居民日倾秽物,遂将地沟壅塞不通"③,这与租界的管理体制形成天壤之别,天津各国租界内明令"禁路上倾积灰土污水,禁道旁便溺"④。为了保证租界内街道干净整洁,租界还"每日扫除街道,灰土瓦砾,用大车载于旷野倾倒之。夜晚则点路灯以照人行。立法皆善"。⑤

为保持新修官道的环境卫生,津海关道周馥制定了详尽的管理办法。针对天津城区垃圾乱倒的问题,周馥要求在新建道路上"设打扫夫二名,随时洒扫,以期洁净。应用器具,由局给领"。⑥ 为做好日常保持工作,津海关道周馥要求"于百丈内外分作一段,派兵役二名,身穿号衣,分班看守,昼夜轮流。每六点钟上段,十二点钟换班。由工程局特派候补千总督率,不准兵役偷闲坐卧,擅离职守"。⑦ 针对摊贩乱占道路的问题,周馥规定:"如地面宽展之处,设有摆摊卖货,不碍官道,堆其设卖;官沟以内,不准摆摊;看街兵役如有隐纵勒索情弊,查出立即责革,并将该摊逐去,一并究惩。"⑧ 周馥不仅努力保持新修官道的环境卫生,还以此为开端,将天津工程局的整治环境卫生工作逐步推广至天津城市居民生活垃圾的处理上。工程局曾出示公告,要求"乡民备车船,每日载污秽、粪土,倾于下流"⑨,为保证公告效果,工程局还给相关住户"发给谕帖

---

① 《直报》第94号。转引自陈克《中国十九世纪末天津民间组织与城市控制管理系统》,《中国社会科学》1989年第6期。
② 《直报》第102号。转引自陈克《中国十九世纪末天津民间组织与城市控制管理系统》,《中国社会科学》1989年第6期。
③ 《直报》第85号。转引自陈克《中国十九世纪末天津民间组织与城市控制管理系统》,《中国社会科学》1989年第6期。
④ (清)张焘撰,丁绵孙、王黎雅点校:《津门杂记》,天津古籍出版社1986年版,第122页。
⑤ 同上书,第124—125页。
⑥ 同上书,第120页。
⑦ 同上。
⑧ 同上。
⑨ 同上书,第119页。

一张，小旗一面，盖以印记为据"①。

经过一番努力之后，天津城内变化异常明显，不仅天津居民感念津海关道周馥所做之好事②，而且在天津的外国人也普遍赞扬天津的变化，"在天津城区，'变化的迹象也很多，也很重要'，道路委员会成立了，资金充裕，这样，'曾经满处是深沟大洞、充满淤泥和垃圾的水坑，使人恶心和可怕的道路……被垫平、取直、铺筑、加宽，并设置了路灯，使人畜都感到便利。与此同时，城壕里堆积了好几个世纪，恶臭难闻又无人过问的垃圾也被清除掉了'。"③

工程局从建立之初，就一直负责天津城市的建设与改造。其工作范围逐步扩展为："兴筑平治道路，开砌疏浚河渠、建造整理桥梁，设置培修渡口，并管辖地亩注册、房屋领照、电灯路灯、街道树木"④等诸多事项，工程局为天津的城市建设做出了重大贡献。津海关道周馥是天津工程局的创办者，之后，刘汝翼、李岷琛、盛宣怀等历任津海关道都兼任工程局会办⑤。工程局的经费也主要来源于津海关道的划拨。总体来说，工程局的工作和业绩实与津海关道息息相关。

三　整治海河

自天津开埠以来，中外贸易日益频繁，出入天津港的轮船也逐日增多。据统计，1861年到达天津的轮船有111艘；1873年有290艘；1895年有688艘。⑥但海河淤塞日益严重，旧有的海河航道已不能满足如此繁忙的航运需求。从1884年开始，吃水稍大的轮船已不能驶进天津港，天津进出口货物的装卸，不得不依赖拖船过驳。同时，从1871年开始，天津多次暴雨，因海河淤塞，无法及时宣泄，以致发生水灾，造成沿海沿河居民多人死亡。水灾过后，饥荒又接踵而至，这使历任直隶总督都认识到海河治理迫在眉睫。光绪二十二年（1896）直隶总督王文韶上奏中央：

---

① （清）张焘撰，丁绵孙、王黎雅点校：《津门杂记》，天津古籍出版社1986年版，第119页。
② 同上。
③ ［英］雷穆森（O. D. Rasmussen）著，许逸凡、赵地译，刘海岩校订：《天津租界史（插图本）》，天津人民出版社2008年版，第66页。
④ 《天津工程局章程》，《天津指南》卷二，辛亥初版，转引自陈克《十九世纪末天津民间组织与城市控制管理系统》，《中国社会科学》1989年第6期。
⑤ 天津档案馆，广仁堂档案，J0130/001/000048。
⑥ 数据来源于周星笛主编《天津航道局史》，人民交通出版社2000年版，第3页。

"津郡地本低洼,洪流并注,兼以海潮顶托,宣泄尤难,上下数百里一片汪洋,弥望无际。"① "若不设法浚筑,以复旧规,不独浑流无清水涤荡必致到处停淤,下游各河俱受其病。"② 在这种情况下,光绪二十三年(1897)初,由清政府、领事团及洋商总会、津海关税务司共同组建了海河工程局,并成立一个海河管理委员会(Hal—Ho Conservancy Commission),当时的成员包括:

总办:津海关道李岷琛。③

会办:轮船招商局唐廷枢;开平矿务局张翼④;津海关税务司;还包括各航运界与驳船公司的代表;各外国租界的代表和洋商总会的代表。

海河管理委员会虽然列名人员众多,但"工作全是由3名官员通过开会进行的,这3名官员是:海关道台、资深领事和海关税务司"。⑤ 李岷琛是第一个担任海河管理委员会总办的津海关道。自此之后,历任津海关道都担任海河管理委员会总办一职。⑥ 津海关道李岷琛任职总办之初,就聘用丹麦工程师林德为治理海河的工程师,李岷琛还代表清政府与之签订了聘用合同。⑦ 以此为开端,治理海河的工作正式拉开帷幕。光绪二十六年(1900),八国联军入侵天津,海河工程局的工作随之停止。光绪二十八年(1902),清政府从都统衙门手中接管天津,唐绍仪按照以往惯例,出任海河工程局总办。此后历任津海关道除组织日常整治海河的工作外,每年还从津海关税收中拨付6万元作为改善海河河道的费用。⑧

总体而言,津海关道李岷琛是海河工程局的创始人之一,自此,历任津海关道都担任海河工程局之海河管理委员会总办一职。津海关道从海关

---

① 直隶总督王文韶光绪二十二年七月十一日奏折,转引自水利水电科学研究院编《清代海河滦河洪涝档案史料》,中华书局1981年版,第596页。

② 直隶总督王文韶光绪二十二年八月二十九日奏折,转引自水利水电科学研究院编《清代海河滦河洪涝档案史料》,中华书局1981年版,第596—597页。

③ 天津市档案馆、天津海关编:《津海关密文解译:天津近代历史记录》,中国海关出版社2006年版,第54页。

④ 同上。

⑤ [英]雷穆森(O. D. Rasmussen)著,许逸凡、赵地译,刘海岩校订:《天津租界史(插图本)》,天津人民出版社2008年版,第90页。

⑥ 周星笳:《天津航道局史》,人民交通出版社2000年版,第6页。

⑦ 天津市档案馆、天津海关编:《津海关密文解译:天津近代历史记录》,中国海关出版社2006年版,第54页。

⑧ 天津市档案馆编:《袁世凯天津档案史料选编》,天津古籍出版社1890年版,第37页。

税收中为海河工程局拨付资金,在一定程度上确保了治理海河所需资金。可以说津海关道为浚通海河做出了重大贡献,海河的浚通又促进了天津工商业和中外贸易往来的发展。

四 改造桥梁

天津城治,河流绕之,船舶往来,车马杂沓,为解决交通不便的问题,前人创造性地想出了建造浮桥以疏浚交通的办法。"以大船连缀成桥,有船经过则开桥渡之,船过则合桥以济行人。"这就是天津最早的浮桥。[1]

清雍正八年(1730),天津分司孟衍周见海河水势汹涌,渡河不安全,不断发生事故,便捐薪俸修了一座木质浮桥,这就是东浮桥。"东浮桥为商旅往来要冲"[2],但木质浮桥年代已久,因此改造浮桥,"实为中外官民所共愿"[3]。当时任职津海关道的梁敦彦与驻津奥国代领事卢达伟协商后决定将东浮桥改造为铁桥。在取得直隶总督袁世凯的支持后,改造木质旧桥的工作正式展开。

为保证顺利改造东浮桥,津海关道梁敦彦、奥国领事和工程建造商一起订立了详尽的合同。合同除了列明桥的式样、用料及预计用款数额之外,为确保工程顺利完工和免除日后纠纷,合同还就以下方面作了详尽的规定:首先,确保中方对建成铁桥的主权。在合同中,梁敦彦强调"河道既属系中国管辖,并未划归他国租界,则此铁桥告竣之后及东浮桥均为中国政府物业,由中国派巡捕管理"。[4] 其次,梁敦彦就桥梁建成之后各方需要协调等事宜作好了事先安排。"此桥告竣之后,虽归中国地方官管辖,然每日开桥时刻须与电车公司及奥、意两国租界官商酌妥当"。[5] 再次,为降低建桥经费,津海关道梁敦彦利用自身官职优势,为桥梁建设多方争取优惠,"所有建造此桥各项材料除概免完纳新钞两关税则与各厘金,此料若由中国北洋铁路运载,概减运费,须与天津工程总局材料一律无异。至两岸与筑桥工一切事务,中国地方官及奥国租界官必力助其成,

---

[1] 王守洵撰,焦静宜点校:《天津政俗沿革记》序,收录入天津市地方志编修委员会编著《天津通志 旧志点校卷》下册,天津社会科学出版社2001年版,第15页。
[2] 天津市档案馆编:《袁世凯天津档案史料选编》,天津古籍出版社1990年版,第191页。
[3] 同上。
[4] 天津市档案馆、天津海关编:《津海关密文解译:天津近代历史记录》,中国海关出版社2006年版,第116页。
[5] 同上。

天津工程局亦随时借用各项器具，如挖泥船、打桩机、小船只、压路机等类，所借各件不取分文"。①

津海关道梁敦彦为改造东浮桥做好了一系列组织和协调工作，到光绪三十二年，铁桥终于落成，用银20万两。直隶总督将铁桥命名为金汤桥，取"固若金汤"之意。② 总体说来，津海关道梁敦彦既是铁桥的筹划者，又是铁桥建设过程中各项事务的协调员，更是为铁桥提供各种便利和优惠的官方保护人。津海关道梁敦彦为铁桥顺利建成并迅速通车做出了重大贡献。尤其让普通百姓交口称赞的是，梁敦彦一直以建桥为便民的一项善举。在最初与奥国领事、工程建造商签订合同的时候，梁敦彦坚持在合同中明文规定，铁桥建成之后，"车马、船只、行人凡经此桥者，中国政府概不收税"。③ 津海关道建桥只为民谋福，这让天津绅民又增加了一份对津海关道的敬意。

第四节　津海关道的善举

晚清时期，天津一地屡受灾歉，四方民众衣食无着，有些甚至冻饿而死，填于沟壑，其境况惨不忍睹。为周恤穷黎，天津官绅纷纷立善堂，行善举。在这之间，津海关道的作为尤为引人注目。

自最初创设津海关道官职开始，历任津海关道都热衷于资助当时"书院、义塾、恤嫠会、延生社、广仁堂、施医院、保赤堂"④ 等多项社会救济事业。虽然津海关经费被四处征调，一向入不敷出，但各事"系属教养兼施，寒士赖以资生，贫民赖以存活，事历多年，万难中止"⑤，因此津海关道仍极力设法保证所行各项善举之经费，在津海关道捐助的多项善举中，有几项被天津民众广为传颂。

---

① 天津市档案馆、天津海关编：《津海关密文解译：天津近代历史记录》，中国海关出版社2006年版，第116页。
② 同上书，第114页。
③ 同上书，第116页。
④ （清）李鸿章：《洋药税厘拨还洋息折》，顾廷龙、戴逸主编《李鸿章全集》12（奏议十二），安徽教育出版社2008年版，第78页。
⑤ 同上。

一 恤嫠会

天津恤嫠会原本由增生朱维翰倡立，"约好义之人捐资，为嫠妇月费"①。该会创立之初以盐商支持为主，"公议每盐一包捐钱一文"②，但金额毕竟有限，最初恤嫠会规模较小，仅敷收养百人，社会广需救助之人仍无法获得资助。同治年间，津海关道开始接办此堂，"专养寒苦孀居，月给口粮"③，津海关道的捐助主要"由洋药捐项"开支④。自此之后，天津恤嫠会规模日渐扩大，更多贫苦无依的嫠妇获得资助。

二 广仁堂

清同治、光绪年间，天津、河间等地迭遭灾歉。孤儿嫠妇，往往无以自存。督办河间赈务、太仆寺卿吴大澂、候选知府李金镛和道员盛宣怀于津郡东门外南斜街"暂设广仁堂"，"收养天津、河间两府属遗弃子女、贫苦节妇"。后陕西藩司王承基、候选道郑官应、主事经元善等集捐洋银一万元，在禀请直隶总督李鸿章后，于西门外太平庄卜地建堂，共起屋280余间，将南斜街原收妇孺归并太平庄，广仁堂正式创办。自此之后，广仁堂扶危济困，成效昭然，"实为北省赈抚善后一大义举"⑤。自津海关道一职设立以来，每年津海关道都向广仁堂捐助经费银500两，这成为一项惯例，被历任津海关道传承⑥。

盛宣怀是广仁堂创始人之一，而盛宣怀曾先后两次出任津海关道一职，这种因缘使广仁堂的事业受到了津海关道更多的关注。盛宣怀任职津海关道期间不仅出任广仁堂督办一职，而且还参与多项广仁堂日常具体事务的管理⑦。

---

① （清）徐宗亮：《（光绪）重修天津府志》，卷7，纪7。清光绪二十五年刻本。
② 同上。
③ （清）张焘撰，丁绵孙、王黎雅点校：《津门杂记》，天津古籍出版社1986年版，第49—50页。
④ 同上。
⑤ 同上书，第55页。
⑥ 《津海关道咨送本堂岁捐经费卷，天津广仁堂卷宗》，现存天津档案馆，档案号：401206800/J0130/1/000004。
⑦ 《津海关道咨送本堂岁捐经费卷，天津广仁堂卷宗》，现存天津档案馆，档案号：J0130/001/0000029。

三　采访局

同治十年，天津士绅设立"采访阖郡七州县忠、孝、节、义总局"，即采访局。每年采访局就在全天津府县范围内，寻访忠、孝、节、义的典型，并将典型人物的姓名和具体事实分编造册，同时取具亲族和邻里证词，以为切实甘结，然后禀报各级官府，并转详直隶总督，最终"汇题入奏"，在每年四、八两月，分二起将这些典型人物和事迹造报至中央，"敬候部议，奉旨旌表，建坊入祠"。①

总体说来，这是一项深入天津府县千家万户，对风俗人心大有裨益的大事。清朝人张焘在成书于1884年的《津门杂记》中评价道：经过采访局走乡串户的采访之后，"至今七属已请旌者四、五千人，实属爽便。广皇仁而阐幽光，以此为最"。②采访局巨大的社会效益不容忽视，但走乡串户之经费并非小数。采访局幕后实际的支持者就是津海关道黎兆棠。黎兆棠以"捐款生息支应"③的方式为天津绅民做了一件大善事。

四　在全国的赈灾济贫活动

津海关道的善举事业并非局限于天津一地，有些津海关道甚至参与了全国范围的赈灾济贫活动，这以盛宣怀最为典型。盛宣怀在任职津海关道期间，除了办理日常津海关道衙门延为惯例的各类善举事业之外，还广泛参与了多项赈济全国其他地区灾民的活动。

光绪十八年至光绪二十二年（1892—1896），盛宣怀在津海关道任上所做的救济工作有：

第一，光绪十八年至光绪十九年（1892—1893）直隶水灾赈济。

第二，光绪十九年（1893）河南卫辉府水灾赈济。

第三，光绪十九年至光绪二十年（1893—1894）山西口外七厅旱灾赈济。

第四，光绪二十年至光绪二十一年（1894—1895）山东赈济。

---

① （清）张焘撰，丁绵孙、王黎雅点校：《津门杂记》，天津古籍出版社1986年版，第50页。
② 同上书，第51页。
③ 同上。

第五，光绪二十一年（1895）奉直义赈。

第六，光绪二十一年至光绪二十二年（1895—1896）河南武陟、太康等县水灾赈济。

第七，光绪二十二年（1896）湖南长沙、衡阳、宝庆三府灾赈。

第八，光绪二十二年（1896）利津黄河决口赈济[①]。

盛宣怀是晚清著名的社会慈善家，但盛宣怀绝非单纯仅为慈善而慈善，他的慈善事业往往与他集资、投资于各式洋务企业紧密相关，关于这点，前文已有论述。但盛宣怀以津海关道官职身份广泛参与全国性的赈灾救济活动，也为我们提供了一个观察问题的新视角。

第五节　津海关道倡办公共福利事业的公义与私义

津海关道官居天津，原本为专管中外交涉与新、钞两关税务之官员，自1870年设置官职以来，历任津海关道却"向办善举如书院、义塾、恤嫠会、延生社、广仁堂、施医院、保赤堂各事，系属教养兼施，寒士赖以资生，贫民赖以存活，事历多年，万难中止"。[②] 这即是我们在本章前文已详细论述过的津海关道广泛参与的各项社会事业，涉及办学、城市建设、赈灾济民等各类活动，这些活动"事历多年，万难中止"，说明热衷于社会公益事业已经成为津海关道的一种官职传统，历任相延传承不衰。对此，我们自然会有以下疑问，津海关道在天津办理了诸多高规格的义学和学堂，有多项广为天津市民传唱的善举，这些都需要经费作支撑，经费由何而来？

英国人雷穆森（O. D. Rasmussen）在《天津租界史（插图本）》中曾经评论天津城区的变化："曾经满处是深沟大洞、充满淤泥和垃圾的水坑，使人恶心和可怕的道路……被垫平、取直、铺筑、加宽，并设置了路灯，使人畜都感到便利。与此同时，城壕里堆积了好几个世纪，恶臭难闻又无人过问的垃圾也被清除掉了。"在他眼中的这些变化是因为"道路委

[①] 冯金牛、高洪兴：《"盛宣怀档案"中的中国近代灾赈史料》，《清史研究》2000年8月第3期。

[②] （清）李鸿章：《洋药税厘拨还洋息折》，顾廷龙、戴逸主编《李鸿章全集》12（奏议十二），安徽教育出版社2008年版，第78页。

员会成立了，资金充裕"。① 不言而喻，这位英国人笔下的"道路委员会"就是津海关道周馥倡议建立的天津工程局，工程局"充裕"的"资金"又从何处来？

一 公私皆有的经费来源

（一）来源于津海关洋药税厘经费

光绪十三年（1887），总理各国事务衙门会同户部具奏洋药税厘并征，由各关监督与税司合办。津海关自光绪十三年正月初九日（1887年2月1日）起按照新章办理，规定："进口洋药业照新章封存关栈，每百斤应收厘银八十两，与进口税银三十两必在新关同时交足，方准贩运。"② 虽然津海关对洋药税厘的征收办法发生变化，但洋药税厘的开支分配办法变化却不大。

李鸿章在一份奏折中写道："新关洋药税一项，向系分成拨充天津机器局经费、支应局兵饷及出使经费等用，归入税册造报，应仍循旧办理。其厘金一项，前曾奏明除照部议津防兵饷、轮船经费照旧每箱开支二十四两，又留支地方向有善举等项十六两，余均存为归还神机营所借洋款息银。"③ 这说明洋药税和厘金两者分别对应不同的开支。"每百斤应收进口税银三十两"的"洋药税"按照惯例用于"天津机器局经费、支应局兵饷及出使经费"，"每百斤应收厘银八十两"的"厘金"，其开支方式是"津防兵饷、轮船经费照旧每箱开支二十四两""留支地方向有善举等项十六两"，其余均为"归还神机营所借洋款息银"。李鸿章奏折中所说"地方向有善举"，即是津海关道负责办理并传承多年的"书院、义塾、恤嫠会、延生社、广仁堂、施医院、保赤堂"④ 等各项善举，用于开支"地方向有善举之款"在厘金中所占比例甚大。在奏折中，李鸿章具体解释了每百斤洋药征收的80两厘金的开支方式："以现在厘金八十两计之，除兵饷船费二十四两、善举局费等十六两，每百斤实存厘银四十两，即以

---

① ［英］雷穆森（O. D. Rasmussen）著，许逸凡、赵地译，刘海岩校订：《天津租界史（插图本）》，天津人民出版社2008年版，第66页。
② （清）李鸿章：《洋药税厘拨还洋息折》，顾廷龙、戴逸主编：《李鸿章全集》12（奏议十二），安徽教育出版社2008年版，第77页。
③ 同上书，第78页。
④ 同上。

开支税务司经费,并归还神机营洋息专款。此照章拨充饷费、归还洋息之实情。"①

依据李鸿章的奏折,当时津海关每百斤洋药所征 80 两厘金的开支方案可用表 26 显示。

表 26　　津海关每百斤洋药所征 80 两厘金的开支方案统计表

开支项目	数额②	比例
兵饷船费	24 两	30%
善举局费	16 两	20%
税务司经费、归还神机营洋息专款	40 两	50%

数据来源:(清)李鸿章:《洋药税厘拨还洋息折》,顾廷龙、戴逸主编《李鸿章全集》12(奏议十二),安徽教育出版社 2008 年版,第 78 页。

除了津海关必须划拨的"税务司经费"外,如按民用和军用划分,在津海关洋药厘金拨发项目中,"兵饷船费"和"归还神机营洋息专款"应属于军事开支,"善举局费"应属于民用开支。在当时情况下,津海关征调之地方善举费用在厘金项中所占比例达到 20%,直接逼近了"兵饷船费"所占之 30% 的比例。

(二) 发典生息办法

在盛宣怀任职津海关道期间,除按照惯例由津海关道衙门捐给广仁堂经费银 500 两之外,盛宣怀还往往利用发典生息的办法帮助广仁堂获得日常经费。

光绪二十一年(1895)九月,天津恤产保婴局和养病所经费不敷,归并入广仁堂办理。广仁堂以骤然添加育婴、养病两所,原本经费实难"兼顾"为由,向天津官方请求酌量拨款。当时的津海关道盛宣怀同时兼任天津河间广仁堂督办,他批示道:"据禀养病所经费不敷禀请拨款等情,本道拟于关库各项善举款内提银壹万两,业交上海华盛机器纺织总厂

---

① (清)李鸿章:《洋药税厘拨还洋息折》,顾廷龙、戴逸主编:《李鸿章全集》12(奏议十二),安徽教育出版社 2008 年版,第 78 页。

② 指在每百斤洋药所征 80 两厘金中所占数额。

常年按六厘生息,作为该所经费。"① 盛宣怀身为朝廷官员,又经办各类实业、商业,还兼办各类慈善事业,在晚清社会这个特殊的土壤中,他往往凭借亦商亦官的身份,将津海关"关库"之经费以善举款的名义投入企业生息,既保企业资金周转,又获利息支撑善举事业,两相裨益。盛宣怀的后人在《行述》中写道:"(盛宣怀)平生最致力者,实业而外,唯赈灾一事。"② 朱浒在《从插曲到序曲:河间赈务与盛宣怀洋务事业初期的转危为安》一文中,已详尽论述了"盛宣怀化赈务关系为洋务资源的努力"。③ 本书所揭示的却是盛宣怀在慈善事业、洋务资源与津海关道官职三者间的相互依赖与循环互动关系。晚清兴起创办新式洋务企业的热潮,盛宣怀不仅官商两栖,更打通了洋务企业、正式官员和慈善事业三大领域,在三大环节中,无论以何种方式取得的资源,他都能努力将之循环滚动,贯穿全局,实现了多方获利。

(三) 津海关道个人的捐款

除以上两种资金来源外,津海关道个人的捐款也是津海关道各项社会公益事业经费的一个重要来源。光绪七年七月十五日(1881年8月9日),为维修天津城外濠墙,津海关道郑藻如"捐银一万两"。④ 光绪八年(1882),天津工程局准备以收捐方式修筑由天津城东接至租界的官路,周馥"自捐一万两倡之"。⑤ 后来周馥倡议建立博文书院,招收学生学习洋文,又"自捐三千两"。⑥ 在周馥调任他职之后,任职津海关道的刘汝翼为博文书院又前后捐款"六千两"。⑦ 如果说一位津海关道致力于社会公益事业,慷慨解囊,是个人行为,那么如此多的津海关道均以私款捐助,这显然意味着捐助社会公益事业已经成为津海关道固定的官职行为。

---

① 天津档案馆存,广仁堂卷宗,档案号:J0130/001/000029。
② 盛宣怀:《愚斋存稿》(附录行述),文海出版社1975年版,第59页。
③ 朱浒:《从插曲到序曲:河间赈务与盛宣怀洋务事业初期的转危为安》,《近代史研究》2008年第6期。
④ (清)李鸿章:《修竣津城濠墙折》,顾廷龙、戴逸主编《李鸿章全集》9(奏议九),安徽教育出版社2008年版,第424页。
⑤ 周馥撰,周学熙等校:《民国周玉山先生馥自订年谱》,台湾商务印书馆1978年版,第41页。
⑥ 同上书,第42页。
⑦ 德璀琳为博文书院捐款事札刘汝翼,天津市档案馆、天津海关编:《津海关密文解译:天津近代历史记录》,中国海关出版社2006年版,第212页。

（四）以资历和声望募款赈灾

盛宣怀任职津海关道期间，不仅热衷于天津的善举事业，也积极赈济全国其他地区受灾的灾民。如此广博的慈善事业所需经费，更多是凭借盛宣怀的资历与声望，在广大绅商中募集捐款所得。其他津海关道在投身慈善义举事业时，往往也以个人声望率先垂范，这无疑起到了非常重要的带头作用。

二 官场表率与社会威望

1925 年由天津印书馆出版，英国人雷穆森撰写的《天津租界史（插图本）》一书，被认为是"早年西方人研究天津的著述中，资料最丰富、论述最详尽、最生动的一本书"。① 作者在书中写道：在天津"有一个很大而又有影响力的官方团体，会馆声名显赫而且非常强大，在帝国的其他任何城市里也很少有像天津这样又多又好的义务慈善机构，如育婴堂、贫民院、救济院和施粥厂等等"。② 这些义务慈善机构均得益于天津城内官绅的共体捐助和经营管理。其中，历任津海关道都在其中发挥了重要作用。他们积极而广泛地参与了慈善、办学和改造城市等各类社会活动，其范围之广和捐献经费之多已远远超出了天津其他同级官员。

以津海关道郑藻如和周馥为例。光绪七年（1881）七月，因天津城外濠墙被大水冲塌，直隶总督李鸿章命官绅"集捐兴办"，于是天津大小官员纷纷解囊，长芦运司如山、津海关道郑藻如"各捐银一万两"，天津道吴毓兰"捐银一千两"，"天津府知府宜霖捐银六百两，天津县知县郭奇中捐银四百两，长芦盐商公捐银二万两"，在这些捐款的基础上，不敷银两"于加增洋药厘捐项下拨补"③，因有充足的经费保障，天津城外濠墙终于得以修缮完毕。在捐款维修濠墙事件中，各官员所捐数额形成一个鲜明的对比。在天津的官员中，长芦运司如山和津海关道郑藻如所捐数额最多，而与津海关道同一级别的天津道吴毓兰仅"捐银一千两"，是郑藻如所捐数额的十分之一，天津府知府和天津县知县所捐更少。

---

① ［英］雷穆森（O. D. Rasmussen）著，许逸凡、赵地译，刘海岩校订：《天津租界史（插图本）》，天津人民出版社 2008 年版，封首。
② 同上书，第 34—35 页。
③ （清）李鸿章：《修竣津城濠墙折》，顾廷龙、戴逸主编《李鸿章全集》9（奏议九），安徽教育出版社 2008 年版，第 424 页。

郑藻如被朝廷选派出使美国、西班牙、秘鲁三国之后，周馥继任津海关道，他任职期间，曾屡屡捐款，并且数额巨大。光绪五年（1879），周馥"抵上海，向亲家沪道刘芝田观察瑞芬借贷五百两"，"至金陵，卖复成仓屋"，"过瓜洲栈，徐仁山亲家文达借我银三百两（后并刘芝田款还讫）"①，以此看，周馥常囊中羞涩，也需借债维持，但自担任津海关道之后，周馥却有截然不同的表现。以周馥在自订年谱中的相关记录为例，担任津海关道期间，周馥多次捐款，且数额巨大。

光绪八年："时议收捐，修由天津城东接至租界官路，自捐一万两倡之。"②

光绪九年："捐银一万两，助本邑研经书院膏火"③，"案捐书院一万两，后并入学堂，续捐四千两，皆凑作公益典本，既以典利助学堂费，复使贫寒得使典质救急"④。

光绪十年"助建圣庙工费一万两"。⑤

光绪十二年："正月，会禀立集贤书院，使四方游士有所肄业，先捐二千六百两，购三岔河地一段，四月，禀建博文书院于东圩门外，招学生习洋文，自捐三千两"。⑥

光绪十二年，"捐买东三省枪炮银二万两"。⑦

周馥自光绪八年（1882）担任津海关道，历时8年，其间所捐银两前后共计8万两之多。自周馥升任直隶按察使之后，我们再未看到次数如此密集，数额如此高昂的捐款情形了。

相比天津其他道台，津海关道善举之广度和规模都处最前列，津海关道似乎时刻都想将自己置身于首要与表率地位。津海关道所从事的一系列有益于天津发展的教育和城市建设事业，尤其是历任津海关道慷慨解囊进

---

① 周馥撰，周学熙等校：《民国周玉山先生馥自订年谱》，台湾商务印书馆1978年版，第35页。
② 同上书，第41页。
③ 同上。
④ 同上。
⑤ 同上书，第43页。
⑥ 同上书，第44页。
⑦ 同上书，第45页。

行的各类善举捐款,极大地帮助了津海关道本人及这个官职在民众中获得较高的社会威望。

三 谋求自保与发展之道

津海关道官职设置于天津,但天津的状况比其他城市复杂得多。

> 咸、同初,泰西诸国逾越洋海,通商互市,工作运输,异乡来者渐夥;复会内地岁多饥馑,违匿安丰,乃民性之常,于是人无愚智,路无远迩,离乡越国,扶老携幼,遂不期而俱萃,而户口则林林极望矣!①

但这样一个异乡人充溢的城市"曾是中国人与外国移民之间感情极端仇视的中心"②,中外之间的仇视表现为1870年震惊中外的天津教案,因民众积疑生愤,最终酿成焚毁教堂、杀戮在津外国人的惨剧,各国军舰闻信云集天津,中外战事顷刻间悬于一线。清政府不得不严刑惩治涉案官民,知府张光藻与知县刘杰被发配边疆,20名嫌犯被处斩刑,但严刑酷法调和不了中外矛盾,民众对洋人的仇恨难以消除,这种心理也自然会外延到与洋人打交道的中国官员身上,这就是津海关道最初设立时的周遭状况。李鸿章在致总署的一封信中说道:"津郡一案,前鉴不远,该地方官自当倍加慎重,不敢稍有疏忽,自取罪戾。"③ 对于新设津海关道而言,他们确实要思索保全与发展之道。

天津曾流行一首竹枝词:"斗很(狠)风强最可叹,相延无计挽狂澜。虽然挺险终称顺,不畏严刑畏好官。"④ 在晚清普通民众的心目中,没有必须"曲全邻好""力保和局"的大义,他们只是认同"好官"。曾先后担任天津道和津海关道的丁寿昌就是天津民众心目中的"好官"。

---

① 王守洵撰,焦静宜点校:《天津政俗沿革记》序,收入天津市地方志编修委员会编著《天津通志 旧志点校卷》下,天津社会科学院出版社2001年版,第25页。
② [英]阿诺德·赖特(AronldWeight):《香港、上海和其他中国口岸20世纪的印象》,收录入陈克《心向往集:献给天津博物馆成立九十周年》,天津古籍出版社2009年版,第212页。
③ (清)李鸿章:《致总署 议设津关道》(同治九年闰十月初七日),顾廷龙、戴逸主编《李鸿章全集》30(信函二),安徽教育出版社2008年版,第132页。
④ (清)张焘撰,丁绵孙、王黎雅点校:《津门杂记》,天津古籍出版社1986年版,第117页。

所最难忘者,十年夏秋间,淫雨浸淋,河水暴涨,城堤漫溢,村墟顿成泽国。公急分派舟楫,各处按济,为之区别,不使一人失所。随请巨帑施赈,生与衣食,死与棺木,病与扶持,纤细无弗周备。当洪波骇浪奔腾之际,万民哭号震天,我公匹马孤身,屹立水次。不分阴晴昼夜,沾体涂足,亲督危工。寝食弗遑,往来梭织于堤上者数阅月。济民艰如己事,转浩劫为康衢。全活不下百余万众。尤恐堤工不固,连年接续补筑,绵亘三百余里。加高培厚,保障无虞,此御灾捍患,赈饥荒,严河防之尤著者。他如正风俗,勤农桑,惠士林,阐贞烈,恤穷黎,慎刑讼,率僚属,开水利,理海运,裕饷源,励清廉,戢强暴,五年间创立废兴,良安莠化,教深养厚,俗易岁登。无非为民造福。我津民均以性命依之矣!①

　　这是《天津河间兵备道丁乐山观察寿昌政绩去思碑记》一文中的一段。可以看出,丁寿昌为官宦时,被天津民众最为称道的是"赈饥荒,严河防",其他"正风俗,勤农桑,惠士林,阐贞烈,恤穷黎,慎刑讼,率僚属,开水利,理海运,裕饷源,励清廉,戢强暴,五年间创立废兴,良安莠化,教深养厚,俗易岁登"也是丁寿昌官声彪炳的表现,无论上述哪类功绩都属天津道职责范围。

　　在同类文人撰写的纪念丁寿昌的文章中,只有一篇文章提到了丁寿昌曾担任津海关道一职,并且全篇只有一句话,"莅任海关,慈云重隶,商乐民欢,职司权算,交涉烦难。兢兢一载,启橐开藩"。② 这仅有的一句话强调的仍是"商乐民欢"。据此,可以看出在19世纪70年代,实际上传统的天津道比津海关道更能获得绅民的认同。这对津海关道而言显然是一个巨大的压力,能否获得上司、同僚和绅民的认可事实上意味着官职能否保全。这就是津海关道参与如此众多社会公益事业的原因。在这种背景之下,我们自然能理解历任津海关道在津海关税收入不敷出的情况下,仍禀请中央允许自己从洋税厘捐项下动用"善举局费"从事各类善举义赈

---

① (清)张焘撰,丁绵孙、王黎雅点校:《津门杂记》,天津古籍出版社1986年版,第58—59页。
② 同上书,第60页。

活动；也能理解津海关道道员们为何屡解私囊以捐资助学；还能理解津海关道为何积极倡导并组织进行大规模的天津城市改造……

  津海关道所从事的一系列社会公益事业和公共福利事业，究其本源在于规避本职专办对外交涉所带来的风险，毕竟崇高的社会威望代表着民众的认可，在晚清有了这种认可就可以自保，并获得提拔和升迁，甚至可以免去处罚。盛宣怀就曾因成功办理河间赈务而摆脱了经营湖北矿务局不善的阴影。① 在盛宣怀招商局被参案中，盛宣怀因李鸿章的力保而最终无事，其中原委正是盛宣怀在赈务上的杰出表现换来了李鸿章的首肯，李鸿章评价说：该员"在直有年，于赈务河工诸要端无不认真筹办，洵属有用之才"。② 盛宣怀的亲身经历无疑给津海关道树立了一个处事的样板。尽管津海关道热衷创办各类社会公益事业有其私心，但客观而言，津海关道创办学堂，改造城市，热心善举，也有其公义，因为这一系列行动客观上为天津的进步和发展做出了重要贡献。

---

  ① 朱浒：《从插曲到序曲：河间赈务与盛宣怀洋务事业初期的转危为安》，《近代史研究》2008 年第 6 期。

  ② （清）李鸿章：《复查盛宣怀片》，顾廷龙、戴逸主编《李鸿章全集》10（奏议十），安徽教育出版社 2008 年版，第 63 页。

结　语

在 1910 年和 1911 年，即清王朝灭亡之前夜，拥有举人身份的钱明训和陈瑜先后出任津海关道，这是一种传统的回归。为什么在晚清即将灭亡之际具有举人和进士功名的传统士人开始重新代替有留学美国背景的官员出任津海关道？

第一节　津海关道制度的内在矛盾

津海关道从同治九年（1870）设立至民国建立后更名为海关监督，共历时 42 年，纵观其演变和发展的历程，我们可以发现津海关道制度包含许多自身无法克服的矛盾。

一　津海关道的产生和职能的演变过多受制于人事

在晚清普遍以关道兼管海关的情况下，在天津设置专管对外交涉和新、钞两关税务的津海关道是一个特例。这个特例的产生在很大程度上归功于前后两任直隶总督曾国藩和李鸿章举足轻重的地位。在第一章中，我们曾列举曾国藩、毛昶熙、李鸿章等人在几天之间完成的几件大事。曾国藩向中央举荐陈钦担任天津道，中央不允；毛昶熙申请裁撤三口通商大臣，通商事务由直隶总督兼任，并添设一名海关道，总理各国事务衙门附议，李鸿章认为"目前最急者，须先添设海关道一员"①，并提议由陈钦署理首任津海关道。几件大事紧锣密鼓地挨次展开，其间隐含着的就是大

---

①（清）李鸿章：《裁并通商大臣酌议应办事宜折》，顾廷龙、戴逸主编《李鸿章全集》4（奏议四），安徽教育出版社 2008 年版，第 108 页。

臣之间相互联络达成一致意见的事实。这种联络改变了中央以当地道台兼任海关道的常规，这就是津海关道一职得以添设的背后真实。

"畿辅门户""京师肘腋之间"，天津这种特殊的地理位置实际上再次拔高了李鸿章的政治地位。在担任直隶总督兼北洋大臣之初，清政府就命李鸿章"所有天津洋务一切事宜，该督责无旁贷，著随时相度机宜，悉心筹画"。① 初莅直督之位的李鸿章却并无意气风发之感，面对诸多直隶总督被革职的历史，又有恩师曾国藩被贬黜、调任两江的事实，李鸿章压力之大，可想而知。他在致丁日昌的信中说："鄙人畿疆孑立，四顾茫茫，自兼通商，驻津半载，一无建树。""津城偏在河南，狭隘殊甚"，"津市萧索异常"。② 既肩负朝廷"天津洋务一切事宜，该督责无旁贷"的重任，又处在天津教案尚未办理完结、风声仍旧鹤唳、诸废待举的天津，此时的李鸿章茕茕孑立，苦无良将辅佐。在天津的正式官员中，处于较高地位又由李鸿章奏请设立并对之具有简任大权的津海关道自然成为李鸿章天津事业的开拓者与承办者。

光绪十八年（1892）盛宣怀再次出任津海关道，《万国公报》主编沈毓桂写了一首七言绝句刊登在《万国公报》上，以此向盛宣怀表示祝贺。在序言中他说道："津海为畿辅屏障，北洋锁钥，需才既亟，理治维艰。今得观察持节其地，上佐爵相调剂中外之情，运筹帷幄之地无不得心应手，因应裕如。真所谓非常之事必待非常之人以任之。"③ 这句话贴切地道出了津海关道的地位。自李鸿章权綦直隶总督以来，"开创了一个中国迄今从未经历过的国内和国际关系的进步时代"。④ 天津逐步成为中国近代工业和近代邮政、铁路、教育、航运、电报和电话的发源地，成为中国近代洋务和外交的中心。在这样一个"运筹帷幄之地"，确实需要"非常之人"辅佐"爵相"，"调剂中外"，完成工业、铁路、教育、航运、电报、电话等"非常之事"。这就是1895年之前时势对津海关道官职的客观定位。从这个角度看，在李鸿章任职直隶总督时期，无论是津海关道更好地处理对外交涉和管理海关事务本职，还是拓展其职能积极参与洋务新

---

① 《大清穆宗毅皇帝实录》第293卷，第25页，同治九年十月下，大红绫本，现藏于中国第一历史档案馆。

② 《复丁雨生中丞》（同治十年正月十七日），顾廷龙、戴逸主编《李鸿章全集》30（信函二），安徽教育出版社2008年版，第175页。

③ 夏东元编著：《盛宣怀年谱长编》上，上海交通大学出版社2004年版，第382页。

④ ［英］雷穆森（O. D. Rasmussen）著，许逸凡、赵地译，刘海岩校订：《天津租界史（插图本）》，天津人民出版社2008年版，第67页。

政事业都有其必然性。总而言之,"非常之事必待非常之人以任之"①,李鸿章成为津海关道事业发展的最大支撑。

但是,甲午中日战争的结果成为李鸿章事业的转折点,津海关道由此丧失了仰仗的力量,津海关道蓬勃发展的事业开始收缩。19世纪末,随着洋务事业的勃兴,中外交涉也日益繁杂,原本依靠道台兼管交涉的局面已不能满足时局所需,有交涉事务的省份开始普遍设立非官方机构性质的洋务局专办外交事宜(见表2)。

表27　　　　　　　　　晚清全国各省设立洋务局一览表

省份	机构名称	设立时间	创设人	参见资料
江苏	洋务局	同治七年(1868)	两江总督马新贻	《马端敏公奏议》卷6,第40页
安徽	洋务总局	光绪三年(1877)	安徽巡抚裕禄	《光绪朝东华录》第2274页
广东	洋务公所	光绪三年(1877)	两广总督刘坤一	《刘忠诚公奏议》卷13,第54页
广东	办理洋处	光绪十二年(1886)	两广总督张之洞	《张文襄公全集》卷93,第25页
广西	洋务局	光绪十四年(1888)	广西巡抚沈秉成	《清季外交史料》卷75,第30页
陕西	洋务局	光绪二十八年(1902)		陕西省财政说明书
浙江	通商洋务局	光绪二十一年(1895)	浙江巡抚廖寿丰	《民国杭州府志》卷174,第1页
湖北	铁政洋务局	光绪二十三年(1897)	湖广总督张之洞	《张文襄公全集》卷100,第34页
吉林	交涉总局	光绪二十三年(1897)	吉林将军延茂	《清季外交史料》卷137,第23页
山东	洋务总局	光绪二十四年(1898)		《山东省财政说明书》
河南	交涉洋务局	光绪二十七年(1897)	巡抚松寿	《矿务档》(三)第1664页
山西	由教案局改设洋务局	光绪二十八年(1902)		《政治官报》290号
奉天	交涉局			《奉天财政沿革利弊说明书》
四川	洋务局	光绪三十一年(1905)	总督锡良	《锡良遗集》第465页

参考资料:刘伟:《晚清督抚政治:中央与地方关系研究》,湖北教育出版社2003年版,第351—352页。

---

① 夏东元编著:《盛宣怀年谱长编》上,上海交通大学出版社2004年版,第382页。

光绪二十四年（1898）三任直隶总督王文韶、荣禄、裕禄先后更替，毫无疑问，直隶总督的政局不稳必然会带来直隶全省政策的波动。光绪二十四年六月二十日（1898年8月7日），天津府洋务局成立，以"海关道李岷琛为总办，张翼、荫昌、严复、爽良等六人为会办"①，主要执掌"北洋及直隶天津等地的外交、对外贸易、外人游历、外侨寄居等涉外事务，隶属北洋大臣辖管"②。从洋务局的职掌看，其工作范围与津海关道原本对外交涉职能的工作范围等同，以此观之，与其他省份缺乏专职办理对外交涉官员的情况不同，直隶设置专办中外交涉的津海关道已近30年，并无随波逐流增设洋务局的必要，但因直隶总督频繁更换，津海关道缺乏大员的鼎力坚持，使洋务局的设立成为现实。自此津海关道也担任洋务局总办，并成为习惯，历任传承。③毫无疑问，津海关道这一正式官职与非正式的洋务局结合，共同处理直隶对外交涉事宜的状况使原本李鸿章任职直隶总督时，津海关道似乎无所不包的职业形象开始发生改变。

1901年，面对庚子国难的困境，清政府再次实行改革，解散总理各国事务衙门，创设了外务部，国家政治格局又为之一变。外务部较之于先前总理各国事务衙门而言，对津海关道管理上最显著的变化，就是在任用和调遣津海关道时权限大幅度增加。外务部明文规定，凡办理对外交涉的官员必须具有出国留学的经历和较高的外语水平，这极大限制了直隶总督任命津海关道时任用私人的可能。自庚子事变之后，以唐绍仪为开端，津海关道往往以曾留学美国的官员担任，很难再出现类似李鸿章任直隶总督时大幅度起用幕僚出任津海关道的状况。随着外务部对津海关道人选、业务指导等管理力度的加强，1895年前津海关道全面辅佐直隶总督的职业共识已逐渐失去其成长的土壤，而袁世凯本人也多倚仗周学熙等幕僚组织直隶的新政事业，较少依靠津海关道。对津海关道而言，原本1895年官职所承载的"非常之事"今昔已然不再。庚子事变之后的津海关道逐步脱离了投身实业，长袖善舞的职业印象，开始专注于对外交涉和管理海关本职。

津海关道制度的演变过程引人深思。晚清以来，为因应西力东渐格

---

① 天津市地方志编修委员会编：《中国天津通鉴》，中国青年出版社2005年版，第108页。
② 同上。
③ 天津市档案馆等编：《天津商会档案汇编（1903—1911）》下册，天津人民出版社1989年版，第1818页。

局，海关道制度得到迅猛发展，但透过津海关道制度的演变历程，我们看到在时事推动之外还有许多人事的因素，津海关道制度的勃兴和收缩很大程度上归咎于人事，这种因人而设，因人而变的制度环境事实上成为津海关道制度乃至晚清诸多制度发展过程中根本的制约因素。

二 不平等条约框架下的工作绩效难以获得社会的普遍认可

客观而言，津海关道在行使其对外交涉、管理海关、参与洋务新政职能的过程中推动了社会的进步和经济的发展。仅以津海关道对外交涉职能为例，天津教案之后，中外尖锐对立，但津海关道的设立改变了这种局面，无论是参与处理教案、议定中外条约，还是成功接收天津等事件，津海关道大都能以不卑不亢的外交风格，持平办理交涉案件，在调剂中外，弥合裂痕的同时尽力维护国权。这也促使晚清出现总理各国事务衙门与李鸿章并立的外交二元化格局，天津一度成为晚清的外交中心。

但津海关道对外交涉职能的发挥是在不平等条约的框架下进行的，这使津海关道办理中外交涉案件时难免会屡屡丧失利权。在本书第四章中我们已经讨论过津海关道陈钦处理的"布国商人索赔案"，陈钦虽持理力争，但最后仍不得不答应赔付。为避免以后其他国家效法，陈钦又与布国驻津领事私自协商，对布国商人赔付仍止 200 余两，其余 1000 两算陈钦私自垫出，并决定这 1000 两不在照会中注明。对此不得已之举，陈钦曾感叹："弟自愧无能，致此案宕悬许久"，"负疚实深，且自莅任以来涓埃周效，尤不敢只图一时了事，贻将来无穷流弊，所有另给银一千两拟不开销公款，自行赔出，以示罚，庶各国将来不致藉为口实也。"[①] 但在清朝积贫积弱的状况下，陈钦此举并不能维护国权。同治十年九月初三日（1871 年 10 月 16 日），总理各国事务衙门收到布国翻译官璧斯玛来函："日前在署面谈德意志商人所讨受亏银一千二百零三两已按数发给一事，备文勿写数目等情，本翻译官当将一切情由回明本馆署钦差大臣安。现奉安大人言，实系难以照办。"[②] 案件争论辩驳达几年之久，布国商人尽管不占理，但中国仍不能不赔偿，陈钦一厢情愿以私人赔付的努力也付之东

---

① "中央研究院"近代史研究所编：《教务教案档》第三辑（一），"中央研究院"近代史研究所 1975 年版，第 188—190 页。
② 同上书，第 199 页。

流，在晚清列强处处以强凌弱的时代背景下，津海关道确实难以持理行使职权。

周馥是任职津海关道时间最长的官员。在津海关道任内周馥给了自己一个中肯的评价。

> 余任津关道八年，凡直隶一省商务、教案、皆力任不辞。时无电报邮局，恐文报稽迟，每饬州县遇案专人赍送。余一闻民教有争执事，州县力不能了者，遂派员持平办结。中外讼案虽多，第一次卸津海关道任，只剩一二起积案未结；第二次赴臬司任，计津关未结小案只三四起。①

这是一个任劳任怨，致力于办结中外交涉案件的津海关道，因为他的持平办理，中外颇能相安，但他在任内也充满了苦衷。

> 光绪九年，法国领事狄隆援前三口通商大臣崇地山许租紫竹林滩地之约，且言前道郑玉轩已经划界，至是欲并河岸租去，不许我漕船停泊，辩争累月，几至决裂。经总理各国事务衙门取案卷至京接办，仍不能决，仍退交外办。余权宜设法了之，余生平虑事周密，遇外交事尤慎，鲜为人所持。②

就同一件事，英国人雷穆森的观点截然不同。

> 1881年，经过漫长的、怒气冲冲的而且几乎是危险的争论，在擅自占用土地的那部分本地人充满敌意的抗议声中，法租界的边界问题终于解决了。功劳应当归于法国领事狄隆（Dillon）先生的忍耐、公正和不屈不挠的意志。③

---

① 周馥撰，周学熙等校：《民国周玉山先生馥自订年谱》，台湾商务印书馆1978年版，第48—49页。
② 同上书，第40页。
③ ［英］雷穆森（O. D. Rasmussen）著，许逸凡、赵地译，刘海岩校订：《天津租界史（插图本）》，天津人民出版社2008年版，第65页。

不同的记载形成鲜明对比，但是有几点可以肯定：对于中国而言，法国领事强行索取租界属于侵扰中国主权。津海关道周馥虽就租界问题与法国领事据理力争，辩争累月，几近决裂，但仍不能维护国权，中国国土仍被强行划为法国租界，而且阻碍了中国漕运的正常进行。而且这起案件不仅津海关道周馥无力解决，总理各国事务衙门接办后也不能决，仍退回由津海关道办理，最终法国获得了租界。此事件所透射的问题是，晚清的政治现实和国家状况决定了许多问题不是仅凭津海关道力争就可以解决的。对外交涉和其他职能能否正常行使，津海关道能否彻底维护国权取决于国家实力，而非津海关道的个人品质和能力。

光绪二十二年正月二十六日（1896 年 3 月 9 日），直隶总督王文韶、津海关道盛宣怀和各国官商一起在天津租界内的戈登堂为前往俄、德等国访问的李鸿章送行，中国官场与各国领事欢聚一堂。对此，王文韶曾在日记中有"举国若狂、兴高采烈得未曾有"①的评价。但同一时期，在全国范围内，中日《马关条约》的签订使中国被迫出卖了众多主权，1897 年德国人占领了胶州湾、英国占领威海卫、法国占领广州湾，中国的主权和外国人利益之间的尖锐对立激发了民间反抗力量的崛起，义和团运动爆发，八国联军随即侵华。"天津城破，市井多被焚掠，近郭诸村落，悉干戈傺扰，苍黄沸乱。"②无论津海关道如何做调剂中外的努力，天津一地中外暂时的和谐无以扭转全中国惨遭列强侵略和瓜分的大局。

不同于直接管理地方行政事务，管理民众的天津道、津海关道只能在清政府和外国列强签订的一系列不平等条约的体制下行使职权。天津道管理地方之责能为万民时时体察，但在不平等条约体制下，津海关道的工作绩效难以获得社会的认可。更有甚者，处于晚清王朝被动挨打国家环境中的津海关道，在办理对外交涉和管理海关日常工作中难免会有诸多丧失国权之处，毫无疑问，这种工作绩效确实难以获得社会的普遍认可。因此，津海关道常处于被批评和被指责的社会舆论中，这些指责既来源于总理各国事务衙门和直隶总督等上级主管部门，如也来源于清政府各级官僚，还来源于广泛的社会大众。面对尴尬的境地，津海关道往往比其他官僚更积

---

① 王文韶著，袁英光、胡逢祥整理：《王文韶日记》下，中华书局 1985 年版，第 934 页。
② 王守洵撰，焦静宜点校：《天津政俗沿革记》序，天津市地方志编修委员会编著《天津通志　旧志点校卷》下册，天津社会科学院出版社 2001 年版，第 74 页。

极主动地投身到社会公益事务中，以此来获得社会声望，并获得自保和发展之道。这显示了中国最早一批办理中外交涉官员的艰难处境。

三 多重上级领导体制成为津海关道制度发展过程中的一大障碍

从成立之初，津海关道就同时受多重上级领导机关管辖。早在中央裁撤三口通商大臣时，李鸿章就极力赞成添设海关道一职，他认为以后办理对外交涉时，可以"责成道员与领事官、税务司等商办一切，随时随事禀臣裁夺；其有应行知照事件，臣即札饬关道转行领事遵照；至往来会晤仪节，务皆斟酌适宜，此等事理虽小，动关体制，不敢不慎。又，中外交涉案件，洋人往往矫强，有关道承上接下，开谕调停，易得转圜，不独常、洋两税须人专管也。"① 从这里可以看出，李鸿章对津海关道日常工作权限的定位是：津海关道与领事、税务司首先商办一切，然后禀明直隶总督，听其裁夺，然后津海关道转行领事遵照。显而易见，直隶总督是津海关道的顶头上司，是最直接的管理者。

津海关道不仅受直隶总督的直接管理，还受总理各国事务衙门和户部的管辖。清政府规定所有海关道处理中外交涉事宜时，必须"详由地方督抚与所辖之通商大臣核办，咨报总理（各国事务）衙门"。② 津海关道管理海关时，也必须按照所有海关道必须遵守的程序，每月③将税收数目和进出口船只数目呈报管辖之直隶总督兼北洋大臣，并由该大臣咨报总理各国事务衙门及户部。津海关道虽有遵照指令划拨其海关税收的权利，但这也是在户部、总理各国事务衙门和直隶总督的指挥下进行的。户部对津海关道在税收及其他方面的不当行为，有权奏请中央对其给予处分。津海关道周馥就因征收洋药税厘混淆不当，曾被当时的户部尚书翁同龢严参。④ 总体而论，在津海关道制度发展的初期，鉴于直隶总督李鸿章在中央和地方的威望，津海关道虽处于多重上级管理体制中，但多头管理之间的矛盾并不明显。

---

① （清）李鸿章：《裁并通商大臣酌议应办事宜折》，顾廷龙、戴逸主编《李鸿章全集》4（奏议四），安徽教育出版社2008年版，第108页。
② （清）宝鋆等纂：《筹办夷务始末（同治朝）》，卷44，第22页，《近代中国史料丛刊》第六十二辑，文海出版社1970年版。
③ 自咸丰十年（1860）起改为按三个月为一结，扣足四结，专折奏销一次。
④ 谢俊美：《翁同龢传》，中华书局1994年版，第317—323页。

但自 1895 年李鸿章离职后，津海关道多重上级管理体制间的矛盾日益突出。庚子事变后，中央实行新政，并大力进行官制改革。在"加强中央集权"思想指导下，中央官制改革中原有的和新建立的中央各部门、各机构都极力强化对地方的垂直控驭力度。1901 年外务部成立，原总理各国事务衙门撤销。外务部成立后加强了对津海关道人事任免权和日常公务的管辖。这使后来的历任直隶总督均难以和李鸿章一样对津海关道实行强有力的控制。1906 年中央成立税务处，该处直接咨会各省："嗣后各关事务，除牵及交涉仍由外务部核办，支用税项应候户部指拨外，其余凡关系税务各项事宜，统应径申本处核办。"① 这说明，在税收方面，原属户部管辖的津海关道又多了一个管辖部门。这一事实无疑会带来两种结果，一方面，对于津海关道自身而言，由于其职能的运作受多方制约，其实际地位必然日益降低。另一方面，对于多重领导机构而言，由于相互间权限划分不清，彼此间或互相推诿，或争夺权益，必然导致多重领导间冲突不断，从而制约津海关道制度的发展，并致使其行政效率低下。对此现象，王韬曾言："虽于各省通商口岸设立专员，无如仅有空名而无实效，徒糜廪禄而已。西国官商亦已其无权也，视之有若赘旒。其为是官者，遇大事固不能自主，即一二琐屑小事亦不能独断独行，必且秉承上命，需之以时日而虚与之周旋。"②

四　津海关道职能的多样化与近代职官专业化发展趋势间的矛盾

从成立初期津海关道职能的定位就是同时负责对外交涉和新、钞两关税务并任直隶海防行营翼长，但在实际工作中，因多方因素的影响，其职能日益拓展，津海关道开始广泛参与天津机器局、上海机器织布局、旅顺船坞等多项洋务新政事业的兴建和管理。这种职能的多样化发展趋势是晚清洋务运动兴起的时代反映。客观而言，作为直隶总督李鸿章得力助手的津海关道曾为晚清的近代化带来了新的动力，功不可没。但是长袖善舞的职业形象与近代以来职官专业化发展趋势之间的矛盾必然成为制约津海关道制度发展的另一因素。

---

①　海关总署《旧中国海关总税务局司署通令选编》编译委员会编：《旧中国海关总税务司署通令选编》第 1 卷（1861—1910），中国海关出版社 2003 年版，第 575 页。

②　王韬：《办理洋务在得人》，《弢园文录外编》，上海书店出版社 2002 年版，第 69 页。

清末省级地方机构的演变呈现出明显的专业化分工趋势，因此，后期津海关道职能一再收缩，最终在直隶设立交涉司后，其原始职能被分割，津海关道从此只管海关事务。这是时代发展与变革的必然结果。

第二节 津海关道制度的最终命运

晚清中央和地方普遍实行官制改革，这无疑会对津海关道制度产生重大影响。在1907年至1910年不到3年时间内清政府出台了两项变革措施，直接左右了津海关道的命运。

1907年，在地方官制改革的大潮中，宪政编查馆制定《直省官制通则》，将地方行政体制正式改为省、府（直隶州）和州县三级制，确定省级机构为三司两道，即设置布政使、提法使、提学使三司和劝业、巡警两道。并决定"所有管理地方守巡各道，一律裁撤。如距省远之地，必须体制转崇之大员，以资镇摄者，可仍留道缺，即名兵备道，或一员或二三员专管督捕盗贼，调遣军队事务"，清政府同时决定视地方情形，酌设粮、关、河道，关道除"主管事务外，不得兼管地方行政事宜"。① 这是晚清中央的一个重大改革方案，这一方案的重要性在于宣告地方行政体制的一次巨大变革。自此，道不再是一级地方行政机构。海关道与粮、河道并列，成为省的直属部门，但不再兼管地方行政事务。这宣告了关道在职官序列中的地位得以正式确立。② 津海关道在这次中央对地方行政体制的重大调整中得以保存。但仅时隔三年，又一项重大改革接踵而至，并彻底改变了津海关道制度的命运。

1910年，因"近年各省口岸迭开，商埠林立，中外交涉日繁，因应少失其宜，辄误事机，而生枝节，从前各口岸关道及省会所设洋务局，或官由兼任，或事隶局差，责成不专，办理每多歧畏"，鉴于"奉天等省创设交涉一司，颇称利便"的状况，外务部奏请在交涉繁要的省份统一设立交涉司，管辖全省对外交涉事宜，并规定"直隶、江苏、湖北、广东、福建交涉繁要，应先一律设立"。外务部还拟定了全国各省设置交涉使的

---

① 《总司核定官制大臣奕劻等奏续订各直省官制情形折》，《清末筹备立宪档案史料》，中华书局1979年版，第508页。

② 刘伟：《晚清关道的职能及其演变》，《华中师范大学学报（人文社会科学版）》，第49卷第2期，2010年3月。

时间规划,"安徽、江西、湖南、广西四省,均归兼辖总督省份之交涉使兼办;此外,黑龙江、山东、山西、河南、陕西、甘肃、新疆、四川、贵州等省交涉较简,拟暂缓设。其各省旧时所设洋务局所即行裁撤,其经费统归并交涉司,至交涉使任用之法,仿照学部奏保提学使之例,在于该部所属及曾任交涉人员开单、预保、听候简放"。会议政务处认为外务部此项改革方案"审度缓急,次第推行,实于外交有裨"①,同意在全国推行。

外务部催促直隶应率先设立交涉司,这使直隶省陷入两难境地。直隶与全国其他省份只有洋务局办理交涉事务的现状并不相同。同治九年(1870)设置津海关道之初,清政府对其职能的定位就是负责直隶全省的对外交涉事宜。而且外务部奏定交涉司章程第十五条规定:"各口岸交涉,向归关道办理者,本为交涉分司职任,一切仍旧,惟所有上详督抚之件,均应分咨交涉使查核。"② 先不论这种制度安排是否适合直隶的具体情况,单就制度设计而言,如果按照中央的规定,直隶设交涉司后,津海关道应与之并存,并成为交涉使管辖下的交涉分司,但直隶总督陈夔龙又一次以特例方式变更了中央的制度设计。

1907 年袁世凯被调任中央任军机大臣,接替袁世凯出任直隶总督的分别是杨士骧、端方和陈夔龙。杨士骧乃袁世凯之幕僚,端方任职仅几个月,即因违制被夺职。③ 这两任直隶总督都没有改变袁世凯在津海关道的人选与职业侧重点上的一贯风格。1909 年初,载沣以袁世凯"患足疾"为借口,命他"开缺,回籍养疴"。1909 年袁世凯在中央失势。继端方之后任职直隶总督的陈夔龙④开始在直隶进行地方官制改革,其中一个巨大的变更就是"清政府设直隶交涉使司交涉员一名,自此之后,津海关道专管税务,交涉事宜统由交涉使管理"。⑤ 王克敏成为直隶首任交涉使。王克敏(1873—1945),字叔鲁,浙江杭县人,清朝举人。1900 年任浙江

---

① (清)刘锦藻:《清续文献通考》,卷 133 卷,职官考 19,民国景十通本。
② 同上。
③ 赵尔巽:《清史稿》,本纪 25,宣统皇帝本纪,民国十七年清史馆本。
④ 陈夔龙(1857—1948),贵州贵阳人。字筱石,又作小石,号庸庵居士。光绪十二年(1886)进士。授兵部主事,升内阁侍读学士。为兵部尚书荣禄所器重,辟为武卫军幕僚。慈禧西逃后,参与议和及签订《辛丑条约》。1901 年后,历任河南布政使,漕运总督,河南巡抚,江苏巡抚,四川、湖广总督,直隶总督兼北洋大臣。辛亥革命后隐居上海。张勋复辟,被任为弼德院顾问大臣。
⑤ 赵桂芬主编:《津海关史要览》,中国海关出版社 2004 年版,第 252 页。

留日学生监督。1902年任驻日公使馆参赞。1907年回国后，开始任职于度支部、外交部，后成为四川总督赵尔巽、直隶总督杨士骧等人的幕僚，办理外交事务。1909年任直隶交涉使。① 同一年，直隶交涉使衙门成立，其府衙迁建于三经路（今河北三马路）。② 而原津海关道蔡韶基改任直隶总督府北洋洋务总办，继任的津海关道钱明训实际担负起专管税务的职责。

直隶新设交涉司，由王克敏出任交涉使。为划清新设交涉使和津海关道之间的权限，陈夔龙上奏外务部，"查奏定交涉司章程，各口岸交涉向归关道办理者，职任一切仍旧。惟直隶交涉司与津海关道同驻天津，从前洋务局系关道为总办，现将该局并入交涉司，所有直省一切交涉事宜，自应由司办理。其关税交涉本极繁重，即由津海关道专办，仍遇事分咨查核，以资接洽。似此明定权限，分别责成，自于交涉税务两有裨益"。③ 外务部对直督陈夔龙的奏请没有提出异议，"所拟划分交涉司关道权限，自可照办"。④ 新任直隶交涉使王克敏随即照会天津商会，"海关道专司税务，直省交涉事宜由交涉司办理"。⑤

就这样，不久前在中央大规模裁撤全国守巡道的改革中得以正式确立其职官地位的津海关道，在这一次全国性的改革中没能继续保存，自此之后，已办理中外交涉40年之久的津海关道正式脱离对外交涉职能，专管天津海关。

可以肯定，在清末中央加强了对津海关道等地方机构管辖力度的前提下，直隶总督对津海关道的控制力度减弱，从某种程度而言，这是中央与地方权力争夺的结果，但这却使津海关道制度丧失了直隶总督的保护，正是这点原因使原本在全国改革浪潮中按照中央制度设计能得到保存和延续的津海关道制度，职能遭割裂，最终局限于管辖海关一项职能。

直隶总督设立交涉使，简化津海关道职能的同时也实现了一次权力和

---

① 文史资料研究委员会编：《天津近代人物录》，天津市地方史志编修委员会总编辑1987年版，第24页。
② 天津市地方志编修委员会编著：《中国天津通鉴》上，中国青年出版社2005年版，第124页。
③ 天津市档案馆等编：《天津商会档案汇编（1903—1911）》上，天津人民出版社1989年版，第1818页。
④ 同上。
⑤ 同上。

利益的再分配。本书第二章已指出,直隶总督陈夔龙在宣统二年重新拟定司道官员的公费和经费数额时,将津海关道原本 154300 两开支数额降低至 100800 两,减少了 53500 两,是同期官员中降低幅度最大的一位。并规定"交涉司定为正三品,与提法使同其俸银。应照提法使年支一百三十两",养廉银"亦应照提法使每年额支八千两",还规定,交涉司"外交经费亦应支给,查奏定津海关道经费本兼有外交用款,交涉司同驻天津,应即在津海关道原定经费项下按月暂拨银一千两,作为交涉司外交经费,俟一年后综计盈绌再行核定"。①

据此我们不难理解,1910 年在津海关道人选上开始出现的传统科举士人回归的现象,其根源既在于津海关道本身制度的变更,也在于直隶总督陈夔龙选任津海关道时的用人倾向。改革之后的津海关道如何与交涉使交接?交涉使能否获得各国领事与民众的认可?我们将这些问题暂时留作思考,但毫无疑问,在津海关道制度中诸多无法克服的内在矛盾预示着该制度改革的必然性。在改革中,津海关道职能单一化虽是近代职官专业化发展的必然趋势,但清末中央与地方改革齐头并进、变更过速,缺乏周密的制度安排,更缺乏制度变更之后新机构、新制度之间的磨合与调整,改革所带来的社会动荡致使改革的最终效果远远偏离了原本借改革稳固清政府统治的初衷。仅 1 年之后,各省纷纷宣告独立,分崩离析的清政府最终灭亡。

---

① (清)刘锦藻:《清续文献通考》,卷 144,职官考 30,民国景十通本。

征引史料与参考论著

档案与方志

《军机处录副奏折》，中国第一历史档案馆藏。

《宫中朱批奏折》，中国第一历史档案馆藏。

《总理衙门——外务部档案》，"中央研究院"近代史研究所藏。

《天津海关档》，编号为401206800/W0001/1的相关津海关道档案，天津档案馆藏。

《天津广仁堂档案》，编号为J0130/001/000029，天津档案馆藏。

《崇厚奏档》，北京大学历史学系资料室藏。

"中央研究院"近代史研究所编：《海防档》〔甲（购买船炮）乙（福州船厂）丙（机器局）丁（电线）戊（铁路）〕，"中央研究院"近代史研究所1957年版。

孙瑞芹译：《德国外交档案有关中国交涉史料选译》（一、二、三），商务印书馆1960年版。

（清）刘锡鸿撰述：《驻德使馆档案钞》，台湾学生书局1966年版。

台湾故宫博物院编：《宫中档光绪朝奏折》，台湾故宫博物院1973—1975年版。

"中央研究院"近代史研究所编：《教务教案档》（第三、四、五、六、七辑），"中央研究院"近代史研究所1975年版。

太平天国历史博物馆编：《吴煦档案选编》，江苏人民出版社1983年版。

天津市档案馆编：《袁世凯天津档案史料选编》，天津古籍出版社1990年版。

天津档案馆编：《三口通商大臣致津海关税务司札文选编》，天津人民出版社1992年版。

天津档案馆等编:《天津租界档案选编》,天津人民出版社1992年版。
陈霞飞编:《海关密档》,中华书局1990—1996年版。
中国第一历史档案馆编:《光绪朝朱批奏折》,中华书局1995年版。
中国第一历史档案馆编:《咸丰同治两朝上谕档》,广西师范大学出版社1998年版。
中国第一历史档案馆编:《光绪宣统两朝上谕档》,广西师范大学出版社1998年版。
第一历史档案馆、福建师范大学历史系合编:《中国近代史资料丛刊续编·清末教案》,中华书局1996年版。
《清代孤本内阁六部档案》,全国图书馆文献缩微复制中心2003年版。
《清光绪户部奏稿》,全国图书馆文献缩微复制中心2004年版。
中国第一历史档案馆编:《清代军机处电报档汇编》,中国人民大学出版社2005年版。
《清代孤本内阁六部档案续编》,全国图书馆文献缩微复制中心2005年版。
《清代孤本外交档案》,全国图书馆文献缩微复制中心2005年版。
《清末民初出使外洋外务密档》,全国图书馆文献缩微复制中心2009年版。
(清)崇厚修,吴惠元纂:《续天津县志》,同治九年(1870)刻本,现藏于北京大学图书馆。
(清)徐宗亮:《(光绪)重修天津府志》,清光绪二十四年(1898)修,二十五年刻本,现藏于北京大学图书馆。
(清)李鸿章:《畿辅通志》,卷30,册2,商务印书馆1934年版。
宋蕴璞:《天津志略》,蕴兴商行1931年版,现藏于北京大学图书馆。
(清)梁廷枏:《粤海关志》,成文出版社1968年版。
周之贞、周朝槐等纂修:《顺德县志》,据民国十八年刊本影印,成文出版社1966年版。
张仲弼:《香山县志》,成文出版社1967年版。
毛承霖:《续历城县志》,民国十五年铅印本,成文出版社1968年版。
(清)俞樾撰:《上海县志》,清同治十一年刊本,成文出版社1975年版。

实录、史书、政书、类书、资料汇编

《大清宣宗成皇帝实录》，大红绫本，现藏于中国第一历史档案馆。

《大清穆宗毅皇帝实录》，大红绫本，现藏于中国第一历史档案馆。

（清）钱骏祥纂：《大清德宗景皇帝实录》，清（1644—1911），定稿本，现藏于北京大学图书馆。

（清）文庆等纂：《筹办夷务始末（道光朝）》，沈云龙主编：《近代中国史料丛刊》第五十五辑，文海出版社1970年版。

（清）贾桢等纂：《筹办夷务始末（咸丰朝）》，沈云龙主编：《近代中国史料丛刊》第五十九辑，文海出版社1970年版。

（清）宝鋆等纂：《筹办夷务始末（同治朝）》，沈云龙主编：《近代中国史料丛刊》第六十二辑，文海出版社1970年版。

蒋廷黻编：《筹办夷务始末补遗》同治朝（第一册、第二册1895—1965），北京大学出版社1988影印本。

赵尔巽等撰：《清史稿》，中华书局1976年版。

赵尔巽撰：《清史稿校注》，"国史馆"1986年版。

（清）刘锦藻：《清朝续文献通考》，浙江古籍出版社1988年版。

（清）清高宗敕撰：《清朝通志》，商务印书馆1935年版，现藏于北京大学图书馆。

（清）清高宗敕撰：《清朝文献通考》，商务印书馆1936年版，现藏于北京大学图书馆。

（清）李鸿章等奉敕撰：《钦定大清会典》，新文丰1976年版。

（清）托津等纂：《钦定大清会典（嘉庆朝）》，文海出版社1991年版。

（清）托津等纂：《钦定大清会典（嘉庆朝）》，文海出版社1991年版。

《北洋公牍类纂》，文海出版社1999年版。

《北洋公牍类纂续编》，文海出版社1999年版。

蒋良骐等纂：《十二朝东华录》，文海出版社1963年版。

（清）席福裕等纂：《皇朝政典类纂》，成文出版社1969年版。

（清）陈忠倚编：《皇朝经世文三编》，清光绪石印本。

（清）端方：《大清光绪新法令》，清宣统上海商务印书馆刊本，中国第一历史档案馆数据库资料。

（清）葛士浚编：《清经世文续编》，清光绪石印本。

（清）海军衙门订：《北洋海军章程》，清光绪天津石印本。
（清）张之洞撰：《张文襄公奏议》，民国张文襄公全集本。
（清）颜世清编：《约章成案汇览》，清光绪三十一年上海点石斋石印本。
（清）曾纪泽撰：《曾惠敏公奏疏》，清光绪十九年江南制造总局铅印本，现藏于复旦图书馆。
汪毅、许同莘，张承棨编纂：《同治条约》，北京外交部民国四年（1915）铅印本，现藏于北京大学图书馆。
汪毅编纂：《咸丰条约》，北平外交部印刷所民国五年（1916）铅印本，现藏于北京大学图书馆。
黄鸿寿撰：《清史纪事本末》，民国三年（1914）石印本。
清高宗敕撰：《清朝通典》，商务印书馆1935年版，现藏于北京大学图书馆。
中国史学会主编：《中国近代史资料丛刊·洋务运动》，上海人民出版社1959年版。
《义和团运动史料丛编》，中华书局1964年版。
光绪己亥敕修：《光绪会典》，沈云龙主编：《近代中国史料丛刊》第13辑，文海出版社印行1966年10月。
中国史学会主编：《中国近代史资料丛刊·第二次鸦片战争》，上海人民出版社1978年版。
政协天津市委员会文史资料研究委员会编：《天津文史资料选辑》第二辑，天津人民出版社1979年版。
《义和团史料》，中国社会科学出版社1982年版。
卞孝萱、唐文权：《辛亥人物碑传集》，团结出版社1991年版，
政协天津市河东区委员会、学习文史资料委员会编印：《天津市河东区文史资料》，1991年版。
广西师范大学出版社编：《中美往来照会集》，广西师范大学出版社2006年版。

文集、日记、笔记、书信、电文等

（清）管鹤：《拳匪闻见录》一卷，清宣统三年汪康年铅印振绮堂丛书初集本。
（清）马建忠：《适可斋记言》四卷，清光绪二十二年刻本。

（清）杞庐主人等：《时务通考》，清光绪二十三年点石斋石印本。

（清）王先谦：《虚受堂文集》，清光绪二十六年刻本现藏于上海图书馆。

（清）吴汝纶：《桐城吴先生诗文集》，清光绪三十年王恩绂等刻，现藏于上海图书馆。

（清）吴汝纶：《桐城吴先生全书本》，清光绪三十年王恩绂等刻，现藏于上海图书馆。

（清）马其昶：《抱润轩文集》，清宣统元年安徽官纸印刷局石印本，现藏于上海图书馆。

（清）崇厚述，衡水编：《鹤槎年谱》，民国十九年（1930）铅印本，现藏于北京大学图书馆。

（清）刘长佑：《刘武慎公遗书》，成文出版社据清光绪十七年刊本影印。

（清）张光藻：《北戍草》，光绪二十三年刊刻本，现藏于北京大学图书馆。

盛宣怀：《愚斋存稿》，收入沈云龙主编《近代中国史料丛刊绪辑》，文海出版公司1975年版。

吕海寰：《庚子海外纪事》，清光绪铅印本，现藏于复旦图书馆。

王尔敏、吴伦霞编：《清季外交因应函电资料》，"中央研究院"近代史研究所史料丛刊18册。

金梁辑录：《近世人物志》，国风出版社1955年版。

周馥：《秋浦周尚书全集》，文海出版社1967年版。

（清）崔国因：《出使美日秘国日记》，文海出版社1968年版。

徐润：《清徐雨之先生润自叙年谱》，台湾商务印书馆1981年版。

王文韶著，袁英光、胡逢祥整理：《王文韶日记》，中华书局1985年版。

（清）王文韶：《退圃老人宣南奏议》，台湾学生宣南书局1986年版。

李兴锐著，廖一中、罗真容整理：《李兴锐日记》，中华书局1987年版。

廖一中、罗真容：《袁世凯奏议》，天津古籍出版社1987年版。

（清）曾国藩：《曾文正公全集》，（上海）国学整理社1936年版。

王尔敏编：《清季外交因应函电资料》，"中央研究院"近代史研究所1993年版。

（清）翁同龢著，陈义杰整理：《翁同龢日记》，中华书局1998年版。

（清）崇实编：《惕盦年谱》，北京图书馆编：《北京图书馆藏珍本年谱丛刊》第164册，北京图书馆出版社1998年版。

（清）陈元禄：《陈元禄自订年谱》，《北京图书馆藏珍本年谱丛刊》第166册，北京图书馆出版社1998年版。

顾廷龙、戴逸主编：《李鸿章全集》，安徽教育出版社2008年版。

专著和其他史料

天津海关道署编：《中俄交涉船案档》，清同治十一年（1872），现藏于国家图书馆。

天津津海关道署撰：《茶船误碰木桩插漏案》，清同治十二年（1873）刻本，现藏于北京大学图书馆。

天津海关道署撰：《糖船倒碰渔船铁锚案》，清同治十二年（1873）刻本，现藏于北京大学图书馆。

天津海关道署撰：《辩论洋药觔数多少案》，清同治十三年（1874）刻本，现藏于北京大学图书馆。

《津海关道呈报督署关于美国夹板在吴家咀碰沉民船船户淹死赔偿二百元完案一事》，天津：（出版者不详），（时间不详），现藏于北京大学图书馆。

（清）丁日昌奏折：《津案奏折驳议》，现藏于北京大学图书馆。

《津门逸事》（附：丁日昌奏折），现藏于北京大学图书馆。

《天津滋事纪略》（附：丁日昌、曾国藩等奏折），现藏于北京大学图书馆。

（清）丁日昌：《百兰山馆政书》，广东中山图书馆藏本。

天津海关编：《津海关进出口贸易统计月报（Monthly returns of the foreign trade of Tientsin）》，1937年，现藏于国家图书馆。

孙毓棠编：《中国近代工业史数据》第1辑，科学出版社1955年版。

王铁崖：《中外旧约章汇编》，生活·读书·新知三联书店1957年版。

钱实甫：《清代的外交机关》，生活·读书·新知三联书店1959年版。

吴相湘：《晚清宫廷实纪》，正中书局1961年版。

许同莘等编纂：《清初及中期对外交涉条约辑（康、雍、乾、道、咸朝条约）》，国风出版社1964年版。

（清）王之春：《国朝柔远记》（又名《国朝通商始末记》），收入沈云龙主编：《近代中国史料丛刊》第十五辑148，文海出版社1967年版。

傅宗懋：《清代军机处组织及职掌之研究》，嘉新水泥文化基金会1967

年版。

丁名楠：《帝国主义侵华史》，人民出版社1973年版。

王玺：《李鸿章与中日订约（1871）》，"中央研究院"近代史研究所1980年版。

徐公肃：《上海公共租界史稿》，上海人民出版社1980年版。

李守孔：《李鸿章传》，学生书局1985年版。

吕实强：《中国官绅反教的原因（1860—1874）》，"中央研究院"近代史研究所1985年版。

萧一山：《清代通史》，中华书局1986年影印版。

来新夏：《天津近代史》，南开大学出版社1987年版。

陈诗启：《中国近代海关史问题初探》，中国展望出版社1987年版。

四川省哲学社会科学学会联合会、四川省近代教案史研究会合编：《近代中国教案》，四川社会科学院出版社1987年版。

（清）张焘撰，丁绵孙、王黎雅点校：《津门杂记》，天津古籍出版社1986年版。

佚名：《天津事迹纪实闻见录》，天津古籍出版社1986年版。

张力、刘鉴唐：《中国教案史》，四川社会科学院出版社1987年版。

袁继成：《近代中国租界史稿》，中国财政经济出版社1988年版。

（清）夏燮：《中西纪事》，岳麓书社1988年版。

李时岳、胡滨：《从关闭到开放——晚清"洋务"热透视》，人民出版社1988年版。

郭廷以：《近代中国史纲》，香港中文大学1989年版。

［澳］颜清湟著，粟明鲜、贺跃夫译：《出国华工与清朝官员》，中国友谊出版公司1990年版。

费成康：《中国租界史》，上海社会科学院出版社1991年版。

程幸超：《中国地方行政制度史》，四川人民出版社1992年版。

上海市政协文史资料委员会等编：《列强在中国的租界》，中国文史出版社1992年版。

罗澍伟主编：《近代天津城市史》，中国社会科学出版社1993年版。

陈诗启：《中国近代海关史（晚清部分）》，人民出版社1993年版。

张洪祥：《近代中国通商口岸与租界》，人民出版社1993年版。

刘子扬：《清代地方官制考》，紫禁城出版社1994年版。

郭松义等撰：《中国政治制度通史》第 10 卷（清代），人民出版社 1996 年版。

陈正恭等：《上海海关志》，上海社会科学院出版社 1997 年版。

［美］柯文著，林同奇译：《在中国发现历史——中国中心观在美国的兴起》，中华书局 1997 年版。

［美］马士：《远东国际关系史》，上海书店出版社 1998 年版。

［日］高柳松一郎著，李达译：《中国关税制度论》，收入沈云龙主编《近代中国史料丛刊正编》第 74 辑，文海出版公司 1998 年版。

王正毅：《世界体系论与中国》，商务印书馆 2000 年版。

［美］施坚雅著，叶光庭等译：《中华帝国晚期的城市》，中华书局 2000 年版。

［美］马士著，张汇文等译：《中华帝国对外关系史》（三卷），上海书店出版社 2000 年版。

王守洵撰，焦静宜点校：《天津政俗沿革记》，收录入天津市地方志编修委员会编著《天津通志旧志点校卷》下，天津社会科学院出版社 2001 年版。

张德泽：《清代国家机关考略》，学苑出版社 2001 年版。

（清）黄遵宪：《日本国志》，上海古籍出版社 2001 年版。

［美］芮玛丽著，房德邻等译：《同治中兴——中国保守主义的最后抵抗》，中国社会科学出版社 2002 年版。

杨天宏：《口岸开放与社会变革——近代中国自开商埠研究》，中华书局 2002 年版。

康大寿、潘家德：《近代外人在华治外法权研究》，四川人民出版社 2002 年版。

刘海岩：《空间与社会　近代天津城市的演变》，天津社会科学院出版 2003 年版。

樊百川：《清季的洋务新政》，上海书店出版社 2003 年版。

梁元生著，陈同译：《上海道台研究——转变社会中的联系人物（1843—1890）》，上海古籍出版社 2003 年版。

来新夏：《天津的九国租界》，天津古籍出版社 2004 年版。

天津海关译编委员会编译：《津海关史要览》，中国海关出版社 2004 年版。

天津海关、天津市档案局编：《津海关秘档解译：天津近代历史记录》，中国海关出版社 2006 年版。

［英］雷穆森（O. D. Rasmussen）著，许逸凡、赵地译，刘海岩校订：《天津租界史（插图本）》，天津人民出版社 2008 年版。

王尔敏：《淮军志》，广西师范大学出版社 2008 年版。

王尔敏：《晚清商约外交》，中华书局 2009 年版。

［英］阿诺德·赖特（AronldWeight）：《香港、上海和其他中国口岸 20 世纪的印象》，收录入陈克《心向往集：献给天津博物馆成立九十周年》，天津古籍出版社 2009 年版。

苟德仪：《川东道台与地方政治》，中华书局 2011 年版。

期刊论文

中国大陆

汤吉禾：《清代科道职掌》，《东方杂志》第 33 卷第 1 号，上海商务印书馆 1943 年版。

姚贤镐：《两次鸦片战争后西方侵略势力对中国关税主权的破坏》，《中国社会科学》1981 年第 5 期。

朱东安：《关于清代的道和道员》，《近代史研究》1982 年第 4 期。

林京志：《天津租界档案史料选》，《历史档案》1984 年第 1 期。

丁抒明：《东海关考略》，《近代史研究》1985 年第 2 期。

丁进军：《盛宣怀关于中法战争之说帖》，《历史档案》1989 年第 3 期。

孙占元：《论天津机器局》，《社会科学战线》1989 年第 2 期。

王景泽：《神机营——晚清八旗军事近代化的尝试》，《求是学刊》1990 年第 3 期。

吴建雍：《鸦片战争与近代华工》，《北京社会科学》1990 年第 4 期。

董守义：《奕䜣是第一次近代化运动的倡导者》，《社会科学战线》1990 年第 4 期。

赵德馨：《洋务派关于中国近代工业起步的决策》，《近代史研究》1991 年第 1 期。

汪林茂：《清代的"宝星"制度》，《历史教学》1991 年第 2 期。

董方奎：《〈局外旁观论〉新议》，《华中师范大学学报》（人文社科版）1993 年第 1 期。

马艾民：《试论洋务运动时期的满汉联合》，《吉林大学社会科学学报》1993 年第 2 期。

姜泽：《洋务运动与津、穗、汉、沪四城的早期近代化》，《近代史研究》1993 年第 4 期。

薛生平：《中国近代初期外交的特点》，《山西大学学报（哲社版）》1994 年第 3 期。

陈一容：《奕譞与晚清八旗陆军近代化尝试述论》，《西南师范大学学报》（哲社版）1995 年第 1 期。

陈今晓：《论晚清近代化的制约因素与政府作用》，《中州学刊》1995 年第 5 期。

危兆盖：《清季使节制度近代化开端述评》，《江汉论坛》1995 年第 11 期。

陈文桂：《中法战争期间赫德"业余外交"研究》，《近代史研究》1996 年第 6 期。

常金仓：《"夷夏之辨"与"以德怀远"说》，《陕西师范大学学报》1997 年第 1 期。

向中银：《晚清外聘人才的奖赏制度》，《近代史研究》1996 年第 5 期。

康沛竹：《战争与晚清灾荒》，《北京社会科学》1997 年第 2 期。

田涛：《同治时期的觐礼之争与晚清外交近代化》，《历史教学》1997 年第 7 期。

贾熟村：《试谈奕䜣集团的兴衰》，《人文杂志》1998 年第 9 期。

黄庆华：《有关 1862 年中葡条约的几个问题》，《近代史研究》1999 年第 1 期。

段国正：《赫德操纵中法谈判的原因探析》，《西北师范大学学报》1999 年第 2 期。

熊月之：《研究上海道台的力作——介绍上海道台研究转变中社会之联系人物》，《史林》1999 年第 4 期。

千建朗等：《50 年来的近代中外关系研究》，《近代史研究》1999 年第 5 期。

郭卫东：《"照会"与中国外交文书近代范式的初构》，《历史研究》2000 年第 3 期。

蒋贤斌：《试论近代的地方外交交涉机关》，《江西师范大学学报》2000

年第 4 期。

刘存宽：《葡萄牙侵夺澳门何以得逞?》，《黑龙江社会科学》2000 年第 5 期。

陈潮：《19 世纪后期晚清外交体制的重要特点》，《学术月刊》2002 年第 7 期。

学白羽：《近代中国与比利时条约关系的建立》，《学术研究》2002 年第 2 期。

王开玺、王秀丽、王运鸿：《试论同治朝外国公使觐见清帝的礼仪之争》，《湘潭大学社会科学学报》2003 年第 5 期。

蔡晓容：《晚清中外船碰问题探论》，《安徽史学》2004 年第 3 期。

廖卢丰：《清代芜湖关的设置及其管理体制的演变》，《历史档案》2004 年第 4 期。

任智勇：《晚清海关监督制度初探》，《历史档案》2004 年第 4 期。

张利民：《划定天津日租界的中日交涉》，《历史档案》2004 年第 1 期。

罗志田：《帝国主义在中国：文化视野下条约体系的演进》，《中国社会科学》2004 年第 5 期。

苟德仪：《晚清海关道及其对外交涉研究》，硕士学位论文，西华师范大学历史文化学院，2005 年。

高玮：《晚清三口通商大臣研究——兼论满汉政治关系的变化》，硕士学位论文，中央民族大学，2005 年。

叶开锋：《清季三口通商大臣研究》，硕士学位论文，北京大学历史学系，2006 年。

任智勇：《晚清海关与财政——以海关监督为中心》，博士学位论文，北京大学历史学系，2007 年。

中国港台地区

张德昌：《清代鸦片战争前之中西沿海通商》，《中国近代史论丛》第 1 辑第 3 册，正中书局 1963 年版。

卢耀华：《上海小刀会的源流》，《食货月刊》3 卷 5 期，食货月刊社 1973 年版。

张舜华：《台湾官制中道的研究》，硕士学位论文，台湾大学历史研究所，1970 年。

许雪姬：《兴泉永道与台湾的关系》，《中国历史学会史学集刊》1981 年第 13 期。

陈国栋：《清代前期粤海关监督的派遣（1683—1842）》，《史原》第 10 期，台湾大学历史学研究所 1981 年版。

陈国栋：《粤海关（1684—1842）的行政体系》，《食货月刊》11 卷 4 期，食货月刊社 1981 年版。

晏星：《赫德笔下的李鸿章与德璀琳——新邮试办初期的"英德争权战"》，《今日邮政》301 期，今日邮政月刊社 1983 年版。

王尔敏：《南北洋大臣之建置及其权力之扩张》，《中国近现代史论集》第 7 编，商务印书馆 1985 年版。

吕实强：《扬州教案与天津教案》，《中国近现代史论集》第 4 编，商务印书馆 1985 年版。

吴文星：《中日修好条约初探》，《中国近现代史论集》第 15 编，商务印书馆 1986 年版。

李国祁：《自强运动时期李鸿章的外交谋略与政策》，《清季自强运动研讨会论文集》上册，"中央研究院"近代史研究所 1988 年版。

缪全吉：《明清道员的角色初探》，《近代中国初期历史研讨会论文集》，"中央研究院"近代史研究所 1989 年版。

刘铮云：《"冲、繁、疲、难"：清代道、府、厅、州、县等级初探》，《"中央研究院"历史语言研究所集刊》第 64 本，"中央研究院"历史语言研究所 1993 年版。

汤熙勇：《清初道员的任用及相关问题》，《人文及社会科学集刊》第 6 卷第 1 期，"中央研究院"中山人文及社会科学研究所 1993 年版。

古鸿廷：《清代道员制度》，《中国文化月刊》第 190 期，1995 年版。

梁元生：《清末的天津道与津海关道》，《近代史研究所集刊》第 25 期，"中央研究院"近代史研究所 1996 年版。

李国祁：《明清两代地方行政制度中道的功能及其演变》，《"中央研究院"近代史所研究集刊》1996 年第 3 期。

晏星：《中外名人传——德璀琳》，《中外杂志》59 卷 6 期，中外杂志社，1996 年。

王尔敏：《盛宣怀与中国实业利权之维护》，《"中央研究院"近代史研究所集刊》第 27 期，"中央研究院"近代史研究所 1997 年版。

林怡秀：《清季天津海关道之研究（1870—1895）》，硕士学位论文，台湾成功大学历史学系，2001 年。

索　引

A

《1892—1901年津海关十年报告》
　　150

B

《保黎兆棠补津关道折》　114,
　　118,228
布国　100,167-170,294
布国商人索赔案　167,294
《北华捷报》　40,183,235,243,
　　253,255
《北京条约》　26,33-34,97,162,
　　207,267
北洋大臣　5,34,42,45,48-49,107,
　　108,110,116,138,142-143,
　　150-152,176,182,186,188,
　　200,205-206,225,232,243,
　　256,258,264,291,293,297,300
北洋机器局　234,237,261

C

茶船误碰木桩插漏案　17,90,308
蔡韶基　69,71,73,76-78,80-81,
　　96,111,124,182,184,231,265,
　　272,301
采访局　280
常关　25-29,57,188,190,198-199
长芦蓟永运同公所　59
钞关　25,55,57,59-62,90-91,188
冲、繁、疲、难四字最要缺　53
慈禧太后　143,152,262
陈钦　19,42-49,51,53,68-70,
　　72-75,77-79,81,95-99,
　　103-106,109,112-119,121,
　　131,134,145-148,163-176,
　　183-184,227,230,233-234,
　　237-238,241,256,269,270,
　　290,294
陈夔龙　16,66-67,70,85,87,96,
　　124,300-302
陈诗启　12,17,30,190-193,197-

198,204,207,212－213,309
陈瑜　69,71－74,76－78,80－82,
　　　96,124,290
陈子敬　119
崇厚　34－35,37－42,50,52,140,
　　　162,167,183,188,212,232－233
《重修天津府志》　55,128,188
《筹议海防折》　108,243
《筹议天津机器局片》　145－146,
　　　232－233,237,241
《传教章程》　163－167

D

道台　1－11,14,20,22,24－25,29－
　　　31,42,45,48－49,62,64,65,67,
　　　75,77,79－81,126－127,129,
　　　149,177－178,193,216,219,
　　　250,253,258,276,286,291－
　　　292,310－312
德璀琳　178,208－210,219－220,
　　　284,314
调补　53,88－89,105,140
丁日昌　47－49,100－101,112,
　　　135,291,
丁寿昌　44,46,49,73,126,130－
　　　131,134,228,230,288
董恂　38,101,119,148,173
端方　85,87,96,124,300,305
对外交涉　6,9,12－13,17－18,21,
　　　38,40,42,45,49－50,52,54,
　　　56－58,71－72,75,82,87,90,
　　　101－107,113－115,117,126,

131,138,141－142,145,149－
150,158,166－167,170－171,
173,176,183－187,218－219,
227,230－231

E

额勒精额　122,135－136,138

F

发典生息　154,157,283
法国领事　37－39,99,101,114,295
丰大业　37－39,101
傅云龙　234,261－262

G

庚子事变　57,73,86,88,109－110,
　　　112,116－117,141,143－144,
　　　158,176,179,182,184,188,198,
　　　218－220,227,237,262,293,298
《庚子西狩丛谈》　115
工关　25
恭亲王　34－36,42,53,139,148
关防　35－36,40－41,50,52,54－
　　　55,107,141－142,178,214,267
广仁堂　253,278－279,282－283

H

华盛纺织厂　249

海河　33,153,185,268,271,275-277
海关道制度　6,8,12-16,18-19,
　　21-22,29,31,57,88,128,290,
　　293-294,297,299,301-302
海关监督　1-2,12,19-20,25,51,
　　57,68,187,189-200,212,216,
　　218,220,290
《海关募用外国人帮办税务章程》
　　213
海关总税务司署　198
海河管理委员会　276
汉南　205,208-209,220-224
赫德　97,112,177,179,190,193,197-
　　199,204,206-209,211-216,218,
　　225,253
《和议会同画押折》　115
湖北矿局赔偿案　157
《还读我书室老人年谱》　101
《皇朝掌故汇编》　188
《黄埔条约》　160
黄建笎　68,71-72,74-75,77-78,
　　80-82,95,103,115,123,176-
　　179,219
《皇清诰授荣禄大夫直隶津海关道陈
　　君墓志铭》　99
淮系　13,134,136-138,151-
　　152,235
《华商机器纺织稽查公所章程》　254

J

季邦桢　122,135-136
交涉局　292

《江宁条约》　192
津海关道　1,5-6,12-22,31,35,
　　41-45,47-49,51-65,67-77,
　　79,82,88-90,92-94,96-99,
　　102-109,111-119,121,125,
　　128,129-134,136,138-139,
　　141,144-145,147-149,152,
　　155,157-158,163,166-179,
　　182-183,185,187-189,200-
　　207,209,211-213,215,218-
　　227,229-237,239,242,244,
　　246-247,249-250,253-256,
　　258-259,263-269,271,273,
　　276-298,300-302
津海关道公署　59
《津海关道章程》　55,57-58,
　　61-63
津海关税务司　3,14,187,204,
　　207-215,218-220,276
《津门杂记》　17,242,268,280,
津民误毙俄人案　171
军机大臣　84-85,87,151-152,
　　154,300

K

《开平煤矿章程》　131

L

李鸿章　13-14,16-17,19-20,
　　38-39,42-45,47-59,61-63,
　　71,73,76-78,82,84-93,95-

96,99,101-110,112-123,125,128-148,150-157,163,168-180,183-186,198,200,202-203,205-207,209,211,213-215,218,220-221,224,227,251,253-262,267-268,271,278-279,281-285,287,289-293,296-298

李岷琛 68,71-72,74-75,77-78,80-82,95,115,123-124,271,275-276,293

李兴锐 17,68,71-72,74-75,77-78,80-82,95,123-124,184,229,230,307

李泰国 30,188,196

《李文忠公奏稿》 16-17,235

黎兆棠 19,68,71-75,77-79,81,91-93,95-96,101-103,106,109,112-114,118,122,125,131,134,148,184,204-206,220-223,225,228,230,234-235,240,244,256,269,280

梁鼎芬 65,151-152,260

梁敦彦 69,71,73-74,76-78,80-81,96,111,117,123,171,182,185,229,231,272,277-278

两江总督 30,35,38,80,84-86,102,141,197,244,292

梁如浩 69,71,73-74,76-78,80-81,96,111,123-124,182,185,272

领事官 30-31,37-38,50,56-57,59,61,101,146,148,160-161,190-192,196,213,233,297

刘秉琳 122,124-125,132-134

刘长佑 84-86,140-141,307

刘含芳 68,70,72,74-75,77-78,80-81,95,103,106-108,122,228-230,235,245-247

刘杰 37-40,46,159,287

留美幼童 72,109,111

刘汝翼 68,70,72,74-75,77,80-82,95,103,106-108,122-123,125,214,229-230,234-235,275,284

刘树堂 122,124

柳原前光 172-173,175

罗淑亚 99,114-115

旅顺军港 243,245-248

M

毛昶熙 38-39,41-48,50,89,96,99,128,290

毛庆藩 123-124

敏斋 120

幕府 103,105,220

N

讷尔经额 83,86

南洋大臣 34,41,113,142,189,244

内地关 25

凌福彭 69,123-124,263

挪用金州煤矿矿本案 157

P

庞鸿书 123-124
痞子外交 115,170

Q

琦善 86,99,113-114,117,183-184
齐耀林 124
钱明训 69-70,72-74,76-78,
　　80-82,96,124,272,290,301
请补 42,53-54,73,89,103,128-
　　129,144,149
《清代七百名人传》 131
《清代碑传全集》 132
《清代官员履历》 137
《清史稿》 16,53,131,140,185,230
请升 53,89
《清署理福建巡抚光禄寺卿吴公家
　　传》 132
榷关 25-26,190
《劝学篇示直隶士子》 114

R

任之骅 123-124,234-235
《日本国清国条约草稿》 173
荣禄 16-17,70,84,87,95,97,99,
　　123,138,143,293

S

三口通商大臣 2,3,5,12-13,19,
　　22,28,31,34-48,50-53,57-
　　58,61-62,89,107,138,140-
　　142,149,159,162,167,183,188,
　　231-232,238,267,290,295,
　　297,303,313
上海机器织布局 249-253,255,
　　258-259,298
上海机器局 102,145,232,237
沈保靖 42,44,131,145-148,227,
　　232-238,241,261
盛宣怀 19,68,71-72,74-75,77-
　　79,81,93-95,103-108,112-
　　113,115-116,112-125,154-
　　157,178-179,184-185,220,
　　228,230,249-255,257-259,
　　271,275,279-281,283-285,
　　289,291-292,296,307,311,314
税务司 3,12-14,20,25,29-31,
　　50,57,61,69,97,115,119,145-
　　146,177-178,185,187-226,
　　233,241,246,267,271,276,283,
　　297-298,303
《顺德县志》 102,304
孙士达 19,68,70,73-75,77-79,
　　81,90-91,95-96,100-101,
　　103,106-107,109,112,119-
　　121,148,173,175,200,228,
　　230,256

T

谭廷襄 84,86
唐绍仪 61,68,71-72,74,76-78,

80-82,96,109-112,116-117,
123,152-153,171,179,181-
185,229,231,265,271,276,293

天津钞关 54,59,90-91,188

天津道 2-3,5-6,13-14,19-
22,37,39,42-50,52,60-61,
64-67,69,79-80,83,96,104-
105,110-111,121-138,141,
144,147,151-152,154,167,
178-179,181,187,219-220,
230,234-235,263,273,285,
287-288,290,296,314

天津都统衙门 181

天津河间兵备道 60,74,79,130,
134,138,267,288

《天津河间兵备道丁乐山观察寿昌政
绩去思碑记》 130,288

天津机器局 61,92,131-134,
145-147,204,232-243,256,
258,261-262,282,298,311

天津教案 3,5,12,22,37-49,52,
54,62,86,98,98-101,113-
115,119-120,126,130-131,
138-139,141-142,145,148-
149,151,159,162-163,167,
171-173,183,267,287,291,
294,314

天津军火机器总局 232

《天津条约》 26,30,32-34,
161-162

《天津事迹纪实闻见录》 17,269-
270,309

《天津政俗沿革记》 17,59-60,310

《直报》 268

W

万培因 122,124,135-138

晚清官僚体系 19-20,83,85,87,
89,91,93,95,97,99,101,103,
105,107,109,111,113,115,117,
119,121,123,125,127,129,131,
133,135,137,139,141,143,145,
147,149,151,153,155,157

晚清教案 160,162

晚清官僚政治 19,83,138

《万国公报》 291

《望厦条约》 35

王德均 235

王文韶 16-17,70,78,81,84,87-
88,93-95,113,123,138,185-
186,220,261,275-276,293,
296,307

魏尔特 17,195

《为阐明有关海关税务司与海关监督
之各自之职位及相互关系事》
198

威妥玛 101,119

文煜 84,86

吴廷斌 123-124

吴筠孙 124

吴汝伦 16-17,235,256

吴毓兰 122,124,130,133-134,
136,138,234-235,285

吴赞诚 92-93,112,122,124,130-
134,138,234-235,237-

238,244
五口通商 31,34,190-191,193
《五口通商章程:海关税则》 191

X

西藏教案 111,152,171,182
乡谊 103,112
《显考杏荪府君行述》 257
《香港、上海和其他中国口岸20世纪的印象》 158
谢崇基 124
新、钞两关 2,3,6,12,17,41,44-50,54-55,57-59,62-65,72,89-91,128-129,145,147,159,162,188,218,227,231,233,238-239,257-258,261,281,290,298
《辛丑条约》 179-180,188,198
新关 25,27-29,42,45,55,57,188-190,198-200,205-206,214,238,272,282
《续增条约》 33,267
恤嫠会 278-279,281-282

Y

阎敬铭 154-155
袁保龄 245-248,259
袁世凯 16,19-20,70,78,80,82,85,87-88,95-96,109-112,116-117,123,138,143-144,152-153,171,176,178-179,181-182,184,227,229,231,246,259,262-265,276-277,293,300,303,307
杨士骧 16,70,85,87-88,96,123-124,300-301
洋务 6,8,12-13,18-21,31,41-43,49-50,52-58,61,65,72-75,77,80,82,90,92,94,99,103-110,115-116,119-120,125-126,128-129,131-132,134,138,141-142,146-150,183-185,204,209,227-233,235,237,239-241,243,245-247,249,251-253,255-265,267-268,281,284,289,291-294,298-301,309-312
洋务局 58,292-293,299-301
洋务新政 12-13,18,20-21,31,57-58,61,105-107,115-116,126,190,209,227,229,231-233,235,237,239,241,243,245-247,249,251,253,255-261,263,265,268,294,298,310
洋药 17,63,97,201,204-207,213-214,218,220-226,238-239,279,281-285,297,308
洋药税 201,205-206,213-214,226,238-239,282,297
叶名琛 99,113-114,117,183-185
《异辞录》 150
义学 268-270,272,281
奕䜣 30,34-35,148,152,262
裕长 122,124,136

余昌宇 123-124
裕禄 16,70,84,86-88,95,123,138,176,219,263,292-293
雨生 49,112,120,135

Z

曾国藩 38,40,43-48,52,84,86-88,96,98-99,101-102,106,112-115,118-120,130,141,145,159,162-163,172,175,183-184,229,290-291,307-308
赵炳麟 152
张莲芬 68,70,73-75,77-78,80-82,95,110-111,123-124,178-179,181,219-220
张镇芳 85,123-124
张光藻 37-41,46,159,287,307
张树声 84-85,87-88,95,122
郑藻如 19,68,71-75,77-79,81,95-96,102-103,106,109,122,134,185,228,230-231,234-235,241,244,284-286
郑玉轩 103,295
《中华帝国对外关系史》 192,310
直隶 3,5-6,12-14,16-22,28,33-36,38,40-58,60-61,63-67,69-71,73-99,101-130,134-135,147,149-154,157,159,162-163,168-171,175-179,181-183,185-186,188,200,205,207,209,213,218-221,223-225,227,229-232,235-239,242-246,249,253,255-257,259,261-268,275-280,285-286,290-291,293,295-302
直隶总督 3,5-6,13-14,16,18-22,35-36,38,40-45,47-52,54,57-58,61,64-67,69-71,73,76,68,80-96,99,101-103,105-110,112-119,121-130,134,136,138-145,147,149-154,159,162-163,168-171,176-177,179,181-183,185-186,188,200,205,207,209,213,218-221,223-225,227,229-232,235-237,239,242-243,246,249,253,255-256,259,261-265,267-268,275-280,285,290-291,253,296-298,300-302
《直省官制通则》 299
周馥 19,68,70,72-75,77-79,81-82,85,95,103-104,106-110,115-116,122,125,176,178,184,187,220-221,228,230-231,234-235,239-240,244-248,255-257,259,270-275,282,284-286,295-297,307
周懋琦 123-124
《奏保陈钦沈保靖片》 44,145
总理各国事务衙门 6,19,30,34,36,38,41-48,51-54,69,79,

89-90,96-99,101,108,117,
119,121,128,140,142,145,
148-151,163-170,172-174,
189,195-197,200-201,203-
207,211,213,216-217,221,
223-226,261,264,282,290,
293-298

总税务司　13,20,30,177,187-188,
192-193,195-200,203-220,
223-226

《总税务司通札》　197

左宗棠　113,140,151,155-157,236

后 记

在恩师刘伟教授的指导下,我选择以"津海关道研究"作为博士学习阶段主要的研究课题。晚清这个新设的官职由于其特殊性已引起了诸多学者的关注。香港中文大学的梁元生教授和台湾成功大学的林怡秀已为本课题做了很好的奠基性工作。他们文中一些闪光的思想和初步搭建起的论证框架给我提供了很多帮助,在此向两位学者表示真诚的谢意。

而尤其要感谢的是我的恩师刘伟教授。人生有幸,能跟随恩师先后完成硕士和博士阶段的学业。在这6年时间里,我不仅越来越强烈地领略到中国近现代史博大精深的魅力;而且6年点滴之间,我更与日俱增地感受到恩师学识和人品的引领力量。作为弟子,我时刻想学习恩师的儒雅,想模仿恩师做人、做事之风范,想像恩师一样胸怀博大、关爱、包容一切,更想学恩师,一生追求卓越……

我一直想以我的投入和不懈惰报答恩师的帮助、扶持与鼓励!为了心中的责任,6年间,读书求学,每每夙夜精勤,论文停笔之时往往已是黎明日出时分,虽孤灯如豆,但周遭寂静,坐拥书城,融入历史,解读中国近代若干国家股肱之臣,评价中华民族若干精英人物,感悟中华民族前进道路上虽困难重重,但大潮涌动,历史仍滚滚向前……每于此时我就深刻地感受到了作为一名历史研究者的内在自我认同和于民族、于国家的责任与担当。

本书能在中国社会科学出版社出版,是我的荣幸,他们卓越而有成效的工作是我学习的榜样,特别要感谢郭鹏老师为本书争取到2016年中国社会科学出版社组织的博士文库的出版支持。衷心感谢北京工业职业技术学院为本书的出版提供了经费支持。

最后，我将此书敬献给我的父母，他们平凡而伟大，他们给予我生命，又始终鼓励扶助我勇敢追寻人生梦想。

言虽短，情却长，是为记。

谭春玲

2018 年 4 月于北京